集人文社科之思 集刊 专业学术之声

中国社会科学院社会学研究所主办
家庭与性别评论（第9辑）

家庭与性别评论

Family and Gender Review (Vol.9)

（第9辑）

中国社会科学院社会学研究所主办

主编 / 施芸卿

社会科学文献出版社
SOCIAL SCIENCES ACADEMIC PRESS (CHINA)

目　录

变迁中的亲职与抚育（代序） ……………………………… 施芸卿 / 1

承前启后：1929~1933年劳动法对现代母职和父职的

　　构建 ………………………………………………………… 王向贤 / 17

教育"拼妈"："家长主义"的盛行与母职再造 … 金一虹　杨　笛 / 42

母职的经纪人化

　　——教育市场化背景下的母职变迁 …………………… 杨　可 / 56

信息沟通技术与母职：一项关于香港菲佣的实证

　　研究 ……………………………………… 彭铟旎　黄何明雄 / 77

新世代台湾母亲的处境与挑战：就业母亲在照顾与

　　工作之间的文化矛盾 …………………………………… 洪惠芬 / 99

从在线母职书写看台湾母亲的认同建构与母职展演 ……… 陈婷玉 / 143

做父母、做阶级：亲职叙事、教养实作与阶级不平等 …… 蓝佩嘉 / 183

"分而不离"：波士顿在家教育家庭的抚育逻辑与策略 …… 尚文鹏 / 220

养育快乐的孩子

　　——流行育儿杂志中亲职话语的爱与迷思 …………… 陶艳兰 / 235

集体化下的童年："大跃进"时期农村幼儿园研究 ……… 翟　菁 / 262

集体互助与妇女解放

　　——北京地区街道托幼机构的兴起（1954~

　　1957） …………………………………… 徐明强　宋少鹏 / 286

变迁中的亲职与抚育

（代序）

施芸卿

作为一名五岁孩子的母亲，选择这样一个主题，很大程度上源于自身的困惑。生养抚育，为何在当下越来越脱离原初的自然状态，变成一件极为复杂、专业的事情？作为父母，为何当我们自身看似已拥有更高教育水平、更多资源和选择的时候，反而好像越来越不知该如何当好父母？进一步地，作为母亲，无论是"工作妈妈"还是全职主妇，为何似乎始终处于一种怎样都不够称职的境地，面临内心的冲突和挣扎？当面对现代社会倡导的自我鲜明的独立女性形象和家庭生活中的以其他成员为中心的照顾者角色产生内在文化冲突时，除了成为"超级妈妈"外，是否还有别的出路？

这些困境，与而今席卷全球的抚育私人化、精细化趋势密不可分。拉鲁在《不平等的童年》中以阶级的视角，呈现不同阶级间的抚育模式断裂，揭示了背后隐秘作用于阶级再生产的文化机制。这部开始于三十年前，以美国中产阶级、工人阶级和贫困阶级为田野的关于儿童成长的民族志研究，在当前的中国背景下读起来毫无违和感，尤其是中产阶级的那部分育儿片段，与我们当前城市中所体验到的抚育境遇极为相似。不过在中国，我们的画面更为混杂与碎片化，而弥漫在个体与家庭之上的情绪，更为焦虑和无助，体现为以下两个方面。

一是抚育方式的混杂。拉鲁的研究受布迪厄的影响，揭示了不同阶层之间的文化再生产机制的断裂，视阶层内部同质而阶层边界清晰。而当前中国，从抚育方式来看，一方面，中间阶层内部不同经济社会地位的家庭教养方式出现较大的混杂和交错。协作育儿、精细育儿的理念辐射面较广，尽管不同的教养方式所需消耗的资源壁垒日益森严，但受独生子女政策、女性普遍外出工作等历史因素的影响，祖辈介入育儿、家庭的资源大量向下集中，成为中国特有的现象，支撑了在一定范围内教养方式的跨阶层看齐。另一方面，在教育市场上，中西教养模式和理念混杂。在教育市场化、全球化的背景下，大量的西方中产乃至上层的文化生活方式涌入，如早期的乐器、绘画，到当前风靡的马术、冰球、击剑等运动，与大量被市场化的中国传统教育方式，如诗词、书画、围棋等，构成儿童教育市场上名目繁多的产品。但这些不同的方式之间，除了最直观地在价格和所耗费的时间上形成鄙视链外，内在的区分机制却并不明确，全家集中资源想给孩子最"好"的教育，但是对于"好"的定义在不同阶层、代际、地域却参差不齐。

二是抚育向私人领域的高度内卷化。就中国改革后的状况而言，在国家撤退、市场渗透的两股力量下，人类本身再生产的重任被抛向家庭。为了支撑精细化育儿的高昂成本，核心家庭向扩大家庭求援，每代人、每个人的生活都"以孩子为中心"被高度挤压：被定义为"养家者"的父亲需要不分昼夜地工作来提供经济支持；大多数母亲要兼顾工作与家庭的平衡，为家庭提供经济补充的同时，还要扮演好"教育妈妈"的角色；与此同时，由于公共托幼体系的不健全，祖辈常常需要牺牲自己的生活来辅助小家庭，提供生活照顾。在这个场景中，抚育的标准被市场力量裹挟着专家话语而不断抬高，但可依赖的公共资源非常少，市场提供的替代选择成本高且规范性不够，致使家庭不堪重负。

可以说，从现象上来看，当前"拼盘式"的抚育方式、被不断制造出的专家话语和市场选择，在抚育责任向私人领域内卷化的前提下，共同造成了抚育心态的焦虑。背后反映出对阶层固化的担忧，从名牌幼儿园到名牌大学，像多米诺骨牌，环环相扣。尽管在一个大范围的中间阶层内部，资源向孩子集中，以支付高昂的抚育成本，谋求持平或向上流动的可能；但与此同时，对于当前研究中还涉及较少的弱势群体，阻碍大幅度跨越阶层流动的壁垒正日益加剧。

需要注意的是，无论在哪个阶层，在当前中国，个体对亲职和抚育困境的应对都局限于私领域，而缺乏对国家、社会的想象力。但是，仅仅是在一代人之前，儿童还是被作为一个共同体的、国家的共同财产，抚育并不完全是家家户户自己的事，与此相关的对孩子的理念、母亲的责任以及理想的抚育方式的理解也截然不同。因此，编辑这样一期集刊，是想将个体在当前亲职与抚育中所遭遇的迷思拉回至较为宏观的层面看待，通过集结本领域各视角下的优秀研究，探究在社会变迁的背景下，生养抚育作为联结人类生产与再生产之关键环节，是如何在"公"与"私"之间穿梭？又是如何呈现于我们的日常生活之中的？各种在个体层面呈现的迷思，受到怎样的结构性力量的形塑？作为母亲，其作为主体的生命体验又是如何？对于孩子，我们的抚育理念又如何被时代要求所浸染？而我们的抚育方式在被市场化力量所不断裹挟向前时，又该如何重新找回对国家、社会的想象？

一 问题的兴起

儿童的生养抚育是关系到人类社会自身再生产的关键环节，通过对"儿童价值"、"父/母职"叙事、"养"和"育"中侧重点等的重新定义，社会变迁的结构性力量透过家庭抵达个体。家庭作为承担抚育工作的重要场所，成为联结"公"与"私"的场域。面对当前日益凸显的抚育焦虑，有必要重新审视儿童抚育成为热点话题的历史条件。

回顾历史，这样一种全球范围内、以中产阶级为代表的、较大规模的精细化育儿模式，并非源于长期的经验，甚至哪怕是践行这套理念的父母，他们本身大多也并非被这套理念抚养长大，其中存在明显的代际断裂。这一现象的兴起，与家庭经济模式从前工业社会到工业社会的转型、儿童价值观的转变以及当前市场力量对私人领域的渗透日益加剧密切相关。

一是家庭经济模式的转型。在前现代社会的小农社会，家庭作为生产单位，将人类的生产与再生产整合在一起。在资源短缺、技术落后的情况下，维持整个家庭生产体系的运作是一项首要而艰巨的核心任务，多数家户必须依赖家庭全体成员的人力才能完成，其中包括被视为生产性劳动帮手的儿童。此外，在居住安排上，为维持家庭生产体系的运作，常有一些非血缘的人共同居住，儿童在其中难以引起父母的重视。因此，在前现代社会，并不存在独立的"儿童"概念，儿童照顾模式以成人需求为中心来安排，儿童往往被"视而不见"。伴随着工业化，劳动力被商品化，家庭经济模式发生转变，薪资养家理念出现，家庭规模开始缩小，两性在家庭内部出现分工，女性被逐步排除在生产体系之外。这才意味着人类社会的再生产被逐渐从生产性劳动中剥离，家庭日益被划分进私领域的范畴。同时，伴随着家庭结构和功能的变化，家庭居住的空间安排也出现变化，从原先"家户"式的共同体居住向血缘家庭、核心家庭转变，由此，儿童逐渐进入成人的视野，现代"儿童"观念才开始出现。

二是儿童价值观的转变。在家庭经济模式转型的背景下，儿童从事生产性劳动被逐渐禁止，社会对儿童的价值判断发生了极大的转变：从19世纪以经济价值为衡量、"有用却廉价"的儿童，变为20世纪"经济上无用"但"感情上却无价"的儿童（泽利泽，2018）。随后，随着工业化的推进，义务教育的延伸以及晚近大学教育的扩张，儿童对成人的依赖周期被不断拉长，与此同时，父亲养家、母亲抚育的这一亲职模式也被不断强化，使得"密集母职"（intensive mothering）（Hays，1996）出现，母亲投注全部心力在孩子身上。这一照顾方式在制度上与现代家庭性别分工安排相互依存，显示出对儿童照顾"从以成人为中心向以孩子为中心"的转变（洪惠芬，2015）。

三是市场力量的渗透日益加剧。霍克希尔德（2014）在《我们如何捍卫私人生活》一书中深刻地描述了私人生活被商品化的各种状况，市场无处不在，甚至侵入生命最神圣的"生"与"死"的环节，过程的外包造成了生活中意义和社会联系的丧失。从亲职和抚育来看，工业社会使家庭的抚育责任私有化，而当前全球范围内消费社会的兴起，又使市场力量裹挟着专家话语对抚育方式进行了全方位的指点。当"生"与"育"的过程，在诸多环节上被拆分，进而在各种"科学技术"的话语下被商品化的时候，亲职的内容被不断扩充——对于一个理想的照顾者的要求被层层加码，从生存照料到认知培育，再到情绪回应。履行亲职成为需要学习的技能或是需要购买的服务。市场使公共领域被边缘化，限制了人们的想象力，并忽略了国家的责任，与此同时，父母乃至祖辈作为抚育的履行主体被不断施压，而其与孩子之间原有的最本质的意义联系却被渐渐掏空。

可见，伴随着这样的历史进程，儿童抚育经历了一个先私人化后市场化的过程，导致当前我们在现象层面感受到诸多问题。而对于中国，因特定历史事件和社会制度的影响，其中的某些问题被进一步放大。

一是特定历史阶段带来女性主体体验中内在冲突的加剧。社会主义时期对女性劳动力的全面解放，使中国女性外出工作具有合法性，降低了母亲就业时的道德压力，但同时加剧了母亲在面对"理想照顾者"和"理想工作者"时体验到的内在文化矛盾。与此同时，独生子女政策加剧了儿童中心主义，使精细化抚育模式得到普遍认同，在转型后国家从公共抚育中撤退的背景下，代际合作育儿在中国尤为突出，形成家庭内部资源的代际挤压，重任尤其落在祖辈中的女性身上。

二是国家、市场、社会三者之间的不平衡状态加剧了消费社会对亲职的商品化渗透。阎云翔（2017）指出，在中国，私人生活的崛起是由国家推动的，由国家将家庭从亲属结构中分离，再直接带入现代社会体系而实现，形成的是一种"不完全的个体化"，片面地强调个人的权利与利益，而不重视对他人的义务，且没有公共生活的能力，完全依赖集体和国家，导致后集体化时代的出现。国家的全面撤出为社会生活、道德留下大片的真空，私人生活在消费主义、市场经济和其他价值观的侵入下发展，但公共生活却迅速衰落。在这一背景下，"消费"本身被建构成一种社会认同方式，这对亲职与抚育同样造成了深刻的影响，各种市场化产品将亲职外包，依据其所消耗的资源（时间、金钱）形成鄙视链，增加了抚育的经济和精神压力，并对亲子关系的实质产生了挑战。

可见，抚育问题在当下兴起，其背后的核心问题是：社会变迁进程中，抚育责任是如何在国家、市场、社会、家庭之间，或进一步在家庭内部不同成员之间被划分和重组的？在中国的情景下，这与中国的现代化历程息息相关。

二 亲职变迁：社会建构与主体体验

如果说生孩子依赖于女性独特的生理构造，那么，养育孩子并非母亲的天职。在很长的一段时间里，养育孩子是整个共同体的责任，女性可以借助的帮手有很多。且不说从前工业时代到工业时代，即便是仅从中国进入现代社会的近一百年，甚至是从新中国成立之后的近几十年来看，关于抚育责任的分工都发生了很大的变化。那么，在中国的历史背景下，社会结构诸要素是如何对抚育职责进行调整，以使其契合社会发展的需求的？在这个过程中，家庭及其中的个体又体验到了什么？

（一）社会变迁与母职加码

首先，社会变迁中的亲职建构的一个基本问题是，国家、市场、社会等外部的结构性力量是如何透过家庭,对其在不同历史阶段所需的劳动力及生产与再生产关系进行塑造的?在近一百多年间,中国至少经历了三个具有重要特色的阶段:一是清末民初从传统儒家社会向现代社会的转型时期,二是新中国成立后"以生产为中心"的社会主义计划经济时期,三是市场转型后以消费主义为中心的当下。那么,在这个历史过程中,再生产的职责是如何被一步步从原来的共同体中摘出,被划归到家庭,并主要落实到其中的女性身上的?其次,女性又是如何在特定的历史时期被纳入现代工业大生产体系中的?最后,在市场经济时代,兼顾生产与再生产双重责任的母职又是如何被"釜底抽薪",且被不断加码的?

王向贤(2017)着眼于从传统儒家向现代社会转型的阶段,分析了在国家兴起、家庭代际关系剧烈变革的背景下,为将母职纳入现代工业大生产,国共劳动法是如何"承前启后"地提供了书写清晰的文本和具有实际操作性的制度。一方面,法律中继承了清末以来对女性生产和再生产双重任务的整合,对于女性从传统到现代的转型,法律着眼于女性受教育的权利,但是保留女主内的职责分配;另一方面,通过妇女劳动保护框架——雇主责任制和只提供给女性的带薪生育假、托幼服务和禁忌劳动,从而在事实上将女性转化为劳动力市场上的次级劳动力。通过这样的性别逻辑,为母职的两项任务划分了优先顺序:无酬照顾为主、赚钱抚养为辅。对于父职,则依旧延续资本家和男权的"双头兽",侧重于其养育者的身份和权威,建构以赚钱为主、很少照顾子女的缺席父亲。由此,清末以来的变革奠定了中国现代母职和父职的基本框架。

宋少鹏(2011)则分析了在"以生产为中心"的社会主义时期,国家如何有意识地把性别化分工编织进大生产体制,由妇女无酬承担起绝大部分的再生产职责,以实现高积累、低消费的经济体系,追求超速发展。她认为不同于资本主义社会的公私分离型,这是一种将"私"嵌入"公"中的"公私相嵌型"结构。一方面,这一结构使家庭的实质被掏空,成为公共目标的辅助部分。其对于市场转型之后女性处境的深刻影响在于,正因为对妇女家内责任的刻意保留,20世纪90年代急剧市场化转型时,国家从与再生产有关的福利中撤离并私人化这一领域,鲜有遇到抵抗而顺利地实施了市场化的经济改革。但是,妇女的家内责任却使工人阶级妇女和中产阶层妇女在劳动力市场上处于不利的地位,成为"劣等"的廉价劳动力。另一方面,公私相嵌的结构致使"私领域"被极度挤压,随之又被市场转型为"公私分离",致使妇女的家内责任被自然化甚至被美化。因此,对于中国现代亲职框架下兼顾生产与再生产双重职责的女性,要理解其当前所处困境,必须看到两种经济体制之间的历史延续性。

金一虹(2013)进一步通过计划经济时代和市场经济时代的"工作母亲"的代际比较,为上述困境提供了更生动的注解。在计划经济时代,大规模的妇女就业依赖于初步建立起的公共托幼系统。这一公共化的再生产体系不仅提供了对幼儿的实际照料,而且为传统以家庭内照料为职责的母亲进一步承担公领域的"工作"职责提供了价值观上的支持,以期从工作中获得的自我尊严、成就感弥补母亲因传统角色压力带来的负疚。随后的市场转型,带来单位制解体和公共托幼体系瓦解,再生产职责被重新私人化,并毫不含糊地落在母亲身上。由此,"工作母亲"面临双重挑战:一方面是高度市场化的劳动分层,使其在"工作"身份上被视为次等劳动力;另一方面是消费主义带来的文化转型,使其在"母亲"身份上被加码,不仅要承担起对幼儿的照顾,而且必须成为符合现代性标准的全知全能的"教育妈妈"。

纵观这一百年的历程,国家在其中扮演了非常重要的角色,在建构现代化的家庭和亲职框架后,国家将女性纳入生产体系,在其传统的照顾职责之外增加了工作职责,为后续计划经济时期鼓励女性全面参加劳动奠定了基础。在从计划经济向市场经济转型的过程中,国家在社会化育儿体系上的先予后取,对"工作母亲"无异于釜底抽薪,使得内在"工作者"和"母亲"双重身份的冲突加剧。近年来,随着转型的深入,市场化的力量更是侵入这双重角色实施时的各个环节,使得女性在承担生产与再生产的双重职责时,其履行的细节也被不断加码,加重了女性的负担及内在的冲突。那么,"密集母职"是经由何种路径被不断拓展的?

很多研究通过对主流媒体进行内容分析发现,主导话语中理想化的母职建构与国家需求紧密联系在一起,并呈现多元化的趋势。陶艳兰(2016)以中国大陆地区的流行育儿杂志为样本,发现主流媒体在不同历史阶段提供了不同的理想母亲形象,从20世纪80年代的国家话语、90年代的素质话语转变为当前的多话语并存。在当前的多元话语中,科学的母职、消费的母职及在双重职责中以孩子和家庭为重的母亲角色重叠,显示出消费市场和父权制的共同建构,满足了国家在追求现代性过程中对于提高人口素质、促进消费及公私领域性别分工等的需求。陈婷玉(2010)

的研究则以台湾地区的流行育儿杂志为对象，呈现一种主体性受挤压的、技术专家宰制的、美化的、中产阶级的、消费的母职经验以及勇于展演的、受到严密监控的母亲身体。研究着重强调了这种建构是浪漫化的、选择性的，着力于呈现其中美好的、理想的一面，并简化母亲所遭遇的困难与解决之道，同时淡化、琐碎化，甚至完全忽略作为母亲所承受的矛盾、压力与痛苦。这些负面的真实体验，在主流话语中是被排除的。凭借母职的再现，流行杂志协助维持并再制新自由主义的、后工业社会的、晚近资本主义的、科学论述的父权体制。

除主流媒体的影响外，在普通人的日常生活实践中，消费社会的兴起和市场化力量在后工业社会加剧渗透，携手科学主义和专家话语，不断对母亲进行着"母职再造"，在中国尤其体现在教育领域。在国家撤退、市场进入的背景下，教育领域重建私有化，能否成为一个合格的"教育妈妈"被纳入母职评价的范畴，其"密集化"的程度和方式被不断延伸出去。金一虹、杨笛（2015）提出"教育拼妈"和"父亲缺席"并存，既是"男外女内"性别分工在教育领域的表现，也从加大教育权重的角度，对母职及观念意识进行重构，加重了一个理想妈妈标准对女性自我的挤压，强化了母职中限制性的一面。杨可（2018）的研究则为这个节点进一步提供了一枚放大镜，她通过对"影子教育"机构的研究，提出城市家庭中的母亲角色突破了私领域内照料子女的传统内涵，母亲教育方面的职责陡增为一种"经纪人化"的新特征。杨可的研究的有趣之处在于：母职之密，始于抚育私人化，但当其密到极致时，竟又与"公"领域关联上了。一个成功的母亲经纪人需要扮演家庭、学校与市场之间的枢纽，意味着她需要用到自己在工作中培养出来的能力及社会资源。正如拉鲁（2018）在研究中指出的，中产阶级父母更多地帮孩子与正式机构打交道，利用自己在社会中的结构优势，为孩子争取到起跑的先机。这种能力，在传统概念中仅局限于"私"领域的家庭主妇是不具备的。从这个意义上，合格的母亲需要拥有一种在"公"与"私"之间自由穿梭的能力，可见，这对母职提出了非常高的要求。

此外，信息时代也为母职的加密提供了新的可能，从对"密集母职"延伸的角度，本集刊收录了彭铟旎、黄何明雄（2012）对香港菲佣的研究，讨论了跨国母亲在面对地理距离时，如何利用现代化的信息沟通技术（手机和因特网）重新建构她们的母职。研究指出，频繁且便利的远程通信能使母亲在完成雇主家庭中的劳动之余，为她们的孩子建构一种母亲的"虚拟在场"，使其得以从情感和道德教育两个层面履行母亲职责，为"母职"一词提供了新的诠释。需要指出的是，以全球化的保姆链条为具体所指的"母职商品化"与"母职剥夺"是联结家务劳动/母职中"公"与"私"议题的一个专门的研究领域，现有的研究主要从劳动、性别、阶级的视角，围绕劳动过程、与"父权"的讨价还价以及阶级形成与再生产等理论点展开，积累了大量的研究，在本辑中难以系统地涵盖，故暂不作为收录重点。

（二）主体体验与自我赋权

上述研究提供了一个宏观的、结构的视角，展现了在不同的历史时期，各种外部要素是如何透过家庭来建构亲职和抚育的，从总体上呈现一种抚育私人化、母职精细化的趋势。值得注意的是，在市场力量日益渗透的当下，这种私领域的实践到最后又不可避免地与公领域再次勾连在一起，无论是"经纪人妈妈"，还是"跨国妈妈"，都为母职实践提出了更复杂的要求。那么，面对这些在不同历史阶段被赋予的、正延续或是变形的、内在富有冲突的母职规范，母亲们自身的体验是什么？她们是如何应对的？有没有给自己赋权的力量？

在个人体验上，"工作母亲"是常常陷入"天人交战"的群体，在工作之外，还需要陷入家中"第二轮班"（霍希尔德，2017）的艰辛。比起单纯的辛劳，她们常常感到工作和家庭之间的拉扯更让人心力交瘁。在台湾地区的研究中，洪惠芬（2015）注意到这种拉扯背后深层的文化矛盾："理想的工作者"和"理想的照顾者"是当代资本主义制度设定的最有利于其运行的两套角色标准，遵循"利己"和"利他"两种基本原则，存在根本性的矛盾。两套角色原本被分隔在两个空间与不同性别个体身上，却需要在工作母亲身上整合起来，这成为她们内在焦虑的文化根源。为摆脱这种不适，母亲们会尝试采取一种不同于男人对"理想工作者"的标准来投入工作。但值得注意的是，尽管母亲普遍将照顾者的身份置于优先，但很少完全放弃工作。哪怕选择离职以符合社会对"密集母职"的期待，但还是要以兼职工作或参与志工的方式，来逃避社会对"传统家庭主妇"的负面标签，以建立自我的正向认同（唐文慧，2011）。

在中国大陆，男女平等就业的文化更为突出，钟晓慧、郭巍青

(2018)的研究认为,这种情况下更有可能出现"超级妈妈"策略,即视工作与家庭皆为必选项,且双重任务在当前国家/市场、传统/现代意识形态交织的局面下皆被强化。为此,妈妈们需要以扩大的家庭为单位,通过居住安排、育儿网络以及时间分配策略,形成家庭内部的协作育儿机制,以缓解密集育儿需求所产生的冲突。肖索未(2014)的研究聚焦于代际权力关系,发现在协作育儿时,家庭内部形成了"严母慈祖"的分工和权力格局,以共同承担"密集母职"。

若将焦点稍扩散一些,我们还能看到,除工作与家庭冲突之外,母亲还面临当前由消费、父权、科技等种种力量形成的"多元母职"对其主体的挤压。面对主流媒体的强势话语,陈婷玉(2018)收录于本辑中的研究,以亲职网站中的论坛与 blog 中的母职经验书写为文本,检视了其中所展演的母职形象如何维系或颠覆传统母职论述(或母职迷思)。研究发现,不同于主流媒体,母亲们凭借自身在网络平台上的书写取得诠释意义的权力,网络所提供的社群性交互式讨论机制形成支持网络,使母亲们得以互助、共同成长、思考与对话,从而使其能摆脱专家话语,获得智慧和力量,并找到反抗传统母职加诸她们身上的规训与压迫的意识与力量。

可见,面对冲突和挤压,母亲们的应对大体上可以分为三个层次,一是通过改变对工作或对母职的期待进行自我调节;二是通过引入家庭及亲属网络,激活微观支持机制;三是通过网络平台或社区内非正式的妈妈群体等,求诸社会的力量。当前较为普遍的是前两种模式,仍局限于私领域;后一种诉诸公领域的尝试还很少。在中国的母职实践中,无论是大陆还是台湾地区,都存在对"家""国"想象缺乏的问题,这与西方女性母职实践大为不同。在西方,母职实践更多地受性别意识与相关的配套措施左右,而在中国女性中,潘淑满(2005)指出,对国家与社会的集体责任的普遍忽视,使得"家庭结构"与"家庭支持系统"成为左右其实践的关键因素。但这种私领域内的尝试,并不能从根本上解构两性在母职实践中的角色分工和"家""国"在母职实践中的责任分工。

三 抚育选择:路在何方

讨论亲职和抚育时必不可缺的另一个环节是孩子。作为人类再生产之"产品",无论抚育是公共性的还是私人化的,孩子走出家庭后都需要重新回到社会，具有不可回避的公共属性。帕特南（2017）在《我们的孩子》一书中，着眼于美国近五十年来的阶层分化，提出一个令人担忧的问题：回顾往昔，照顾下一代曾是共同体分担的集体责任，但在眼下的世界，"我们的孩子"意识全面枯萎，为孩子提供机会成了一家一户的私人责任，成长于这样的时代意味着什么？

从阶层视角来看，抚育被视为阶层再生产机制，而当前的抚育私人化趋势则使阶层固化加剧。拉鲁（2018）在《不平等的童年》一书中，以横切面的方式展现了中产阶级和工人/贫困阶级不同的儿童教养方式，拉鲁将其分别称为"协作培养"（concerted cultivation）和"自然成就的成长"（accomplishment of natural growth），具体体现在日常生活的组织安排、语言应用能力和学校与教育机构协作这三个方面。其隐秘之处在于，中产阶级采用的教养方式，更能与主流的意识形态交织在一起，由于家庭中的文化技能库和组织机构采用的那些标准有很高的相似度，中产阶级孩子在进入成人世界时拥有更多甚至连自己都觉察不到的优势。换言之，拉鲁揭示了，当不同阶级在培养孩子上的"不同之处"（differences）被渐渐定义为"不足之处"（deficits）时，这些机构制度上的偏好如何变成制度化的不平等，从而成为主导阶级再生产的深层文化机制。帕特南（2017）为上述图景增添了历史的维度，展现了这两种抚育模式之间的区隔在过去的数十年间日益扩大。阶级之间难以逾越的屏障正通过家庭结构、养育方式、学校、社区各方面的微观机制再生产出来。这意味着，哪怕在美国这样一个以社会流动机会平等、底层向上流动为梦想的社会里，阶层固化亦正在成为一个不容忽视的问题。在抚育私人化的背景下，日益扩大的阶层差距为穷孩子和富孩子带来迥然不同的生活机会，使他们面临两极分化加剧的困境。

延续这一视角，蓝佩嘉（2014）关注到了阶层内部的异质性以及阶层边界的协商流动性。她通过对台湾中产阶级与劳工阶级父母的深度访谈与家庭观察，分析了亲职叙事与教养实作的阶级差异，她反对将阶级化约为给定的结构位置，或默认阶级惯习的跨代延续。她将亲职视为一个协商阶级界限的社会场域，透过父母资本总量高低（含经济、文化、社会与象征资本）以及追求益品倾向（偏重竞争流动或自然发展）两条轴线，这个"亲职场域"可以用来分析做父母又做阶级的划界过程。

肖索未、蔡永芳（2014）同样关注到阶层内部对抚育方式选择的差异，针对当前在中产阶层主流育儿文化下常被"问题化"的流动家庭育儿问题，提出了一个社会文化调试的视角。研究将儿童抚养行为视为进城务工农民对城市生活的社会文化调试的一种表现，指出进城务工的农民家庭所面临的不同的"城市化机会"和随之发展而来的"城市化取向"，深刻影响到父母是采取融入成人生活自然成长的方式还是采取以儿童为中心、精细化培养的教养实践。

除阶层视角外，当前的抚育文化与社会状况的联系以及其中的内在张力也是透视儿童抚育的一个重要方面。在伴随着现代性而来的新的文化观念里，孩子不再是二元对立模式中处于弱势地位的一方，而是理应受到尊重的"小大人"，"如何养育孩子"上升为一个具有道德意义的问题，父母的权威不再是天经地义的，而是成为被反思、被质疑的对象，由此，抚育中蕴含的张力凸显。尚文鹏（2017）以世界前沿的美国波士顿在家教育家庭为田野，展现了处于现代性下的父母当前面临的前所未有的抚育问题，即如何在亲子平等的话语中实施抚育所要求的权威，如何在运用权威的同时又掩盖这一事实。她提出了"分而不离"的抚育逻辑，即在奉行"以好奇心为导向"的学习理念和尊重孩子自由平等理念的前提下，致力于建构"影子权威"及民主化的亲子关系，从而保障在家教育的顺利进行。而这种策略，需要父母（尤其是母亲）付出大量"爱的劳动"，以在规范与自由、权威与天性的内在张力之中拿捏分寸，这为更进阶版的"密集母职"提供了注解。

陶艳兰（2018）通过对流行育儿杂志的话语分析，探究了专业知识话语和消费文化话语对当前理想儿童的建构。杂志文本围绕养育快乐的孩子的重要性以及如何养育快乐的孩子，再现了儿童应该拥有属于自己的童话世界的儿童观和教育观，建议父母对孩子进行"爱的教育"，包括情感投入、时间投入、金钱投入和以孩子为中心、养育快乐的孩子。话语分析的结果显示，养育快乐的孩子不过是一种话语修辞。它承载和传播的是专业主义、"密集亲职"和消费主义意识形态，支持了当前的政府治理模式，参与促成儿童教育的"亲职转向"，对母亲身份和角色的建构以及儿童照顾安排等方面产生了重要影响。

可见，养育怎样的孩子和怎样养育孩子折射出时代变迁的烙印。伴随着工业社会向消费社会的转型，主导的育儿理念也从强调秩序的规训向强调消费的快乐儿童转变。与此同时，值得注意的是，在中国当前养育快乐儿童的话语中，存在国家话语缺位的问题，这与转型后整个抚育体系的私人化息息相关，由此也带来一系列问题：一是阶层固化，在市场化、专业化支撑的抚育分层下，底层可用的资源愈来愈少；二是片面的个体主义，当前主流话语受消费主义的影响，再现的"自主的个体"是一种私人化私领域的主体，而缺少对公领域道德主体的培养；三是不对称的个体主义，倡导儿童作为独立个体、以儿童为中心的抚育价值观对照料者（尤其是母亲）作为独立个体的挤压等。这些问题显示了在转型之后，国家、市场、社会、家庭四者在抚育责任分配上极度不平衡的局面，需要重新呼唤抚育的公共化、社会化。那么，该如何重建国家、社会的责任？

在本辑中，特意收录了翟菁（2017）和徐明强、宋少鹏（2018）的两个研究，他们分别以集体化时期的农村幼儿园和城市街道托幼机构为案例，呈现了新中国早期实践中"儿童抚育的社会化"的尝试，旨在为应对当前的现实提供一些想象力。这两种尝试都以集体化时期国家为实现"高积累-低消费"的国家发展战略为背景，在此目标下，妇女需要进入社会劳动当中，因此，实现婴幼儿照料的社会化，以平衡劳动妇女参加社会劳动与家务劳动之间的冲突，成为迫切的需要。这两个研究不仅关注到农村和城市的不同状况，而且侧重于话语和实践这两个不同角度，回溯了国家统合社会力量建构社会化抚育体系的尝试。

翟菁（2017）的研究从日常生活史的角度重新认识"大跃进"时期的农村幼儿园，呈现了国家如何参与乡村生活以及普通妇女、儿童在国家推行社会主义集体化过程中的体验。通过对妇女解放的重新论述，国家对女性自身的价值、母爱的职责和范畴以及儿童的属性都进行了再定义，使儿童抚育从再生产领域进入生产领域，变成光荣的生产任务以及国家和集体的责任。抚育公共化提升了农村妇女的政治、社会参与水平，丰富了其精神生活，并给儿童留下了不同寻常的集体化记忆。

徐明强、宋少鹏（2018）分析了1954~1957年北京地区街道托幼机构的兴起及运行实践，展现了国家在资源不足的情况下，如何通过集体福利的方式解决群众的托幼问题。较之公立市政、单位附属幼儿园，街道幼儿园有着更深刻的"社会"属性，其性质是一种集体福利事业，依托邻里互助的传统人情伦理，结合新培育的集体主义互助精神，由街道群众自办、自管、自用。这样一个办街道幼儿园的过程，虽然是出于解放妇女生产力的目的，但在自筹自建的同时，也是一个"集体"的建构过程。这种模式既不是国家主导，也不是社会主导，而是联结国家与社会，以基层政权负领导责任、依托社区积极分子、组织动员社区群众、集合本社区内普通居民的人力和物力、集体互助合作的方式，解决社区居民需求。在此，国家与社会不是一种对抗性的、分离式的存在。从社区认同到国家认同的建构中，集体福利事业兼具团结社会的凝结功能、政治功能、经济功能乃至一些道德功能，给予当下重要的启示。

行文至此，很难说这是一个规范的文献综述，我希望就"亲职与育儿"主题整理出一条可以在宏观与微观之间游走的线索，以本刊收录的近几年来的优秀研究，为其中的不同节点提供一些不同角度的放大镜，以便我们从历史脉络下追溯，看到女性在再生产中的独特分工是如何被裹挟在家庭之中、国家之中、市场之中或社会之中的，看到我们当前关于理想的抚育、理想的孩子的迷思是如何生成与演变的。私以为，只有如此，我们才能理解当前处境中的局限和可能，于自身之私，以期探求更好的应对策略；于身外之公，以期扩展在此实践中对国家、社会的想象力，推动抚育公共化的进程。

本集刊编辑过程中得到了诸位作者的支持，在此，特别感谢台湾华南大学传播学系陈婷玉老师，她将尚未正式发表的论文赐予本书；感谢香港浸会大学社会学系彭铟旎、黄何明雄两位老师将原先发表的英文版论文翻译增补后赐予本书，丰富了本专辑中收录文章的多样性；除这两篇文章以外，其余皆为近年来已在境内外优秀期刊上发表的论文，感谢诸位作者及首发期刊的支持，允许我们以此种形式再次发表这些优秀作品，积累本领域研究成果。此外，需要说明的是，目录的编排不代表文章的重要性，权衡再三，选取了文篇代序呈现的顺序，希望能便于读者阅读，梳理还有很多不当之处，恳请诸位读者指正。

参考文献

〔美〕阿利·拉塞尔·霍克希尔德，2014，《我们如何捍卫私人生活：外包、便捷背后的破坏》，朱钦芦译，中信出版社。

〔美〕安妮特·拉鲁，2018，《不平等的童年：阶级、种族与家庭生活》，宋爽、张旭译，北京大学出版社。

陈婷玉，2010，《当妈妈真好？流行妇幼杂志的母职再现》，《女学学志：妇女与性别研究》第 26 期。

陈婷玉，2018，《从在线母职书写看台湾母亲的认同建构与母职展演》，本辑收录。

洪惠芬，2015，《新世代台湾母亲的处境与挑战：就业母亲在照顾与工作之间的文化矛盾》，《台湾社会福利学刊》第十三卷第一期。

金一虹，2013，《社会转型中的中国工作母亲》，《学海》第 2 期。

金一虹、杨笛，2015，《教育"拼妈"："家长主义"的盛行与母职再造》，《南京社会科学》第 2 期。

蓝佩嘉，2014，《做父母、做阶级：亲职叙事、教养实作与阶级不平等》，《台湾社会学》第 27 期。

〔美〕罗伯特·帕特南，2017，《我们的孩子》，田雷、宋昕译，中国政法大学出版社。

潘淑满，2005，《台湾母职图像》，《女学学志：妇女与性别研究》第 20 期。

彭铟旎、黄何明雄，2012，《信息沟通技术与母职：一项关于香港菲佣的实证研究》〔英文稿〕《社会》第 2 期。

尚文鹏，2017，《"分而不离"：波士顿在家教育家庭的抚育逻辑与策略》，《开放时代》第 1 期。

宋少鹏，2011，《公中之私——关于家庭劳动的国家话语（1949-1966）》，《近代中国妇女史研究》第 19 期。

唐文慧，2011，《为何职业妇女决定离职？结构限制下的母职认同与实践》，《台湾社会研究季刊》第 85 期。

陶艳兰，2016，《塑造理想母亲：变迁社会中育儿知识的建构》，《妇女研究论丛》第 5 期。

陶艳兰，2018，《养育快乐的孩子——流行育儿杂志中亲职话语的爱与迷思》，《妇女研究论丛》第 2 期。

王向贤，2017，《承前启后：1929~1933 年间劳动法对现代母职和父职的建构》，《社会学研究》第 6 期。

〔美〕维维安娜·泽利泽，2018，《给无价的孩子定价：变迁中的儿童社会价值》，王水雄译，华东师范大学出版社。

肖索未，2014，《"严母慈祖"：儿童抚育中的代际合作与权力关系》，《社会学研究》第 6 期。

肖索未、蔡永芳，2014，《儿童抚养与进城务工农民的城市社会文化调试》，《开放时代》第 4 期。

徐明强、宋少鹏，2018，《集体互助与妇女解放——北京地区街道托幼机构的兴起（1954-1957）》，《妇女研究论丛》第 3 期。

〔美〕亚莉·霍希尔德，2017，《第二轮班：那些性别革命未完成的事》，张正霖译，群学出版有限公司。

阎云翔，2017，《私人生活的变革——一个中国村庄里的爱情、家庭与亲密关系（1949-1999）》，龚小夏译，上海人民出版社。

杨可，2018，《母职的经纪人化——教育市场化背景下的母职变迁》，《妇女研究论丛》第 2 期。

翟菁，2017，《集体化下的童年："大跃进"时期农村幼儿园研究》，《妇女研究论丛》第 2 期。

钟晓慧、郭巍青，2018，《新社会风险视角下的中国超级妈妈——基于广州市家庭儿童照顾的实证研究》，《妇女研究论丛》第 2 期。

Hays, S., 1996, *The Cultural Contradictions of Motherhood*, New Haven and London: Yale University Press.

承前启后：1929~1933年劳动法对现代母职和父职的构建

王向贤

内容提要 作为联结社会与个人、物质生产与人口再生产、劳动力市场与家庭生活的枢纽，中国现代母职和父职生成于清末以来的现代化转型。根据时代主旋律所界定的女性双重任务，1929~1933年的国共劳动法搭建出现代职业妇女的母职基本模式：无酬照顾为主，赚钱为辅。顺应中国早期现代工业的性别特征，国共劳动法通过自身的性别逻辑和对新型父职标准的小步探索，隐晦地勾勒出与现代母职二元对立和二元互补的现代父职模式：赚钱为主和很少照顾子女的缺席父亲。

一 问题的提出

2016年全面两孩政策出台的基本背景是中国已处于低生育率陷阱的高度风险期（吴帆，2016）。学者们通过参考德国、韩国、日本等多年来与超低生育率抗争的欧亚国家经验指出，如果中国想摆脱低生育率的风险，实施综合性家庭政策是关键，包括为就业父母提供产假、父亲假和育儿假、提供幼儿照料公共服务、增加国家在儿童教育上的投入、为家庭提供育儿现金补贴等（汤梦君，2013；杨菊华，2015；吴帆，2016）。这实际上是要求在国家、企业、家庭、性别之间重新分配生育责任。我国目前的生育责任分配属于保守主义和市场自由主义的结合体。生育责任主要由传统的育儿主体——家庭来承担,国家和企业起的辅助作用相当有限(张亮,2016)。育儿所需的经济开销主要靠父母工资来支撑,由于工资性别差距日趋显著,①呈现赚钱抚养子女客观上以父亲为主、以母亲为辅的分工。在儿童所需的照顾方面,母亲是第一责任人,辅以祖辈帮助和向市场购买的儿童照顾服务,大量男性成为很少向孩子提供日常照顾的缺席父亲(左际平、蒋永萍,2009;杨菊华,2015)。

在我国劳动年龄人口普遍参加雇佣劳动的情况下,劳动法强烈影响着育儿所需的经济开销与照顾劳动。目前使用的《中华人民共和国劳动法》(1995年开始施行)第四十九条规定:在确定和调整最低工资标准时,首要考虑"劳动者本人及平均赡养人口的最低生活费用",②表明我国劳动法承认父母在经济上抚养子女的责任。该法第七章《女职工和未成年工特殊保护》和配套法规《女职工劳动保护特别规定》要求提供下列母职保障。(1)孕期、产期和哺乳期之内的带薪产假、带薪哺乳时间,雇主在"三期"内不可降低女性工资或开除女性等。(2)禁忌劳动。一种是禁止所有女性从事繁重危险劳动,另一种是禁止女性在经期、孕期、产期和哺乳期内从事被认为有害于母亲、胎儿和婴幼儿的劳动。(3)托幼服务。要求雇主在女性员工达到一定人数后提供托幼服务,但自20世纪90年代末期后,托幼服务已从劳动保障变为商品,2012年通过、使用至今的《女职工劳动保护特别规定》已不再要求用人单位提供托幼服务。(4)雇主责任制。要求上述女性劳动保护的经济成本均由(单个或某地所有)雇主负担,政府制定政策和进行监察,但不承担经济费用。与母职所得到的大力支持形成鲜明对比的是,劳动法对父职未明确提及。从20世纪90年代初起,我国多个省市陆续开始提供男性带薪护理假,允许男性在妻子分娩后的若干天内(2016年两孩政策发布前多为3~7天,该政策发布后多地有所延长)休带薪护理假,用来照顾产妇和新生儿。然

---

① 在1988年、1995年、2002年、2005年城镇就业人口中,女性平均工资分别占男性的84%、80%、79%和71%(李春玲、李实,2008;国家统计局社会和科技统计司,2007:62)。2010年中国家庭动态跟踪调查显示,女性就业者收入只占男性的60%(邓峰、丁小浩,2012:30)。

② http://www.gov.cn/banshi/2005-05/25/content_905.htm,最后访问日期:2017年2月1日。

而，该假期基本上都是由各地的《人口与计划生育条例》规定，是对当事人遵守计划生育法规的奖励，全国层面的劳动法规并未承认带薪护理假是就业男性的劳动权利。

那为什么我国劳动法如此地重母职轻父职呢？① 其源头可追溯至当代中国劳动法的蓝本——1931年制定、1933年修订的《中华苏维埃共和国劳动法》②（韩延龙、常兆儒，1984：569~582、584~609），而且重母轻父并非只存在于中共劳动法，国民党政府分别于1929年和1933年颁布的《工厂法》和《修正工厂法》（中国第二历史档案馆，1991：39~48、98~107）也是如此。作为国共两党1949年前颁布的最完备的劳动法，这几部法规通过调节物质生产和人口再生产，和其他变量一起，搭建了中国现代母职和父职的基本模式。③ 这几部法规的相关理念从何而来呢？这需溯源至清末以来中国的大变动。自19世纪末梁启超发表标志着中国现代母职构建开端的《论女学》，直至国共两党发布劳动法之际，母职被大张旗鼓地构建为强国强种的基本之道。相比之下，父职很少被人提及。但和母职一样，这一时期实际也是父职从儒家范式转向现代范式的关键，在工业生产和雇佣劳动、现代民族国家、家庭代际关系的大变革中，父职以貌似不在场的形式隐秘而影响深远地构建着，并和母职一起成为国共两党劳动法所根植的社会场域。因此，本文的研究问题一是：在清末以来的母职话语基础上，1929~1933年的国共劳动法制度化了哪些母职？为父职勾勒出了哪些标准？研究问题二是：在国共出台劳动法之际，中国社会已隐秘地形成了哪些父职特征？国共劳动法如何对之回应并予以制度建设？

---

① 母职和父职是指社会构建出来的女人如何做母亲、男人如何做父亲的方式。母职和父职的具体内容随历史、群体、个人而变化，大致可分为生物性和社会性两部分。生物性亲职指父母提供精子和卵子等个体生命开端所需的生物基础。社会性亲职包括为子女提供初始社会位置、经济支持、日常照顾、道德管教等（Lamb，2000）。本文所讨论的母职和父职集中于现代工业生产影响下的孕产哺乳、其他日常照顾和经济支持。
② 以下简称《劳动法》，如无特殊说明，均指1933年版本。
③ 根据章可（2015）的分析，"现代"一词在汉语中出现于20世纪初，在20世纪20年代被时人普遍用来指称他们生活的当下时期。"现代"一词不但将中国带入世界体系，而且界定了所包含的时空、政治经济和思想属性（向鸿波，2017）。就本文主题而言，现代的这些属性及其对应的工业大生产成为构建父职和母职的基本制度。从彼时至当下，这些基本制度和所构建的父职和母职虽有变化，但不脱现代模式，所以本文将从彼时生发、发展至今的父职和母职称为现代模式。

本文聚焦于国共两党的这几部劳动法规,并通过阅读20世纪20~30年代各方搜集的工业生产和工人生活的资料,力图深入理解这几部劳动法规如何承前启后地构建出我国现代母职和父职的基本样貌。下面先梳理现有的研究成果。

二 现有研究综述

先来看母职。一般认为,梁启超的《论女学》(1897),金天翮的《女界钟》(1903),马君武译介的斯宾塞、约翰·穆勒的女权学说(1902~1903),共同奠定了现代母职的两项基本含义(须藤瑞代,2010;宋少鹏,2016;夏晓虹,2016)。首先,母职成为现代女国民的天职。她们不再必须通过为父系家庭生育继承人这个中介来间接参与修齐治平,而是通过女学、体育来直接为国家诞育佳儿(游鉴明,2012)。其次,女性在恪尽母亲天职的同时,还应该直接生利(刘慧英,2013)。关于女性是否生利和所生何利,在经历了短暂地对女性育儿价值的全盘否定后,当时知识分子、决策者们普遍承认了女性的育儿劳动具有使用价值,即使不能带来交换价值,也是社会不可缺失的(须藤瑞代,2010;宋少鹏,2016;夏晓虹,2016)。但由于间接生利的育儿无酬劳动常被贬低,而且中国积贫积弱,所以女性参加直接生利工作被认为是妇女解放和富民强国的关键环节之一(大滨庆子,2003;宋少鹏,2016)。尽管要求女性专门在家恪尽母职妻职的贤妻良母主义在20世纪前半期不绝于耳,但在绵延不绝的各方批判下不可能成为主流观念(刘慧英,2013)。对于均以建设现代工业国家、劳工解放和妇女解放为宗旨的国共两党而言,更是必须整合女性的生产与再生产双重任务。

母职乃女国民天职以及现代工业生产必须整合女性双重任务为重母轻父提供了最大的政治合法性,但并不足够,20世纪的前30年进一步从以下方面予以夯实。第一,西来的现代生物科学、医疗科学和优生学使女性可怀孕、分娩和哺乳的身体成为社会治理的焦点(赵婧,2010;曾繁花,2012;王瀛培,2014)。第二,男性赚钱养家、女性专司母职是当时先进欧美国家的性别文明。约翰·穆勒和爱伦·凯这两位欧美第一波女权主义运动的代表,在当时的中国享有导师般的地位。前者虽然抨击压制女性教育权和选举权的男权制,但支持男外女内的性别分工(宋少鹏,2016);

后者的母性女权主义则使母职在当时中国已是国族大义的基础上再次强化了母职是女性神圣本能的色彩（刘慧英，2013）。第三，清末以后，讲究营养卫生和以儿童为中心的现代母职标准传入，要求母亲在育儿上花费更多的时间与精力（卢淑樱，2012），再加上女性被要求同时参加直接生利劳动，使儿童公育被当时论者普遍认为是分担母职、解放妇女的必需（李扬，2016）。但在陈平原、向警予、陈独秀、李大钊等众多人士对儿童公育的想象中（朱季康，2015；赵妍杰，2015），照顾子女被默认是母亲的专属职责，儿童公育应该在母亲、邻里、雇主和政府之间分配，与父亲无关。第四，男女平等但分工不同的观念由天赋人权和生物差异推导而出（宋少鹏，2012），据此，要求女性承担无酬照顾子女的主要职责不被认为是歧视女性，而是发挥特长。从中国现代母职的三位开山者开始，女性比男性在性情和生理功能等方面更适合照顾子女的论述就不断产生出来，并通过学校教育和职业分配等途径不断实现（肖海英，2011）。也就是说，根据社会要求的性别规范"gender"来建构和阐释"sex"这一生物意义上的性，但隐匿"sex"的构建性，将其打造成未经人类染指的纯真知识，从而使其成为界定社会性别（gender）的基石（宋少鹏，2012，2016）。由此，生育被逐渐铭刻为大自然安排的不可动摇的女性本质（韩贺南，2008）。

再来看父职。欧美研究发现，父亲的首要职责是为孩子提供经济保障这一观念和实践并非自古有之，而是工业化和雇佣劳动普遍化后的发明（Bernard，1981；Kimmel，1996；Coltrane & Galt，2000）。与此相应，对于在劳动力等级上居于优势的、可赚到家庭工资的男性而言，他们的妻子以专职母亲的身份承担着无酬照顾子女的主要责任（Hartmann，1997；哈特曼，2007）。这成为资本家和男权的"双头兽"，制度性地将女性构建为第二性。一定年龄之下的儿童从事有酬劳动渐渐被视为社会罪恶，禁止童工和为儿童提供义务教育成为现代国家的标配，这些都进一步巩固了父亲是子女主要供养人的身份和权威（泽利泽，2008；阿利埃斯，2013）。

1917年"十月革命"后的苏俄则走出另一条颇为不同的父职之路。在生育方面，列宁、柯伦泰不但接受了马恩设计的妇女解放路线（参加有酬劳动+儿童公育）和个体家庭育儿是经济不理性行为的判断（李达，1921；龚廷泰、谢冬慧，2012），而且进一步从价值上对公共生活和家庭私人生活进行了高下判断，认为私人家庭使人自私、贪鄙，所以要求儿童从小就在婴孩保育室、幼稚园、学校里过集团化公共生活（胡愈之，1932；戴雪红，2010）。苏俄成年男性的首要身份则是共产主义事业的建设者和保卫者，是可以随时响应政党号召奔赴远方的游牧者，而非私人家庭中的父亲（Chernova，2012）。欧美社会中主要由父亲承担的赚钱责任，则由苏俄政府提供从孕期、幼儿养育到初高等教育的完备儿童公育服务取代。

20世纪头10年，欧美和苏俄分别通过国际劳工组织和第三国际积极向其他国家输送自己的父职和母职分工，国共两党1929~1933年的劳动法正是在此背景下出台的。在清末到民国前中期的中国本土，与占据时代主旋律地位的母职话语相比，父职几近被人遗忘（柯小菁，2011）。当代中国也罕有学者研究这段历史中的父职，但从学者们对母职等主题的研究中，可以发现这段时间关于父职的零星话语。例如鲁迅（2016）在其1919年发表的文章《我们现在怎样做父亲》中，要求父亲们放弃中国旧式的父恩与权威，无私平等地爱护子女。《妇女杂志》分别于1925年和1931年组发父亲专稿（柯小菁，2011：170~178）。陈东原（2015）和柳亚子（1936）在批评贤妻良母主义时，都注意到贤夫良父的缺席。然而，话语零星不等于父职不存在或不变革，而是以隐秘的方式构建出国共劳动法出台时的父职背景。

最后来看国共劳动法及其通过妇女劳动保护规定对女性双重劳动的调和。国民党政府工厂法主要参考的是当时欧美先进工业国和国际劳工组织的相关法规，以劳资两利为根本立场（饶东辉，1998；汪华，2006；彭南生、饶水利，2006），是在自由主义范式内调节雇佣劳动（张周国，2010）。共产党秉承马克思主义，认为劳动是社会发展的根本动力，劳动者是历史创造者，劳动是人的本质存在，所以共产党劳动法的根本宗旨是维护劳动正义（穆随心，2011）。在具体条文上，中共劳动法直接借鉴了苏俄劳动法典的许多内容，比国民党的工厂法明显激进（张希坡，1993；彭南生、饶水利，2006；衡芳珍，2013；丁丽，2015）。不过，就妇女劳动保护而言，虽然两党在借鉴对象、具体条文上存在差异，但均认同清末以来赋予女性的双重任务，而且强烈地受到20世纪20年代在世界多国普遍出现的妇女劳动保护和其中所蕴含的生育和女性观念的影响。所以，国共两党自20世纪20年代初开始着手制定劳动法规以来，不但均以妇女为重点，而且制定出有差异但高度类似的妇女劳动保护框架来整合妇女的双重生产：带薪生育假、托幼服务、禁忌劳动和雇主责任制（《修正工厂法》要求女工与厂方各承担一半产假工资）。这也是本文对国共两党劳动法并不刻意比较，而是往往相提并论的原因。

新中国成立后，这一框架通过《女工劳动保护条例草案》（1956年）、《女职工劳动保护规定》（1988年）、《女职工禁忌劳动范围的规定》（1990年）和《女职工劳动保护特别规定》（2012年）继续制度性地再生产着职业妇女的母职。对此，目前研究者们的基本观点有三。（1）妇女劳动保护通过承认和提供女性生育所需的社会保障，有力地促进了妇女的连续就业和经济独立（左际平、蒋永萍，2009；刘伯红，2012）。（2）过度的妇女生育保护加大了用工成本，导致用人单位在雇佣和晋升时排斥女性（刘伯红，2009；马忆南，2009；刘明辉，2009）。（3）女性禁忌工作加剧了性别偏见，女性被认为是脆弱的或需要保护的（杨云霞，2010；林燕玲，2012）。下面将分析国共劳动法对母职的构建如何生成了上述得失。

三 母职的继承与发展

从表1可看出，国共两党都承认清末以来女性的双重任务：无酬母职和参与有酬劳动，并以社会秩序把关人的身份，通过生育保障（如带薪生育假和托幼服务）和禁忌劳动从正反两个方向来构建母职。

表1 国民党《修正工厂法》和中共《劳动法》所提供的生育支持

	怀孕与分娩		母乳喂养			幼儿养育		禁忌劳动	
	带薪产假	分娩费	哺乳津贴	哺乳室	带薪哺乳时间	托幼服务	婴儿补助金	三期[a]女性	所有女性
《修正工厂法》	√	√	√	√	×	√	×	×	√
《劳动法》	√	√	×	√	√	√	√	√	√

注：（1）"√"表示提供，"×"表示不提供。（2）a. 三期指孕期、产期和哺乳期，本文不论及经期保护。尽管1927年第四次国共两党大会的《女工童工问题决议案》中就出现了经期保护的萌芽，但1929~1933年国共劳动法均未提及。经期保护与其他"三期"保护并列、明确成为中国妇女生育保障和劳动保护内容是在1988年通过的《女职工劳动保护规定》中。

首先来看生育保障。表1显示，对于怀孕、分娩和母乳喂养这三项必须由女性来完成的生育功能，尽管支持的细项不同，但国共两党的劳动法都予以承认。以带薪产假为例，资本家为保证自己的剩余价值最大化，和国民政府争执的是假期长短、薪水多寡和是否设定门槛，而非反对提供带薪产假；对于分娩费和哺乳室也未提出明确的反对意见（谢振民，2000：1120）。这表明，在当时的中国，雇主为女性提供怀孕、分娩和母乳喂养支持已被公认为现代工业文明不可缺失的要素，女工享有带薪产假、哺乳室已是不可否认的女性基本权益，雇主为"三期"女性提供劳动权益保障成为调和物质生产和劳动力再生产的基本方式，通过制定劳动法规来介入雇主与雇员之间在生育责任上的二次分配，已是现代政府和国家的基本职能。

从国共两党劳动法的条文来看，要求雇主为女性提供托幼服务的初衷是与哺乳配套，女性上班时将孩子带到工厂所设的托儿所，可以方便女性哺乳。但只要求雇佣女工的工厂提供托幼服务，开启了儿童照顾责任在母亲、父亲、雇主和国家之间的新分配。母亲而非父亲，被要求负责将子女从私领域带入公领域，和雇主提供的托幼服务一起分担公领域中的儿童照顾责任；下班后，儿童由母亲带回家并继续提供照顾。由此，在哺乳时期，父亲照顾子女的责任在公私领域均得到部分程度的豁免。当托幼服务从哺乳期延长至幼儿期后，[①] 只为女性提供的托幼服务不仅将哺乳期的幼儿照顾责任制度化为女性专职，而且把母乳喂养结束后需要继续提供多年的子女照顾劳动也分配给了女性，即生物决定的只能由母亲承担的生的责任被延长为只该由母亲承担的绵延数年的"育"的责任。

厘清生育责任包括"生"和"育"两大部分后，可以更细致地看到带薪生育假和托幼服务的重母轻父。只为女性提供的带薪生育假，否认了男性在妻子怀孕、分娩和母乳喂养阶段，有照顾妻子、胎儿和新生儿的责任和得到雇主支持的权利。只为女性提供的托幼服务，则否定了男性其实可以承担孩子出生后母乳喂养以外的其他所有照顾工作。而且，雇主提供的哺乳支持和托幼支持，即使落实得好，也只能很有限地分担"育"这

[①] 如1949年2月公布的《东北公营企业战时暂行劳动保险条例试行细则》中要求企业需为"女职工有3周岁以下无人照管的小孩10人以上者"设立托儿所（张希坡，1993：314）。

一环节所需的多年照顾劳动。在企业需独立核算经济效益的市场经济中,生育责任女性化和雇主责任制必然会加剧劳动力市场的性别等级:女性因同时负担有酬劳动和全部的生育劳动,不但难以全力投入有酬工作,而且需要雇主支付不菲的生育成本,从而成为质次价高的二等劳动力;男性则因在家内家外都无须承担子女照顾责任,成为可全心投入职场工作的一等劳动力和很少为孩子提供日常照顾的缺席父亲。在持续多年的子女照顾劳动中,母亲为主、雇主为辅、父亲缺席的儿童公育安排,使国家既得到宝贵的妇女劳动力,又以极廉价的方式得到必需的国民。

再来看"三期"禁忌劳动,即禁止女性在孕期、产期和哺乳期内从事劳动。《劳动法》第六十八条在解释向怀孕、分娩女性提供津贴的原因时指出,怀孕和分娩会导致女性暂时失去工作能力(韩延龙、常兆儒,1984:598)。怀孕和分娩本身就是女性在承担人口再生产的工作,所以女性暂时失能的"工作"显然是指有酬工作。这表明,尽管清末以来母职被广泛承认是创造使用价值的间接生利工作,但有酬工作高于无酬工作、交换价值高于使用价值的等级还是形成了,生育实际上不被认为是真正的工作。那么,怀孕、哺乳到底在多大程度上会影响女性从事有酬工作的能力呢?第六十八条认为在怀孕和哺乳时期的女性都是工作失能者(韩延龙、常兆儒,1984:593)。不过,这种观点并非《劳动法》的发明,因为在清末以来的母职构建中,生育禁锢和拖累女性的话语在不断累积。如,"原女子被屈之由,本于繁衍人类之不得已"(1894年康有为语,参见康有为,1994:178);"女子用其体力工作,本不下于男子,然不能在生育期内工作,男子便乘他这个弱点……这便是女子被压制不能翻身的总原因"(1919年毛泽东语,参见毛泽东,1990:422);"女子真正比男子累赘的,只有生育一节"(1920年汤济苍语,参见汤济苍,1981:328)等。女性逐渐被标签为深受生育拖累的不幸性别,生育使女性暂时工作失能的观点逐渐清晰,并沉淀为带薪生育假和女性"三期"禁忌工作的部分依据。

除规定女性生育期间的禁忌工作外,国共两党的劳动法都秉持男强女弱原则,如女性的"注意力、体力不甚强,易染疾病"(谢振民,2000:1105、1106),规定了所有女性都不得从事的禁忌工作——特别劳苦繁重、有害身体健康的工作。这些规定在某些情况下能阻止女性接触严重危害健康的职业,但也会事与愿违,并损害女性履行母职的能力。以女性就业最集中的纺织业为例,①该产业被认为"对于女性生活最为相宜"(谢振民,2000:1117),《修正工厂法》还特别规定女工不得从事"有尘埃、粉末或有毒气体散布场所之工作"(中国第二历史档案馆,2010:99)。但纺织车间的空气恶劣是公认的,空气中密布棉絮且高温高湿。美国传教士戴克尔(转引自刘秀红,2013:30~32)1924年通过对主要为纺织工人提供医疗服务的上海工业医院的调查发现,纺织女工的终身残疾率和肺结核罹患比例之所以比男工高,不安全的工作场所是根本原因,但由于被归因于女性"脆弱"的性别特质,纺织业的危险性被忽视,从而使纺织女工既无法获益于国共劳动法对改善危险生产环境的要求与监督,也无法享有中共《劳动法》规定的危险行业从业者可得到的较高工资和福利。以保护为名,要求女性从事并不比男性工作更安全的工作,不仅使女性育儿所需的健康体魄受到威胁,而且削弱了女性赚钱抚养子女的能力。由此,妇女禁忌工作的两个理由——生育使女性暂时失去工作能力和男强女弱,都造成了女性二等劳动力的地位,而女性在劳动力市场的低工资和低声望则合理化了无酬照顾为主、赚钱抚养为辅的母职安排。为什么意在保护母亲和女性的禁忌规定反会事与愿违呢?部分原因在于从国际而来的妇女劳动保护规范。国共劳动法中关于生育保障的规定均是直接借鉴于国际劳工组织、欧美和苏俄,由于这些机构与国家已占据了制定工业文明标准的领导权,所以当时的国共两党均未质疑它们所设计的妇女劳动保护规定,对于其中已包含的观念——生育是与男人无关的女性专属生物功能与社会职责、男强女弱(Addati et al.,2014)——不仅没有反对,而且因与当时中国母职话语契合,顺畅地将其作为妇女劳动禁忌的基础,从而使其在部分程度上成为构建和维持生育责任不公正分配的方式。

总之,国共劳动法承继了清末以来对女性生产和再生产双重职责的分配,通过妇女劳动保护框架——雇主责任制和只提供给女性的带薪生育假、托幼服务和禁忌劳动,为如何将母职纳入现代工业大生产提供了书写清晰的文本和具有实际操作性的制度,进而通过其内在的性别逻辑,为母职的两项任务划分了优先顺序:无酬照顾为主、赚钱抚养为辅。妇女劳动保护法规的重点任务随之明确:主要保护女性的生育职责不被有酬工作所

---

① 根据实业部劳动年鉴编辑委员会编纂(1990:12),在1931年可确定性别的全国工业类男女成年工人中,女性就业于纺织业的比例高达68.3%。

损害，而不是保障女性平等参与有酬劳动、获取收入的权利不被不公正的生育责任所妨碍。由此，对于作为劳动力市场一等雇员的男性，以赚钱为主、豁免了照顾子女职责的父职标准就呼之欲出了。

四 父职的隐秘构建

与旗帜鲜明地努力将母职纳入现代工业生产体系相比，国共劳动法对父职的构建称得上是无为而治和隐而不彰相结合：在顺应清末以来早期现代工业性别特征的基础上，在既定母职对相应父职的征召之下，通过对工种和技术的性别分配，顺势增强男性赚钱抚养子女的能力，并通过塑造现代文明劳工和提供家属抚恤金，向有意识构建父职迈出了一小步。

（一）男性赚钱抚养子女的优势和内部分化

由于父职是男性身份的一部分，所以父亲能够承担赚钱抚养子女主要责任的前提是男性整体上拥有比女性更强的赚钱能力，考察历史会发现，这一能力的性别差异从中国现代工业化初始就已开始产生。根据成纯一、李次山等1920年的研究，在19世纪60年代清朝洋务派建立的中国第一批现代工厂中，性别隔离已经开始，枪炮、船舶、钢铁等军事工厂和重工业只招男性（李文海等，2014b：83、85）。到1930年前后，全国已形成明显的行业职业性别隔离与工资性别差距。以上海这个在当时中国聚集了最多产业工人的城市为例，根据实业部劳动年鉴编辑委员会（1990：91~93）的统计，在1932年上海工业类下的63个职业中，不对男性、女性开放的职业分别有3个和28个；在男女皆可就业且可以比较性别收入差距的31个职业中，女性平均工资高于男性、男性平均工资高于女性的职业分别有7个和24个，后者中有7个职业的女性平均工资不到男性的一半。即使是在女工比例占绝对优势的纺织行业，朱邦兴等于20世纪30年代进行的调查显示，虽然少量女性的工资会高于男性，但总体平均工资还是男高于女。刘心铨（李文海等，2005b：941）、杨西孟（李文海等，2005a：261）和朱邦兴等（朱邦兴等编，1984）对华北和上海纺织厂的调查均显示，女性工资少于男性工资的根本原因在于工种的性别隔离。例如，只用男工的成包和清花车间员工的平均工资均高于男女工都雇用的粗纱、细纱和摇纱车间员工的平均工资。

20世纪初，劳动保障开始在中国兴起。其本意是通过二次分配减少劳资之间的贫富差距，保障劳工基本的收入水准和劳动条件，但同时也扩大了赚钱养家能力方面的性别差距。综合刘秀红（2013）对1927~1937年各行业社会保障水平的梳理和朱邦兴等（1984）于1938年对上海纺织、邮政、水电等20多个行业历史与现状的调查，可以看出，用人单位的所有制形式（国有、官督商办、外资和民营）和行业属性是影响员工保障水平的最重要因素。由政府控制的、被认为事关国家经济命脉的军事、铁路、邮政、航运等成为中资企业中提供社会保障最早且相对优厚的行业。李次山指出，清政府于1865年创办的只招男性的上海兵工厂由于福利保障较好，几十年间新添的就业机会只向雇员开放，雇员们的子女彼此通婚，成了土著企业（李文海等，2014b：85）。邮政行业早在1915年就通过《电话局雇佣工匠暂行章程》提供了工伤、疾病和养老保障（刘秀红，2013：177）。相比之下，20世纪30年代前后的纺织工厂虽然也提供奖金、米贴、因工死亡抚恤等福利保障，但种类与力度无法与国有垄断企业相提并论。

由此，工资福利水平的行业差距与劳动力的性别分布高度重合。上海市社会局1931年的数据显示，超过一半的女性集中在收入较低的三个行业：缫丝业、棉纺业和烟草业，工人每月包括工资和福利在内的实际收入只有10~15元，平均收入25~40元的行业均是只雇用男性或以男性为主的机器业、造船业和印刷业等（李文海等，2005b：719）。这再次表明，女性工资福利普遍低于男性，根本原因不在于同工不同酬，而在于严重的性别隔离使女性无法与男性同工。对于行业职业的性别隔离，上海市社会局给出的理由是："男工的气力比较女工或童工的气力大，所以粗笨的繁重的工作，大都由男工担任。男工的智力也比较女工为高，所以那些不甚需要思考的和程序比较简略的工作，大都交给女工或童工担任。"（李文海等，2005b：712）那纺织对女性体力的要求真的很低吗？汉口申新第四纺织厂在招女工时，只招收16~25岁的"轻灵熟练"的女性。根据剑慧1935年的报道，该厂1935年9月的在厂女工中，16~18岁者所占比例高达70.9%（李文海等，2014b：739~740）。这与中国当代新自由主义选择进城打工妹的标准惊人地类似：都是使用视力、手指灵巧、身体耐受力较好的年轻女性，年龄稍大即遭清退，即金一虹（2010）所概括的青春轮换制。再来看纺织是不是"不甚需要思考的和程序比较简略的工作"。由于资本家希望女工刚一入厂就能完成最基本的接线头等工作，所以在20世纪20~30年代养成工制度开始之前，为得到工作机会，女工们偷偷将小女孩带入工厂学习技术（洪尼格，2011；程郁、朱易安，2013）。纺织女工的学徒制，即养成工制度开始后，养成工们先要接受两个月的集中培训，然后再分派给师傅，完成剩余的一年又十个月的学徒时间（洪尼格，2011：83）。学徒期之所以耗时两年，固然有工厂压低工资、榨取更多剩余价值的目的，但成为熟练的纺织女工的确需要长期的训练。资本家和国民政府就《工厂法》磋商时，曾指出培养一名熟练的负责接头的纺织女工需要6个月（谢振民，2000：1116）。再来看工作所需的智力。史国衡、费孝通等学者通过对民国时期劳工的研究发现，智力曾被认为在城里人/乡下人、上海人/苏北人、沿海籍贯/昆明籍贯等不同群体中有高下之分，但实际是因为前者比后者更早接触工业文明，从而表现出智力上的优势（李文海等，2014b；洪尼格，2011）。至此，我们可以总结出当时行业性别隔离与工资性别差距的部分生产机制：将气力、灵敏等二元划分为男女特质；在这些特质之间进行等级排序，划分为男性的特质被赞誉，划归为女性的特质被贬低；根据等级化的性别特质，将工作、工资和声望在性别间进行分配，再把社会构建出来的资源分配上的差异归因于群体的内在特征。

与此同时，在1930年前后的中国，虽然男性整体上已获得高于女性的赚钱抚养子女能力，但在男性内部仍存阶层区分。仔细研读民国时期各项调查可发现，下列两类男性客观上具有抚养子女的能力。一类是资产丰厚者，其家庭收入主要来自田产和红利，全家大小的生活非常富足。[1]另一类是在劳动力等级中居于中上层的工薪者，包括优势行业的职员（从事办公室工作）和高级技术工人，正常情况下他们的收入和支出能够相抵。[2] 缺乏赚钱抚养子女能力的男性是那些完全依靠出卖劳动力换取现金谋生的底层劳动者，包括低技术工人、自我雇佣的一般工匠、无技术的苦力。冯华年1928~1929年对天津手艺工人家庭的调查、北平燕京大学

---

[1] 参见孙惠君1934年的《昆明市家庭生活情形调查》（李文海等，2005a：157）。
[2] 参见无我1920年的《唐山劳动状况（一）》（李文海等，2014b：13）、陶孟和1930年的《北平生活费之分析》（李文海等，2005a：49）、林颂河1930年的《塘沽工人调查》（李文海等，2005b：805~816）、施裕寿与刘心铨1932年的《山东中兴煤矿工人调查》（李文海等，2005b：912）。

社会学会1929年对燕京大学校役的调查和陶孟和1930年对北平下层家庭的调查发现，这些男性的工资远不足以独自养家，妻子和未成年子女都需要通过干零活来谋生路或贴补家用（李文海等，2005a，2005b）。即使是铁路这样的优势行业的工人，"中华民国"铁道部业务司劳工科1930年的调查（李文海等，2005a）和《民国二十一年中国劳动年鉴》（实业部劳动年鉴编辑委员会，1990：201）也显示，津浦、胶济、平汉、平绥、京沪和沪杭甬等铁路的工人平均月工资仅为10元左右，"即令孑然一身，并无家眷，亦仅足自给"。1925年陶孟和通过对北京人力车夫的调查更发现，对于赤贫的底层劳动者而言，结婚都属奢侈，更遑论履行父职。在18岁以上的车夫中，未婚者约占一半，其中许多人是因为贫困而无力娶妻（李文海等，2005b：1145~1152）。

（二）国共劳动法增强了男性赚钱抚养子女的经济能力

国共两党的劳动法都认可男女平等的抽象原则，规定男女同工同酬，但都没有意识到严重的行业职业性别隔离才是造成女性收入普遍低于男性的根本原因，也没有意识到性别意识形态与行业职业性别隔离之间的循环生产。因此，国共劳动法都没有着手消除行业职业的性别隔离，而且将"特别劳苦笨重的、有害工人身体健康的"工作规定为男性专属和女性禁忌。一方面，这是男强女弱逻辑的延伸，使男性在享有性别优越的同时，不得不通过承担繁重危险工作，部分让渡安全工作权利，来承受性别亏损。另一方面，劳动法对劳动条件的监督和改善给予劳苦危险工作承担者的较高收入和较高福利，又使男性享受着性别红利。在国共两党的劳动法中，雇主有提高工厂安全与卫生条件的责任，政府有监察劳动条件的权力，包括决定工厂的开办与关停、设备是否可以使用等。共产党《劳动法》还要求从事劳苦危险工作的男性工作时间比标准八小时减少两小时，给他们增加工资、加倍年假，提供劳保用品、特供食品、定期体检等各种福利。所以，尽管国共劳动法并没有构建父职的明确初衷，但上述条文客观上增强了男性赚钱抚养子女的能力。男性工作劳苦和危险程度的降低、身体健康程度的提高，有助于保障父亲赚钱抚养子女的持续时间；男性因承担危险繁重工作得到高于女性的工资福利，则可以直接增强他们赚钱抚养子女的能力。

职业技术等级是构建与合理化女性低工资、男性高工资的重要方式，

《劳动法》明确规定职业等级是决定工资的标准之一。《劳动法》在对技术工人的前期身份——学徒工进行规范时，似乎是性别中立的，但将技术、学徒和性别放回历史脉络后，可以看出之间的呼应。中国现代工业社会中的学徒制起源于洋务运动，为了迅速培养所需技术人才，洋务派打破了中国农业社会中师傅招收学徒数量极为有限的旧制，一次性招收几百甚至上千名学徒（张周国，2010）。洋务派的新式学徒制迅速从军工企业传播到各种机械工业（李忠，2010），不但培养了大量的技术人才，而且学徒成为高技术工种的标志，较长的学徒期则为高技术者应得高工资增添了合法性。与此同时，学徒只招男性、机械行业被认为契合男性特质而非女性特质的性别划分，都使得中国现代工业社会中的技术工作从一开始就是男性占优势。从20世纪20年代起，纺织行业虽然也推行了学徒制，但对纺织业工资和职业声望的提升程度远不及因从业者以女性为主而被贬低的程度。另外，学徒工招考时要求一定的识字程度，但民国时期女童在学率远低于男童，[①] 所以学徒仍以男性为主。由此，《劳动法》没有触动学徒的男性化现状，并明文要求保障学徒学习技术的机会和劳动权益，为后来工资、福利和声望向多数为男性的技术工人倾斜提供了合法性。

在男性内部，除承担繁重危险工作和技术工作的两个男性群体得到额外支持外，在增强赚钱抚养子女的能力方面，男女两大群体相比较而言，国共劳动法对男性有利。如前所述，妇女劳动保护在向女性提供部分生育保障的同时，也将女性构建为需要额外保护的特殊劳工，被豁免了子女照顾责任、无须雇主提供生育支持、无须考虑禁忌工作的男性则成为标准劳工。与此相应，两党劳动法对劳动者工作的确认和对收入福利的保障，更符合男性的经验而非女性。例如，由于不赞成女性做夜工和额外工（韩延龙、常兆儒，1984：555），两党劳动法规定的夜班和节假日加班可得的额外工资多为男性所得。女性有酬工作结束后回到家上的第二个班，即女性在家内进行的育儿劳动则没有得到劳动法在工时和工资上的承认，反而因此受到劳动力市场的排斥。综上所述，国共劳动法通过对禁忌工作、

[①] 根据陶孟和1930年在北平的调查、杨西孟1927~1928年在上海的调查、1930年"中华民国"铁道部业务局劳工科的统计、林颂河1930年对塘沽工人的调查和1931年对北平的调查、剑慧1935年在汉口的调查，在5~15岁的儿童中，女童在学率远低于男童；在北平全市人口中，女性和男性中的文盲率各占53.9%和30.1%（参见李文海，2005a：15、293、710；2005b：842，2014b：354、741）。

技术、工时和工资福利的性别分配，合理化和强化了中国早期工业化中业已存在的劳动力市场性别等级，并将无酬照顾以母亲为主和经济抚养以父亲为主的性别分工予以制度化，除增强男性整体相对于女性的赚钱抚养能力外，还从一开始就倾向于将男性设计成不需要为子女提供日常照顾的缺席父亲。

在父职阶层分化、许多劳工收入过低无力抚养子女的背景下，以保护劳工利益为宗旨的《劳动法》将所有雇佣关系都纳入管理范围的做法有助于提高劳工的赚钱抚养能力，但对承担危险繁重工作和高级技术工人在收入、福利和声望的倾斜，又延续了工薪者内部在赚钱抚养子女能力方面的差异。国民党的《修正工厂法》同样对父职的阶层分化既消减又维持。消减主要体现在：将工厂法的覆盖范围从1923年《暂行工厂通则》适用于平时使用工人在100人以上和含有危险性质或有害卫生的工厂（转引自刘秀红，2013：67）扩大到以机器为动力、雇佣人数超过30的工厂（中国第二历史档案馆，2010：39）。维持则是指人力车夫、码头工人、小商店伙计等城市中最没有能力结婚和抚养子女的男性仍被排除在《修正工厂法》的保障范围之外。

不过，尽管国共劳动法都有增强（部分或全部）男劳工赚钱抚养子女能力的效果，但并没有明确提出工资要包含抚养子女的费用，而且1941年公布的《陕甘宁边区关于公营工厂工人工资标准之决定》明确规定工人工资标准"以每个工人生活所需为最低工资，工资之高低依工人之技术程度、劳动强度决定之"（韩延龙、常兆儒，1984：640）。那工人子女的生活费谁来提供呢？1931年公布的《中华苏维埃共和国婚姻条例》规定，夫妻在离异后，如果子女随母亲一起生活，那在子女16岁以前，父亲需要担负孩子2/3的生活费（韩延龙、常兆儒，1984：790）。结合这两部法律，1933年中共《劳动法》所隐含的父职标准应该是：父亲应当是子女主要的经济抚养人，但抚养子女是男性的私人责任，雇主在支付工资时无须考虑在经济上依赖于父亲的子女。换言之，当时的《劳动法》不认为赚取包含子女抚养费用的工资是男性工人的劳动权利，不认为支持男性员工赚钱抚养子女是雇主的责任。

（三）国共劳动法向有意识构建父职迈出一小步

在1930年前后，国共劳动法不认为男性劳工的工资应该包含抚养子女的费用并非特例,在当时,即使对于客观上具有抚养子女能力的阶层来说,为子女成长提供经济支持也并非天经地义的父亲职责和男性特质,而是正在形成中。1928~1931 年进行的 5 份婚姻态度调查(李文海等,2005c:63~360)显示,在所调查的大学生、职员这些中等社会阶层内,确切地说,赚钱养家保证阖家大小的衣食用度是家族或大家庭家长的职责,普通男性即使已为夫为父,仍然不是赚钱抚养子女的第一责任人。例如,调查者询问男性已婚者结婚后家庭经济由何人负担时,82%回答是家长,6%回答是本人(李文海等,2005c:89);在向男性未婚者询问结婚条件时,只有 7.3%的人回答要等"自能负担家庭时",1.8%选择"双方皆能经济独立"(李文海等,2005c:81)。

对此,国民政府着手"除去依赖长上之恶习"(谢振民,2000:750),构建赚钱抚养子女的新父职。不同于大家长负责制背景下《大清律例》所禁止的"祖父母、父母在而子孙别籍异财",国民政府 1930 年公布的《民法·亲属编》将彼此抚养义务限制在由直系亲属和兄弟姐妹组成的小家庭内,明确要求父亲对未成年子女的经济抚养负有首要责任:"未成年子女者以父之住所为住所",夫妻离异后子女监护权归于父亲,家庭生活费用和清还债务,首先是夫的责任,然后是妻(中华全国妇女联合会妇女研究所、中国第二历史档案馆,2011:247、250、253)。许多知识分子也意识到,清末以来大家庭向小家庭的转向,无酬照顾子女以母亲为主的界定以及取缔童工、儿童应上学而非赚钱养家的新型儿童观,都需要父亲承担赚钱抚养子女的主要责任。① 由此,父亲应该成为主要的赚钱养家人逐渐成为男性特质、父亲职责和现代工业公民的新标准。国民政府的实业部(实业部劳动年鉴编辑委员会,1990)、上海社会局(1931)和许多知识分子在做调研时,都会考察工人所负担的赡养人口情况,并据此要求提高底层男性的工资,使他们能够养活子女和其他家人。

同时,一些底层男性劳工将微薄收入用于个人享受而非抚养儿女的生活方式引发了知识分子们的不满,并产生试图改造的愿望。早在 1925 年,陶孟和(转引自李文海等,2005b:1149)就批评许多人力车夫"偶有储蓄则常流于怠惰,或营不道德之生活",即听戏、听评书、赌博和嫖妓。

---

① 参见童家埏 1929 年的《无锡工人家庭之研究》(李文海等,2005b);林颂河 1930 年的《塘沽工人调查》(李文海等,2005b);丁同力、周世述 1929 年的《上海工厂工人之生活程度》(李文海等,2005a)。

其实，研读朱邦兴等（1984）于1938~1939年进行的上海调查可以发现，酒赌嫖并非底层男性独有，一些上等职员和高等技术工人均有此爱好，听戏和评书更是普遍娱乐。但底层工人在无力养活家人时仍如此生活显然触动了政府、实业家和知识分子已率先形成的男性应养活子女的新型父职观。由此，为培育符合工业文明的合格劳工，为使赚钱抚养子女从中上层男性的客观能力和部分人的新认同向下迁移至底层男性，底层工人的赌博冶游成为治理对象。《修正工厂法》第三十八、三十九条要求工厂为工人提供正当娱乐，协助工人储蓄，并成立消费合作社。四川民生公司和天津久大精盐工厂等企业要求单身男工人全部入住厂方提供的宿舍，通过提供免费的读书、运动和音乐，鼓励工人给家里寄生活费用，来培养文明、自尊和负责任的现代男性劳工（李文海等，2005b：801~802；杨可，2016）。基本只招男工的邮政、铁路等国有企业都强制工人储蓄，以备子女婚嫁和家庭成员的其他需要（朱邦兴等，1984；刘秀红，2013）。

《民法》《修正工厂法》和一些资本家的上述做法，实际都在要求男性承担赚钱养育子女的新父职，但对依赖工资生活的劳工而言，国共劳动法却均未明确承认得到可以抚养子女的工资是劳工权利。面对这一责任和权利的不匹配，国共劳动法要求雇主提供的抚恤金发挥了初步缝合作用。国共劳动法均要求，劳工死亡时雇主应向劳工的子女等家属提供抚恤金，共产党的劳动法还要求雇主在劳工残疾、年老或失踪时，向家属提供补助金。由于1949年之前中国产业工人中男性基本占六七成（刘明逵、唐玉良，2002：5），所以抚恤金和补助金的出现对于构建男性应承担赚钱抚养子女主要责任的新父职具有重要意义。首先，这表明劳动法开始初步承认这一新父职。如《劳动法》第七十六条默认劳动法的主体是男性，男性应该承担赚钱抚养子女的责任，从而将保险人的家属界定为："（一）未满十六岁的子女、兄弟及姐妹；（二）无劳动能力的父母及妻。"（韩延龙、常兆儒，1984：600）如果说带薪生育假、托幼服务和"三期"禁忌是劳动法对母职的高调承认，那《劳动法》第七十六条则是承认父职、将男性赚钱抚养责任纳入劳动权利的一小步。其次，对儿童的经济抚养从父亲和家庭的私有责任开始稍稍转向公私分担。在男性劳工不能继续承担对子女的经济抚养责任时，政府要求雇主提供抚恤金和补助金，这实际是要求雇主最低限度地接替父亲的经济功能。与苏俄政府取代父亲经济功能的普遍性和高替代率相比，国共劳动法要求提供的抚恤金或补助金只是避免绝对贫困的托底救济，赚钱抚养子女仍主要是父亲或家庭的私有责任。再次，共产党的劳动法开始对抚恤金去商品化，这有助于消除父亲抚养子女能力的群体差异。如第七十五条规定，"在劳工残疾或年老时，根据残疾程度、性质和劳工家庭状况来确定抚恤金的额度"；第七十六条规定，劳工在死亡或失踪后，如果家庭成员生活无着，可以得到雇主发放的补助金，额度由家庭成员的年龄和财产情况来确定（韩延龙、常兆儒，1984：599~600）。这表明这两项费用都与《劳动法》确定工资的两项标准——劳动率和职工等级——无关，劳动者和家庭成员的需求是唯一给付依据。最后，这有可能扩大父母抚养子女能力方面的差距。《劳动法》第七十二条规定："被保险人及被保险人的妻，如生产小孩缺乏抚育能力者，须付给一次补助津贴，并小孩在十个月内必需的物品与养育费。"（韩延龙、常兆儒，1984：599）该规定之所以将被保险人默认为男性，既可能出于男性被默认为标准劳工，也可能是出于男性比女性更可能获得福利较优厚的有酬工作，从而促使父母赚钱抚养能力出现差异。武川正吾（2011）将福利国家的基本任务概括为两项：去商品化和去性别歧视。《劳动法》对抚恤金和补助金的发放规定显示，这两项基本任务有可能方向不一致地缠绕在一起。

五　结论

母职和父职是联结个人与社会、物质生产和人口再生产、劳动力市场与家庭生活的枢纽，是历史文化遗产与政治权力磋商的产物。1929~1933年的国共劳动法继承清末以来的母职主流话语，顺应中国现代工业早期阶段的性别特征，通过带薪生育假、托幼服务、禁忌劳动和雇主负责制等妇女劳动保护规定，通过工种和技术等方面的性别分配，通过主观努力和意外效应，明确了母亲以无酬照顾为主、父亲以赚钱为主这一适应大工业生产的育儿分工的具体制度与清晰文本。需要强调的是，由于立法指导思想超前、覆盖人群和总体实施效果相当有限等原因（陈达，1931；吴至信，1937；陕西省总工会工运史研究室，1988；彭南生、饶水利，2006；刘秀红，2013），本文讨论的国共劳动法的意义在于明确应然标准，而非迅速成为普遍实然。共产党的劳动法为职业妇女界定的母职模式尤其具有文本规范上的领导力。在中共陕甘宁、晋察冀、晋冀鲁豫、晋西北、山东省、苏中和苏皖等边区陆续于20世纪30~40年代出台的妇女劳动保护法规中，虽然具体措施与《劳动法》有差异，而且直接覆盖人群也相当有限，但均沿用了该法协调女性双重生产的框架。新中国成立后，随着更多城镇人口被迅速卷入工业大生产，人们的生活普遍依赖于参加现代工业生产以换取工资，这一框架通过前后三个版本的女职工劳动保护规定和相应的禁忌劳动规定推向全国，以无酬照顾子女为主、赚钱抚养为辅的现代职业妇女的母职从应然标准落地为普遍现实。

在父职方面，虽然《修正工厂法》的总体落实情况很差，但因公死亡抚恤金的发放情况较好。吴至信1937年对富有代表性的49家铁路、厂矿企业的调查发现，这项抚恤金的提供率是该法规定的所有劳工保障中唯一达到100%的（李文海等，2004：119）。再加上国统区工业一直延续清末以来的性别特征——男工的人数和平均工资均多于女工（李文海等，2014a：2、586），所以该法事实上一直引导和增强父亲作为赚钱抚养子女主要责任人的地位。在共产党的《劳动法》方面，陕甘宁、晋察冀、晋冀鲁豫、晋西北、山东省、苏中和苏皖等边区的劳动保护条例和改善雇工待遇办法均沿用了该法对死亡劳工家属提供抚恤金、规定女性禁忌和男性专属工作的规定，并和各边区奖励生产技术条例、优待专门技术干部办法一起，向承担繁重、危险、技术工作的男性劳动者提供较高的声望、工资和福利（韩延龙、常兆儒，1984：640~700、763~768），从而不断巩固男性承担赚钱抚养子女主要责任的可能性。与《劳动法》未明确规定工资应包含抚养子女费用不同，《晋冀鲁豫边区劳工保护暂行条例》等七部边区劳动法规明确规定工资在能养活劳工本人外，还需能够维持1~1.5个人的最低生活标准，并和这些边区婚姻条例所规定的男女离婚后子女抚养条文一起（韩延龙、常兆儒，1984：804~861），呼应、强化和细化了《劳动法》所要求的母亲以无酬照顾为主、父亲以赚钱抚养为主的分工：子女年幼时跟随母亲生活，母亲负责提供日常照顾和经济支持；如果女方无力抚养且未再婚，则由父亲提供子女的生活费；如果女方再婚，则由新夫负责抚养；子女长大不再需要频繁日常照顾后，原则上与父亲共同生活，由父亲提供经济支持。由此，中国共产党的劳动法既没有仿效欧美工业国部分中上层男性独自养家的模式，也没有采取苏俄那样国家代替父亲的模式，而是初步走出一条中间道路：赚钱抚养子女的主要责任人+缺席父亲。

行文至此，可以总结出国共劳动法构建母职和父职规范的不同路径：女工被假设必然要当母亲，女工的母亲身份被高度肯定，劳动法特设专门章节清晰界定母职规范；在有普婚普育传统的中国，大多数男工都迟早要当父亲的事实被忽略或否定，劳动法对父职零散且晦暗不明的规定需要参照婚姻法或民法等其他制度才能辨识。这一构建路径一直延续至1995年开始实施且使用至今的《中华人民共和国劳动法》。

与工业大生产等现代制度、民法和婚姻法等法规、知识分子群体对父职母职的设计等众多力量一起，20世纪30年代的国共劳动法顺应、扭转、推动着中国现代母职和父职的构建。其所生发的母职和父职发展到今天，已展现出显著的局限性：子女照顾职责的母职化，损害了女性平等参加有酬工作的权利；赚钱抚养子女责任的沉重和随之而来的有酬工作优先损害了男性向子女提供充足日常照顾的权利；儿童无法获得父亲足够的日常照顾与成长陪伴。这尤其不适应当代家庭生活和育儿模式的新变化：家庭亲密关系增强（吉登斯，2001）；孩子对父母经济上无用但情感上无价（泽利泽，2008）；生育不但是责任，更是权利，从父职中获取生命意义与人生快乐是男性权利（国际劳工组织工作条件和就业处，2012；Addati et al. , 2014）。在低生育率的风险已经来临、新生人口已渐成稀缺资源的当代中国，是否能使全面两孩由政策期待落实为众多家庭的现实选择，其关键环节之一在于反思劳动法对母职和父职的构建，承认大多数成年就业男性都迟早将成为父亲的事实，将父职引入劳动法，承认有足够时间照顾子女是男性的劳动权利。因此，有必要追溯奠定了中国现代母职和父职基本样貌的30年代劳动法，以期在新形势下重新设计生育正义和性别正义。

参考文献

阿利埃斯，菲力浦，2013，《儿童的世纪——旧制度下的儿童和家庭生活》，沈坚、朱晓罕译，北京大学出版社。

陈达，1931，《我国工厂法的讨论》，《时事月报》第5期。

陈东原，2015，《中国妇女生活史》，商务印书馆。

程郁、朱易安，2013，《上海职业妇女口述史——1949年以前就业的群体》，广西师范大学出版社。

大滨庆子，2003，《"贤妻良母"与近代日本女权主义》，《中国女性文化》第3期。

戴雪红，2010，《女性主义对资本主义的批判：立场、观点和方法》，光明日报出版社。

邓峰、丁小浩，2012，《人力资本、劳动力市场分割与性别收入差距》，《社会学研究》第 5 期。

丁丽，2015，《北洋政府时期的劳动立法问题探析》，《北方论丛》第 6 期。

龚廷泰、谢冬慧，2012，《列宁的劳动法思想体系述论》，《江苏社会科学》第 2 期。

国际劳工组织工作条件和就业处，2012，《生育保护资源手册：从愿望到现实》http：//www.ilo.org/wcmsp5/groups/public/—asia/—ro-bangkok/—ilo-beijing/documents/publication/wcms_ 193497.pdf。

国家统计局社会和科技统计司，2007，《中国社会中的女人和男人——事实和数据（2007）》（内部出版物）。

哈特曼，海迪，2007，《资本主义、父权制和性别分工》，载李银河编《妇女：最漫长的革命》，中国妇女出版社。

韩贺南，2008，《爱与"母职"——五四时期"女性本质"的解构与建构》，《中华女子学院学报》第 2 期。

韩延龙、常兆儒，1984，《中国新民主主义革命时期根据地法制文献选编》，中国社会科学出版社。

衡芳珍，2013，《二十世纪 30 年代国共两党的工厂法》，《江苏社会科学》第 4 期。

洪尼格，艾米莉，2011，《姐妹们与陌生人——上海棉纱厂女工 1919-1949》，韩慈译，江苏人民出版社。

胡愈之，1989/1932，《莫斯科印象记》，《民国丛书》第五编 80，上海书店。

吉登斯，安东尼，2001，《亲密关系的变革——现代社会中的性、爱和爱欲》，陈永国、汪民安译，社会科学文献出版社。

金天翮，2003，《女界钟》，上海古籍出版社。

金一虹，2010，《流动的父权：流动农民家庭的变迁》，《中国社会科学》第 4 期。

康有为，1994，《大同书》，辽宁人民出版社。

柯小菁，2011，《塑造新母亲：近代中国育儿知识的建构及实践 1900-1937》，山西教育出版社。

李春玲、李实，2008，《市场竞争还是性别歧视——收入性别差异扩大趋势及其原因解释》，《社会学研究》第 2 期。

李达，1921，《列宁底妇人解放论》，《新青年》第九卷第二号。

李文海、夏明芳、黄兴涛编，2004，《民国时期社会调查丛编：社会保障卷》，福建教育出版社。

——，2005a，《民国时期社会调查丛编：城市（劳工）生活卷（上）》，福建教育出版社。

——，2005b，《民国时期社会调查丛编：城市（劳工）生活卷（下）》，福建教育出版社。

——，2005c，《民国时期社会调查丛编：婚姻家庭卷》，福建教育出版社。

——，2014a，《民国时期社会调查丛编（二编）：城市（劳工）生活卷（上）》，福建教育出版社。

——，2014b，《民国时期社会调查丛编（二编）：城市（劳工）生活卷（下）》，福建教育出版社。
李扬，2016，《歧路纷出，何处是归程——民国时期知识女性在事业与家庭上的两难选择》，《北京社会科学》第 6 期。
李忠，2010，《近代中国劳工教育的历史变迁》，《河北师范大学学报》（教育科学版）第 5 期。
林燕玲，2012，《国际劳工标准：女工和童工保护》，《中国劳动》第 3 期。
刘伯红，2009，《中国社会转型期的女职工劳动保护》，《妇女研究论丛》第 2 期。
——，2012，《特殊保护势在必行，平等发展更需坚持——女职工劳动保护的国际趋势》，《妇女研究论丛》第 4 期。
刘慧英，2013，《女权、启蒙与民族国家话语》，人民文学出版社。
刘明辉，2009，《关注女职工职业禁忌的负面影响》，《妇女研究论丛》第 2 期。
刘秀红，2013，《南京国民政府时期劳工社会保障制度研究（1927-1937）》，扬州大学博士学位论文。
柳亚子，1936，《关于妇女问题的两大营垒》，《申报》2 月 8 日。
卢淑樱，2012，《科学、健康与母职：民国时期的儿童健康比赛（1919-1937）》，《华南师范大学学报》（社会科学版）第 5 期。
鲁迅，2016，《鲁迅文集：坟》，万卷出版公司。
马忆南，2009，《"女性禁忌从事的劳动"再思考》，《妇女研究论丛》第 2 期。
毛泽东，1990，《女子自立问题》，《毛泽东早期文稿》，湖南人民出版社。
穆随心，2011，《劳动法"倾斜保护原则"正义价值探究——基于马克思主义正义理论视域》，陕西师范大学博士学位论文。
彭南生、饶水利，2006，《简论 1929 年的〈工厂法〉》，《安徽史学》第 4 期。
陕西省总工会工运史研究室，1988，《陕甘宁边区工人运动史概述》，《陕甘宁边区工人运动史料选编》（上册），工人出版社。
实业部劳动年鉴编辑委员会编纂，1990，《民国二十一年中国劳动年鉴》（全七册·一），《近代中国史料丛刊三编第六十辑》，文海出版社。
宋少鹏，2012，《清末民初"女性"观念的建构》，《中国现代文学研究丛刊》第 5 期。
——，2016，《"西洋镜"里的中国与妇女：文明的性别标准和晚清女权论述》，社会科学文献出版社。
汤济苍，1981，《儿童公育与会食》，《五四时期妇女问题文选》，三联书店。
汤梦君，2013，《中国生育政策的选择：基于东亚、东南亚地区的经验》，《人口研究》第 6 期。
汪华，2006，《近代上海社会保障研究（1927-1937）》，上海师范大学博士学位论文。
王瀛培，2014，《社会文化史视野下的中国女性与医疗卫生研究述评》，《妇女研究论丛》第 3 期。
吴帆，2016，《欧洲家庭政策与生育率变化——兼论中国低生育率陷阱的风险》，《社会学研究》第 1 期。
武川正吾，2011，《福利国家的社会学：全球化、个体化与社会政策》，李莲花、李永晶、朱珉译，商务印书馆。
夏晓虹，2016，《晚清文人妇女观》（增订本），北京大学出版社。
向鸿波，2017，《历史分期观念与"中国近世史"的生成》，《中山大学学报》（社会科学版）第4期。
肖海英，2011，《"贤妻良母主义"：近代中国女子教育主流》，《社会科学家》第8期。
谢振民，2000，《中华民国立法史（下册）》，中国政法大学出版社。
须藤瑞代，2010，《中国"女权"概念的变迁——清末民初的人权和社会性别》，须藤瑞代、姚毅译，社会科学文献出版社。
徐愫，2015，《流动人口收入性别差异的实证研究——以苏浙沪三省（市）数据为依据》，《贵州社会科学》第5期。
杨菊华，2015，《单独二孩政策下流动人口的生育意愿分析》，《中国人口科学》第1期。
杨可，2016，《劳工宿舍的另一种可能：作为现代文明教化空间的民国模范劳工宿舍》，《社会》第2期。
杨云霞，2010，《新民主主义革命时期女工劳动立法分析》，《西北大学学报》（哲学社会科学版）第1期。
游鉴明，2012，《超越性别身体——近代华东地区的女子体育（1895-1937）》，北京大学出版社。
泽利泽，维维安娜，2008，《给无价的孩子定价》，王水雄、宋静、林虹译，格致出版社和上海人民出版社。
曾繁花，2012，《清末分娩场域的嬗变》，《南京中医药大学学报》（社会科学版）第2期。
翟振武、李龙、陈佳鞠，2016，《全面两孩政策下的目标人群及新增出生人口估计》，《人口研究》第4期。
张亮，2016，《中国儿童照顾政策研究——基于性别、家庭和国家的视角》，上海社会科学院出版社。
张青根、沈红，2016，《教育能缓解性别收入差距吗？》，《复旦教育论坛》第4期。
张希坡，1993，《革命根据地的工运纲领和劳动立法史》，中国劳动出版社。
张周国，2010，《南京国民政府时期劳动契约制度研究》，华东政法大学博士学位论文。
章可，2015，《超越历史分期概念：汉语"现代"概念的创出》，《史学理论研究》第3期。
赵婧，2010，《母性话语与分娩医疗化——以20世纪三四十年代的上海为中心》，《妇女研究论丛》第4期。
赵妍杰，2015，《不独子其子：五四前后关于儿童公育的争论》，《社会科学研究》第5期。
中国第二历史档案馆编，1991，《中华民国史档案资料汇编（第三辑工矿业）》，江苏古籍出版社。
——，2010，《中华民国史档案资料汇编 第五辑第一编财政经济（五）》，江苏古籍出版社。

中华全国妇女联合会妇女研究所、中国第二历史档案馆，2011，《中国妇女运动历史资料·民国政府卷（上）》，中国妇女出版社。

朱邦兴、胡林阁、徐声编，1984，《上海产业与上海职工》，上海人民出版社。

朱季康，2015，《论民国妇女身份的转变对幼儿公育思想的影响——基于民国学者视野的考察（1912-1949）》，《北京社会科学》第2期。

左际平、蒋永萍，2009，《社会转型中的城镇妇女的工作和家庭》，当代中国出版社。

Addati, L. Gassirer, N. K. Gilchrist, 2014, Maternity and Paternity: Law and Practice across the World. International Labor Office.

Bernard, J., 1981. "The Good-provider Role: Its Rise and Fall", *American Psychologist*, Vol. 36, No. 1.

Chernova, Z., 2012. "The Model of 'Soviet' Fatherhood: Discursive Prescriptions", *Russian Studies in History*, Vol. 51, No. 2.

Coltrane, S., Galt, J., 2000., "The History of Men's Caring." In Meyer, M. H. (ed.), *Care Work: Gender, Labor, and Welfare States*. New York: Routledge.

Hartmann, H., 1997., "The Unhappy Marriage of Marxism and Feminsm", Nicholson, L. (ed), *The Second Wave: A Reader in Feminist Theory*. N. Y.: Routledge.

Kimmel, M., 1996., *Manhood in American: A Cultural History*. New York: Free Press.

Lamb, M. E., 2000, "The History of Research on Father Involvement: An Overview", *Marriage & Family Review*, Vol. 29, No. 2.

（原载《社会学研究》2017年第6期）

教育"拼妈":"家长主义"的盛行与母职再造

金一虹 杨笛

内容提要 当下愈演愈烈的"教育拼妈"现象,是竞争性教育和"家长主义"泛滥的产物。"教育拼妈"和"父亲缺席"并存,既是"男外女内"性别分工在教育领域的表现,也在对母职及观念意识进行重构,加大了"教育"权重,造成"母职密集化",强化了母职中限制性的一面。但女性并非完全被动地被定义和被形塑,她们在介入教育的同时,重新定义着母职,展现了新母职意识抵抗对主体消解的另一面相。

一 问题的提出

近年来,教育要"拼妈"一说盛传于网上和坊间。被称为"中国最具影响力时政新闻评论专业网"的"半月谈网"也发文称当今已进入"拼妈时代"——家有学童的妈妈不仅要"替孩子做手工作业、带孩子参加各种培训班、组织同学间的聚会,甚至要帮老师发表论文……"(余靖静、朱青,2014)

教育"拼妈"说引起社会强烈共鸣,将"教育拼妈"输入百度百科,有关词条就有218万之多。但"教育拼妈"作为媒体语言,是否具有一定普遍性而可以成为社会学研究的对象?笔者带着这个问题通过前期实证研究证实,"教育拼妈"作为一种社会现象在都市普遍存在。[①] 本文将在此基础上做进一步的理论分析:形成"教育拼妈"现象背后的社会机制是什么?如何从阶层、阶级和性别的视角来分析其实质?"教育拼妈"的兴起,对家庭性别分工和母职意识将产生什么样的影响?这些影响变化的趋势如何?

二 教育为何要比拼?竞争型教育与"家长主义"的滥觞

坊间所说"拼妈"是指家庭在教育投资方面的比拼,母亲不过是直接行动者。需要将这一现象置于全球化的背景之下分析,才能回答个体家庭为什么要进行教育比拼这一问题。

1. 全球化催生的"竞争型教育"

劳德等(Lauder et al,2006)将始于20世纪70年代全球性的社会转型概括为"全球化"与"个体化"两种趋势。全球化使国家成为"熊彼特竞争型国家",个体化则将个体变成了"竞争型个体"。随着全球性竞争日趋激烈,世界各国均为可能丧失"全球竞争力"的恐慌所笼罩,因教育效能降低而丧失竞争力的危险尤甚,即使是牢牢占据着教育领先地位的英美等国也不例外。如美国80年代由总统里根委托有关部门起草的教育报告的标题即"国家在危机中"(A Nation at Risk)。这一国家危机意识使得教育最终和市场化竞争紧紧捆绑在一起。

此外,知识经济兴起也进一步加剧了"基于教育的社会分化"和"基于文凭的地位竞争"。中国在20世纪90年代后,经历了剧烈的社会分化,且社会结构逐渐固化,社会向上流动的机会越来越少。如果说教育尚能为人提供一个向上流动的制度性"出口",那么,在依据"知识-技能"拉大阶层分化的社会中,无数家庭就必然会把投资教育、让子女通过教育竞争以实现向上流动作为目标(卢乃桂、董辉,2009)。这就使个体家庭在教育方面的"比拼"变得格外激烈。

[①] 前期实证研究阶段,笔者积累了28位家长的访谈记录,其中父亲5人、母亲23人,职业分别为教师、科研人员、媒体工作者、企业管理干部和普通打工者。另访谈了多位长期研究教育的学者、资深媒体人以及组织了三次焦点团体访谈。

2. 市场法则的入侵和"家长主义"的滥觞

在发达国家，教育的现代化大多经历过普及教育、追求教育公平的改革历程。但20世纪70年代末以来，凭借教育必须提升本国"全球竞争力"的话语，市场至上的新自由主义逻辑逐渐取得了支配性地位，成为各国教育改革的主导思想。英国的教育与政治经济学家布朗（Phillip Brown）分析了英国教育史上曾经历的三波浪潮后指出：自1988年实行教育改革法案以来，右翼正以市场之名，以个体选择自由、家长自主择校、教育效能等说辞，用"家长主义"（parentocracy）取代了第二波改革浪潮的"能力主义"（meritocracy）取向，以在教育领域推行私有化重建。

所谓"家长主义"，是布朗提出的一个反映政治意识形态的社会学概念。"家长主义"与强调机会均等、能力导向的"能力主义"相悖，在强调教育效能的竞争性话语下，强调家长"自我选择"、自己负责，让教育成为依家长的财富和意愿而非学生的能力和努力的体系（Phillip Brown, 1990）。

细读布朗"家长主义"的论述，可以概括出以下几点。第一，"家长主义"创造了一种以市场化原则为特色的家长与学校的关系。教育市场化将家长变为教育产出的消费者，由他们选择决定孩子要获得怎样的教育。但是，家长的选择教育产品的能力显然受到他们所属社会阶层、所拥有的经济社会资本的限制。强调自由竞争显然扩大了学生的差别，削弱了教育的公共性和平等的价值取向。

第二，"家长主义"似乎尊重家长的自主选择权，强调家长介入教育、家校联合的教育民主化，实际上家长对教育——大到教育制度，小到学校课程设置和教学——影响甚微，学校更愿遵循市场原则，把教育机构当作企业经营，与家长进行利益交换。

第三，凭借"家长主义"，国家重新建立了它与教育的关系。一方面国家加强了它对教育组织和内容的控制，使权力更为集中；另一方面国家只确保"家长自主选择"的主权，却降低了它在教育选择和结果上的责任。总之，即使面对教育产出不平等的严酷事实，政府也无须对此担责。个人教育的成败应该由"投资者"——家长的选择偏好和介入能力负责。

"家长主义"概念揭示了英国教育不平等的再生产和使这种再生产合

法化的机制。作为意识形态的"家长主义"不仅影响了英国，美国等国家也都先后经历了择校运动、扩充儿童家长的自由选择等教育市场化重建过程。

布朗所说的"家长主义"迹象也已在我国出现并蔓延。尽管中国教育部门坚称一向坚持"促进义务教育向公平、公正、均衡的目标发展"的非市场化原则，但实际市场原则已成为教育场域中强有力的行动逻辑，对公共教育亦形成巨大的侵蚀。以愈演愈烈的家长择校为例，据21世纪教育研究院调查，在择校寻租最严重的北京市三个教育大区，2010年义务教育阶段电脑就近派位入学的比例不到50%，其中两所最著名的重点中学是0（周冯灿，2012），超过半数的家庭要通过择校去争夺优质教育资源。除了部分拥有权力资本与经济资本的家长，可以以"共建生""条子生""缴费生"等形式进行择校，其余家长只有走参加培训班、"推优"、特长生等择优入学之路，这强烈冲击着教育的公平性。①

三 "家长主义"批判：阶层、阶级的视角

国外一系列研究表明，在相当普遍的范围内学生的教育成就与其家庭经济社会背景密切相关（Coleman et al.，1966；姜添辉，2005）。尽管目前教育尚未能做到为所有阶层的子弟提供同样多的向上流动机会，但是起码在未曾开启教育市场化之门前，平等的受教育权作为儿童一项基本权利是得到普遍认同的，教育公平亦为各国教育改革的普遍诉求。如1966年美国著名的《科尔曼报告》就曾雄心勃勃地期许：教育要做一件以往社会从未做到的大事，就是"解放孩子的潜能，使他们免于因为出身和社会环境而带来的不平等"（Coleman et al.，1966）。但如布朗所言，家长自由选择和自由市场的逻辑，使教育"回到原点"，重新进入"一个以社会阶级作为教育组织原则或教育选择基础的状态"（胡金平，2012）。

因制造和不断扩大教育不平等，"家长主义"遭到布朗等左翼学者的激烈批判。布朗指出，在"家长主义"主导的教育第三波袭来之时，所有社会阶级的教育投资都增加了，但只有"有能力的家长"能为孩子购

---

① 据《教育蓝皮书：中国教育发展报告（2012）》披露，2010年整个中国教育培训市场总值约为7600亿元，相当于2008年全国实现土地出让总收入的数额。

买有优势竞争力的教育产品，如那些比工人阶级拥有更多经济和文化资本的中产阶级家长（胡金平，2012）。中国的研究者也指出，当义务教育体系外滋生出庞大的"隐形市场"、教育变成"隐形市场"下的竞逐之时，边缘弱势群体明显处于不利地位（文东茅，2006）。一些学校的家长委员会变成了"富人俱乐部"，弱势群体的家长和"差生"的家长并无话语权（胡金平，2012）。《人民日报》也对教育资源和机会分配不公导致"身份壁垒"的强化，发出"身份决定命运，还是奋斗决定命运"的强烈质疑。

如何看待教育"拼妈"现象？《半月谈》文章引用了一位职业为教师的妈妈的话："拼钱、拼权、拼地位、拼关系，我拼不了，唯一可拼的是辅导和指导孩子学习。"也就是说，"拼妈"是妈妈在助力孩子拼能力，这要比拼权和钱公平得多。《光明日报》一篇署名文章也认为："相对于'拼爹'而言，'拼妈'应当算是一种进步。'拼爹'拼的是父辈的权势和财富，破坏了社会公平、阻碍阶层流动，所以遭人诟病。而'拼妈'则是一种个人竞争，且不是中国独有的现象。"（陈方，2014）但是，"拼妈"不仅是时间和精力投入的比拼，而且是家庭拥有的文化资本比拼。对文化资本差异带来的教育不平等，皮埃尔·布迪厄有着非常深刻的分析。他指出在以晚期资本主义为特征的复杂社会中，不是一种资本而是两种资本——经济资本与文化资本——通向权力地位，决定社会空间结构，主宰团体和个人的人生机遇和轨迹。与通过家庭内部财富传承的直接再生产不同的是，"新资本"（文化资本）是以学校为中介的再生产。文化资本看上去似乎是资本持有者所天生固有的，实际上主要是通过家庭来累积与传承的，因此文化资本非常适合于将社会特权的世代传承合法化，尽管民主理想试图去打破这种传承（罗克·华康德，2003）。和西方自由择校、家长介入教育多以中产阶级家庭为主相仿，中国比拼教育最有力的也多为拥有较多文化资本的中产白领母亲。

还应该看到的是，"拼妈"的背后仍然是"拼爹"——家庭用于教育的投入不仅是母亲的精力和智力，还需要有一定的经济资本支持。孩子上"补习班"以及购买天价学区房，都是一笔不菲的支出，被平民称为难以攀爬的"教育大山"。这使那些无论在经济资本还是文化资本方面都无优势可言的低收入劳动者难以企及，我们调查中那些蓝领家庭包括进城务工家庭几乎都放弃加入这一场无望的竞争。

四 性别化"家长主义"批判：性别的视角

批判教育社会学对家长主义复制社会不平等进行了深刻的批判，但是他们的批判往往到此为止。他们对阶层、阶级化的差异有着敏锐的洞察，但独缺性别的视角。实际"家长主义"不仅是阶层、阶级化的，也是高度性别化。它在复制阶层、阶级间不平等的同时，也在复制性别的不平等。

1. "拼妈"与"父亲缺席"的教育

人们常常要问：教育"拼妈"，爸爸去哪儿了？当教育"拼妈"成为普遍的社会现象之时，意味着多数家庭是由母亲承担起子女教育的主要职责，也意味着形成了"父亲缺席"的教育模式。2012年上海一项对16个区县学生家长的配额抽样调查结果显示，平时由母亲主要负责与学校联系的占63%，由母亲主要承担家庭教育职责的占62.4%，而父亲的相应比例分别为27.1%和30.6%，参与度明显偏低。小学一、二年级学生的父亲尤甚，主要承担家庭教育的比例低至23.2%（张欣驰，2013）。第三期全国妇女地位调查显示，有职业的母亲中52.5%承担了辅导孩子功课的"大部分"或"全部"，而男性这一比例仅为16.4%（宋秀岩，2013）。在笔者的实证研究中，教育职责大多由母亲承担，父亲也不是全然不参与，但都是间断性、"一时兴起"式的。一方面多数父亲缺席教育，另一方面指责妈妈教育不当却相当普遍。家长主义的逻辑是家庭要为教育的失败负责，而性别化的家长主义则认为母亲应为家庭教育的成败负责。

2. "教育拼妈"："男主外女主内"分工的延展

父亲们为什么多数会缺席教育？最普遍也是最"合理"的解释就是男人们要忙于事业，挣钱养家，无暇顾及。一项网上调查显示，37%的网友认为父亲低度参与教育是因为"养家压力大，男人难兼顾"，另有9%认为父亲低度参与实属"正常，符合传统"（戴慧菁，2013）。可以说，"教育拼妈"和父亲缺席教育并存，是传统"男主外女主内"性别分工模式在今天的延续，但又有了新的变化。

当教育职责向家庭延伸之时，家务劳动的内涵和性质也发生了一定变化。尽管家庭中的照顾劳动，包括照料学童的生活，在科学主义的影响下变得越来越精细化，但毕竟是家务劳动的传统组成部分。而家长大量介入教育的要求，使得管理辅导孩子的课业、与学校老师的沟通交流，也都进入家务劳动的范畴。尽管介入教育、课业管理劳动的智力成分要比照顾性劳动高，但同样是一种琐碎、耗时、耗费心力，且无酬、难以估算其价值的劳动。

尽管现代家庭的男性越来越多地分担了家务劳动，但只要女性仍然被视为家庭事务的主要责任者，母亲承担比拼教育的主责就是"顺理成章"的事。我们的实证研究显示：男人们不喜欢为他们认为耗时又不重要的事浪费时间，他们认为有价值的事情是能够产生市场价值的工作和应酬。男人应该保持男性气质也是他们不高兴在妈妈扎堆的家长委员会、家长QQ群和培训班现身的理由。但是男性对孩子教育也不是不关心、不介入，他们往往要在关键时候出马，比如择校、升学填报志愿的时候。当教育变成一种家庭投资为主的行为之时，我们看到家庭内形成了一种新的性别分工模式——父亲大多处于教育投资的决策者地位，而把需要大量耗时费力的教育介入和课业管理统统交给了母亲。这种性别分工规则背后，是基于男性在职场通常比女性有更好的收益和晋升前景的性别差异。

诺贝尔经济学奖得主贝克尔用投入产出比较解释家庭中的两性分工形成的缘由。他认为因为男性在市场部门的投入回报高于家庭部门，所以他要把大部分劳动时间花在市场上；而女性投入家庭部门的收益则高于她们在市场部门，所以她们把大部分时间花在生育和照料孩子方面。

贝克尔说，"妇女的时间价值可能是较低的"（加里·贝克尔，1987：25~28、31），但是贝克尔没有指出，如果说女性时间价值较低是一个严酷的事实的话，也是职场存在性别歧视所致，说妇女更愿意投入家庭部门，不如说是因为她们难以在市场部门得到更好的回报。

当时间成为今天最稀缺资源的时候，家庭中对享有发展和休闲时间资源的争夺变得激烈起来。夫妻之间如何分配劳动和休闲时间，体现了两性间不对等的权力关系。当女性发展的时间被照顾孩子和课业管理大量吞噬的时候，她们的职业成就显然会受到不利影响，致使她们的时间价值变得更低，更应该承担照料和辅导孩子课业之责。因此，性别化的家长主义不仅在实践层面承继了男主外女主内的传统性别分工模式，也使不平等的性别关系得以强化和再生产。

3. 中国"教育妈妈"：新群体的出场

所谓"教育妈妈"的概念最早见诸日本的全职妈妈。这个本身受过良好教育，却以教育子女为"职业"的群体，在日本相当庞大。以致

2012年日本拥有大学学历的女性中，仅有69%的人外出工作。[①] 本文所指的中国"教育妈妈"，除了全职妈妈外，还包括虽本身有职业但重心放在助力子女教育上的母亲们。"教育妈妈"首先将大部分时间精力花在"陪读"上；其次是课程辅导、和孩子一起解习题；再次是搜集各种有关教育的信息——从择校升学的地方教育政策到竞赛培训，为此要加入家长QQ群，要花大量时间"泡"家长论坛发帖子；最后要和学校老师保持良好的互动关系，除了出席家长会，还要接受学校的各种指令，积极参加学校号召组织的各种活动。

虽然目前还没有相关统计数据显示当前中国这一群体规模几何，但我们仍可从一些调查数据中间接"析"出。第三期中国妇女社会地位调查数据显示，2010年全国18~64岁女性中有29.1%不在业，比10年前第二期调查时提高了16.1个百分点，"照料家庭"是她们不在业的首要原因。调查还显示，18~29岁目前不在业的、要承担"大部分"和"全部"照料孩子之责（包括生活照顾和辅导孩子课业）的女性比例高达92.3%。而这一年龄组受过高等教育的不在业城镇女性，孩子需要照料是她们不在业的唯一原因（陈刚、石秀印等，2010）——概述之：十多年来，中国不在业女性有较大幅度增加，尽管并非所有不在业女性都是家有学童的母亲，但她们中相当一部分，特别是受过高等教育的不在业年轻女性，作为"教育妈妈"群体开始在中国"登场"。

五 母职和母职再造

"Motherhood"大多数学者将其译为"母职"、母亲身份（谢丽斯·克拉马雷、戴尔·斯彭德，2007：702），但也有学者主张译为"母亲角色"，认为"母亲角色"既包含母亲所做的怀孕、生育和养育等事，也包含与之相关的意识形态，即社会、文化对女性角色和地位的定义，以及对以女性为主力的照顾工作所赋予的评价，因此比"母职"涵盖更广（俞彦娟，2005）。本文遵从多数译法，但在母亲工作和母亲相关的性别角色综合意义上使用"母职"概念。

正如女性主义学者 Reger 所指出的：母职是一个历史建构的意识形

---

① 数据来自英国每日邮报《日本第一届世界妇女大会召开》，2014年9月12日。

态，它提供给所有女性（已育或没有生育的）一个性别化的行为规范（Reger，2001：85-110）。母职并不是为母天生、自然生成的，而是一个被定义、被规范的角色意识和行为准则，这是女性主义所坚持的，也是本文分析的一个理论前提。所谓母职"再造"，是指母职在社会变迁过程中被再建构的过程。

各种文化都有什么是理想化的母职和母亲角色的论述和标准。亦如Cherry所言，在以往的性别文化中，即使有些性别规范不太明确，但母职规范一定是十分清楚的（Cherry，1999：245-259）。但是，既然母职是历史建构的产物，就会随着社会变迁被重新建构。本文将分析竞争型教育和性别化家长主义泛滥下母职建构的新特征。

1. 母职的"密集化"

海斯（Hays）在研究了20世纪80年代以来母职建构的变化后，提出"密集母职"（intensive mothering）概念。所谓"密集母职"指在观念上人们认为母亲是孩子最好最理想的照顾者，因此母亲应该以孩子身心利益最大化为目标，全心全意投入孩子照顾，甚至放弃自己的需要和利益。[①] 这个"密集母职"概念具有时间密集的特点——母亲应该和孩子具有身心的"相近性"、亲密性，要常伴左右避免与子分离。母亲的身份要求她一天24小时不间断地关爱、照料子女。

而今天的"密集母职"不仅表现在照顾时间的密集化，同时也表现在母亲职责向教育扩展和责任增重后的职责密集化。既然教育已和母职捆绑在一起，那么她必须为下一代的教育成败全程负责，从早教、学前、小升初……一直到高考，每一个环节都不容脱节，不仅所谓教育"起跑线"在前移，母亲对教育的介入也在全线延长。对孩子未来获得优势地位的激烈竞争，导致母亲对教育投入的"过密化"。母职密集化也意味着理想好妈妈的标准被扩大拔高，甚至高到难以企及的程度，如坊间所称做理想的妈妈就要"下得了菜场，上得了课堂，做得了蛋糕，讲得了故事，教得了奥数，讲得了语法，改得了作文，做得了小报，懂得了琴棋，会得了书画……想得出创意，搞得了活动，挣得了学费，付得了消费"（余靖静、朱青，2014），这个中国"全能妈妈"的理想化标准比西方在进入后工业时代为媒体所塑造的完美"超级妈妈"（supermom）有过之而无不及。几

[①] 有关密集母职的论述，参见 Murphy（2000）。

乎所有的妈妈在此标准前都会感到压力重重。

2. "母不在于养而在于教"：教育权重扩大

以往的母亲角色也包含家庭教育的职责，但仅限于对孩子道德和行为的教化。而现代母职不仅凸显了智育之要，而且在"母职"中权重加大——"母不在于养而在于教"，母亲对孩子的抚育和日常照料具有一定的可替代性（比如由上一代亲人和保姆替代），而教育因为具备较高的知识含量应该由母亲亲自运作和管理。

与以往在孕育、哺乳、生活照料等方面以母亲"自然""本能"来建构母职有所不同，新的扩大母职需要借助现代性话语，强调儿童利益至上，母亲要为孩子规划安排好学业，也强调身为母亲应根据儿童教育需求改变自己，重新规划自己的事业人生，以符合好母亲的标准。随着教育在母职中权重的增加，母职的价值意义也在发生变化。以日本为例，一脉相承的价值是"母亲生来是为孩子服务的"，但对今天的母亲角色来说，教育孩子已成为"她们天字第一号职责"。如果以往"成为母亲"（生育和养育了孩子）被认为是女人人生成就，那么今天"一位母亲的个人成就感，则是和孩子的学业成就分不开的"，如美国教育部 2007 年所发表的《日本教育之现状》所说，在日本"社会评价一位妇女的成就时，主要是看她的孩子在学校读书的成绩"（转引自 Goodbaby，2007）。孩子教育成败，关系到她们个人的荣辱尊严，包括家庭地位——一个孩子教育不成功的母亲在家里是抬不起头的（符祝慧，2014）。

3. "教育焦虑"：个体的还是社会的？

由教育引发的焦虑情绪正在社会蔓延。据人民网一项调查显示，92.8%的受访家长对孩子的成长教育存在焦虑，98.6%的人认为身边有家长存在教育焦虑现象（毛开云，2014）。百度百科特别指出"教育焦虑症"具有性别化特征："越来越凶猛的妈妈们是此症高发人群。"家长网上社区是教育妈妈们彼此交换信息、获得相互支持的重要阵地，但也是焦虑情绪相互感染、放大的场域。"每个帖子背后，都有一张家长纠结而焦虑的脸，一颗脆弱的心。"（王晓雯，2012）署名陈方的文章称：不应把"拼妈族"的教育焦虑归结为"社会焦虑"。理由是国外的全职妈妈比中国更多，她们在对孩子的付出方面一点都不次于中国的"拼妈族"，怎么就没听到她们的抱怨呢？因此他认为这些妈妈的焦虑源自她们好"攀比""炫耀"等个人问题（文东茅，2006）。这一个人化归因逻辑与"家长主义"如出一辙：不仅孩子教育失败应由个体家庭负责，由此产生的各种社会行为和心理偏差也都应由家庭——主要是母亲担责。

但是什么使她们变得如此"疯狂"？教育焦虑来自对优质教育资源的争夺——未来是文凭竞争的残酷时代，而这种残酷的竞争受到市场的操控。市场需要制造需求和因匮缺而产生的焦虑，"想尽办法挖掘问题与困难，挑起母亲的焦虑，然后提供各种解决方案（商品、服务、技术、专家建议、达人忠告、过来人经验等）"让母亲为此不断付费（陈婷玉，2010），这是市场的不二法门。所有受访的妈妈都认为如此疯狂投入"比拼"是不正常的，自己卷入其中是出于无奈，没有人对此乐此不疲。相当一部分家长曾做过不同形式的反抗，如不送孩子去培训班、不响应学校安排的额外"任务"，但大多以妥协告终。因为分散的个体力量难以与庞大的市场抗衡，所以妈妈们就与这个压迫自己的结构"共谋"了。这个教育体制外的隐形市场和利益输送链条长期存在，其核心还是教育的公平性问题。母亲们的焦虑来自对非公平性竞争下"输掉"教育的担忧，也是对向上流动机会稀少和不公的担忧。

母亲教育焦虑还来自母职意识压迫性力量造成的认知失调。一个接受访谈的妈妈说，她被同事亲友反复教导："你要想孩子成功，就得一个搭一个，你做妈的就得牺牲"——理想化的母亲为了孩子需要消解自我，包括为了孩子而改变、重新规划人生，为孩子做出牺牲。正如阿德里安·瑞奇（Adrienne Rich）在她那本堪称女性主义经典的《女人所生》一书中所说，一个母亲必须完全放弃自己的目标，才能给小孩"无条件的"爱和注意力，才能合乎社会对好母亲的期待（Rich，1986/1976）。身为母亲，任何追求育儿之外的个人发展意愿，都是与这种"牺牲自我"的期待相悖的，因此她们不得不在他人的评断及自己的罪恶感中挣扎。如俞彦娟所分析指出的：无论是接受还是拒绝主流的母职意识，母亲们都无法摆脱焦虑。她们似乎注定要陷入对自己无法称职或无法完全牺牲自我的自责之中（戴慧菁，2013），有职妈妈尤甚。

概言之，当女性的角色几乎压缩到和母亲角色等同之时，女性个体的价值就被消解。消解女性主体和女性不甘被消解并试图找回主体的矛盾，是母亲教育焦虑生成的重要原因。

4. 重新定义母职

对母职的分析与解构在 20 世纪六七十年代兴起的第二波女性主义思

潮中居重要地位，因为女性主义与传统观念的分歧在于如何解读两性之间的生理差异。而两性间最大的生理差异就在于女性具有怀孕生育的能力，所以母职成为女性主义理论争论的核心。

第二波女性主义认为，被父权制建构的母职意识形态压缩女性的角色、限制女性发展，导致社会对女性的歧视和不公平待遇，是女性受到限制和压迫的根源。但自 20 世纪 70 年代中期开始，女性主义不再只强调母职限制压迫妇女的那一面，而是去寻找母亲角色的正面意义——她们肯定母职对社会和文化的贡献、强调母亲经验对女性认同的重要性，甚至认为母性特质将赋予女性权能（戴慧菁，2013）。女性主义不仅从母职中分离出压迫女性和赋予女性力量的两个面向（Ruddick，1980），也指出女性并非只会被形塑和被定义，理想化的母职以及母亲与社会其他成员、社会结构和信仰制度之间的关系，都经过个人和社会的创造与再创造。母亲不断通过日常生活在重新定义着母职。

我们研究的这些"教育妈妈"也在苦乐参半的实践中，体验到成为母亲、负担母职，绝不是一件天生、自然的事情，而是必须努力通过学习才能胜任。新的母亲角色固然使她们常常为社会和家庭责任对时间资源的争夺而矛盾纠结，但还是有许多在职妈妈抱着"事业与孩子，一个都不能少"的信念，虽经历艰辛，但因为做到了个人职业和孩子学业发展相对平衡而自信倍增。新的母职既带来创造亲子亲密关系的精神愉悦，也使她们在家庭中的重要性增加。"因为学习，所以强大"，随着个人知识增长、情绪管理和协调平衡能力的上升，新母职让她们感到自我强大。

当然，以上这些正面收获和自我价值肯定的妈妈都源于她们"教子有方"，而那些没有取得期望中好成绩的妈妈，则备受打击。但是不管怎么说，新的母职通过教育职责的扩展，给女性抵抗消解主体性、寻找更强大的自我以新的机会和空间。

参考文献

陈方，2014，《"拼爹"要不得"拼妈"也要适度》，《光明日报》6 月 11 日。
陈刚、石秀印等，2010，《身份决定命运，还是奋斗决定命运？》，《人民日报》11 月 11 日。
陈婷玉，2010，《当妈妈真好？流行妇幼杂志的母职再现》，《女学学志：妇女与性别研究》第 26 期。

戴慧菁，2013，《家庭教育中父亲参与度远低于母亲，网友：养家压力大难兼顾》，新民网，4月27日。

符祝慧，2014，《子女学前教育从1岁开始，日本妈妈教育经太沉重》，联合早报网，8月24日。

胡金平，2012，《家长参与教育的政治社会学分析》，《南京师范大学学报》（社会科学版）第5期。

加里·S. 贝克尔，1987，《家庭经济分析》，彭松建译，华夏出版社。

姜添辉，2005，《资本社会中的社会流动与学校体系：批评教育社会学的分析》，高等教育出版社。

卢乃桂、董辉，2009，《审视择校现象：全球脉络与本土境遇下的思索》，《教育发展研究》第20期。

罗克·华康德，2003，《解读皮埃尔·布迪厄的"资本"——〈国家精英〉英译本引言》，郭持华、赵志义译，中央编译出版社。

毛开云，2014，《教育公平是缓解家长焦虑的不二法门》，《人民日报》5月30日。

宋秀岩主编，2013，《新时期中国妇女社会地位调查研究（上）》，中国妇女出版社。

王晓雯，2012，《妈妈们成教育焦虑症高发人群这些症状你有吗？》，浙江在线新闻网，2012年10月19日。

文东茅，2006，《我国城市义务教育阶段择校及其对弱势群体的影响》，《北京大学教育评论》第2期。

谢丽斯·克拉马雷、戴尔·斯彭德主编，2007，《国际妇女百科全书（下卷）》，高等教育出版社。

余靖静、朱青，2014，《"拼妈"时代：当妈非得"十项全能"？》，《决策探索》第11期。

俞彦娟，2005，《女性主义对母亲角色研究的影响——以美国妇女史为例》，《女学学志：妇女与性别研究》第20期。

张欣驰，2013，《中小学生家庭教育报告发布，上海爸爸"缺席"孩子教育》，东方网，4月25日。

周冯灿，2012，《择校乱收费：教育部屡败屡战》，《南方周末》3月23日。

Cherry, A., 1999, "Maternal-fetal Conflicts, the Social Construction of Maternal Deviance, and some Thoughts about Love and Justice", *Texas Journal of Women and the Law*.

Coleman, J. S., E. Campbell, C. Hobson, J. McPartland, A. Mood, F. Weinfeld, R. York, 1966, *Equality of Educational Opportunity*. Washington, D. C. : U. S. Government Printing Office.

Goodbaby, 2007，《日本：毫不懈怠的教育妈妈》，《读者文摘》第8期。

Lauder, H. et al., 2006, "Introduction: The Prospects for Education: Individualization, Globalization, and Social Change", in Hugh Lauder et al. (eds.) *Education, Globalization and Social Change*, Oxford University Press.

Murphy, E., 2000, "Risk, Responsibility and Rhetoric in Infant Feeding", *Journal of Contemporary*, 29 (3).

Phillip Brown, 1990, "The Third Wave: Education and the Ideology of Parentocracy", *British Journal of Sociology of Education*, Vol. 11, No. 1.

Reger, J., 2001, "Motherhood and the Construction of Feminist Identities: Variations in a Women's Movement Organization," *Sociological Inquiry*, 29 (3).

Rich, A., 1986/1976, *Of Woman Born: Motherhood as Experience and Institution*, W. W. Norton & Company.

Ruddick, S., 1980, "Maternal thinking", *Feminist Studies*, 6 (2).

（原载《南京社会科学》2015 年第 2 期）

母职的经纪人化

——教育市场化背景下的母职变迁

杨 可

内容提要 随着中国教育市场的发展和"影子教育"的升温,家庭高度重视子女教育投入,甚至开始替代学校成为组织孩子个性化学习方案的轴心。文章通过案例研究发现,作为教育竞争加剧以及教育市场化背景下的一种适应性变迁,城市家庭中的母职实践突破了私领域内照料子女的传统内涵,母亲教育方面的职责陡增并呈现一种"经纪人化"的新特征,以"教育经纪人"式的职业化标准来追求子女在教育市场中的经营业绩,发挥着维护信息网络、了解教育市场产品与目标学校需求、定制个性化学习路线、规划影子教育学习时间、亲身整合教育资源等一系列功能,以帮助子女在激烈的教育竞争中获得优势。母亲们对母职的经纪人化趋势与个人职业角色冲突的处理态度也因家庭结构、工作压力和自身角色认同等方面的差异而有所不同。总体而言,当前中国母职的经纪人化趋势体现出现代性、条件性、本土性和多面性四个特征。文章最后对母职"教育经纪人"化趋势的形成对母亲群体的规范力量和可能的现实后果进行了剖析。

一 问题的提出

近年来,伴随着升学竞争的白热化发展和教育的市场化进程,有关教育"拼妈""虎妈"的讨论盛行于中国大众媒体,如何在令人目不暇接的教育市场产品中为孩子做出选择,也已成为城市的母亲绕不开的话题。一方面,年轻的母亲们感到她们需要完成的母职责任日益密集,尤其是统管孩子和家庭外教育培训的压力陡增,"小朋友像明星一样日程排太满",而这是自己的母辈在集体主义时期没有过的母职体验;另一方面,整个社会,包括女性自身也没有降低对女性职业发展的期望,大部分的母亲需要在职场劳动之外再去担负这种"升级版"的母职。在妈妈们的交谈中常常弥漫着一种对子女教育前途的焦虑,面临挑战的母亲们彼此倾诉、交流经验,在不断变迁的母职理想要求下探求如何尽力完成统管孩子教育的母职实践。早在50余年前,赖特·米尔斯(Wright Mills)就提示社会学家要以"社会学的想象力"去探求个人困境与社会议题之间的关联,通过个人经验去关照与之发生日常互动的更广泛的社会和制度问题。本研究关注母职的当代变迁,希望通过个案研究来深入探究当下中国城市女性母职实践之新特点与现代意涵,并尝试就其社会层面的制度根源与可能的现实后果进行总结与讨论。

二 文献回顾

(一) 母职与子女教养方式

按传统定义,"母职"(motherhood)是社会围绕养育和照料而建构的一系列活动和关系(Arendell,2000)。西方学术文献中论及的母职既包含不同阶段的母职活动,也包含母职意识形态(陶艳兰,2015)。正因为母职是社会建构的概念,其内涵也具有本土性和动态性,不同社会文化环境下的母职意识形态和具体实践各不相同。例如,北美女性主义学者研究指出,北美社会20世纪70年代以来占主流的母职意识形态是"密集母职"(intensive motherhood),其特点是母亲责任不可替代(exclusive)、完全以孩子为中心(wholly child-centered)、情感卷入(emotion-involving)和耗费时间(time-consuming)(Arendell,2000)。根据美国学者2012年的一项调查,自1975年到2010年,尽管母亲的就业率增加了,但母亲用于陪伴孩子的时间几乎翻了一倍(Damaske,2013)。

母职的密集化现象并非北美国家或白人家庭所独有。事实上,"拼妈"之风在西方的某些移民群体中更盛。例如澳洲的华人社会中近年来就流行一种所谓"十八得了"的超级妈妈标准,对母亲的家务技能、经济能力、教育水平和身体化的文化资本提出了相当高的要求(傲新,2014)。

在社会学领域有关母职的研究文献中,阶层分析是较为常见的研究进路。密集母职与社会分层的关系也得到了关注。有学者指出,这种西方社会主流母职意识形态实际上是以白人异性恋中产阶级核心家庭为模型建构的,对家庭的购买力有相当的要求,将其作为母职理想给低收入家庭和特殊家庭的母职实践带来了压力和影响。在密集母职这种主流母职意识形态的规制之下,低收入家庭的母亲,尤其是缺乏伴侣经济支持的单身母亲常常不得不放弃"密集母职"而采取"扩大母职"(extensive motherhood)模式,即在出门工作时将孩子委托给家人或社区邻里照顾,但往往为此怀有沉重的负疚感(Arendell, 2000)。"身为母亲为什么还要出门工作"甚至成为一个需要解释的问题(Christopher, 2012)。一项对以色列劳工阶层母亲的研究发现,她们多采取"扩大母职"模式,但有些母亲发现对孩子陪伴和教导不足导致孩子学习困难,不得不艰难地告别职场,回到密集母职模式,亲身担任孩子的照顾者和教导者(Lavee and Orley, 2015)。不过,近期有美国学者对按照社会经济地位划分密集母职还是扩大母职的二元框架提出了不同意见。卡伦·克里斯托弗(Karen Christopher)研究指出,即使在经济地位相近的单身母亲中,对扩大母职的看法也因种族/民族的传统差异而有所不同。因黑人女性有酬劳动的历史传统,黑人母亲们并不将扩大母职视为需要解释的、引发道德负疚感的对象(Christopher, 2012)。克里斯托弗还指出,不同于以往的研究结论,扩大母职在当今美国有扩散的趋势,各个种族、各种社会经济背景的女性都大量采取了"扩大母职"模式(Christopher, 2012)。布莱尔-劳恩(Blare-Loy)通过对美国女经理人的研究指出,"最年轻一代的母亲们更多地将母职视为委托式的而不是密集的,孩子是独立的而不是脆弱的"(Christopher, 2012)。除了关注密集母职理想隐含的社会分层后果之外,女性主义学者还从性别的角度对这一主流母职意识形态固化传统性别角色分工、限制女性职业发展、未能平衡儿童需求和女性自身需求等方面提出了批评(Arendell, 2000; 陶艳兰, 2015; Damaske, 2013; Lavee and Orley, 2015)。

延续布迪厄社会阶层影响教养方式的研究进路,安妮特·拉鲁

（Amnnette Lareau）通过对美国家庭生活的观察提出，美国的专业中产阶级采取了一种"规划栽培"（concerted cultivation）的教育方式和亲职态度。"透过细心规划、协作安排各式休闲与学习活动，来培养小孩的才艺与表达能力；父母运用'讲道理'而非命令的方式与孩子沟通，并允许小孩反驳成人意见。"（蓝佩嘉，2014）这里所谓"concerted"有双重的含义，既指多种课外活动在时间上统筹协调，也强调亲子之间的协商一致，与劳工阶层放任或专制的教养方式相对。蓝佩嘉将拉鲁的框架用于台湾四个案例小学学生家庭的观察，指出台湾中产阶级家庭的规划栽培任务也往往落在母亲身上，父亲多扮演"养家"角色，负责提供经济资本，而母亲则需要通过自身文化资本与社会资本积累来辅助孩子的培养，包括吸收新知、建立人脉、统筹规划孩子活动等，甚至还被要求在孩子学习时陪同上课。但蓝佩嘉的跨阶层数据分析也对纯粹的阶层分析框架提出了挑战，她发现除了结构位置之外，家庭的教育行动倾向还受到理念的反思性中介影响。换言之，除了父母的资本，家庭追求的价值和理念也会影响实际的教育行动。资本总量不高的家庭如有比较高的益品追求，亦可能发展出"培育阶级流动力"的教养方式（蓝佩嘉，2014）。

在中国大陆当前有关的研究文献中，肖索未的质性研究关注了当下中国家庭中母亲在家庭育儿过程中的轴心地位。文章分析指出，现代城市中产阶层家庭在育儿组织上呈现"严母慈祖"的新格局，母亲作为家庭育儿"总管"操盘儿童发展规划并且承担主要的社会性抚育的职责，父亲提供辅助，而传统上交由母亲完成的儿童生理性抚育和家庭照料工作多由祖辈分担（肖索未，2014）。同时，她在另一项有关进城务工农民子女抚养方式的研究中也对阶层分析框架提出了与蓝佩嘉类似的补充意见，指出具有强城市化取向的家庭也有演练中产阶层式科学育儿的意愿和实践（肖索未、蔡永芳，2014）。洪岩璧等学者也通过一项对家庭教育模式的全国性调查数据分析支持了教育模式跨阶层的普适性，指出中产阶层并未在阶层惯习上显著区别于弱势阶层，主观分层不同的阶层之间在是否参加过补课方面并无显著差别（洪岩璧、赵延东，2014）。

总体来看，针对不同家庭的母职（亲职）方式，尤其是有关教育方式的既有研究文献提示我们，社会学常见的阶层分析框架可能并不能完全适用于各种不同情景中的母职实践。除了社会经济地位之外，群体的文化传统、个体家庭的理念乃至性别观念等因素都可能共同作用于母职实践的过程。

（二）教育的市场化与中国母职的教育取向

自20世纪90年代末以来，教育的市场化发展有目共睹。最新版的《培训行业这一年·2017》指出，随着《民办教育促进法》的正式实施和在线教育领域大规模融资频现，"在线K12[①]辅导领域的规模化营收阶段正在到来"（多知网，2017）。方兴未艾的高校自主招生培训被誉为投资的"蓝海"，甚至不少源自海外，比如以影子教育[②]闻名的新加坡的课外辅导机构也宣布登陆中国捞金。这些教育培训机构日常打交道的对象正是各个家庭的母亲。论及当前家庭在教育方面密集投入的缘由时，金一虹等学者将其归结为席卷全球的竞争性教育和新自由主义催生的"家长主义"。在强调教育效能的竞争性话语下，家长主义强调家长"自我选择"、自己负责，使得教育反映的是家长的财富和意愿而不是学生的能力和努力（金一虹、杨笛，2015）。追根究底，教育改革中的家长主义是推崇市场至上的新自由主义逻辑的产物。许多有关影子教育的研究指出，各国的教育市场化和公共教育私事化与20世纪70年代以来新自由主义的兴盛相关。20世纪90年代初以来，日本也以"自由化"的名义实施周五日制，其背后的教育自由化理念遭到日本教育社会学者藤田英典的批评，指其导致教育阶层化和公共教育私事化（刘煜，2017）。许多针对亚洲社会的影子教育研究也已证明，影子教育会显著提高学生的学业表现，但影子教育的支出和参与度与学生家庭的经济状况正相关（中泽涉，2015；胡咏梅、范文凤、丁维莉，2015；李佳丽、胡咏梅，2017）。换言之，影子教育可能会造成阶层之间教育结果的不平等，成为一种优势阶层维护精英地位的机制。针对中国儿童的市场化抚育造成父母经济负担沉重、青年女性就业率下降的问题，有学者明确提出应重构国家和青年父母之间的契约，由整个社会集体分担儿童养育责任（马春华，2015）。

---

① K12是Kindergarten through Twelfth Grade的简写，意指从幼儿园（kindergarten）到十二年级，在国际上用作对基础教育阶段的通称。
② 影子教育一般定义为"发生在学校正规教育之外、针对学校科目并收取费用的辅导"，不包括非学科性的课外活动（如绘画、弹琴、体育活动等）学习（参见刘煜，2017）。但亦有学者主张，在中国，文艺、体育等非学科课外补习活动也有可能影响到部分学生的升学结果，也应包括在影子教育的范围内。本文中的影子教育等同于课外培训。

从中国教育的市场化发展过程来看，它不仅是由全球性的教育竞争刺激之下投资教育的潜在利益拉动的，更是由集体主义时期公共育儿体制逐渐萎缩、教育的私事化趋势直接推动的。在中国单位制时期，城市在职母亲曾享受过公共资源对子女照料与教育的种种支持，公私领域双重劳动造成的角色冲突曾得到一定程度的缓解（Ji et al.，2017）。伴随着单位制的解体和国家在教育、医疗等公共福利领域的全面后撤，原来在集体主义时期曾被嵌入"公"当中的"私"走到了前台（宋少鹏，2011），子女抚育成为个体家庭不可推卸的责任，在私领域一直存在的性别分工制度的作用之下进而主要成了母亲的职责。曾经在育儿中得到公共资源支持的母亲们不得不依靠家庭和自己的力量（金一虹，2013）。如果说子女年幼时的生理性抚育还可以委托他人，那么在子女成长中的社会性抚育则常常由母亲来承担（肖索未，2014）。金一虹、杨笛新近对"教育拼妈"的探讨关注今天中国出现的密集母职现象，不仅表现为时间密集，还表现为母亲职责向教育扩展，"她必须为下一代的教育成败全程负责，从早教、学前、小升初……一直到高考，每一个环节都不容脱节，不仅所谓的教育'起跑线'在前移，母亲对教育的介入也在全线延长"（金一虹、杨笛，2015）。

通过文献回顾可以看到，当前母职的教育取向已进入学者的研究视野，这种看似疯狂的"教育拼妈"并非源于个人或市场的非理性，而是与历史上国家与家庭关系的全面转变有着深刻关联，反映出私领域内的性别分工制度尚未受到根本挑战。

三 研究概念与研究方法

已有研究指出了当前中国乃至全球均广泛存在的母职密集投入趋势和教育的市场化背景，并提到了与之相关的"教育拼妈"等概念。本文进而在此基础上提出"母职经纪人"概念，以概括当前教育市场化背景下母职的特殊表现形式，并探讨其主要特征和潜在后果。

作为教育竞争加剧以及教育市场化背景下的一种适应性变迁，家庭中的母职实践突破了私领域内照料子女的传统内涵，不仅母亲在教育方面的职责陡增，还呈现"经纪人化"的特征。所谓"经纪人"，本是与市场和交易相关联的概念，促成交易是经纪人的定义中最为核心的要素。本研究中所指的经纪人可以视为代理性的经纪人，主要为个人提供服务。本文用"母职的教育经纪人化"来指称当下教育市场化发展背景下中国城市家庭母职实践中的一种趋势，意指由母亲承担孩子的经纪人式的教育代理服务和居间交易的角色。孩子在所谓 K12 的教育市场中被当作一个明星打造项目来经营，母亲以"教育经纪人"式的职业化标准来追求子女的经营业绩，发挥着维护信息网络、了解教育培训市场产品与目标学校需求、规划孩子的个性化学习方案与学习时间、亲身整合教育资源等一系列功能，想方设法提升孩子的教育成就，最后把孩子向优质的高一级学校推销出去。

前述国内外有关影子教育的研究多聚焦于家庭的经济背景对采用影子教育的影响，实际上，即便是在充分发育的教育市场，也并非掏钱就能买到有效的教育产品，影子教育想行之有效还有一个有机的前提条件——家庭需具备获取有关教育产品信息、筛选其价值并合理利用的能力。[①] 本文突破阶层分析框架，以母亲的经纪人能力作为一种有别于家庭经济背景的新的分析维度，将母职在教育方面的密集投入趋势放在国家与家庭关系转型、市场自由竞争、性别分工制度继续的大背景中来考察。

本文的分析主要基于对家长和教育机构老师的深度访谈以及笔者在教育机构、家长网上社群的参与观察资料。笔者通过半结构访谈收集了 8 个北京城市中产阶层家庭的案例（部分案例对其他案例亦有提及）。这些家庭中的孩子从 4 岁到 21 岁不等，全都在参与/参与过课外培训。8 个家庭中都是母亲对孩子教育负主要责任。8 个家庭均为北京本地户口；8 位母亲均在职，从事科研、会计、管理等工作，学历为高中到博士。此外，笔者还访问了 1 名置身于教育培训行业十余年、在多家教育培训机构有过执教经历的京城名师，向其了解北京教育培训行业的整体状况及教师眼中的母职。按照学术惯例，文中出现的人名均为化名。

[①] 这一点可以与"数字鸿沟"的多重性相类比。根据金文朝等的梳理，数字鸿沟一般可分为三个层次："首先是接入信息设备和信息，即信息的可接入性，指拥有信息媒体的接入能力；其次是利用信息资源的能力，指与使用信息资料有关的所有行为，包括信息设备的操作、对软件的熟悉以及搜索信息的能力；最后是接入或欣赏信息价值的能力，即信息意识（information consciousness），指使用者判断信息究竟是否有价值的能力。"（参见汪明峰，2005：114）。

四 母职的经纪人化

（一）积极扮演教育经纪人的母亲

由于城市的教育市场发达，可提供的资源多，母亲作为教育经纪人主要的任务就是要做好教育外包的选择，提高孩子的教育成就。如果孩子教育成就斐然，母亲也就成了最成功的经纪人。2016年北京高考成绩一揭晓，某教育机构即晒出了当年全市高考状元小鹏（同时也是三年前某区中考状元）六年来在该机构参与课外培训的51门课程的课表和任课老师名单，并在庆祝活动中特别请小鹏妈妈上台领奖和介绍经验。该机构的官网上特别提到，尽管当年这还是个刚成立一年的新生机构，小鹏妈妈还是独具慧眼，选择了他们。小鹏妈妈的发言道出了自己为孩子建立层次相匹配的学术精英社交圈的想法："来课外机构学习有一个比较好的优点，不像在学校里只有班级同学的影响，还有很多来自其他学校的同学。在公办学校，分层教学都是一类的同学在一起，都觉得在自己学校里很出色。但是，在课外机构能够与很多别的学校的优秀学生互相比较，有助于提高自己。"[①]

相比普通的走高考轨道的学生，明星竞赛选手小洋因为常常要跨年级向国内外的数学、信息学竞赛发起挑战，更需要个性化的学习规划，小洋的母亲更是将经纪人式的主动性发挥得淋漓尽致。她在新浪网开设博客，介绍机构培训课程安排，赛前发布各类比赛信息，赛后对小洋本人和全国各队比赛结果进行盘点和反思。该博客已经成为京城教育圈的名博，现已有70余万人访问，1400余人关注。小洋本来长于数学，但曾经有国际大学生程序设计竞赛经历的小洋妈妈希望让孩子享受编程的乐趣，而且看重竞赛对国内高校自招考试和出国留学的价值，因此在北京整体信息学竞赛成绩不佳的情况下坚持为小洋规划了信息学的学习和比赛。结果小洋不负母望，2017年数学和信息学都进入省队，数学更是以初中生的身份入选国家集训队，这样一来，出门参加集训和打比赛已是家常便饭。因此小洋妈妈要承担的已经远不止配合学校日常教学、督促孩子完成大纲要求，而

---

① 《高思3.9万元奖励北京高考"理科状元"：周展平是我们培养出来的》，http://www.sohu.com/a/101917790_106176。

是更进一步地超越学校教学计划,成为孩子前瞻性、个性化学习日程的规划者。对于小洋的相对弱项英语,小洋妈妈参考了其他网友的方法,"从2013年1月14日开始使用计划表,根据遗忘曲线制订课文复习的计划",并在博客上晒出了小洋每个月密密麻麻的打卡记录。为了帮助年幼的孩子减轻记忆负担,小洋妈妈的功夫细到了给新概念的每篇文章标记句子个数,分解任务:"文章看起来很长,那么厚的书,感觉都要背诵出来是不可能完成的任务,就好像一个难题看起来是很可怕的,但是我们可以分解成若干个小的问题,一步一步地解决。所以每篇文章我都标记句子的个数,每天完成几句话,分几次完成。每天花的时间从20分钟到1小时不等……看着书从崭新变得很旧,计划表一张一张地换,还是很有成就感的。"①

跟小洋家相交多年的涛妈将小洋的成就归功于母亲对孩子的关注、了解和对孩子未来人生精细的规划。"核心点是你的洞察能力,你能不能第一时间知道你的孩子的爱好、取向、能力,随时随地给他纠正,让他走入正轨,你要是没有这个能力,你指着学校和老师有这个能力,不可能。"(20170901涛妈访谈记录)涛妈的态度充分反映了对教育私事化的认识。在涛妈的眼中,对于孩子的培养而言,母亲比充满变数的学校和老师更为可靠,她呼吁母亲们向内寻求自己的力量,担任好孩子的第一任老师:"学校本身有区别,学校的整体理念落实到每一个老师的教育理念也是不统一的,老师有差别,你要承认这个问题。经历了这么多,透过现象看本质,最稳定的是妈,妈永远是亲的……想根本解决,就从家庭出手,指着外界都没用。(母亲是孩子的)第一任老师,为什么是第一,这个我是深深体会到了。就是因为你是亲的,你关注他是100%,老师关注孩子40%都是多的。"(20170901涛妈访谈记录)

与自身文化资本超群、主导孩子学习路线规划并引领潮流的小洋妈不同,小涛妈的母职经验可以说是更具代表性的普通母亲的经纪人化母职实践。小涛本人也是北京市顶级重点中学实验班的尖子生,德智体全面发展。谈起自己的孩子,涛妈也并不讳言是自己的付出给孩子赢取了今天的机会和成就。小涛家来自北京市教育相对弱的地区,小环境中注重的是休闲娱乐而不是教育竞争。涛妈是在小涛二年级的时候在商场偶遇前述培养

---

① 我是乖妈的博客,http://blog.sina.com.cn/s/blog_5d90b8c30101gpqh.html。

出状元的机构发宣传材料,才了解到有这种教育机构的存在,此后在不断的学习和付出中一点点了解教育竞争的门道,成了"半个专家"。小涛妈妈也直陈她自己并没有高学历,她特别强调母亲本人的文化程度并非关键,母亲有投入孩子教育竞争的意识是一切问题的出发点。"智商真是没多大区别,意识、坚持、执着、习惯、环境,这些都要具备。""好些问题真是特别需要负责的、有爱心的妈妈,好多枝节,特别需要妈妈有这个意识,有这个能力而且愿意去做这件事。"(20170901 涛妈访谈记录)在国企工作多年的小涛妈发挥自己善于沟通的特点,主动与教育机构老师和精通此道的妈妈们(其中就包括小洋妈)建立联系,约他们爬山吃饭,顺便讨教学习方法和报班上课中的讲究:"我走哪儿都拿个这个(本子),记录这个妈那个妈都上哪儿,干什么,后来我也成半个专家了。什么陈老师、蔡老师、季老师都知道,上哪儿都知道。我现在属于掌握了。攒班我能给你找老师,租教室也行,我能给找到 150(元)每小时的,一般找的都是 200 多元的。我想知道的都能找到。平时也不用留意,我现在随便就都知道找谁能办什么事,我刚帮他们攒了 ZMY(某奥数名师)的课。""(选老师)我就从孩子的反馈、从之前别人的反馈中来看,还有我个人一次两次跟老师的接触,我还是有这个能力。这个东西孩子要能接受,首先我能接受,要看哪些方法有效,有些是虚的。""我知道什么老师好,还知道同学什么人好,你要建立自己的圈子,这个年龄孩子不太会社交,母亲也得有自己的圈子才能把孩子的圈子维系住。"(20170901 涛妈访谈记录)

在小涛妈妈的讲述中,可以看到一个典型的从无到有的经纪人式密集母职实践(intensive mothering as agent)的过程。虽然其家庭原本的网络中不能提供教育竞争所需的有效资源,她还是调动职业经历带来的社交网络构建能力,打通资源、维护圈子,让信息流动,如今已经成为一个可以为其他母亲提供成功经验、链接优质影子教育资源的网络核心人物。在搜集信息和甄别信息的过程中,母亲的社会经验发挥了价值。她通过自己经纪人式的密集母职实践不仅让孩子在激烈的小升初、初升高竞争中顺利地跨区过关上岸,并且在未来的教育选拔中占据了优势地位。正是由于当前教育竞争日趋激烈而升学政策又变动不居,许多家庭中的母亲都像小涛妈妈一样泡在线上线下各种教育论坛和家长社群中,了解各区的行政规划、学位规划甚至房价,摸索对家庭和孩子收益最大的道路。母亲们尝试搜集和解读包括升学政策、教育市场产品、目标学校需求等在内的千丝万缕的信息，针对孩子自身情况定制个性化学习路线，规划影子教育学习时间。如果可能的话，再寻找与自己家庭相似的消费者一起攒班，降低成本，通过充分个性化的教学内容实现对学校教学的补充，最终让孩子在激烈的教育竞争中获得优势。

（二）母职经纪人化与教育市场化

母职的经纪人化是以教育的市场化为前提的。母亲们为孩子规划的各种个性化教育路线，最终要落实为教育培训市场能提供的课程。目前中国大城市的线下教育市场中，从早教到小学、中学课外培训，从竞赛培优到学科内容补习，从国内高考辅导到出国外语辅导，覆盖各种年龄、层次和路线规划的教育产品应有尽有，更不要说各大教育机构正在努力推广的传播成本较低的在线课程。但按照笔者访谈的已有近20年课外培训经验的蔡老师的意见，这个市场还未得到充分发育。他认为，当社会能提供的教育资源发展起来、激烈的升学竞争有所缓解时，关乎孩子综合素质的文艺和体育类课外培训可能会更受欢迎："我觉得这个东西可能会越来越火，但可能会有其他形式比较火。一直到现在都是英语比较火，因为数学升学的渠道不那么畅通，可能英语操作方便一些。奥数一般老师可能还教不了，而且奥数费脑子，大多数孩子可能不感兴趣。将来我觉得艺术和体育可能比较火，尤其是体育，（目前的发展）跟它应有的地位还不相称。现在大多数家长是在解决升学问题，将来人们对升学的愿望可能不那么强了，他们可能会觉得其实学习不好也无所谓，他可能就会在乎一个人的综合发展。"（20170810蔡老师访谈记录）

作为京城奥数名师，蔡老师门下常年有跟随其超前学习奥数的尖子生。蔡老师也是因材施教的拥护者，站在他的立场，他认为教育市场的存在为追求创新和卓越的优秀苗子提供了机会，应该肯定和发展；问题出在现在公立学校课程设置过于死板和简单，不少孩子因在课内"吃不饱"而纷纷离开学校，甚至造成影子教育和学校教育主次颠倒的尴尬情况："其实现在就是挺畸形的一件事情，像我这里很多孩子，他上学是不去学校的，通天都在外面。但是每天有一个时间段在我这里。就四年级，现在可能都有三年级的趋势……孩子们现在上课成了以校外为主，校内成了辅助的了。如果政策放宽说孩子不来学校，会有大批的孩子不去学校了。因为先在机构里学了,高质量的学习是在机构里完成的。其实在我看来对很多孩子来说,学校是不得不去。学校提供的教学不能满足学生的需求。""这些孩子去学校里上课已经没法上了,因为他们学得很超前也很扎实,这个就是课程设置的原因了。教学改革者是希望减负的,觉得学生压力大要减负,但是事实上群众不需要减负,教材设置得太简单,然后群众可能觉得,我在外面找一个老师很高效地几天就学完了,我去学校耽误时间。"(20170810 蔡老师访谈记录)蔡老师在这里指出了一个教育社会学研究者关切的困局:教育管理部门为求平等而降低学校教学的要求,其结果是有条件购买教育市场产品的家庭转向市场寻求优质教育资源,凭借自身家庭资源来满足孩子个性化的学习需求,反而加大了学生家庭背景对教育成就的影响。求平等的政策却无法得到真正的平等。

如前文所述,当孩子所寻求的超前、要开发的潜能、要达到的突破都需要依仗个性化的课外培训来实现时,除了已有研究关注到的家庭经济背景之外,母亲是否能完成好经纪人化的密集母职,也可以作为一种家庭禀赋,成为另一种影响学生教育成就的分层机制。对各种课程的了解、串联安排乃至接送都对家庭提出了非常具体、高强度的要求。这里有点类似前文提到的"规划栽培",只是其栽培内容更指向教育竞争,而且并不限于中产阶层。

(三) 为什么教育经纪人是母亲?

蔡老师也强调了母亲的规划作用,他认为母亲的规划和孩子的成就成正比,全职妈妈的孩子表现最佳。"我现在是越来越觉得全职妈妈的家庭更合理了。这是据我自己观察,我觉得是这样,这个社会应该有一个合理的社会分工……这个社会分工需要有一个人,家庭内部结构里孩子是需要有人专职来照顾的,然后在这个基础上如果你还有余力,可以干一点自己喜欢的工作。"(20170810 蔡老师访谈记录)根据他的观察,如果父亲管孩子,孩子会相当厉害,但是很少有父亲会成为这样的角色。蔡老师的观察也符合笔者本人在各种课外培训机构的参与观察体验。笔者的另一访谈对象小昭爸爸也坦承:"肯定是她妈操心多,她都给全程规划好了,老师也是她挑……我就负责跑腿开车,然后交钱。"(20170824 小昭爸爸访谈记录)这里出现了一个有意思的性别分化:尽管中国城市家庭高度重视子女教育,愿意为孩子获取教育市场中最优质的资源,但家庭在此的亲职投入却呈现一种父亲以经济投入为主、母亲以人力投入为主的性别化模式。这与蓝佩嘉在台湾的观察有点类似，但本研究中的父亲们并不像台湾中产阶层家庭中的父亲那样常常需要派驻海外经营企业，却仍然常常缺席子女的日常教育参与。

当我们追问被访人为什么没有将这个教育经纪人工作委托给父亲，便看到无论在家庭内部还是外部，无论在私领域还是公领域，无论在母亲自己心里还是在父亲眼中，都有一种根深蒂固的性别分工模式。在以父权制为主导的权力体制和性别分工作用之下，母亲成为孩子具体教育任务责无旁贷的规划者和监督实施者。例如，有两个6岁以下孩子的小婷妈说："这个阶段孩子对母亲的依恋度太高了，他也很想跟他们玩到一起，偶尔玩一会，互相都烦了。孩子在长大的过程中父亲的力量才能慢慢凸显出来。可能真是要到6岁以后，爸爸的作用才能慢慢显现出来，6岁之前我去强制没有意义，夫妻关系还会出问题。他要是愿意带孩子玩，我很欢迎、很赞同、很认可，他不带孩子玩，我从来不要求，我对他没有压力。我喜欢的一种状态是我体力上是累的，但是精神上是放松的。我不喜欢因为什么事有一种精神上的'tension'。"（20170824 小婷妈访谈记录）身为海归博士的小婷妈尽管认可亲职共担的模式，但也并不想耗费精神挑战既有的性别分工传统。另一位工作时间较有弹性的母亲菲儿妈提到丈夫反对她给女儿做的教育规划，但并不愿意接手："我和我爱人没有达成共识，他批评我现在相当于把孩子领上了另一条路，上奥数参加杯赛才能拿到敲门砖进入好的学校，我现在反倒给数学卡了，他觉得我这件事方向不对，觉得我的付出不够多。他又没办法去帮忙，他'judge'我的时候我就不同意。他要坐班，在郊区，一周回来两三次吧，但回来也都八九点了。他就没把这件事当成他的主业。"（20180124 菲儿妈访谈记录）在职场中，父亲们要面对的是更强的理想员工的要求，一般而言，除非在比较有弹性的岗位就业，职场并不会给有孩子的男性员工完成家庭责任留出合理的时间。父母双方可支配的时间资源的不对等也成为家庭内部性别分工格局难以改变的一个客观原因。

（四）母亲的个人发展需求与经纪人式母职需求

毋庸讳言，密集的经纪人式母职实践会对母亲的个人职业发展造成难以估量的影响。由于笔者访问的母亲均为职业女性，都存在如何处理个人职业发展与母职身份关系的问题。母亲们处理母职与个人职业角色冲突的态度也因家庭结构、工作压力和自身角色认同等方面的差异而有所不同,这里可以简单分为以下三类:一是完善自身时间规划,尽力协调;二是保持彼此边界,接受不完美;三是打通两种角色,以母职体验推动职业发展。

第一种完美规划型实际还可以分为两类。一种是将自己的生命历程与孩子的生命历程嵌套起来规划,在职业角色与家庭角色之间分阶段做不同的权重安排:"我已经开始越来越理性地看待自己的能力,既然能力达不到(超人一样兼顾),那我就把人生的阶段拉长了看,不要非在这个时间点完成所有的事情。是不是?我把不同的事情分配到不同的阶段上。我20~30(岁)的时候,我达到求知、求学年龄段的极致;30~40(岁)这10年我告诉自己,奉献给我的孩子和家庭,工作只要应付,只要最低标准……40岁的时候我闺女上二年级,学习习惯也养成了,我到了40(岁)可能能达到对孩子相对超脱的状态,我只能这方面减轻了之后才能对工作重新投入,但这也是一个过渡的时间,也不是40(岁)以后就戛然而止。也不会停止关注孩子。我觉得还是有一个相对的(点)。我就先给自己定一个40岁,我再开始。"(20170824 小婷妈访谈记录)还有一种是在日常的时间规划中保持相对固定的节奏,通过提高工作效率、精确地统筹安排来保障完成好两种角色:"有时候会回来比较早,我就不去单位了,回来陪她了,其实就下午一个小时。我到家五点到六点肯定陪她去上课了。每天七点到十点我肯定是工作的。我现在效率比较高。如果工作我就非常专心,有时候下午她突然有事我必须接她,我上午很早就去单位,七点半就去,一直工作到十二点半,中间一口气不歇,一定要把这件事弄完。然后赶紧赶回来去弄她的事情。效率肯定很高,我做这件事一定只做这件事情,速度一定要快。我陪她上课时,我一定要干一些事情。她上课,我就干我自己的事。"(20180109 小燕妈访谈记录)"我现在基本画了一条线,上班就不管孩子的事情,我也不会去想那么多。下了班我也不想工作的事情,要不然我就把孩子哄睡了再加班。"(20180123 小彤妈访谈记录)尽管如此,这类完美规划型的母亲还是承认,计划安排得再周密也没有所谓完美,工作和经纪人式母职的双重压力令她们"疲于奔命","只能靠一口气撑着"(20180123 小彤妈访谈记录)。"(母职)跟你的职业生涯争夺时间是肯定的。我自己感觉,有了孩子以后明显在工作上的时间受很大影响，工作没有以前产出多了"；"就是精力有点跟不上。我必须每天不停地跟着她，除了单位的事情，必须全天候地跟着她。我跟着她的目的是我必须知道这个老师教得好不好，我必须参与这个，所以我很累。现在我快50岁的人了，精力还是跟不上。"（20180109 小燕妈访谈记录）还有一位妈妈提到，如果离开自己母亲所提供的生活照料上的支持，这种连轴转的模式根本不可能。在子女教育上经纪人式的母职投入必然会挤占原本用于照料家人和个人休闲的时间。

第二种类型的母亲也许是现实中的大多数。尽管本研究提出了母职的经纪人化趋势，但现实中的母职实践必定与这种理想类型式的模式概括存在相当大的差距，后者需要以良好的母子互动和母亲大量的可自由支配时间为基础，而这不是每个家庭都能迈过的门槛。有被访母亲指出，不仅自己没有那种全情投入的意愿，孩子也不愿意让自己管。"我拎不动他。从小这个模式就形成了，确实挺放任的……也挺失职的。但是我管不了，一管我俩都不高兴。他不太愿意，另一方面我自己也受不了，我们都挺忙的，自己的事儿还干不过来，我的书还看不过来。"（20170901 小佳妈访谈记录）在单位工作压力比较大的菲儿妈也坦承，自己工作也很忙，必须计算投入在孩子身上的时间是否值得，因为奥数和钢琴老师都要求投入大量时间课后复习巩固，而孩子无法在没有母亲辅导的情况下独立完成复习，于是菲儿妈选择了放弃。"我就觉得我做不到。然后她又没法通过自己的力量来达到的时候，就算了。我觉得可能不值，她那些学习内容特别多……我也要考虑我自己，我每年要写东西出来，平时要出去调研写报告，可能也不能完全把时间投入她身上，我要考虑我自己时间够不够。"（20180124 菲儿妈访谈记录）小佳妈和菲儿妈对孩子不完美的学业表现也颇为无奈，她们的案例提示我们，经纪人式的母职实践不仅要求母亲承受密集投入给自己收入和职业发展带来的"母职惩罚"（Jia and Dong, 2012），甚至还要面临投入不够给孩子带来"学业惩罚"的风险以及因此带来的"失职感"。当孩子们的学业成绩与母职表现如此相关时，是否母职的经纪人化已经成为一种霸权式的制度，对社会结构的多样性和流动性构成了压迫？

第三种类型的母亲超出了笔者此前构想的框架，对我们传统的在职母亲双重角色冲突理论提出了有力的挑战。涛妈就是一个通过母职实践自我增权的案例。她告诉笔者，通过自己一点点的改变，不仅小涛获得了更好的教育，而且"我转型了！我回家，我同学说，'你怎么变成文化人了？'就是说我现在的高度和成绩他们已经没法比了"（20170901 涛妈访谈记录）。涛妈由内而外的自信不只来自孩子的优秀带来的成就感，还来自在这个母职的经纪人化过程中文化资源不断获得、社会网络不断扩张、个人声望不断上升带来的良好感受。也就是说，母职实践对她来说不再是时间和精力的消耗而已，而是她展现个人能力、发展资本的舞台。此外，前述的开博客的小洋妈不仅以个人的职业能力推进了母职实践，还进一步将培养自家孩子的母职经验反过来作用于个人的职业发展。在博客中我们可以看到，她与教授信息学的课外机构和老师保持着良好的互动，还写下长文剖析北京信息学竞赛的现状，力图推进北京信息学竞赛的教育培训。2017年底小洋妈正式辞职，入职某科研院所的少儿编程教育团队，开启了职业生涯的新篇章。当然，小涛妈和小洋妈这种个案数量并不多，但这也提示我们，尽管教育经纪人式的母职是密集的、消耗时间和精力的，但同时也存在赋予女性力量和发展机遇的积极面向。与传统的注重私领域内儿童生理抚育的密集母职不同，经纪人式的母职带有一种现代特征，对女性的职业发展具有某种亲和性，蕴含发挥女性主体性、增进女性职业权能的潜力。

五　总结与讨论

本文梳理了有关密集母职和教育市场化发展的相关文献，将母职在教育方面的密集投入趋势与教育市场化发展的时代背景相结合，考察母亲们是如何在教育市场中发挥主体性，达到提升子女教育成就的目的的。案例研究发现，在教育竞争愈演愈烈的时代背景下，家庭高度重视子女教育投入，这种投入不仅是金钱上的投入，而且是家庭经济资本、社会资本以及母亲人力资本和文化资本的全面投入。在蓬勃发展的教育培训市场的支持下，母亲甚至开始替代学校成为规划孩子个性化学习方案的轴心。家庭中的母职实践已经突破了私领域内照料儿童的传统内涵，教育方面的职责陡增，呈现"经纪人化"的特征：母亲需发挥经营信息与社交网络、了解教育市场产品与目标学校需求、定制个性化学习路线、规划影子教育学习时间、亲身整合教育资源等一系列功能，以帮助子女在未来激烈的教育竞争中争取优势资源。

正如同形成于清末以来的现代母职是联结社会与个人、物质生产与人口再生产、劳动力市场与家庭生活的枢纽（王向贤，2017），如今教育经纪人式的母职实践也因应国家与社会、家庭关系的变化，通过种种方式与社会和市场发生着关联，作为一个连接家庭教育和学校教育、市场教育资源的枢纽，其履行过程是一个充分调动、发挥和传递家庭资本的过程，集中地体现了家庭在当前中国社会转型、公共教育资源供给不足的背景之下的适应性变迁。一方面是获取优质教育资源的压力居高不下、教育竞争热度不减；[1] 另一方面，以"减负"为旨归的公共教育系统已无法为日益多样化、个性化、追求前沿和深度的教育需求提供足够支持。对子女教育成就抱有期待的家庭不得不"恩往下流"，以家庭资源来"独立经营"子女的教育项目，在教育培训市场中寻求最合乎家庭教育期望和孩子条件的外包服务。此时，在家庭内外以父权制为主导的性别分工体制作用之下，母亲往往就成为落实子女教育项目的具体的"经纪人"，成为孩子教育方案的规划者、组织者和监督者。母职教育经纪人化的新趋势，集中反映了当前中国社会转型重构过程中国家与家庭关系逐渐转变、公共教育与市场教育此消彼长、女性现代职业经验和教育水平不断增长而家庭内外性别化分工模式不断延续等多种因素的交叉扭结，是一种极具现代性和本土性的母职实践模式。

总体而言，当前中国母职的经纪人化趋势体现出以下几种属性。

第一，现代性。经纪人式的母亲对孩子教育路线的规划、对教育产品的考察和具体学习日程的安排无不体现出一种现代的韦伯意义的工具理性，一种运用手段达到目标的能力。它要求主体能明确目标，找到最便捷的路径。母亲需拿出信息搜集与甄别、理性规划与抉择、社会沟通与协调、网络构建与维护等种种现代理性人的能力，尤其是其中的规划是基于当前境况的一种现实考量，体现出适时权宜的色彩，必须知己知彼才能做出理性的选择。"你要去筛选这些资源，这个工作量非常大，完全是个K12的规划。我细节上怎么把课排到一起，怎么去攒班，怎么把同水平的

---

[1] 以K12教育的出口——高校招生为例，尽管自2018年起中国教育部已全面取消体育特长生、奥赛等高考加分项，但通过影子教育进行超前学习、超纲学习的优势仍会在高校自主招生考试中得到体现。高校自招考试自2004年开始试点以来，已成为多个精英大学在高考之外甄选尖子生的重要渠道（参见 Liu，2014：41~67）。相比高考，自招考试在命题深度和广度上具有更大更灵活的空间，对学生的竞争力提出了更高的要求。

小朋友搞到一起，家长之间怎么交流，还有一些卖题的骗子要去甄别。"（20180123 小彤妈访谈记录）正因为如此，母亲在现代职场上发展起来的管理能力、规划能力和沟通能力也在经纪人式的母职实践中找到了用武之地。"有时候我（跟孩子爸爸）说，我给你说个事，就坐下来，本子准备好，我现在把工作需要的东西在家庭里不自然地用起来了，我们两个来探讨下这个项目。""一开始我觉得他很笨，后来也是磨合的，逐渐把奥数放给他去管。后来我觉得我这种强不是一种骄傲，说明我不会分工，不会授权，说明我管理水平很差（笑），不会放手。"（20180123 小彤妈访谈记录）然而，也正因为母职的经纪人化对担当者具有这种现代性的要求，它成为很难委托和外包的一种母职，很难切换到"扩大母职"模式，对参与职场劳动的母亲形成一种无时无刻的束缚。

第二，条件性。如上所述，因为母职的经纪人化以教育的市场化为前提条件，经纪人化的母职实践得如何关乎家庭的经济能力，但也并不能简单化约为家庭的经济能力，还需要以母亲自身的可支配时间、规划能力、沟通能力等一系列条件为基础。换言之，并非如人们想象的那样人人都可以"拼妈"（傲新，2014），看似平等的经纪人式母职实践其实隐含门槛。母亲具有相应禀赋的家庭的子女更可能在教育市场上占得先机，在这个意义上，母职的经纪人化可以说是一种条件性的影响学生教育成就的分层机制。

第三，本土性。与前述西方有关密集母职的研究结论相比，可以发现中国当下母职的经纪人化具有相当程度的本土特征。首先，正如金一虹等学者所言，因应东方社会重视教育的传统和激烈的竞争，中国当下的母职明显向教育职责倾斜（金一虹、杨笛，2015）。因此可以说母职的教育经纪人化是密集母职在中国的一种本土表现。其次，因为中国女性就业率高且妇女就业受到主流的马克思主义意识形态和国民支持（郑丹丹、狄金华，2017），中国的在职母亲较少感到西方在职母亲那种不能陪伴孩子的道德压力，不需要像美国在职母亲们那样为出门工作正名。一般而言，在职母亲的母职负担再重也不会轻易辞职回家，而是会选择完善时间规划，尽力将母职与工作节奏相协调。当然，这也可能反过来加重女性的双重压力，使其付出身心健康受损的代价。再次，由于当前中国城市的教育培训市场资源丰富且高度专业化，母职尽管会向教育职责倾斜，但也少有母亲亲自上阵担任子女的教师或教练，多半只是寻求外包，充当链接专业资源的经纪人。

第四，多面性。从消极的面向来看，首先，就教育效果而言，过于个性化的学习方式和体验在尊重学生个性的同时，也将进一步弱化学校的公共教育功能以及建立在学校集体生活之上的社会化体验，不利于学生个人层面和社会层面公共教育目标的实现。其次，对母亲群体而言，由于来自公私领域的支持都不足，经纪人化的母职实践往往具有一种无法交托他人的刚性，做好职场角色和做好母亲之间始终存在对稀缺的时间资源和精力的争夺，母职的经纪人化可能造成母亲自身发展机会受损、为家庭付出的无酬劳动增加，导致公私领域传统的性别分工模式固化。但是从积极的面向来看，密集的母职实践强化了母子关联，有可能成为"子宫家庭"（郑丹丹、狄金华，2017）的一种形式，对母亲与子女之间建立积极的代际合作关系发挥作用。同时，它也为女性发挥自身禀赋提供了舞台，注入现代意涵的母职在一定程度上为女性职业发展提供了契机。此外，有一位母亲还指出了经纪人式母职实践给女性自我带来的机会和成长感："我现在最大的感受是，这是个自我的成长过程，对于我自己来说，我有了孩子以后对社会更宽容了。此外，我因为她也读了很多书，其实我没孩子之前，我和她爸都不知道在北京有这些资源。芭蕾、歌剧我们从来不去，不舍得掏那个钱。我自己在这个过程中也会碰见很多理念相同的父母。因为她也知道了这个社会很精彩。好多东西都是孩子上小学之后我才知道的，比如说歌剧，她不学声乐我怎么知道歌剧？我觉得人生好像就是很偶然，偶然发生的事情，后面跟了一串。"（20180109 小燕妈访谈记录）

纵览本研究的所有案例，即使在做不到经纪人式母职和自身职业发展兼顾的情况下，也并未有任何一位母亲对当下母职的经纪人化提出反思和质疑，而是试图通过理性规划让多重职责相互协调。母职的经纪人化趋势尽管出现时间并不长，但已成为一种强势的规范力量，左右着母亲们的实践和认知。阻止这种趋势不断内卷并产生负面影响，不但需要在公私领域提倡更平等的性别分工和亲职共担，而且需要国家在公共教育资源供给上扮演更积极的角色，重新认识教育的公共功能。

最后，本研究仍然存在相当多的不足。作为一个基于少数在职母亲案例的探索性研究，它未能关照到当下越来越多的全职母亲群体的母职实践及其主观解释。作为基于北京市家庭的研究，尽管笔者相信在资本的强力驱动下教育市场化仍会不断发展,① 同样的母职经纪人化趋势可能会在全国复制推广,但也可能会受到各地文化传统的影响而出现变异。本文结论在多大程度上符合中国其他城市家庭的实际状况,仍需后续进一步的实证研究加以检验。

参考文献

傲新,2014,《"拼妈",华人家庭很流行》,《人民日报》(海外版)3月31日。
多知网,2017,《培训行业这一年》,新华出版社。
洪岩璧、赵延东,2014,《从资本到惯习》,《社会学研究》第4期。
胡咏梅、范文凤、丁维莉,2015,《影子教育是否扩大教育结果的不均等——基于PISA上海数据的经验研究》,《北京大学教育评论》第3期。
金一虹,2013,《社会转型中的中国工作母亲》,《学海》第2期。
金一虹、杨笛,2015,《教育"拼妈":"家长主义"的盛行与母职再造》,《南京社会科学》第2期。
蓝佩嘉,2014,《做父母、做阶级:亲职叙事、教养实作与阶级不平等》,《台湾社会学》第27期。
李佳丽、胡咏梅,2017,《谁从影子教育中获益》,《教育与经济》第2期。
李路路、朱斌,2015,《中美女性主义运动与性别平等观念比较研究》,《社会》第5期。
刘煜,2017,《从"拼爹"到幼儿园教育的公共性危机》,《文化纵横》第8期。
马春华,2015,《重构国家和青年家庭之间的契约:儿童养育责任的集体分担》,《青年研究》第4期。
宋少鹏,2011,《"回家"还是"被回家"?——市场化过程中"妇女回家"讨论与中国社会意识形态转型》,《妇女研究论丛》第4期。
陶艳兰,2015,《流行杂志中的母职再现》,《妇女研究论丛》第3期。
汪明峰,2005,《互联网使用与中国城市化》,《社会学研究》第6期。
王向贤,2017,《承前启后:1929-1933年间劳动法对现代母职和父职的建构》,《社会学研究》第6期。
肖索未,2014,《"严母慈祖":儿童抚育中的代际合作与权力关系》,《社会学研究》第6期。
肖索未、蔡永芳,2014,《儿童抚养与进城务工农民的城市社会文化调试》,《开放时代》第4期。
郑丹丹、狄金华,2017,《女性家庭权力、夫妻关系与家庭代际资源分配》,《社会学研究》第1期。

---

① 各种龙头教育机构正在借助互联网,以线上线下双师课堂的形式向二、三、四线城市高速扩张(参见多知网,2017)。

中泽涉，2015，《日本的影子教育：聚焦高中阶段的课外补习支出》，《北京大学教育评论》第 3 期。

Arendell, Terry, 2000, "Conceiving and Investigating Motherhood: The Decade's Scholarship." *Journal of Marriage and the Family*, 62 (4).

Christopher, Karen, 2012, "Extensive Mothering: Employed Mothers' Constructions of the Good Mother." *Gender and Society*, 26 (1).

Damaske, Sarah, 2013, "Work, Family and Accounts of Mothers' Lives Using Discourse to Navigate Intensive Mothering Ideals." *Sociology Compass*, Vol. 7, No. 6.

Ji, Yingchun, Xiaogang Wu, Shengwei Sun, Guangye He, 2017, "Unequal Care, Unequal Work: Toward a More Comprehensive Understanding of Gender Inequality in Post-Reform Urban China [J/OL]." Sex Roles.

Jia, Nan, Xiao-yuan Dong, 2012, "Economic Transition and the Motherhood Wage Penalty in Urban China: Investigation Using Panel Data." *Cambridge Journal of Economics*, 37 (4).

Lavee, Enat, and Benjamin Orley, 2015, "Working-Class Mother's School Involvement: A Class-Specific Materal Ideal?" *Sociological Review*, Vol. 63, No. 3.

Liu, Limin, 2014. Wolfgang Wagner, Bettina Sonnenberg, Xiwei Wu & Ulrich Trautwein, "Independent Freshman Admission and Educational Inequality in the Access to Elite Higher Education: Evidence from Peking University", *Chinese Sociological Review*, 4.

（原载《妇女研究论丛》2018 年第 2 期）

信息沟通技术与母职：一项关于香港菲佣的实证研究

彭锢旎　黄何明雄（著）*
马　欢（译）

内容摘要　随着全球化的发展和跨国移民的增多，跨国母亲已经成为家庭研究和性别研究的重要课题之一。香港的菲律宾家庭佣工，作为香港一个庞大的跨国母亲群体，近年来也引起了学术界广泛的关注。本文探讨香港的菲佣，作为跨国母亲，如何利用现代化的信息沟通技术（手机和因特网）重新建构她们的母职。本文基于笔者于2010年在香港进行的定性研究获得的资料，从两个层面探讨现代化信息沟通技术与母职建构之间的关系：（1）香港的菲佣如何利用手机和因特网所带来的便利为她们远在菲律宾的孩子提供情感支持和帮助；（2）香港的菲佣如何利用现代化信息沟通技术教育并指导孩子的成长与发展。通过比较信息沟通技术在香港普及前后菲佣的母职建构方式，我们发现，频繁且便利的远程通信使得跨国母亲们能够克服地理隔绝带来的不便，为她们的孩子建构一种母亲的"虚拟在场"。通过这种"虚拟在场"，跨国母亲们从情感和道德两个层面履行其母亲职责。在情感层面，菲佣们利用手机和因特网传达她们对孩子的关

---

* 彭锢旎，香港浸会大学社会学系；黄何明雄，香港浸会大学社会学系。该研究获得香港浸会大学资助。感谢那些愿意与我们分享她们生活经历的受访者，也感谢研究助理刘瑶对我们田野调查的协助。

心和问候、为生病的孩子提供情感支持,并且为孩子们解决实际的问题;在道德和教育层面,菲佣们利用现代沟通技术指导孩子的功课、帮助他们养成良好的生活习惯,并对孩子们的一些不良行为进行教导和规训,不仅重新建构了她们的母职,而且为"母职"一词提供了新的诠释。

一 问题的提出:母职与跨国育儿

母职,是家庭研究与性别研究中的一个重要议题。社会建构主义学者,尤其是女性建构主义学者认为,母职并不是由生理性因素决定的,而是基于社会建构的(Arendell, 2000; Miller, 2005)。他们认为母职不仅与种族、社会阶层、年龄和社会地位相关,而且受到母亲所处的特定社会环境的影响(Collins, 1994; Stack & Burton, 1993; Arendell, 2000; Miller, 2005)。伴随着女性移民和跨国家庭数量的迅速增长,跨国母职成为新的关注点,同时也为探讨母职带来新的挑战。经济全球化和发达国家家庭服务的商品化导致数百万发展中国家女性流动到发达国家寻求更好的工作机会(Castles & Miller, 2003)。由于大多数发达国家的移民法禁止家庭安置,许多跨国女性移民不得不将子女留在她们的老家。尽管许多留守子女由留守在老家的配偶或其他亲属抚养,但如何远距离育儿仍是跨国母亲们所关心的重要问题,也是她们跨国生活中的难题。

母职本质上可理解为"一种为孩子提供保护、抚养、规训以使其成年的实践"(Hondagneu-Sotelo & Avila, 1997: 548)。通过履行为母之职,母亲"培养和塑造起一种与孩子感情深厚的关系及意义深远的联系",并且"在这种抚养关系中,孩子对母亲有情感的、物质的和道德上的需求"(Arendell, 2000: 1194)。换言之,身体上的照顾、情感上的支持与道德教育责任是母职工作的三个基本元素。然而,对于那些在异国他乡打工的跨国母亲而言,与子女的分离使她们不可能在跨国情境下为子女提供面对面的照顾。她们为此深感愧疚,这也危及她们的母职建构。更加不公平的是,这种母子分离也使这些跨国母亲们长期处于一种由于偏离"好妈妈"形象而承受的社会压力之下(Fresnoza-Flot, 2009: 255)。因此,跨国母亲们不得不重新安排她们的育儿方式(实践)并且重新建构与孩子的互动关系，以此来应对长时间的母子分离（Hondagneu-Sotelo & Avila, 1997；Nicholson, 2006；Parreñas, 2010）。

许多研究指出，跨国母亲会通过寄钱和购买贵重礼物的方式来维持她们的"亲子联系并履行经济职责"（Hondagneu-Sotelo & Avila, 1997：577；Parreñas, 2001, 2005；Dreby, 2006；Fresnoza-Flot, 2009）。但也有研究指出，跨国家庭中的子女并不满足于经济补偿，而且时常感觉到被母亲抛弃（Parreñas, 2001；Madianou & Miller, 2011）。跨国育儿的另一种方式是通过沟通表达对孩子的关心和照顾。早期，许多跨国母亲通过寄信、寄录音带和短期探望来维持和孩子的沟通联系。然而，由于缺乏频繁的及时沟通，长期分离仍是跨国母亲履行母职时无法回避的挑战（Hondagneu-Sotelo & Avila, 1997；Parreñas, 2001, 2005）。

近年来，学者们（Uy-Tioco, 2007；Horst, 2006；Silvey, 2006；Wilding, 2006）发现以手机和因特网为主的信息沟通技术成为辅助跨国家庭和跨国母亲育儿的重要工具。例如，Dreby（2006）的研究发现在美国打工的墨西哥女性广泛使用手机和公用电话联系她们留守在墨西哥的孩子。Uy-Tioco（2007）也同样指出短信使菲律宾跨国母亲得以用低花费频繁地联系孩子并使她们以此来维持作为母亲的地位。Parreñas（2005）对菲律宾跨国家庭的孩子进行了研究并认为短信、邮件和网络电话使孩子获得了对在国外工作的母亲的亲近感。在 Madianou 和 Miller（2011）的研究中，来自菲律宾的跨国母亲们称手机通信帮助她们参与到孩子的日常生活中并得以远程管理她们的家庭。

这些研究表明，由信息沟通技术带来的频繁联系增加了跨国母亲和孩子的沟通，也增进了彼此的亲近感。然而，信息沟通技术如何帮助和促进母职实践还需要进一步的研究。虽然维持有规律的联系对于远程履行母职至关重要，但这并不能确保跨国母职的成效，因为能否完成为母之职更多地取决于跨国母亲可以通过信息沟通技术为她们的孩子做些什么。换言之，跨国母亲如何通过信息沟通技术进行育儿实践对我们理解她们如何远程履行母职非常重要。

为了进一步探索跨国母亲使用信息沟通技术所进行的育儿实践，我们对在香港工作的菲律宾家庭佣工进行了实证调查。我们对跨国母职和信息沟通技术的探讨主要集中在跨国母亲如何通过使用信息沟通技术为孩子提供情感支持和日常照顾，以及她们如何远程履行对孩子的道德教育职能。

我们认为信息沟通技术提供的实时通信创造了母亲的虚拟在场。通过这种虚拟在场，跨国母亲完成其情感层面和道德教育的职责，从而成功地履行其为母之责。

二 理论探讨：母职实践

母职与性别紧密相关（Glenn，1994）。母职对于理解女性的性别身份、理解其与家庭成员的关系和社会性别不平等有着重要意义。现有研究中，很多学者将母职制度（Motherhood）看作一种社会机制，以区别于作为一种经历的母职实践（Mothering）（Kinser，2010；O'Reilly，2010）。学者们通过母职制度揭示了育儿的父权体制，探索了母职中的父权制思想如何塑造人们对"好妈妈"的理解，如何影响与家庭和育儿相关的社会法律和政策，以及如何在工作和家庭领域制造性别不平等和性别优势（O'Reilly，2010）。

近几年，更多的学者，尤其是女性主义学者，专注于研究女性作为母亲的生活经历。他们更加关注处于不同社会环境中的母亲如何履行母职以及她们如何在日常实践中"顺应或者对抗母职中的父权体制"（O'Reilly，2010：2；Kinser，2010）。很多女性主义学者指出女性真实的育儿经历不同于父权体系的母职制度（Ruddick，1989；Rich，1976；Kinser，2010）。尽管受到母职制度的影响，女性真实的育儿经历实则是其持续的实践和与孩子间复杂互动的产物（Kinser，2010；O'Reilly，2010）。正如 Bulter（1990）所指，母职是一种母亲在日常生活中持续履行的实践活动。女性在持续实践中满足母职要求的三个要素："持久的爱、养育和规训。"她们也在日常实践中维持或改变母职制度的意识形态，建构她们作为母亲的身份（Ruddick，1989：17）。

同时，母职不具有同一性，而是取决于具体的社会环境（Glenn，1994；O'Reilly，2010）。在不同的社会环境下，母亲的实践各不相同。换言之，母职实施于"特定的社会环境之下，而在不同的社会环境中，影响母职的物质和文化资源与约束各有不同"（Glenn，1994：3）。因此，女性的育儿实践会随着时间和社会环境的改变而改变。在跨国母亲的案例中，母子的空间分离极大程度上挑战了传统的育儿实践。由于远离家庭，跨国母亲被迫创造新的母职意义和行动。在女性主义者眼中，母亲是可以调动资源、把握机会去实践为母之责并在育儿中施展能力的积极的能动者。随着社会的发展和科技的革新，跨国母亲已寻求到新的方式来履行她们的为母之责（O'Reilly，2010）。信息沟通技术的使用促使她们得以跨越地理距离，在虚拟世界中建构育儿实践。通过信息沟通技术与孩子进行密切交流并为其提供实际帮助，跨国母亲无须面对面交流即可履行育儿中的情感和道德职责。由于女性主义者认为母职实践是一种基于环境具体性的体验与实践，具有主观性，在后文中我们将会用跨国母亲的自我叙述来展示她们基于远程沟通的丰富育儿经历以及她们如何在新的社会环境中育儿。

三 在港菲佣

自20世纪70年代起，数以百万的菲律宾人迁移海外从事合同制工作。菲律宾女性在超过130个国家从事家政工作（Parreñas，2000）。香港早在20世纪80年代初就开始引进菲佣，之后，菲佣逐渐在香港中产阶级和上层阶级家庭流行开来（Chan，2006）。据香港移民署的数据显示，截至2010年6月，在港菲佣人数达到133610人（占香港外籍工作者总数的47.9%），而其主要群体为女性。[1] 菲佣是研究通信技术使用和跨国母职的恰当群体：首先，多数菲佣都是将子女留在菲律宾由配偶和亲属照看的跨国母亲；其次，大部分在港菲佣都是信息沟通技术的资深使用者。

信息沟通技术在香港十分发达，而且香港的通信费用也比其他国际都市低廉。根据一项香港电信管理局委托进行的电信收费标准的国际比较研究显示，在2010年，香港通信用户支付的通信费用仅为伦敦、纽约、新加坡、上海和东京等其他大都市用户的十分之一。[2] 在2010年（我们做调查的时候），香港用户通过手机拨打电话通常只需0.1或者0.2港币。低廉的价格使香港公众大量地使用信息沟通技术。同时，信息沟通技术也在菲律宾海外合同工中广泛普及。Paragas（2009）对在海外打工的菲律

---

[1] 文章中有关香港菲佣数量、菲佣最低工资标准以及香港的电信消费均保留了2010年时的数据，以此为我们在2010年收集的关于菲佣用手机履行跨国母职的定性调查数据提供相应的社会背景资料。这些数据在2018年均有变化。

[2] 《新闻公报"香港消费者与商业用户享有最廉宜的电讯服务"》，香港政府新闻网，2011年5月8日，http://www.info.gov.hk/gia/general/201105/08/P201105060293.htm。

宾人的研究表明，在2005年，82.5%的受访者拥有一部插有本地卡的手机，76.3%的受访者拥有一部插有菲律宾电话卡的手机，并且他们中70%的人同时拥有或者使用两部手机。一些在海外工作的菲律宾人也是因特网用户。在2005年，14%的菲律宾境外工作者经常使用因特网，52%的人有渠道使用网络（Paragas，2009）。由于香港信息沟通技术普及、通信服务价格低廉，在港菲佣成为信息沟通技术尤其是手机的频繁使用者。

2010年，我们采访了27位在港菲佣，她们全部为有子女留守在菲律宾的跨国母亲。我们首先通过私人介绍联系这些跨国母亲，继而用滚雪球的方法找到其他菲佣。我们对菲佣的访谈通常在周末或她们放假的时候进行。在访谈中，我们主要询问受访者的通信技术使用史，以及在日常生活中她们通过信息沟通技术与孩子和其他家庭成员的沟通行为。采访全部用英语进行，一般持续1~4小时。在征得受访者同意后，我们对访谈进行了录音，并且全部转录誊写。[①]

在2010年访谈时，33%的受访者年龄介于30~40岁，48%的受访者介于40~50岁，一位受访者年龄为51岁，另外三位受访者将近30岁。就子女数量而言，15位受访者有2个孩子，6位受访者有3个孩子，1位受访者有6个孩子。就子女年龄而言，10位受访者有小于12岁的子女，11位受访者的子女年龄为12~19岁，9位受访者有年满20岁或以上的子女。考虑到婚姻状况对育儿的影响，我们的样本中特地包括处于不同婚姻状态的受访者。在27位受访者中，17位已婚，4位离异，1位丧偶，并有5位未婚单亲妈妈。尽管所有的受访者都是信息沟通技术的频繁使用者，其中仍有一些受访者于20世纪80年代来港，从而经历过没有信息通信技术的时代。

四 前信息时代的跨国母亲

在信息沟通技术普及之前，在港菲佣主要通过信件、明信片和寄录音带等方式联系他们留守在菲律宾的家庭成员。很多跨国母亲坚持给孩子写信，不少人也在录音中和孩子倾诉、为孩子唱歌甚至向孩子哭泣，以尽最

[①] 文章中所有受访者的名字均为化名。

大努力参与到孩子的生活中。然而信件和录音带都不能为跨国母亲和她们的子女提供实时通信。通过写信和邮寄录音带，跨国母亲不能得到孩子最新的消息，也不能及时回应孩子的需求。空间分离和缺少有效的即时通信设备限制了跨国母亲履行母职的能力。

在20世纪80~90年代，对于在港菲佣来说，打国际长途电话是一种奢侈。根据部分受访者的回忆，她们过去通常使用公共电话往菲律宾打国际长途，从香港到菲律宾的国际长途费用曾高达每分钟3~5港币。很多菲佣只能每周打一次国际长途甚至每月一次，并且会在15分钟内结束通话。而且在当时，打国际长途对菲佣来说是一项需要极大耐心的艰难任务。

> 打一个国际长途电话是很贵的。你需要收集很多的硬币去打电话。你每往电话机投一枚硬币，可以说几分钟的时间。时间到了，你会听到"嘟"的一声。接着你就要投另一枚硬币。（Cathy，51岁，有一个女儿）

> 那时候，我们用公用电话打给我们的家人。我们只能在周日打电话给他们。我们必须等两个小时才能打上电话……很多人都在等。你按电话号码的时候，电话亭外面等着的人已经开始敲（电话亭的）门来催你挂电话了。（Emily，47岁，三个孩子的母亲）

通信的不方便和偏高的价格使得菲佣无法经常性地实时联系孩子。她们当中很多人都认为缺少频繁的实时联系导致履行跨国母职变得极其艰难。

> 起初，（做跨国母亲）对我来说是一件很难的事情。我的孩子（空间上）离我很远。他们在情感上也和我疏远。（当时）电话还不是流行的通信方式。最一开始，我不知道该如何赢得他们的心。（Emily，47岁，三个孩子的妈妈）

我们采访的很多跨国母亲都经历过如下的事情：当她们时隔很久回家时，孩子和她们情感疏远且陌生；当她们终于见到孩子，但是孩子却认不出她们时，很多母亲感到心碎。在缺少信息沟通技术的年代，跨国育儿是一段无助、痛苦且令人受挫的沉重经历。

> 我离开我的孩子去国外工作时,我的大儿子四岁,我的小儿子两岁半……一年半之后,当我回去时,我的小儿子已经不认识我了。他问我:"你是谁啊?"我告诉他:"我是你的妈妈。"他说:"不,你不是我妈妈!你长得不像我妈妈。"接着我问他:"谁是你妈妈?"他指着我妈妈(他的外婆)说:"她是我妈妈。"(Betty,38,有两个儿子)

五 在港菲佣和信息通信技术的使用

从20世纪90年代末开始,对于香港居民来说,手机逐渐变成廉价商品和主要通信工具。到2005年1月,香港的手机普及率高达118%。[①] 根据2009年的新闻报道,香港手机普及率已增至163%,[②] 这意味着平均每位香港居民都拥有一部以上的手机。Constable(2007)的研究指出,对于在港菲佣来说,手机的使用已必不可少。如今,菲佣在公共场合使用手机,对香港人来说已司空见惯。在我们的调查中,所有的27位受访者都是手机用户。她们中90%的人拥有两部手机,一部使用香港本地电话卡,另一部使用菲律宾电话卡;有些人还有第三部手机,专门用于联系她们在香港的雇主和朋友。

菲佣发明了一种很聪明的方法来减少通信费用。当他们将要离开菲律宾到香港工作时,他们会购买一张菲律宾预付费手机卡并且申请漫游业务。每年支付150比索(约27港币)的漫游费,菲佣便可以免费接收从菲律宾发送的短信,并且菲律宾的家人给他们的漫游卡发送短信时也只要支付1比索(0.18港币)的费用。当他们到达香港后,会购买一张当地的手机卡并从同一家通信供应商购买一张额外的预付式手机卡。他们会在预付卡中存10港币或者20港币,然后把这张预付卡邮寄给菲律宾的家人。当菲佣给他们在菲律宾的家人发送短信时,他们会用自己的香港本地

[①] 《因特网世界统计数据》,http://www.internetworldstats.com/asia/hk.htm。
[②] 《香港的手机使用》,亚洲报道,2009年4月16日,http://asiancorrespondent.com/16552/mobile-phone-use-in-hong-kong。

卡发送短信至那张在香港购买的预付手机卡上。在香港，如果两张手机卡来自同一家通信公司，那么彼此发送短信通常是免费的。因此，拥有一张漫游卡和一张本地卡，菲佣便可以极低的价格享受频繁的国际短信通信。在我们的研究中，26位受访者每天都会给她们在菲律宾的家人发短信。六位受访者说自己是短信狂人，会无休止地发短信。

> 我们很疯狂的。发短信是我们生活的一部分。我的一些朋友经常抱着他们的手机发短信……他们有人熟练到不用看着键盘也能编辑短信。他们记得住键盘上所有的数字和字母。（Alice，34岁，有一个女儿）

除了短信的低廉价格，雇主的监视也是他们频繁使用短信的另一个原因。在港菲佣是住家工人，这意味着他们需要住在雇主家中。香港雇主经常担心他们的家政工人花费太多时间在讲电话上而耽误工作。因此，很多受访者透露她们的雇主会直接或间接地禁止她们在屋内打电话。为避免和雇主发生冲突，当雇主在家的时候，菲佣更愿意使用短信联系家人，而在放假或者雇主不在家时，他们才会给家人打电话。

很多在港菲佣购买预付国际长途电话卡来给他们在菲律宾的家人打电话。与短信和本地电话的低收费（每分钟0.1~0.2港币）相比，国际长途对菲佣来说相对贵一点：国际长途在周末是每分钟1港币；在工作日，根据不同的供应商，费用是每分钟1.49港币到1.99港币不等。在我们的研究中有一半的受访者每星期至少打两次电话。尽管很多受访者通常在30分钟内打完电话，但高频率地拨打国际长途也导致她们每个月需支付至少两百港币的电话费。8位受访者表示她们的电话费曾超过500港币。在港菲佣的月工资一般是政府规定的外籍工人的最低工资，即每个月3580港币。因此200~1000港币的电话费与受访者在香港的收入相比较而言是一笔很高的消费。

从2001年起，香港经历了因特网的快速发展。到了2010年，因特网在香港的普及率已达70%。[①] 由于网络的高普及率，在港菲佣也可便捷地使用网络。我们的研究中有21位受访者是因特网用户。不同于当地居民

---

① 《因特网世界统计数据》，http：//www.internetworldstats.com/asia/hk.htm。

在工作场所和家中连接网络，很多在港菲佣通过手机或者网吧使用网络。① 我们的研究中有 11 位受访者表明她们定期去集合地②或者雇主家附近的网吧，在这些地方上网一般每小时收费 5~10 港币。4 位受访者可以在附近的教堂或者雇主家免费上网。有两位受访者在每月分别花费了 1000 港币和 750 港币的手机通信费后购买了笔记本电脑，以便尽情地使用网络。相对于手机通信而言，网络通信的最大好处在于它可以提供便宜的远程视频通信。视频通信是在港菲佣中最受欢迎的网络功能。

> 每个周末，我们都会去网吧聊天，我每小时只要花 5 港币。你可以聊天，你也可以看到彼此。这个比用手机打电话好。你可以看到对方，同时还可以省钱。（Joan，25 岁，两个孩子的母亲）

除了与在菲律宾的家人使用视频通信，菲佣也会使用网络给分布于其他国家的亲戚或朋友发送邮件、在线搜寻有用的信息、在"脸书"上分享照片以及下载流行音乐。有了手机和网络的帮助，菲佣可以打破空间分离，保持与孩子、家人和朋友的频繁的实时通信。

（一）通过信息沟通技术履行母职：情感纽带和亲密关系

母职实践会受到社会中的父权制育儿思想和母亲所处的特定社会环境的影响（Collins, 1994; Stack & Burton, 1993; Arendell, 2000; Miller, 2005）。在菲律宾文化中，母亲通常被看作家庭的情感核心（Parreñas, 2008, 2010）。她们要凝聚家庭成员，而且要天生本能地回应家庭成员尤其是孩子的情感需求（Parreñas, 2008, 2010）。这种母职制度中的意识形态导致孩子对母亲产生情感要求。由于整个菲律宾社会中性别化的母职意识影响深远，孩子对母亲的情感要求母亲在离开祖国去国外工作后仍旧保持不变。正如 Parreñas（2010：1830）指出，跨国家庭中的孩子"并不是因为在母亲迁移后得不到充足的照顾而感到被遗弃，而是因为他们的经

---

① 在 2010 年我们所调查的 27 位菲佣都没有使用智能手机，而是使用传统的按键手机。因为在当时智能手机的价格十分昂贵，这使得很多菲佣将其当作超出她们购买力的奢侈品。因此，当时她们中的大多数人都是去网吧上网或者和家人视频聊天。
② 在香港的公众假期，在港菲佣通常会选择一些公共场所作为她们与同乡朋友会面聊天的集合地。

历违背了菲律宾社会传统的家庭性别秩序中的育儿规则,即母亲是孩子的养育者,而父亲则是家庭的经济支柱"。受到父权制下母职制度的影响,很多跨国母亲相信,在她们迁移后,她们仍旧有责任为孩子提供情感支持并照顾孩子。在信息沟通技术普及之前,即使大多数跨国母亲极度地想要与孩子保持情感亲密,但她们缺少有效的方式去实现。现在,在信息沟通技术的辅助下,跨国母亲可以获得子女最新的消息,也可以及时回应孩子的需求(Dreby,2006;Fresnoza-Flot,2009)。在我们的研究中,很多跨国母亲都指出有效的通信是她们得以远程育儿的关键。

> 对我来说,沟通对我们的家庭是最重要的……孩子们总是问我:"妈妈!你可以打电话吗?拜托了!"我别无他选。作为一个母亲,我必须给她们打电话……我必须和她们沟通,和她们说话,询问她们:"有什么问题?你想要什么?你觉得怎么样?"(Amy,35岁,有两个女儿)

通过频繁的短信和国际长途,很多跨国母亲积极地参与到孩子的日常生活中,并且使孩子全天都能找到她们。她们给孩子创造了虚拟在场或者远程在场(Gergen,2002;Baldassar,2008)。

> 我每天都给她们(孩子们)发短信和打电话。我早上、中午、晚上都会给她们打电话。我给她们打电话让她们感觉到我的存在。(Amy,35岁,有两个女儿)

> 每天早晨我打电话叫我儿子起床。我说:"早上好,你起床了吗?"他回答说:"是的,我马上起来。"我告诉他:"洗漱一下,吃早餐、换衣服,然后去学校。"他说:"好的,妈妈。"中午的时候,我又给他打电话,我问他:"你吃午饭了吗?"他回答说吃了。我觉得这样做很好,因为这让我觉得我离他很近。(Ella,47岁,有一个儿子)

通过实现虚拟在场和密集地参与到孩子的日常活动中,跨国母亲在迁移后继续影响孩子的生活,并且让孩子觉得妈妈很在意他们、很关心他们。这也给孩子提供了安全感,因为妈妈是可及的,仅仅通过发一条短信或打一个电话就能接触到妈妈。

此外，母亲的支持与安慰在某些特定情境下非常重要。例如，当孩子生病了，跨国母亲会频繁地给孩子打电话和发短信来安慰他。Amy 有两个留守在菲律宾的年幼女儿。尽管 Amy 认为她的丈夫和婆婆把孩子照顾得很好，但她仍旧觉得母亲的照顾和精神支持对孩子来说不可或缺，尤其是当她们生病并且精神上比较脆弱的时候。每当两个孩子中有人生病时，Amy 会更加频繁地给孩子打电话安慰她，以至于当月的电话费会显著地增加。

> 孩子生病了，我总是会给她们打电话。我通过电话来确认她们好不好，安慰她们……我会问："你还好吗？"或者"你吃药了吗？如果有什么不舒服，你告诉妈妈。"但我也会告诉她们："非常抱歉，妈妈不在你身边。但是妈妈会一直给你打电话让你知道妈妈爱你，所以你不要担心，我在这里，坚强一点。"（Amy，35 岁，有两个女儿）

另一位跨国母亲 Betty 说，她和儿子们经常发问候短信，和他们像朋友一样地聊天。因为老公有外遇，Betty 和老公在几年前离婚了。当 Betty 在香港工作时，她的父母会照顾两个孩子。她说通过信息沟通技术，她和两个孩子重新建立了情感联系。在有手机和网络之前，Betty 无法定期地和两个孩子进行沟通，以至于她第一次回菲律宾探亲时，她的小儿子已认不出她了。如今，Betty 不仅每天给两个儿子发短信、打电话，她还把自己在香港拍的照片通过邮件的方式发给孩子们。通过保持持续的联系，Betty 和孩子们建立了像朋友一样的关系，并且经常帮助他们解决在学校遇到的麻烦。当她的小儿子在学校被欺负了，Betty 给他打电话表示了自己的关心并且教他怎么做一个强大的男孩子。

> 我的小儿子很害羞，当他被同学取笑后，他哭了。有一次，我的大儿子告诉我说："妈妈，我弟弟今天早晨在学校哭了。"我就给我小儿子打电话问他："你为什么哭？"他说："因为他们取笑我，他们说我是同性恋。我不是！"我告诉他："如果你不想被人取笑为同性恋，你就要坚强。"（Betty，38 岁，有两个儿子）

当孩子在学校遇到严重问题时,跨国母亲会通过远程通信直接干预,为孩子解决问题。Emily 是一位有三个孩子的、尽职尽责的妈妈,但是她的丈夫却酗酒成性而且很少管三个孩子。Emily 很担心孩子的成长和发展,因为她觉得孩子们不可能从一位有酒瘾的父亲那里得到正当的照顾和监督。她决定即使自己不在孩子身边,也要承担所有照顾孩子的责任。她说她每天给孩子们发几十条短信,以保持和孩子密切的联系。2009 年,Emily 的大女儿正在读大四。快毕业的时候,大女儿得知自己有一门功课挂科,会影响毕业并且可能要交一大笔的延迟费,被吓坏了。她给 Emily 打电话,并且在电话里一直哭。尽管远在千里之外,Emily 依然决定管这件事情。通过远程通信来处理这样一件复杂的事情并不容易,Emily 首先打了很多长途电话来了解女儿的这一科目到底出了什么问题。

> 起初,我不了解学校的管理和运行。所以,我先搜了一些信息。我给她学校的咨询处打电话,接通后,我问:"你可以帮我转接工程系吗?"接着我请系里的秘书给了我系主任和那个学科任课老师的电话。当他们接到我的电话时,他们很惊讶,我和他们沟通,我问:"你们可不可以把我女儿的成绩传真给我?"我让他们传真到我雇主的办公室。我问老师:"出了什么问题,为什么我女儿会挂科?"

Emily 认为女儿受到了学校的不公平对待。通过和女儿大量的联系和沟通,Emily 知道她女儿在这门课上很用功。

> 每次我给她打电话,她都在学习和做设计。她学习很努力,经常学习到晚上很晚,但是最后她却要挂科?我需要学校给我一个解释,为什么他们要给我女儿不及格。

为了督促学校解决她女儿的问题,Emily 甚至给院长打了电话。

> 我打给了院长:"早上好,院长。我是一个从香港给您致电的母亲。您可能已经从老师那里听说了我女儿在那门课上挂科了,我女儿在您的课上表现怎么样?"我告诉他:"作为一个妈妈,我有

权知道。"结果是记录出了错，我女儿已经通过了这门课，却被记录成了不及格。是登记的错误，系主任跟我道了歉。我女儿通过了这门课。

在Emily执着的努力下，女儿的问题得以解决。能够保护女儿并为她提供实质性的帮助，这让Emily觉得很骄傲。

打国际长途很贵，但是你不得不打。如果你真的想帮忙，尤其面对严重问题时，你不得不打……我总是告诉我的孩子们我会一直支持他们，直到我死。

Emily说，当她的孩子告诉她，他们非常感激她的支持和帮助时，她觉得一切都值了。相对于她迁移之初的迷茫和无助，Emily说，有了手机通信的帮助，她现在对于自己跨国履行育儿职责的能力有了更多的信心。

跨国母亲对网络的使用没有手机通信那么频繁，但是网络在帮助跨国母亲与孩子建立情感纽带方面有其特殊的优势。视频聊天，是菲佣中最受欢迎的网络功能，它帮助这些跨国母亲和孩子取得虚拟的联系，并且能够看到孩子在聊天时的反应和面部表情。很多妈妈称，她们可以在网上直接看到孩子，可以辨别孩子的身体健康状况，这也减少了她们对孩子的担忧。能够通过镜头清晰地看到妈妈也让孩子们非常高兴。相对于手机的远程通信，视频聊天所提供的虚拟在场可以更好地增进母亲和孩子之间的亲密感（Baldassar，2008）。这一功能对有年幼孩子的母亲更加重要。当孩子过于年幼还无法理解母亲的话，或者无法通过复杂的词汇表达自己的感觉时，视频聊天让他们和妈妈的沟通变得更加容易。

我儿子今年两岁，在电话里我们没法聊太多，我们只能跟彼此打个招呼……但是在网上，我们可以看到对方，我可以跟他聊一个小时。他非常高兴在网上看到我。我们在网上聊天时，他经常问我："你吃饭了吗？"或者"你在哪？"……我们甚至在网上聊天时一起祷告。（Barbara，29，有一个儿子）

我女儿四岁了，每个星期，我都会和她在网上聊两个小时，我女

儿话很多。当她在网上看到我,她并不伤心,她开心地(在镜头前)唱歌跳舞。(Fiona,31岁,有一个女儿)

通过各种信息沟通技术的使用,跨国母亲得以持续地表达自己对孩子的关心,并且有能力给予孩子支持和实质性的保护。通过与孩子密切的远程通信和交流,跨国母亲相信,尽管她们距孩子千里之遥,但仍可以成功地满足孩子的情感需求。跨国母亲和孩子之间的情感纽带不仅通过频繁的沟通得以维持,也通过跨国母亲经由虚拟在场为孩子所做的事情进行维系。母亲的实质性帮助,让她们经由远程通信的母职实践超越虚拟领域的界限,被视为"真实生活"的互动。对跨国母亲来说,情感支持和实质性帮助对她们实践跨国母职至关重要。

(二) 通过信息沟通技术履行母职:道德教育和规训

在菲律宾的传统性别意识中,父亲象征着家长的权威并对孩子进行规训。菲律宾父亲很少对孩子表达情感,并维持规训的责任和权威(Parreñas,2008)。然而,这并不代表菲律宾母亲不承担规训的责任。在很多社会中,规训和监督孩子是母职的重要部分。母职实践不仅包括"抚养和照顾未成年的子女"(Arendell,2000:1192),也包括对孩子进行社会化教育,使他们成为社会成员。在西方社会主流的育儿观念(密集式育儿)中,母亲对孩子的发展负全责,对好妈妈和坏妈妈的评判很大程度上基于孩子的成果和过失。由于西方主流育儿思想的霸权性特征,其他国家的人们也部分地内化了这一观念。在对菲律宾跨国母亲的研究中(Parreñas,2001,2005,2010),学者们发现这些女性因为和孩子的分离而备感内疚,而当孩子犯错时,人们也更倾向于指责母亲。尽管西方女性主义者批判这些"指责母亲"的态度,但这并没有改变一个事实,即这一态度仍旧影响很多女性履行母职。例如,我们研究中的很多跨国母亲认为,她们应该承担或者至少分担对孩子的道德教育。而对于单亲和离异的母亲而言,规训孩子更是必需的。由于缺少父亲的帮助,这些跨国母亲要同时扮演父亲和母亲的双重角色。她们中一些比较幸运的人有亲属和朋友帮助她们育儿。但无论有没有人帮助,通过信息沟通技术对孩子进行道德教育都是跨国母亲需要解决的又一问题。尽管跨国母亲对于道德教育责任的理解受到了菲律宾传统性别意识和主流的育儿理念的影响,但她们并不是被动地接受这些观念。相反，通过信息沟通技术进行育儿的策略性实践，这些跨国母亲对这两种意识形态做出相应的回应。通过创造性地使用信息沟通技术，跨国母亲修正或重新建构了新的社会环境下履行道德教育职责的合理方式，并重新阐释了母职实践的意义。而且，我们研究中的跨国母亲也认为自己是尽责的母亲，因为她们能够通过各种形式的远程通信规训自己的孩子。

我们发现，很多跨国母亲通过邮件、视频、短信、长途电话指导孩子完成家庭作业。Jane 有两个儿子，她提供了一个典型的案例。Jane 和她的丈夫离婚后独自抚养两个儿子。在香港工作时，她每个月花超过 600 港币打长途电话监督孩子做作业。

> 我给他打电话："Carlo，你写作业吗？"他通常会说："还没有。"我说："作业是什么，你跟我说说。"他边读，我边听。然后我问他，"你理解了你刚刚读的作业吗？"他回答说："嗯……没有。"我接着说："你是怎么理解的？"他会把他知道的说一下。接着我会告诉他，"好了，你需要更多的信息。你的解释很好，但是缺乏深度的理解。你需要理解得更好。"（Jane，39 岁，两个孩子的母亲）

有一些妈妈认为教育孩子养成好的习惯是一个母亲的重要职责。Mary 有一个女儿和一个儿子，由其丈夫照顾。Mary 认为，女性比男性更周到细心，也更有耐心。她认为作为妈妈，在培养孩子养成一些细微但重要的习惯方面，她比丈夫做得更好。在香港工作时，Mary 坚持发短信提醒孩子在上床睡觉前要刷牙。

> 我每天都给他们发短信（提醒他们刷牙）……晚上，我会检查。我问他们："你刷牙了吗？"从我开始在这工作，我就坚持给孩子发短信："不刷牙，不睡觉。"他们已经养成了习惯。（Mary，29 岁，两个孩子的母亲）

给孩子买贵重的礼物或者汇款是很多跨国母亲用以弥补和孩子分离的典型方法（Hongdagneu-Sotelo & Avila，1997；Parreñas，2001，2005；Horton，2009）。但是，很多跨国母亲发现贵重礼物和汇款导致她们的孩子渴望无止境的消费，从而给孩子带来了不良的影响。很多妈妈广泛地应用信息沟通技术规训她们的孩子，以此来控制他们的消费欲望。为了给孩子提供好的指导，Amy 严格控制她的孩子对贵重礼物的欲望。她不仅数次和丈夫在电话里争论这件事情，而且会和女儿们在电话里讨论这件事情，直接教育她们正确的理念：不能不劳而获。

> 如果她们（两个女儿）想要什么，她们要争取，要去赚。比如，当她们在学校名列前茅，她们就可以得到一个 iPod。我告诉她（小女儿）："如果你想要什么，那就让我看到你是个好女孩，让我看到你能取得好成绩。如果你成绩达标，我就会给你想要的。"她们必须为她们想要的东西付出努力。（Amy，35 岁，有两个女儿）

另一个跨国母亲 Lida 说她使用视频来教她女儿如何规划使用她寄回去的钱。她要求女儿买任何东西前应先得到她的允许，并且向她汇报购物的全部细节。通过这样的做法，Lida 相信她可以帮助孩子养成良好的消费习惯。

> 如果我寄钱回去（菲律宾），我必须要教他们如何使用。所以我用网络聊天去教他们。很方便……每次她（女儿）需要买什么，她就告诉我。她说："妈妈，我需要买洗发水、书和裤子。"（Lida，48岁，有两个孩子）

对于孩子处于青春期的妈妈来说，管教叛逆的孩子不是一件容易的事情。在我们的研究中，有些母亲非常担心她们处于青春期的孩子会早恋，从而对学习产生不良影响。Betty 发现她 15 岁的儿子在学校有一个女朋友，她很担心儿子会因此学习分心。她给儿子打电话，并且进行了一次长时间的敞开心扉的聊天。

> 我告诉我的儿子："别在这个女孩身上浪费时间，因为你还太小了。当你完成学业，你会遇到更好的。我不是说你不能有女朋友，我是想你考虑一下你的未来。先完成学业……你才 15 岁。我不想你和这个女孩子深交。"我想他被我的话触动了，然后他意识到了问

题……几个月后,他们分手了。(Betty,38岁,有两个儿子)

Lida 也表示她两个处于青春期的孩子曾经有段时间让她非常头疼。Lida 经常打电话查岗,并给他们实行宵禁,以防止他们晚上和坏朋友在外面到处闲逛。她给家里的座机打电话,如果两个孩子没有接,她就知道他们晚上出去了,之后 Lida 便会斥责他们。

> 我是一位严格的妈妈,我不喜欢他们做我不喜欢的事。他们总是喜欢跑出去和朋友一起玩,如果他们出去后,晚上回来得晚,我会告诉他们:"这是最后一次!下一次,你就不许回家!"之后,他们就不再晚归了。(Lida,48岁,两个孩子的母亲)

当 Lida 的小女儿上大学交了男朋友后,Lida 担心她女儿会怀孕辍学。作为母亲,Lida 认为她不仅是最适合和女儿谈这个问题的人,同时她也有义务和女儿去讨论这个问题。Lida 给女儿打了电话,直接表达了她的担忧。

> 我直接跟她说:"永远不要这么做,不要怀孕做未婚妈妈。"实际上,她的一些朋友怀孕了并且成了未婚妈妈。我很担心,我告诉她:"女儿,求你,这是为了你的将来。我们现在所做的一切是为了你的将来。你要谨慎,不要放弃你的未来。"我女儿说:"知道了,妈妈,别担心。我知道你努力工作都是为了我们。"

Lida 也利用通信技术联系她女儿的男朋友,如在"脸书"上和他交流、给他发短信交谈等。当她女儿的男朋友在菲律宾拜访他们家时,Lida 直接在电话中和他交流。

> 我女儿不喜欢我这么做,但是我告诉她:"别担心,我不会在他面前说任何不好的话。"我告诉他:"Rex,我只是希望 Kate 能够完成学业,请不要让她分心,好吗?"他回答:"别担心,伯母,我不会的。"我想他们只是纯洁的感情关系。

便捷的沟通使得跨国母亲能够规训和监督自己的孩子。信息沟通技术的使用给她们提供了新的方式去直接监督孩子的行为，在孩子的发展上也有更多的发言权。通过对子女规训的各类实践，跨国母亲证明了她们能够克服地理距离所导致的育儿活动中的困难，在迁移后继续在育儿活动中发挥她们的能力和影响。通过远程通信履行道德教育的责任，跨国母亲成功减轻了菲律宾文化和父权制育儿制度加之于她们身上的母职压力。

六 结论

在本文中，我们描述了跨国母亲如何创建新的育儿行为模式来应对在跨国情境下履行育儿职责的需求。通过远程通信技术进行跨国育儿明显不同于西方社会主流的育儿理念和菲律宾文化中的传统母职。在这种新的育儿模式中，信息沟通技术——作为一项快速发展的技术——极大地改变了跨国母亲与孩子的互动方式。各种实时通信方式在构建母亲的虚拟在场中扮演了重要的角色，并且为跨国母亲提供了新的渠道，为子女提供情感支持和监督。

跨国母职可以主要概括为一种沟通频繁、情感汲取的行为。跨国母亲利用远程通信技术的优势以多样化的方式履行其为母之责，例如为生病的子女提供情感支持、远程帮助孩子解决问题、监督其完成作业并实施严格的规训等。她们的育儿实践不仅深化了我们对跨国母职的理解，也证明了女性的主观能动性和创造力可以在被动的环境中建构具有增权性质的育儿实践。随着设备逐渐精密和普及，科学技术可支持跨国母亲远程履行育儿责任。只要跨国母亲能够持续地调整她们的实践行为，运用多样的资源来履行育儿责任，跨国母职于她们而言可以成为一种积极的经历。

我们期望信息沟通技术促使跨国育儿往积极的方面发展，但是我们也应该意识到，在某些方面信息沟通技术会扩大已有问题，甚至滋生新的问题。正如 Wilding（2006：133）所指出的，远程通信带来的想象的亲近感和母子之间实际上的分离会创造出新的矛盾。一些跨国母亲指出，当她们在电话中和孩子聊天却感觉到她们和孩子间的纽带逐渐减弱时，这使她们备感痛苦。另一些母亲也抱怨这些无处不在的联系让她们无法逃避与孩子有关的坏消息（如生病或者在学校表现差）。在我们的研究中，有五位母亲承认她们在跨国育儿上所做的努力因为多种原因而失败。信息沟通技术只是跨国母亲和孩子保持联系的工具。履行跨国母职的关键是女性对远程通信的积极能动性和创新性的使用。由于母职通常被看作母亲在特定社会环境下的实践行为,那么我们将毫不意外地发现:有些母亲能够把握住远程通信技术提供的机遇并从中受益,而其他一些母亲则无法成功地做到这一点。是哪些复杂因素导致经由远程通信技术所进行的远程育儿具有不同的结果?这一问题还需要在未来的研究中进一步探索。由于我们数据的局限性,还有一些重要问题在我们的研究中尚未作答,例如,留守的孩子如何阐释远程通信技术和跨国母职之间的关系?作为接受跨国母职和远程沟通中的另一方,孩子的视角也很重要。另一个相关的问题是,"什么因素导致多样化的基于远程通信技术的跨国母职实践?"除了跨国母亲对远程通信技术的策略性使用之外,她们的人口学特征和在家乡的育儿合作者都会影响她们的跨国育儿模式。在未来的研究中,这些问题应该被进一步探讨。

参考文献

Arendell, T., 2000, "Conceiving and Investigating Motherhood: The Decade's Scholarship." *Journal of Marriage and the Family*, Vol. 62, No. 4.

Baldassar, L., 2008, "Missing Kin and Longing to be Together: Emotions and the Construction of Co-presence in Transnational Relationships." *Journal of Intercultural Studies*, Vol. 29, No. 3.

Butler, J., 1990, *Gender Trouble: Feminism and the Subversion of Identity*, New York: Routledge.

Castles, S. & Miller, M. J. 2003, *The Age of Migration*, New York: Guildford Press.

Chan, A. H., 2006, "The Effect of Full-Time Domestic Workers on Married Women's Economic Activity Status in Hong Kong, 1981-2001." *International Sociology*, Vol. 21, No. 1.

Collins, P. H., 1994, "Shifting the Center: Race, Class, and Feminist Theorizing about Motherhood." In E. N. Glenn, G. Chang, and L. R. Forcey (Eds.), *Mothering: Ideology, Experience, and Agency* (pp. 45-65). New York: Routledge.

Constable, N., 2007, *Maid to Order in Hong Kong: Stories of Migrant Workers*. Ithaca, NY: Cornell University Press.

Dreby, J., 2006, "Honor and Virtue: Mexican Parenting in the Transnational Context." *Gender & Society*, Vol. 20, No. 1.

Fresnoza-Flot, A., 2009, "Migration Status and Transnational Mothering: The Case of Filipino Migrants in France." *Global Networks*, Vol. 9, No. 2.

Gergen, K. J., 2002, "The Challenge of Absent Presence." In J. E. Katz and M. Aakhus (Eds.), *Perpetual Contact: Mobile Communication, Private Talk, Public Performance* (pp. 227-241). Cambridge, UK: Cambridge University Press.

Glenn, E. N., 1994, "Social Construction of Mothering: A Thematic Overview." In E. N. Glenn, G. Chang, and L. R. Forcey (Eds.), *Mothering: Ideology, Experience, and Agency* (pp. 1-29). New York: Routledge.

Hondagneu-Sotelo, P. & Avila, E., 1997, "I'm Here, but I'm There: The Meanings of Latina Transnational Motherhood." *Gender & Society*, Vol. 11, No. 5.

Horst, H. A., 2006, "The Blessings and Burdens of Communication: Cell Phones in Jamaican Transnational Social Fields." *Global Networks*, Vol. 6, No. 2.

Horton, S., 2009, "A Mother's Heart is Weighed down with Stones: A Phenomenological Approach to the Experience of Transnational Motherhood." *Culture, Medicine, and Psychiatry*, Vol. 33, No. 1.

Kinser, A. E., 2010, *Motherhood and Feminism*, Berkeley, CA: Seal Press.

Madianour, M. & Miller. D., 2011, "Mobile Phone Parenting: Reconfiguring Relationships between Filipina Migrant Mothers and Their Children in the Philippines." *New Media & Society*, Vol. 12, No. 1.

Miller, T., 2005, *Making Sense of Motherhood: A Narrative Approach*. Cambridge, UK: Cambridge University Press.

Nicholson, M., 2006, "Without Their Children: Rethinking Motherhood among Transnational Migrant Women." *Social Text*, Vol. 8824, No. 3.

O'Reilly, A., 2010, "Introduction." In A. O'Reilly (Eds.), *21st Century Motherhood: Experience, Identity, Policy, Agency* (pp. 1-20). New York: Columbia University Press.

Paragas, F., 2009, "Migrant Workers and Mobile Phones: Technological, Temporal and Spatial Simultaneity." In R. Ling and S. W. Campbell (Eds.), *The Reconstruction of Space and Time* (pp. 39-66). New Brunswick, NJ: Transaction Publisher.

Parreñas, R. S., 2000. "Migrant Filipina Domestic Workers and the International Division of Reproductive Labor." *Gender & Society*, Vol. 14, No. 4.

Parreñas, R. S., 2001, "Mothering from a Distance: Emotions, Gender, and Intergenerational Relations in Filipino Transnational Families." *Feminist Studies*, Vol. 27, No. 2.

Parreñas, R. S., 2005, *Children of Global Migration: Transnational Families and Gendered Woes*. Stanford, CA: Stanford University Press.

Parreñas, R. S., 2008, "Transnational Fathering: Gendered Conflicts, Distant Disciplining and Emotional Gaps." *Journal of Ethnic and Migration Studies*, Vol. 34, No. 7.

Parreñas, R. S., 2010, "Transnational Mothering: A Source of Gender Conflicts in the Family." *North Carolina Law Review*, Vol. 88.

Ruddick, S., 1989, *Maternal Thinking: Toward a Politics of Peace*, Boston: Beacon Press.

Silvey, R., 2006, "Consuming the Transnational Family: Indonesian Migrant Domestic Workers to Saudi Arabia." *Global Networks*, Vol. 6, No. 1.

Stack, C. & Burton, L., 1993, "Kinscripts." *Journal of Comparative Family Studies*, Vol. 24, No. 2.

Trask, B., 2010, *Globalization and Families: Accelerated Systemic Social Change*. New York: Springer.

Uy-Tioco, C., 2007, "Overseas Filipino Workers and Text Messaging: Reinventing Transnational Mothering." *Continuum: Journal of Media and Cultural Studies*, Vol. 21, No. 2.

Wilding, R., 2006, "Virtual Intimacies? Families Communicating across Transnational Contexts." *Global Networks*, Vol. 6, No. 2.

(英文原文原载《社会》2012 年第 2 期)

新世代台湾母亲的处境与挑战：
就业母亲在照顾与工作之间的文化矛盾[*]

洪惠芬

内容提要 女性参与劳动市场的趋势，让"母亲"这个社会角色出现很大的转变。女性工作后，女性作为母亲不再只是"孩子照顾者"，同时也是"工作者"。通过相关文献的回顾，本文发现当代资本主义社会对于母亲作为"照顾者"以及"工作者"均设有一套规范性标准。这两套规范性标准本质上相互矛盾。过去透过家庭内部的性别分工，这两套截然对立的规范性标准被巧妙地"分隔"在两个空间与不同性别的个体身上。女性工作后，这样的"分隔"被瓦解了：每个同时具有工作者与母亲身份的女性都得面对两套规范性标准所构成的"文化矛盾"困境。本文透过13位就业母亲的深度访谈，试图就"微视"层面去探究女性在文化矛盾困境下的母职经验。从访谈文本中，我发现对女性而言，"做母亲"这回事并不止于回应孩子基本的生存需要，它也在养成"理想的人"。但社会的变迁的确改变了女性"做母亲"的样态。首先，"专家知识"取代"重要他人"，

---

[*] 本文为（台湾）"国科会"补助专题研究计划之研究成果，计划编号为NSC99-2410-H-031-062。感谢研究计划执行期间，两名研究助理李雅萍小姐与詹惠珺小姐不辞辛苦地陪伴主持人与妈妈们进行访谈，并撰写田野笔记及监督工读生制作访谈逐字稿。另外也感谢匿名审查人透过审稿意见提供的指正与建议，笔者受益匪浅，然文中若有任何遗误，仍由笔者自负。

成为新世代母亲学习母职最重要的取径。其次，年轻一辈的母亲不仅自己期许继续保有"工作者"的身份，整个社会也期待她们去工作。不过女性并没有因为工作就降低"母亲作为孩子照顾者"的标准。为了逃离文化矛盾困境，许多女性试着采取一种不同于男性的"理想工作者"标准来投入工作：工作不能阻碍她们实现"母亲作为孩子照顾者"的理想。结语将聚焦在文化矛盾可能的出路。

一　前言

2008年我初为人母。在照顾孩子的过程中，尤其是孩子刚出生的那一年，我经常为了响应孩子的生存与发展需要，而暂时牺牲自己的需要及想望。不只是进食或睡眠这些基本生理需要得暂时搁置，包括我过去的休闲生活全都得为了孩子做调整。严格说起来，我并没有太在意少吃一餐、睡眠被中断或者少看一部电影这类的牺牲。毕竟孩子为生命带来的充实感，远超过上述那些牺牲所造成的困扰。然而我并不是对所有的自我牺牲都甘之如饴。

回溯孩子出生后到现在的母职历程，我发现我与孩子的利益之间最大的冲突是我作为工作者的身份。我享受陪伴孩子的时光，期望自己能给他一个美好的童年。但我也同样热爱我的大学教职工作，并期许自己能在对学生的知识传承及学术研究上有一定程度的表现。工作者与母亲都是我"自我构成"很重要的元素。但很多时候，我发觉这两个身份相互冲突。两者之间的矛盾总让我的内在处于分裂的状态。我常常因为计划书申请或研究论文缴交的截止日迫在眉睫，利用周末假期赶进度。面对孩子渴望陪伴的神情，我自责自己不是个好妈妈。然而当我利用工作之外的空闲时间和另一半陪着孩子出游时，想起前几天刚完成访谈却还来不及写好的访谈日志，我觉得愧对研究工作。我的内在断裂成两半，一边是孩子的母亲，另一边是工作者。我自己与整个社会对这两个身份都设有某种标准。但这两个标准彼此矛盾，我不可能同时让两边满意。于是我挣扎于该如何在两者之间做取舍。

我在母亲与工作者两个身份之间的自我概念矛盾反映了母亲这个社会

角色在台湾社会的变迁趋势。过去母亲纯粹被视为照顾者。但随着女性参与劳动市场的趋势，母亲同时也是工作者。观察历年行政主管部门主计处公布的有偶妇女劳动参与率的变化，育有未满六岁子女者的成长幅度最为显著。1992 年仅为 42.30%，2014 年时已跃升为 62.28%（"行政院"主计处，2014）。显见年轻世代的女性即便在生儿育女进入母亲这个角色后，越来越多人选择留在职场。年轻母亲参与劳动市场的社会趋势，一方面代表着台湾家庭的内部性别分工已从过去的男性养家模式逐渐转变为夫妻共同养家的普遍养家模式（universal breadwinner model）（Fraser，1997）。另一方面，母亲虽然担起养家责任，但整个社会对于母亲作为主要照顾者的期待仍根深蒂固。这使母亲工作之际还得兼顾对孩子的照顾。对孩子的照顾任务，往往与雇主及工作组织对工作者的角色期待和预设冲突。这导致就业母亲在追求职业生涯发展的过程中，比起多数男性与单身女性，更容易陷入工作与家庭照顾的两难境地。

近年来为了解决就业母亲工作与家庭照顾的冲突，政府开始跟进欧洲国家推动工作家庭平衡政策，包括规范企业提供育婴假、家庭照顾假与弹性工时及透过就业保险发放 6 个月的育婴留职停薪津贴等。此外托育公共化的目标，包括公设托育机构的扩充和对家庭购买私营托育服务费用的补贴，亦被政府列入重要政策议程。虽然托育公共化的政策目标是刺激日益低迷的生育率，不过根据 OECD 相关的研究，价格合理与质量良好的托育服务同样有助于缓解工作与家庭照顾的冲突（Jaumotte，2004）。然而这些对策都是"制度层面"的解决方式，忽略了就业母亲在作为孩子主要照顾者的社会期待与对自己职业生涯追求之间的两难，是一种深入内在与涉及自我概念的"文化矛盾"（cultural contradiction）（Hays，1996）。[①]这种内在分裂的文化矛盾牵涉就业母亲对工作与家庭照顾的自我期许与要

---

① "文化矛盾"的概念借引自 Hays（1996）。简单地说，它就如正文所指的：就业母亲同时面临来自工作与家庭照顾相互冲突的文化期待，其内在所陷入的分裂与矛盾。按照 Hays（1996）专书的文本脉络，此一概念中的"文化"（cultural）一词意指：一个人投入某种社会角色所承受的文化压力以及这种文化压力对其自我身份认定的影响。不可否认地，"文化"是一个涵盖广泛而定义相当抽象与模糊的概念。一般读者在看到这个词汇时很容易联想到它泛指的是一个社会为了长久维系而逐渐发展出的一种与其他群体做区隔的独特生活方式。不过由于 Hays（1996）关于"密集母职"（intensive mothering）的论述在当代母职研究领域中被引用的次数相当频繁，具有一定影响力，因此笔者在此就直接采用其密集母职理论的"文化矛盾"概念。

求,以及整个社会对于工作者与母亲作为孩子照顾者的文化期待,无法透过托育服务的供给而被完全缓解。解决方式得回到问题的根源:整个社会对于工作与孩子照顾的文化期待。我们必须先了解是什么原因导致两种文化期待之间的互斥与冲突,才有可能对症下药找出有助于降低两者矛盾的公共性策略。

本文聚焦于母亲同时作为工作者与照顾者所遭遇的内在矛盾困境。我想了解:是什么样的历史与社会结构因素造就了这种内在矛盾?母亲本人如何理解与处理这样的内在矛盾?这种内在矛盾困境如何影响母亲对孩子的照顾安排与劳动市场参与经验?我认为这样的探究有助于我们更准确地看见现行相关政策的贡献与限制。下文分作四节。第二节透过文献回顾与整理,从"巨视面"去厘清构成此内在矛盾的历史背景及社会脉络。理想工作者与理想照顾者这两个价值信念以及彼此间的"文化矛盾"将是重点。2010年的9月到2011年的6月,我为执行"国科会"专题研究计划陆续访谈了16位跟我同样育有6岁以下子女的母亲,本文因聚焦就业母亲在工作者与照顾者之间的文化矛盾,仅截取当中13位约访当下有工作的母亲的访谈文本作为分析素材。第四节将根据我在田野中的发现与体察从"微视面"去呈现理想工作者与理想照顾者共构的文化矛盾下,个别母亲的母职行动。最后一节则根据研究所得对相关政策提出建议。

二 理想照顾者与理想工作者的文化矛盾

人类社会对于家内分工普遍采用现代人所熟悉的"男性养家和女性照顾"的形态,几乎是20世纪之后的事。在受薪劳动普及与工业革命之前,在多数小农家庭本身就是独立生产单位的情况下,家庭既是人们工作与劳动的场域,同时也是人们提供依赖者照顾的地点所在。生产性劳动与对依赖者的照顾劳动之间的分野并不像现在这般泾渭分明。Williams(2000)整理美国社会工业化前的历史资料并指出:当时女性则负责所谓家内工作(indoors work),包括供应蔬果、鸡鸭禽肉与乳制品,手制家人需要的日用品如衣物与棉被等,维护居家环境,照料家中婴幼儿以及对年纪较长的女儿和女性仆役的训练监督;男性则负责其余的户外工作,包括供应谷物与燃料,建造和维修住家、谷仓与库房等建筑物以及对年纪较长的儿子和男性仆役的训练监督。

这种任务划分方式在两点意义上不同于工业社会下"男性养家"的家庭内部性别分工。第一，因为工业化前，受薪劳动尚未成为趋势，男性家户成员的劳动未被完全转换成为商品，它们与女性的劳动之间并不存在市场价值的落差。Jassens（1997）引用 Clark（1919）针对英国中世纪与现代初期女性工作的经典研究，指出前现代的性别分工是一种"水平"分工。第二也是最重要的一点：当时照顾孩子这件事并不被视作值得某个人耗尽心思与所有时间才能完成的任务（Williams, 2000）。这两点差异分别反映出现代社会的家庭性别分工安排对于工作者与照顾者的理想和预设。下文先从理想的照顾者说起，再进入理想的工作者。

（一）理想的照顾者：以孩子为中心

一个社会对于孩子照顾者的理想标准，绝对与它对于孩子的想象与预设脱离不了干系。现在的孩子受到双亲如此高密度的照料与呵护，与"儿童"（childhood）这个观念的建构和普及密切关联。在儿童观念被建立前，人类社会往往看不见孩子与成人间的整体差异。因此和现在的孩子相比，前现代社会的孩子并不被父母或其他成人视作需要特别保护的对象。在如此思维下，前现代孩子受到的照顾不仅持续时间相对短暂，就密度而言也相对较低。

1. 历史条件：养家薪资理念与家庭规模缩小

在前现代的小农社会，家庭作为生产单位，多数家户必须倚靠家庭成员作为人力才能维系整个家庭生产体系的运作。在这种家庭经济模式（family economy model）的分工形态下（Phau-Effinger, 2004），多数前现代孩子离开学步儿阶段没多久，就被父母要求成为家务或家中农场的帮手。就算自家没农场，较穷人家的孩子也会离家寄住到别人家中当杂役或学徒。孩子早早脱离对成人的依赖、投入生产性劳动的趋势甚至持续到工业革命后。

工业化后，家庭看待与对待孩子的方式存在阶级落差。事实上早在19世纪欧洲与美国社会的都市中产阶级家庭就以合于现代儿童观念来对待他们的孩子，而不将孩子视作生产人口。然而直到20世纪初期，童工现象仍旧普遍存在于欧美底层社会。因为当时工会与国家尚未联手透过薪资协商政策和所得维持体系落实养家薪资理念（family wage），工人阶级家庭只凭父亲一人的微薄工资根本无法过活。不只母亲得外出工作，年幼的孩子也被期待以童工的方式分担家计（Land，1980；Creighton，1999）。都市中产阶级所倡言的儿童观念对当时广大的工人阶级来说，仍是个可望而不可即的理想。直到20世纪之后，各工业化国家陆续透过劳动条件立法与儿童保护立法管制雇主使用童工及义务教育制度的建立和其年限的延伸，才终止孩子投入生产性劳动的现象（Hays，1996）。

前现代的孩子即便在倚靠成年人提供照顾才得以存在的童年阶段，他们也很难从母亲及其他成人身上得到太多关注。前现代孩子不受母亲关注的原因，有部分跟前述的家庭经济模式有关。在家庭作为生产单位的情况下，母亲也是重要人力。比起陪伴孩子，种菜养鸭与缝制衣物这些家内工作攸关全家温饱，更容易被母亲视作优先任务。另一部分原因则跟前现代家庭庞杂的家庭组成人口有关。就组成结构来说，前现代家庭并不像三代同堂或核心家庭这些现代人熟悉的血缘家庭，可以作为能提供适合成员发展亲密关系的隐私场域。当时的家庭在概念上比较接近社会学家所谓家户（household）：它只是一种"共同居住安排"，而同住在当中的人不见得在血缘上有关联。除了父母子女是基本的成员外，大多数人家为了让家庭生产体系顺畅运作，通常雇有学徒或帮佣这些长住家中的人力。另外不定期到访的远房亲戚与朋友也是同住安排的组成分子。不只一般的小农家庭如此，中上阶层的家庭亦如此。Williams（2000）认为组成人口的多寡关系家庭能否成为保有隐私的生活领域。前现代家庭在庞杂的组成人口下，年幼的孩子很难在繁重的家务劳动与复杂的人际关系中赢得母亲父亲的注意。因无法专注，母亲父亲根本没有太多机会与年幼的孩子建立如现代亲子关系中那种深厚的依附情感。

儿童照顾表面上看来是因孩子缺乏自理能力，由成年照顾者提供孩子活下去所需的照顾服务，但这里仍涉及利益冲突。成人与孩子的利益不可能永远一致。成人同样有其基本需要，他们除了照顾者之外还承担其他社会角色，这些社会角色对他们的要求不见得低于照顾者这项角色，他们甚至还有自己的人生计划。就前现代家庭的运作方式，显然当母亲作为其他社会角色的利益与孩子的利益冲突时，当时的社会不会刻意期待母亲为孩子暂时搁置自己在照顾者之外的角色与计划。事实上就家庭生产体系的整体利益来说，不仅母亲希望自己多花些时间在种菜养鸡的生产性家务上；其他成年的成员同样期待母亲能将家庭生产人力的角色摆在优先位置。而正因为孩子作为依赖者的利益未被放于最优先的顺位,所以就像 Hays（1996）检视欧洲与美国社会相关历史后所发现的：在前现代的社会,成人普遍对孩子的态度就是视而不见（ignoring）。多数襁褓中的婴儿只被回应予最基本的生理需要,母亲或其他成人在繁重的家务劳动下根本没有余力去回应其在情感上的需求。年幼孩子因为哭闹而被鞭打并不罕见；有些照顾者甚至喂食孩子鸦片让孩子昏睡不吵闹,好方便大人专心处理其他家务。这些虐待现象的存在意味着：前现代社会对孩子的照顾安排完全是以成人的需要为中心。

2. 从以成人为中心到以孩子为中心

现代社会对儿童照顾的安排与前现代社会那种以成人为中心的儿童照顾方式,正好形成强烈的对照：它完全以孩子为中心。20 世纪以来,检视各工业化社会的发展,包括台湾地区,孩子对成年人的依赖时间随着禁用童工法令的周延、义务教育的延伸以及晚近大学教育的扩张而不断拉长。就照顾质量来说,孩子所受到的关注越来越密集（intensive）（Hays,1996）。人们不仅要求照顾者解决孩子的基本生理需要,随着 20 世纪以来儿童发展相关知识的建构和扩充,整个社会还期待照顾者去关照孩子在生理之外的情绪及认知发展需要,并精确地给予回应。在这样的期待下,照顾孩子不单是吃饱穿暖的问题,还需要照顾者耗费脑力与时间去观察和评估那些存于孩子内在的情绪及认知状态。此外照顾者还被期待用适合于孩子发展需要的方式去陪伴孩子并与孩子互动。① 因为科学家与专家相信这样的照顾方式对孩子最好,最符合孩子的利益。在完全以孩子为中心的照顾质量要求下,显然一位理想的照顾者在面对孩子时必须极其专注：因为其他社会角色或家务的干扰,都可能妨碍她对孩子内在状态的掌握与精确评估。

这种专注也意味着：当一位成人面对孩子时,她作为照顾者之外的角

---

① 儿童发展相关的知识强调：孩子动作技能、认知、沟通以及自我概念的发展是阶段性的。因此成年人在与孩子互动时需考虑时机成熟的问题（readiness）（Ashford, LeCroy, and Lortie, 2010, 2013）。例如,要 4 岁孩子学打网球,就这个年龄大小的孩子肌肉的技能与协调性及视觉神经的发展状况而言,并不合宜,徒增孩子的挫折感。同样地,要一位未满 1 岁的孩子戒除对尿布的依赖、训练他控制大小便,从同龄孩子生理发展的状态来看,这样的要求亦时机不成熟。时机成熟的观念固然建立在相关专家与学者对不同年龄儿童生理与心理发展的知识基础上,但它背后隐含这样一种信念：成年人在为孩子安排活动时应以孩子为中心。

色若与孩子作为依赖者的需要发生冲突，孩子的利益得被置于最优先的顺位，她必须将自己在照顾者之外的角色或计划暂时搁置。值得注意的是：这种对照顾者的理想图像并不只是民间社会约定俗成的观念。20世纪后半期随着越来越多国家建构儿童保护防治体系，透过法规去惩罚那些因疏于照顾导致儿童身体受到严重伤害的家长，[①] 这套以孩子为中心的理想照顾者信念也受到国家权力的支持。

当一个社会的成年人愿意暂时舍弃自己的利益与计划，将时间与资源投注到短期内无法发挥生产力的年幼孩子身上，这是很大的理念转变。然而理念若无制度的支撑，也是枉然。工业化后，现代家庭性别分工安排的成形，将女性逐步排除在生产体系之外；母亲原先在前现代家庭被赋予的生产性工作慢慢被抽离到家庭之外成为具市场价值的商品之后，她们才有可能利用多出来的精力和时间专注在孩子身上。Hays（1996）将这种由母亲投注全部心力在孩子身上的照顾方式，称作密集母职（intensive mothering）。简言之在密集母职的儿童照顾安排中，理想照顾者的信念在制度上与现代家庭性别分工安排相互依存。这也使得理想照顾者成了具性别意涵的理念：虽然父亲与母亲同孩子之间均存在同样强度的血缘联系，但人们只期待母亲而非父亲来扮演理想的照顾者。于是母亲被大多数人设想成孩子最理想的照顾者：当孩子年幼时，为了孩子的成长，母亲们得牺牲她自己的人生计划，放弃照顾者以外的社会角色。母亲作为照顾者的信念也因此与女性的性别认同紧扣在一起。

3. 社会条件：阶级

虽然一般文献都将密集母职视作现代社会的重要特征，然而就现实而言，并不是所有的家庭都拥有足够的社会条件采取这种完全以孩子为中心的儿童照顾方式。从前述关于密集母职历史脉络的讨论即可看出：密集母职的文化期待最初只盛行于都市资产阶级家庭，直到20世纪后半段，工人阶级男性的养家能力因薪资协商机制与所得维持体系的建立而获得相当程度的提升后，才逐渐扩展到中下阶级家庭。

此外，尽管密集母职成为多数工业化社会对儿童照顾安排的规范性标准，但是从Hays（1996）针对当代美国就业母亲的访谈资料中不难发现

---

① 台湾的儿童及少年福利与权益保障制度规定："父母、监护人或其他实际照顾儿童及少年之人，不得使六岁以下儿童或需要特别看护之儿童及少年独处或由不适当之人代为照顾。"

中上及中产阶级母亲同工人和贫穷阶级母亲在教养方式与态度上的显著差异。虽然 Hays（1996）的受访母亲大多认同密集母职的文化期待，坚信所谓"好"母亲必须将孩子的利益放在自己之前；但很有趣的是，不同阶级的母亲对于何谓对孩子最好的教养策略却有着非常不一样的看法。工人与贫穷阶级母亲的教养策略往往是逼促孩子在正规教育上有更好的成就；相对照下，中上与中产阶级母亲更在意孩子的自尊（self-esteem），她们希望促成孩子更完整的自我概念及看法。教养策略的差异反映出中下阶级母亲与中上阶级母亲之间对"好"孩子截然不同的观点。对工人与贫穷阶级母亲而言，好孩子必须听话，服从大人的权威与规范；但对于中上及中产阶级的母亲而言，听从大人指令，并不是她们评价孩子好坏的重要依据。因为教养的目标集中在培养孩子健全自尊，因此中上与中产阶级受访母亲对孩子的要求更诉诸内在性与自律性，包括自我动机的建立、自我约束能力的养成、对自身价值的信心以及自我主张的发展。这种立场与中下阶级母亲诉诸外部纪律的教养观，形成鲜明的对比。它也使得中上阶级母亲相较于中下阶级母亲，更乐于给予孩子自由选择的空间，并放下身段同孩子进行协商和说理。

中上与中下阶级受访母亲在教养策略与立场上的对比，除了映照出不同阶级群体在文化规范学习经验以及对孩子未来生涯想象的差异之外，Hays（1996）认为：这也反映出母亲及其家庭本身拥有资源的多寡。相较于"订定规则要求孩子服从"的教养策略，提供给孩子多样的选择，并和孩子反复说理、讨论与协商，需耗费母亲大把时间，还得有足够的物质资源做支撑。而这样的时间与物质成本是经济相对劣势的工人及贫穷阶级母亲负担不起的。

因为负担不起这种高成本的教养策略，Hays（1996）发现，这也导致工人与贫穷阶级母亲对孩子教养的劳动投入不如中上与中产阶级母亲那般密集。标准化行为规则的制定以及执行，相较于说理和协商这样的教养方式，母亲需要花在孩子身上的时间少了许多。此外顺服规范与成人权威的孩子，比起擅于自我主张与自我意识高的孩子对父母的需求程度也没那么高，母亲在教养上相对不用消耗那么多的心力。中下阶级母亲得以节省下更多的时间与精力用在家务劳动，甚至外出工作赚钱上。而这种对孩子教养时间与心力的"节省"，在中上阶级的母亲看来，却是不可思议的。工人和贫穷阶级母亲同中上及中产阶级母亲之间在孩子教养策略与观念的差异凸显了密集母职的文化期待不仅高度性别化,亦高度阶级化。

(二) 理想的工作者:工作组织的要求优先于家庭需要

美国黑人女性主义的重要大将 Collins(1994)对主流母职理论做分析与批判时曾经指出:密集母职必须立足在严格的公私领域二分的基础之上,而这严格的公私领域二分和传统的性别角色分工紧密结合。一位母亲若无养家父亲提供教养孩子所需的物质资源,让她得以不用外出工作,将全部的时间与心力都投注在孩子身上,她根本没有条件以密集母职的方式来照顾孩子。换言之,在现代家庭性别安排下,理想照顾者信念的另一面就是人们对理想工作者的信念。就像理想照顾者一样,理想工作者的信念亦具性别意涵:人们只期待男性作为丈夫与父亲扮演理想的工作者。在这样的期待下,男性的性别认同也扣紧理想工作者的信念。Williams(2000)指出:在现代社会,男子气概(masculinity)与养家密切关联,旁人对男性的定义及男性对自己的定义亦取决于他的工作成就。

1. **历史条件:工作与生活的分离**

现代人对于男性将自我的概念与评价紧依着工作表现的现象相当习以为常。但 Williams(2000)透过历史文献的回顾提醒我们:这种完全要求工作表现的狭隘男性认同方式,其实是现代的产物。在受薪劳动普及与工业革命之前,不仅人们对于工作与照顾的分工形态不若现代家庭性别分工安排般泾渭分明,当时人们对时间的概念也迥异于现在。Thompson(1967)认为在前现代社会,人们对于时间的观念系"任务取向"。任务取向的时间观念反映了前现代社会生产性劳动与日常生活紧密交错的分工体系。当生产性活动尚未从大多数人的家庭及小区生活中抽离出来时,人们用不着像在大企业或工厂的受雇者有固定的上班时间并照表操课。在小农社会,农人可以自主地安排到农场工作的时间。这种任务取向的时间概念不仅意味着前现代人对时间的安排与运用不受制于特定工作组织的时间结构,它还意味着工作与生活之间的区隔几乎不存在。对大多数受雇于特定工作组织的现代人来说,人们只能利用非工作时间来追求家庭与休闲生活。但是对前现代人来说,由于劳动的场域就在自己的家或社交场域,因此当他们在劳动时,他们同时也在"过日子"。换言之,工作就是生活,生活就是工作(洪惠芬,2012)。

工作与生活的紧密交错，使得前现代人的社会身份认定相对多元且丰富。Williams（2000）引用历史学者 Cole 在检视一位 18 世纪商人生活的发现中指出：当时男性和工作之间的关系非常不同于现代男性对工作的看重。在 19 世纪之前，大部分男性并不会把对自我的评价完全建立在工作表现与事业成就上，经济上的角色只是他众多社会角色之一。他在宗教、政治与小区生活领域的角色同样是他作为"男性"身份认定的重要来源。因此，当工作表现不好，他还可以透过其他的社会角色来维持对自我的良好评价并赢得他人的尊重。相对照下，在现代社会，随着工作同家庭及小区等生活领域的分化并被赋予市场价值，工作者角色几乎成了多数男性们身份认定的唯一来源，即便是家庭领域中的丈夫与父亲角色也与男性在劳动市场的表现和成就连结在一起：不只男性自己，男性周遭的重要他人及整个社会都期待成功的丈夫与父亲应该在工作或事业上有一定程度的表现，能够带回足够的养家所得，确保妻子与孩子温饱不成问题。当男性的身份认同完全扣紧工作者角色，反过来说，这代表着：假使他在工作上的表现不够杰出，丢掉工作甚至长期无业，在没有其他社会角色作为身份认定来源的情况下，他对自我的感受与评价将遭受严重的打击，也很容易被整个社会评定为失败或无价值的人。

正因如此，Williams（2000）认为这使得现代男性相对于前现代的男性更热衷于工作。劳动力作为一种商品，其实承受极大的市场竞争压力。在前现代社会，男性的身份或地位往往跟出身脱离不了干系，小农耕作的土地是继承而来，工匠的手工业也承袭自父辈。随着受薪劳动的普及，市场工作成为定义男性身份与地位最主要的依据，这样的社会转变的确为某些人带来了向上流动的机会。当人们可以透过工作上的表现和成就来赢取身份和地位，代表他们有机会挣脱掉原先不好的出身，透过后天的努力取得财富与别人的肯定。不过 Williams（2000）提醒我们：这种社会流动的机会潜藏危机。因为市场竞争有赢也有输。赢的人向上流动，向他人证明自己作为男性的身份，并赢得他人的尊敬；输的人却可能连基本的尊严都失去。而且市场竞争压力是持续的，现在的胜利并不能确保未来不会失败。就像 Williams（2000）引用自其他文献的话："身为男性，必须向他人证明自己的身份——而且持续地证明。"这种必须长期透过赢得劳动市场竞争的方式来向周遭他人甚至整个社会证明自己作为男性身份的处境，使得多数男性对于工作表现有着极为深刻的焦虑感。

2. 当代工作组织的"性别结构"

男性与工作者角色的紧密连结，也透过当代工作组织的运作而被强化。传统的组织研究者一直视工作组织为性别中立（gender neutral）。20世纪90年代前后，受到性别研究的影响，开始有一群组织研究者尝试透过"性别化组织"这一新研究领域的开拓去检视当代工作组织中潜藏的性别结构（Acker, 1990; Collinson, 1988; Collinson and Collinson, 1997; Collinson and Hearn, 1994; Cooper, 2000; Kunda, 1992; Martin and Collinson, 2002）。① Acker（1990）是最早明确指出资本主义工作组织潜存着性别结构并对其进行分析的学者。她发现：大多数雇主往往为了追求最大利润并尽可能提升工作组织运作的效率，将工作者设想成"没血没肉"的人（disembodied）：他们是工作机器，没有生理需要与心理感受，更没有私人生活领域的事务要处理。Acker（1990）的"没血没肉"一词系由女性主义者政治理论者Pateman（1986）的论点借用过来。"抽离肉身"（disembodied）这个概念是Pateman（1986）对自由主义个人主义的批判性用语。Pateman（1986）认为在自由主义理论下，个体是以一种不具任何肉身、从肉身抽离出来的抽象形式存在着。对自由主义理论而言，

---

① 工作组织性别结构有两个面向。一个面向是工作组织或者雇主对于工作者的文化期待往往以成年男性作为参考对象，这使得女性很容易在工作组织中被边缘化或者被排除在外。另一个面向则是工作组织对于工作者的文化期待，也透过男子气概（masculinity），与男性的性别认同相结合。第二个面向其实与第一个相关。当代工作组织对工作者工作永远优先的文化期待要如何落实在每位组织成员的身上，对成员的行动实际发挥约束作用，除了透过组织层级结构中上司对下属的权力运作外，认同政治反倒是更有效的机制。Acker（1990）在分析工作组织的性别结构时，曾经引用Connell（1987）的霸权式男子气概的概念（hegemonic masculinity），指出在工作组织中人对强势且富领导才能的权威领袖的图像往往是那些在性上面极具吸引力、拥有家室并对自身情绪有高度控制能力的人。Acker（1990）认为这样的"霸权式男子气概"的领袖图像除了反映工作组织性别结构对女性的排除外，也同时反映这套结构对那些无法符合主流"男"人形象的男性，如同性恋、超过适婚年龄仍维持单身者以及身心障碍者的压制。"男"人尽管在"生理性别"上被归类为同一群体，但群体内部其实存在高度的异质性，这样的异质性意味着工作组织中关于"工作者"的理想图像虽然是根据"男"人的身体形象与生命经验而打造的，但绝非所有男性都可以凭借其作为"生理上""男"人的身份，轻而易举地符合这套规范性标准。除了Acker之外，也有许多组织研究者陆续透过对工作组织的经验研究指出：在当代资本主义社会"霸权式男子气概"与工作组织中关于"理想工作者"的规范之间具有紧密关系（Collinson, 1988; Cooper, 2000; Kunda, 1992）。换言之，就像密集母职对理想照顾者的信念与母亲作为女性的性别认同相结合，当代工作组织关于理想工作者的期待与规范，透过男性工作者对男子气概的追求，内化成他们的自我构成元素，并与他们作为"男"人的性别认同紧密结合。

个体唯有从肉身抽离出来，摆脱人类作为血肉之躯的各种脆弱、情绪与羁绊，才是一种可以代表任何人的普遍存有。然而在 Pateman（1986）看来，这种宣称足以代表所有公民的普遍存有是政治上的虚构。就像另一位女性主义政治理论家 Dean（1992）所言，自由主义理论中那些宣称具有普遍性、适用所有公民的理念，其实都是特定于男性的普遍性，是以男性的肉躯以及生命经验作为参照而建构出来的。这导致女性即便在形式上被赋予同等参与公民社会的权利，她们仍旧无法如男性一般充分融入公民社会的运作。

Acker（1990）主张这种抽离肉身的现象同样存在于资本主义下的工作组织当中。因此她想借用这个概念去突显工作组织对受雇成员的规范性标准是如何以一种貌似性别中立却深具性别意涵的方式在运作。工作组织对于所有的职务与组织层级都以抽象类（abstract categories）呈现。表现上看起来，抽象类的呈现方式，可以避免所有层级的职务为特定的成员或者为任何具备某些身体特征、某一性别的人而量身订造。然而就现实而言，一个抽象形式的职务之所以可以存在，并被转化成具体的工作产出，必须要有活生生的人投入那项职务。在工作组织追求利润的运作逻辑下，Acker（1990）认为，那些被假定用来占据这些抽象职务空缺的人，必须是一种只为工作而存在的"不具血肉之躯的工作者"。她说：

> 这种假定工作者（hypothetical worker）不可以有其他会对职务造成干扰的更要紧事务需要处理。底线是那些外头的要紧事不能被涵盖在职务的定义当中。在职务所划定范围之外，若有太多其他的义务要担，将使工作者无法胜任职位（Acker, 1990: 149）。

简言之，就是工作组织的命令与要求永远优先于任何事，当家人的需要或其私人性事务同工作组织的职务发生冲突时，工作必须被摆在最优先处理的位置（Bailyn, 1993）。Acker（1990）承认，这种没有血没有肉的工作者只是一种假定的存在。真实的世界中当然不存在这种没血没肉的工作机器，不过 Acker（1990）接着强调：那些全天候且终其一生将自己的生命重心投入工作的男性工作者正是真实世界中最接近这种假定存有的活生生人类。而男性工作者之所以能凭着血肉之躯，以最接近工作组织对工作者理想形象的方式投入工作，原因在于他们的妻子会替代他们打理他们无暇顾及的私人性事务并照顾他们的孩子。多数女性工作者也因为缺少这种私人事务的代理人,无法如同男性那样高度地投入工作,容易被工作组织边缘化。换言之,这种没有血没有肉的工作者表面上是一种普遍性的概念,骨子里却是依据男性的生活经验而设想出来的,一个女性如果要依照这样理想形式参与工作组织,她只能如 Acker (1990) 在文中所暗示的——让自己变得像"男性"那样!她必须试着像多数男性那样,将所有可能对工作组织职务造成干扰的私人事务,包括孩子都委托给另一个人来处理;假使找不到这样的私人事务代理人,那么最干脆的方法就是不结婚生子。

抽离肉身的理想工作者形象对于就业母亲所造成的影响,并不仅是她们在工作组织中被边缘化。就如本节第一部分所述,就业母亲所面临的文化期待不只来自工作组织中这种具高度性别意涵的工作者角色要求;密集母职对她们作为孩子照顾者的要求同样严苛。棘手的是,这两套文化期待相互矛盾。

3. 小结:文化矛盾

很清楚地,理想照顾者与理想工作者这两套价值信念是相互对立的,但是透过传统家庭内部的性别分工安排,这两套相互冲突的价值信念被巧妙地分隔在两个空间与两位个体身上。这样的分隔使得截然对立的两套价值信念安稳地并存于同一社会。20 世纪 70 年代之后女性参与劳动市场的趋势,家庭性别分工安排的转变,让这两套相互冲突的价值信念无法继续被分隔在不同的生活领域与不同性别的个体。尽管女性参与劳动市场的趋势代表她们终于挣脱传统性别分工安排对其生命的局限,像男性一样透过劳动市场的参与去追求自己的人生计划,但劳动市场同样存在文化规范。就业后的女性同样得承受雇主对其作为理想工作者的期待。对男性来说,这样的期待虽然可能危害他们的健康与生活质量,但他们可以勉力而为。但对女性来说,尤其是对那些具备母亲身份的女性来说,理想工作者的要求往往让她们内心陷入天人交战的状态。

在 Hays (1996) 看来,这不纯粹是女性在有限时间与精力下得承担双重角色的时间贫穷与劳务负荷问题而已。她认为女性在母亲与工作者间的角色冲突是一种"文化矛盾"。当代社会对工作者与照顾者皆有某种理想图像,然而就像 Hays (1996) 说的,两种图像各自要求的行动逻辑却背道而驰:理想照顾者的信念诉诸的是利他的行动逻辑 (altruism);而理想工作者则要求自利的行动逻辑（self-interested）。两种完全对立的行动逻辑现在同时加诸女性身上。在家庭领域面对孩子时，女性作为母亲必须无私与忘我，将利他情操展现在孩子身上；但在工作领域，女性作为工作者又必须像个极度自利的市场人，尽可能追求自己与生产组织的最大利益。她势必得在这两种相互矛盾的文化期待中做出抉择：不是孩子优先，就是工作优先。

三　研究方法

第二节透过相关文献的回顾与整理，就巨视层面去解析育儿女性就业后所遭遇的文化矛盾困境及它背后的历史与社会脉络。接下来，我想从微视层面去探究：这样的文化矛盾如何影响个别女性的母职经验。据此本研究将数据搜集的目标放在个别就业母亲的母职经验。不过由于个别母亲的母职经验往往随着孩子年纪增长、生命与成长需要的变化而存在极大的差异，为避免搜集到的访谈资料因孩子年龄差异而出现过大的异质性，增加数据分析的复杂度，我一开始即将受访对象的条件限定在"育有 6 岁以下子女的母亲"。以"6 岁"作为条件，主要有两个考虑。首先，6 岁以下的孩子因为认知与自我照顾能力发展上的限制，对照顾者的依赖程度比起 6 岁以上的孩子高出许多。母亲作为照顾者投入在 6 岁以下孩子的时间与心力，相对来说也比较密集。更密集的照顾需要意味着女性同时作为母亲与工作者所遭遇的文化矛盾困境，将更为艰困。其次，在台湾，6 岁是接受义务教育的法定年龄。孩子进入学校后，母亲对孩子的焦点被移转到孩子的学校适应与学业表现；现行教育体系的运作方式与合理性（如补习、基测等）几乎成了她们最关注的公共议题，将之纳入受访对象很容易让访谈失焦。下文将简单交代我搜集访谈数据与分析数据的程序，并说明受访对象的基本样貌。

（一）研究程序

为执行"国科会"专题研究计划，从 2010 年 9 月初至 2011 年 6 月，我陆续透过相关人脉以滚雪球的方式寻找合适的受访对象，总共访谈 16 位母亲。本文因聚集文化矛盾现象的探究，排除掉 I、M 与 N 这 3 位访谈当下为无业状态的母亲，仅截取其中 13 位访谈当下有就业（含部分工时就业）之母亲的访谈文本。13位就业母亲中有3位正值育婴假期间，这3位母亲约谈当下即确定未来会回原就业单位工作，因此我亦将她们纳入本文的分析范围。

多数受访者只约访一次，每次访谈约2小时。其中D与E这两位正值育婴假的母亲因受访后没多久将结束休假重返工作岗位，孩子的照顾安排将面临调整，我在她们休假结束3个月后约访第二次，了解育婴假结束后重进职场的生活变动对其母职行动的影响。D为面对面访谈。E因住家和工作地点不在台北，因此采用电话访谈。为了使访谈进行时受访者谈话内容在短时间内聚焦于母职行动与她在当中的考虑及感受上，我采取半结构式的质性访谈。所有访谈内容均在事前征得受访者的同意下全程录音。另外，受访者中有人因为全天候亲自照顾孩子必须带着孩子一同接受访谈。由于事前已预想到类似的状况，因此我在约访时若得知受访者亲自照顾孩子，都会主动确认她们受访时是否需带着孩子，并提醒她们选择让孩子较轻松自在的受访地点。我会事先指派另一位研究助理在访谈进行时负责陪伴孩子。访谈进行当下，我亦配合受访者必须立即响应孩子的需要（如亲喂母奶或者安抚孩子的情绪）而暂时中断访谈。虽然孩子在场往往让受访者为留意孩子的状态而无法持续将注意力放在访谈的提问与经验叙说上，导致访谈进行不顺畅；不过由于我本身也是母亲，我会利用孩子在访谈当下的某些有趣反应，同受访母亲分享自己与孩子互动的小故事，除透过适时的自我揭露拉近和受访者之间的关系外，也期望这些故事能引发受访者在经验上的共鸣，促使她们更深入地回想与叙说自己的母职体验。

正式进入访谈后，提问大致分为3个阶段。阶段一为"说故事"。访谈一开始，我会邀请受访母亲去回想她第一个孩子出生后到目前为止对孩子照顾安排的变化。在这个阶段，为了让受访者尽情地说故事，我会采取"多倾听少发言"的立场引导受访者以孩子成长作为时间轴，开放地叙说她为人母之后的生命故事。阶段二为"情节再厘清"。随着访谈进展至中间阶段，受访者"赋予情节"的能力（emplotment）越来越成熟（Miller, 2005），开始标示出在她为人母之后特别重要的事件，并与其他人生事件相互连结，甚至尝试做出解释。这时，我作为提问者将适时跟随受访者所创造出的情节，针对情节中某些故事段落向受访者追问细节，请受访者厘清当下如此行动的原因以及这些行动对后来生命的影响。阶段三则是"赋予故事意义"。当受访母亲的故事接近尾声，我试着提出一些较抽象、具规范性意涵的问题，例如，她理想中的母亲角色是怎样的？她是否建议其他未生育的女性友人进入"母亲"这个角色？我期望透过这样的提问，让受访母亲能够跳脱现状与个人的立场，为自己的母职行动设下某种愿景，并进一步思考母职经验对整个社会的意义。

每次访谈结束后，我与陪访助理根据现场记录及当下的感受与理论洞察撰写访谈日志，并据此规划下次受访对象的社会特质（例如职业类型或家庭类型）。每场访谈完成后一周内，访谈全程录音档由研究助理转交并监督工读生誊写逐字稿，参与誊写稿件的同学必须签署保密同意书。资料分析大致分作3个步骤。首先，透过访谈日志的书写以及逐字稿的反复阅读，去总括出对每位受访母亲的整体母职样貌。其次，对数据编码逐字逐句地检视访谈文本。实际进行访谈、撰写访谈日志以及阅读访谈日志的过程中，我已经从数据当中陆续凝聚出一些理论性洞察，因此在概括出每位受访母亲的整体样貌后，我根据这些理论性洞察以及访谈文本本身的意涵，对逐字稿逐字逐句地进行编码。最后，在编码工作告一段落后，我将不同编码背后指涉的概念进行整理与分析，厘出彼此之间的关联性，借以发展出某些理论洞察，作为贯穿13位就业母亲母职故事的主轴。

（二）就业母亲的基本样貌

本文聚焦的13位就业母亲平均年龄为35岁。大学以上文化程度占多数，有4位具有硕士学位，6位有大学文凭。这6位中又有2位约访时在研究所修读硕士学位。除O与P之外，多数就业母亲从事所谓女性工作，包括美发、童装销售、教师与社工等。除F之外，其他受访者都有稳定的婚姻关系。由于受访对象是透过相关人脉滚雪球找到的，因此较高比例是与我成长背景相似的中产阶级母亲。若按多数文献以大学以上受教育程度作为中产阶级的定义，受访的就业母亲当中有4位为非中产阶级母亲，分别为F、G、H与J。下文关于不同阶级母亲在母职样貌上的差异比较将着重就这4位母亲的访谈文本分析。13位就业母亲的重要社会特质整理如表1。

受访就业母亲在社会经济地位的分布明显偏离台湾社会年轻母亲的人口组成样态。不过质性研究的目的原本就不是以受访者的状态去推论母群体，而是在捕捉受访者内心对于社会事件的诠释与感受。而且实际进入田野后，我发觉要在一次约两小时左右的访谈中让受访母亲表达她对台湾社会母职规范性标准的理解并叙说她在规范性标准下的母职行动，受访者本身需拥有相当程度的自我觉察与社会反思能力。自我觉察与社会反思能力当然不完全取决于一个人的受教育程度与社会历练,事实上受访者中就有几位学历不算高、年纪相当轻、社会历练也不算深的母亲,对自我觉察与社会反思的表述超乎同辈。但两者毕竟存在某种程度的关联性。从另一个角度,受教育程度与母亲反思母职行动之间的关联性,也反映了我在文献回顾所言的"密集母职有其社会条件"。对中下阶级的母亲,密集母职需耗费的经济资源与文化资本并非她们负担得起的。关于这部分第四节会再做讨论。

表1 就业母亲之基本数据

编号	年龄/受教育程度/就业	婚育状况	配偶基本资料	目前照顾安排
A	36/研究所/教师	已婚,育有1子(1岁10个月),怀有1女	39岁/研究所/大学教师	育婴假
B	37/研究所/社工主管	已婚,育有2子(6岁;2岁6个月)	37岁/研究所/信息业工程师	婆婆照顾
C	34/大学/教师	已婚,育有1子(1岁9个月)	37岁/研究所/信息业工程师	亲友照顾
D	30/大学/社工	已婚,育有1子(1岁2个月)	39岁/大学/服务业	育婴假,休假结束后由保姆与娘家母亲分时段照顾
E	29/大学/银行柜员	已婚,育有1女(1岁11个月)	29岁/大学/金融业	育婴假,休假结束后送托儿所
F	26/专科/补习班电访员,部分工时	分居,育有1子1女(2岁;10个月)	30岁/专科/作业员	老大由她白天亲自照顾,晚上打工时由娘家母亲照顾,老二则由夫家照顾
G	30/高中/美发业,自行开业	已婚,育有1子(4个月)	33岁/专科/与妻子共同经营美发工作室	和娘家同住,与娘家亲友共同照顾
H	30/专科/保险销售	已婚,育有1子(7个月)	32岁/专科/保险销售	大多数时间亲自照顾
J	32/高中/童装销售,自行摆摊	已婚,育有2女(6岁;5岁)	35岁/高中/会场装潢工程	已进入幼儿园与小学就读

续表

编号	年龄/受教育程度/就业	婚育状况	配偶基本资料	目前照顾安排
K	40/研究所/社工主管	已婚，育有1女（7岁）1子（5岁）	34岁/大学/企业中阶主管	已进入幼儿园与小学就读
L	28/大学/大学助教	已婚，育有1子（2岁4个月）	34岁/研究所/大学教师	托儿所
O	38/大学/金融业主管	已婚，育有1女（1岁9个月）	38岁/研究所/无业	父亲照顾
P	40/大学/金融业主管	已婚，育有1女（2岁2个月）	38岁/研究所/金融业主管	到宅保姆照顾

四 就业母亲在文化矛盾下的母职行动

本节聚焦于就业母亲在理想照顾者与理想工作者这两套价值信念的文化矛盾下的母职行动以及她们对这些行动的诠释，全节分三部分。第一部分呈现女性母职行动的背景图像，目的是指出做母亲之于女性的复杂意义。第二部分与第三部分将进入文化矛盾这一主题。这两个部分分别处理受访母亲现下面临的两股规范性力量。一方面将焦点放在专家知识影响下，对母职越来越密集的标准；另一方面则聚焦普遍养家模式逐渐崛起后，对母亲日益增强的工作者的角色期待。这两股规范性力量对母亲作为孩子照顾者的期待是相互对立的。我想透过个别受访母亲在这两股相互对立规范性力量拉扯过程中的经验揭露，去指出新世代母亲的整体处境及她们所面临的挑战。

（一）做母亲的个人意义：理想的人的养成

在大多数跟儿童照顾或儿童福利议题相关的文献中，由于家庭内部男性养家与女性照顾的性别分工安排，母亲被等同于孩子的主要照顾者（Esping-Andersen, 2002; Michel and Mahon eds, 2002; Hendrick ed., 2005）。事实上，一开始我就是带着这样的视框进入田野。因此最初对受访母亲的访谈聚焦在照顾安排问题及照顾任务分工问题，但这样的预设在我遇见受访者 A 后逐渐松动。对多数受访母亲来说，做母亲这件事，并不只是从照顾者的位置去响应孩子的基本生存需要。除了照顾责任的承担与照顾劳务的负荷外，做母亲对于每位当事人，还蕴含更深沉的社会意义。

1. 女性透过母职来实现自己对人的理想

A 是我此次田野第一个遇见的母亲，她是小学老师，孩子出生后她申请育婴假亲自照顾孩子。访谈时我询问她如此安排的理由，当时她给了我一个意想不到的答案。她突然提到弗洛伊德的"自我"、"本我"与"超我"，并将这些概念套用到她对公婆性格的观察上。A 举了一些例子向我说明婆婆如何地超我以及公公又怎么地自我。

> 我婆婆是那种煮个饭洗米要洗 10 次的，就是她很多方面都很有要求。她这种要求不是不好，但是有时候你会觉得……好累。我公公是很疼我的，但就享乐主义的，就是大鱼大肉啊！（A，13 页，26~32 行）。

在 A 看来，公婆两人对于生活常规过于极端的立场，不仅不利于小孩的教养，再加上两人经常因极端对立的性格而发生冲突，这对小孩的情绪也会有负面影响。所以，她宁可自己停薪留职，也不放心将孩子交给公公婆婆照顾。

我一直到访谈结束后在撰写田野笔记时，才逐渐领悟到 A 如此作答背后的含义。A 对于婆婆与公公作为照顾者的挑剔评价，反映出她对"理想的人"的某种想象，而她对孩子的照顾安排完全以这套想象作为判断依据。她觉得一个理想的人在道德纪律上应维持超我与本我之间的均衡，太过松散与严苛，都不恰当。就理念上来说，A 对理想的人的标准或许不够完整，也不够系统。但是当她以此为判断标准，来构思对孩子的照顾安排，这意味着她其实是在孩子的身上投射自己对人的理想。她如此费尽心思地对周遭潜在的照顾者一一进行筛选，最后发现自己才是最适任的人选。这些盘算的最终目的，就是要孩子长成她理想中的人。就 A 的例子来说，显然女性作为母亲在对孩子照顾进行安排时，考虑的不只是基本吃穿的问题而已，她们还在实现自己对人该有的样子的理想。

2. 母亲对母职理想的坚持与决心

母亲们对孩子的理想样貌设定的标准,并不纯粹是她们在心智上抽象推演的结果。它往往是母亲们从过去生命经验得出的深刻体悟,那是她们对人生信念的一部分。受访者 J 就是很好的例子。J 是两个孩子的母亲,她的先生从事会场装潢工作,虽然收入稳定,但工时相当长,周末也必须配合客户的要求加班赶进度。访谈接近尾声时,她向我强调即便假日先生没空,她一个人就算再累、再麻烦也要带着孩子来个小旅行。她说:

> 我不希望因为我先生,嗯……应该这样子说,我不希望因为我先生他的工作的形态而影响到孩子……
>
> (喔,我懂。)
>
> 生活回忆。对,你要给他生活回忆,不能因为说爸爸工作很忙,我们就不出去。(J, 69 页, 16~20 行)

J 深信孩子在父母陪伴下的小旅行,将是他们长大成人后对童年最美好的记忆。这样的信念源于 J 的家庭生活经验。

我还记得访谈时,J 没多久就主动提及她是单亲家庭长大的孩子。事后阅读访谈文本,我才真正地体会她如此叙说自己母职故事的用意。显然,她认为自己现在之所以如此用心地照顾与教养孩子,目的是弥补她童年时期因为单亲家庭的限制,母亲必须忙于赚钱养家没法长时间陪伴在她身边的遗憾。因为这些她缺少的,是长大后为人母的她认为人生中很珍贵的东西。

> 我觉得都很……对……嗯……因为我缺少,小时候的缺憾。那我希望爱她们,让她们知道。
>
> (你希望给她们当初你没有的东西?)
>
> 对,我妈妈虽然给我很满的爱,但还是有一部分是妈妈所不能给予的。(J, 69 页 39 行~70 页 5 行)

正因为是从过去生命经验体悟出的人生信念,因此我们可以想象:母亲并不会因为自身资源不足或者家庭条件的限制,就轻易地放弃自己对孩子所设定的美好生活图像,以降低对母职的标准。就我在田野中的观察,即便资源有限或者生活条件严苛，多数母亲仍会努力地达成自己对母职的标准，尽可能让孩子在最理想的状态下长大成人。

3. 母职理想的世代断裂与阶级条件

一方面，从 J 的文本也可以看到母职理想的"世代断裂"。蓝佩嘉（2014）曾经透过对大台北地区与宜兰地区四个小学的个案研究去分析中产阶级与劳工阶级父母在亲职叙事以及实作上的差异。她（2014）发现中产阶级父母在说明自己的教养理念时倾向用世代断裂的时间叙事，他们会刻意强调"自己的养育方式有别于当代父母的权威形式或打骂教育"。从方才引用 J 的谈话中，我也看到类似的母职叙事。引文中看得出 J 相信父母陪伴是幸福童年不可或缺的元素。然而 J 对"陪伴"的看重并非对自己母亲当年母职风格的学习。正如蓝佩嘉（2014）所言，那是一种由"失落童年"的遗憾而产生的觉醒与反思，因此 J 才说，"我会想要让我的孩子过跟我不一样的生活"（J，71 页，8 行）。

另一方面，J 对于"陪伴"的高度重视虽然在经验上来自对自身失落童年的反思，但就理念上，她的反思也反映出密集母职作为规范性母职在当代台湾社会的强大影响力。事实上不只 J，几乎每位受访的母亲在访谈时都跟我强调密集陪伴对孩子成长的重要性。F 的例子尤其具有戏剧性。约访谈时，F 与先生分居，由于缺乏稳定工作，因此她带着两岁的大儿子回到娘家，与经济状况同样不佳且还要照顾身障妹妹的娘家妈妈共同抚养与照顾孩子。在访谈时，F 跟我分享很多她对母职的理想。就跟其他多数受访的母亲一样，F 对母职的理想深受密集母职的影响。F 利用晚上到补习班做电访员，将白天时间留给才两岁大的儿子。她向我强调她最向往的孩子照顾方式是全天候守在儿女身边给他们最温暖的陪伴。但她对密集母职的信念却得不到丈夫的支持，这正是她与丈夫婚姻走向分居的导火线。

跟 J 一样，F 对密集母职的信念也有蓝佩嘉（2014）所说的世代断裂。F 的童年过得相当辛苦，不仅家庭经济困厄，母亲为照料身障妹妹大概也没办法花太多时间与心思在她身上。F 绝对不是在密集母职照顾下长大的孩子，她却如此信服于密集母职。事实上不只 J 与 F，我此次田野遇到的就业母亲访谈当下平均年龄 35 岁，当中有不少母亲跟我约同一世代、大约在 20 世纪 70 年代前后出生，是台湾才迈入工业社会的年代。虽然我自己的母亲是全职家庭主妇，但在都会区为数庞大的劳工家庭、自雇者家庭以及在非都会地区的小农家庭中，孩子当时普遍受到的照顾并不算密集。然而几乎所有的受访者在长大、为人母后,不约而同地采取密集母职的孩子照顾方式。这种母职理想与安排的世代断裂跟儿童发展专家知识的普及有关。而专家知识正是导致台湾母职样貌变迁的重要力量之一。下文将聚焦于此。

(二) 专家知识影响之下越来越密集的母职要求

母亲并不是凭天性就会照顾孩子。受访母亲为人母之后在照顾与教养孩子时的学习与摸索也可以被视作"母职的社会化"历程:在学习与摸索的过程中,新手妈妈们开始觉察并适应甚至内化台湾社会对女性作为母亲的期待与要求。因此访谈中我也试着透过对受访者母职学习历程的探询去了解:当她们为人母时,有哪些重要他人或者其他的信息来源,向她们传达外在社会关于她们作为母亲的期待?而这样的期待又如何影响她们的母职策略?

1. 母职学习历程的转变:从重要他人的期待到专家知识

我邀访的就业母亲主要集中在 25 岁到 40 岁。她们出生与成长的年代正逢生育率开始下滑并导致家庭子女数减少,加上经济快速发展,大多数家庭的经济状况获得改善,越来越多的父母舍得对儿女做教育投资。在这样的长成背景下大多数受访者在为人母之前几乎都没有照顾弟妹的经验,做母亲是她们进入照顾者生涯(caregiving career)(Brody, 1985)的开端。我十分好奇:她们从哪种渠道学习我们社会对母职默认的任务?这些任务有些相对简单,如换尿布、洗澡、喂奶;也有些相对复杂,甚至需要一定程度的技术,包括哺育母乳、准备足够营养的非乳食品以及语言与认知能力的刺激及其发展程度的评估等。她们大多数人的答案就跟我自己的经历雷同——都不是通过自己的妈妈和婆婆习来。就所有受访者整体呈现的答案来看,显然她们最倚赖的是专家知识。像受访者 D 在回忆孩子刚出生时,娘家妈妈每每看到她喂母乳的艰辛,就会向 D 感叹起母职的世代断裂:

> 哦,像喂母乳啊,就很不一样啊!她们以前就是很自然而然,就是小孩子生下来就是吃母奶啊……她看我在那边挤奶,用那些工具,她觉得不可思议,说"天啊,过了三十年怎么差那么多啊!"(D,第二次访谈,44 页,3~7 行)

当女性普遍学习母职的途径从自己家里的婆婆妈妈与同侪,转向透过大众媒体而散布的专家知识时,这中间的世代断裂意味着什么?从 D 对娘家妈妈说话的转述中可见端倪:

> 她以前的观念好像……她以前也没想那么多。就是傻傻地带孩子,可是她现在看看我们年轻人带孩子的方式,有时候是觉得,哎,很不一样啊!……嗯,以前他们就是工作比较忙啊,孩子就随便带、随便养啊!其实没有力气去欣赏小孩子的成长。(D,第二次访谈,44 页,11~20 行)

D 娘家妈妈用"随便养"这样的字眼来对照现在母亲"欣赏孩子的成长"。如此的文字对照突显了现在的妈妈在照顾和教养孩子的过程中对自己所采取的每个行动,显然更加深思熟虑,她们对于自己在母职中的作为有更多自我觉察与省思。也因为这样,D 的娘家妈妈才会说自己过去"傻傻地带孩子"。这并不是说 20 世纪的母亲不会对自己的母职行动做检视与反省。对自身作为的检视与反省原本就是人类行动之于动物行为的最大差别,动物很多反应是基于本能,但人类并不全然是,人类的很多行动是出于理性算计与深思熟虑的。此外,人类还会在事后对行动的理由、动机以及后果进行反省与检视。这种对行动的自我检视与反省就是所谓自反性(reflexity)(黄瑞祺,2005)。

然而在现代社会,这种自反性被进一步制度化(institutional reflexity)。现代科学的发展是关键。科学革命之后,自然科学的突破性进展促使人们开始运用科学方法对社会现象进行有系统的探究。Giddens(1990)认为这些透过科学方法而挖掘出的社会生活知识,除了帮助人们对社会现象进行预测与控制之外,它还会"渗透进"社会生活当中,成为寻常人用以检视并反省自身行动的常识性知识,进而促成变迁的发生。就我在田野中的观察,我认为这种利用科学知识来检视与反省自我行动的制度式自反性正是这个世代的母亲之于过去世代母亲的最主要差异。20 世纪的母亲对母职行动自我反省的依据往往是其所属文化的规范与价值信仰。相对照下,新世代母亲的依据则是专家知识:由于跟儿童发展相关的科学与专业知识可以轻易地透过一般书籍、杂志和网络而获得,这群台湾有史以来教育与经济能力最高的母亲世代,在照顾与教养孩子的过程中,更习于运用这些儿童发展的专家知识对自己的母职行动进行监控与修正。

2. 更自主却更负荷的母职

一个社会如何将它对母职的规范性标准传达到个别女性身上，除了透过上述的母职学习历程之外，女性采取母职行动时，来自重要他人的干涉也是重要的渠道。这些干涉的存在代表着女性对母职的行动与决策并不完全自主；她所处的社会可以凭她周遭的重要他人作为媒介，透过人际冲突的方式，去影响与约束她对孩子的照顾安排与教养策略。许多受访者在讲述自己的母职经验时，或多或少都会提及自己在照顾与教养孩子的过程中与亲人之间的不一致和争端。冲突的对象除了另一半，夫家的婆婆与公公是最常被抱怨的对象，但有趣的是，受访者娘家的爸妈也在名单上。

事实上重要他人的意见与看法，并不是唯一对女性母职行动发挥约束效果的规范性力量。前述的专家知识同样是重要的规范性力量。关于这两种规范性力量彼此之间的消长，我在田野中有个有趣的发现。许多受访妈妈在讲述完自己与公公婆婆或者娘家父母之间的母职行动冲突后，在论及自己如何应对这些令人棘手的人际冲突时，她们最常用的策略就是把专家知识搬出来，作为证立自己立场的理据。受访者 E 就是很好的例子。E 的婆婆非常强势，观念也较为传统，当 E 和婆婆因为孩子的事而意见相左时，E 的先生也碍于自己母亲身体不好，而选择站在母亲那一边。最后 E 找了医生当救兵：

> 就是去问医生，他才发现原来妈妈的想法都已经过时，已经不符合现代的，他才慢慢跟他妈沟通，可是他妈也是听不太进去……（E，第一次访谈，12 页 39 行~13 页 2 行）

换言之，女性透过专家知识对自己的母职行动进行自我监控的同时，往往也利用这些关于儿童发展的科学新知，来对抗重要他人对自己母职策略的干涉，争取自己在孩子照顾与教养上的自主性。

我认为，当一位母亲以自己娘家妈妈或者婆婆作为母职学习的典范，跟她以专家知识作为母职学习的依据时，两者的母职社会化历程是很不一样的。前者，母亲所隶属的社会及文化团体中的社会规范，显然较深刻地影响母亲对母职的学习，因此在这种社会化历程下，母职行动较集体主义取向，母职行动与文化传承之间的关系较为紧密。相对照下，后者，传统社会规范对母亲母职学习所造成的影响逐渐衰退,取而代之的是那套以儿童发展为核心的科学与专业知识;因此在这种社会化历程下,母亲跟文化传承之间的连结不那么紧密。① 从微视面来看,母职行动的个人化趋势意味着一位母亲更能摆脱传统规范的束缚及重要他人的影响与干扰,而以更自主的方式来履行母职。

然而对于女性利用专家知识来对抗重要他人这种传统规范性力量的影响而取得的母职自主性,也不要抱持太浪漫的想象。Hays(1996)在检视密集母职作为美国当代社会对母职的规范性标准时,便提醒我们:大多数坊间流行跟照顾与教养相关的专家知识都是扣紧儿童发展的科学发现,完全以孩子为中心,女性作为母亲的处境与利益并不是这些专家知识的焦点。事实上在专家知识的影响下,越来越密集的母职要求已使女性在母职中的处境变得更加艰困。尤其是当女性也开始被期待投入工作,在全时工作之余仍旧被期待在孩子身上投入密集的时间与情感,往往让许多女性陷入双重负担的困境。从这个角度来看,女性透过专家知识来对抗重要他人代表的传统规范性力量,不见得是一种解放,它很可能只是让女性从一种性别不公义的规范性元素逃入另一种同样具压迫效果的规范性元素。

3. 我才是孩子最理想的照顾者

这种"母职自主性"推至极端时,作为母亲的人几乎无法自在地委托其他人来照顾自己的孩子。这种对他人的不信任反映出一种根深蒂固的信仰:唯有我作为母亲,才是孩子最理想的照顾者。如果母亲们普遍相信自己才是孩子最理想的照顾者,那么就巨视面来看,它必然对育儿妇女的劳动参与造成影响,而且可能冲击台湾现在才刚发展的保姆托育服务体系。

多数接受访谈的妈妈在谈及孩子甫出生的照顾安排时,都有意无意地显露出对保姆的疑虑。G 的例子尤其鲜明。G 对于保姆的看法和我访谈过的许多妈妈类似。G 并不否认有好的保姆,事实上她也有朋友把孩子托给保姆照顾,但就和许多妈妈最后没选择保姆的原因一样,她认为"好保姆难寻"。G 并不相信保姆证照与小区保姆系统的媒介能保证保姆的质

---

① 从家庭与其他社会制度在儿童社会化历程分工的转变,或多或少也反映了母职行动与文化传承两者关系的变动:在传统社会,孩子几乎是透过家庭学习到社会的重要文化元素,但在当代,儿童的社会化媒介更为多元,除了家庭之外,学校与媒体等媒介的角色日益重要。

量,她还用一些关于保姆的负面报道作为例子来说明:一旦找到不好的保姆将对孩子造成多大的伤害。不过直至访谈进行到后面时,我才惊觉 G 自己的母亲就是专业保姆。即便自己的母亲就是保姆,她仍旧不信任保姆的照顾质量!事实上,不只 G,G 的妈妈身为保姆,也相信自家人的照顾会比保姆的照顾来得稳当。就像 Nelson(1994)针对家庭保姆的质性访谈发现,即便连保姆都不相信自己提供的照顾服务是最理想的照顾服务。这呼应了 Williams(2000)对托育服务商品化焦虑的说法(commodification anxiety)。人们深信家庭领域才是孩子最合适的成长环境,公领域对孩子来说太过危险,因此孩子不应该交由公领域的陌生保姆来照顾,即便她们是专业的并接受监督与管理,大家仍对她们的服务质量充满疑虑。

然而我认为:受访母亲们普遍不信任保姆的原因除了商品化的焦虑外,有很大的成分也出在整个社会以及女性自己对"母亲是孩子最理想的照顾者"的价值信仰上。事实上,不少受访母亲在谈及自身对保姆的疑虑时,几乎有意无意地透露这样的信息:除了我之外,其他人——不只保姆,也包括娘家母亲或夫家婆婆——都不是孩子最理想的照顾者。因此当她们因为工作而无法陪在孩子身边亲身照顾时,她们仍会透过对替代照顾者的监控,尽可能掌控所有关于照顾孩子的细节。

受访母亲这种想掌控所有照顾细节的欲望,反映了照顾孩子这项任务是如此紧密地与母亲的自我概念结合在一起(Kremer,2007)。然而如同第二节文献回顾所指出的,当代工作组织对于工作者也有一套理想标准,随着已婚女性参与劳动市场的社会趋势,女性进入劳动市场后必然得受制于工作组织对理想工作者的预设与标准。倘若女性的自我概念与母亲作为照顾者的角色如此紧密连结,这很可能会影响女性对工作的认同与投入。

(三) 普遍养家模式下对母亲的工作者角色期待

除了专家知识,导致台湾母职样貌转变的另一股力量就是已婚女性参与劳动市场的趋势。传统家庭性别分工要求男性养家,女性留在家中照顾孩子,但是这套性别分工现在正值转换的阶段:女性不再被期待单纯扮演照顾者的角色,她们也开始参与劳动市场。有论者将这样的转变视作男性养家模式的衰退与普遍养家模式的崛起(Crompton,1999;Fraser,1997)。过去相关文献对普遍养家模式趋势的讨论主要聚焦在女性留下来的照顾工作该由谁做(Fraser,1997)。我的田野研究结果进一步指出:普遍养家模式的趋势除了在"制度上"冲击家庭内部关于儿童照顾的性别分工外，似乎也在"文化上"改变了人们对母亲角色的想象与期待。

1. 母亲也受工作伦理的约束

母亲这项社会角色在过去一直被要求专注于照顾孩子，不被期待去工作，然而从受访者所揭露的经验来看，显然这样的角色期待正面临转变。从不少受访妈妈思考是否继续工作之际的内在挣扎，我发觉原本仅适用于男性的工作伦理似乎也对母亲产生约束。透过文本的归纳，这种约束力量有以下几种来源。

来源一：对经济自主的追求

对经济自主的追求，几乎是每位受访的就业母亲在讲述自己为何坚持工作时都会提到的理由。检视文本，我发现多数母亲指出经济自主这个理由的时机，多半是在对"全时母职"这样的照顾安排选项进行评价时。让我印象最深刻的是受访者B。B是一位工作能力相当强的社工主管。她的两个孩子交给婆婆照顾，婆婆的照顾令她十分放心。访谈接近尾声时我照例地询问她：如果不考虑现实的限制，她最理想的照顾安排为何？她的答案令我大感意外。B当时用略带笑意的表情认真地对我说：如果可能，她想当全时母亲。但在丢出这个答案后，她又紧接着强调："但是我觉得一个女性一定要有自己的经济能力。"（B，27页，1行）

对B而言，全时母亲是很理想的照顾安排，但全时母亲是无酬的，这与她对女性经济自主的信念是相违背的。因此最好的安排是自由工作者，既可以有稳定的收入，又可以利用大量的自主时间去陪伴孩子。B的答案反映了当代母亲普遍有的内在冲突：一方面在密集母职的影响下，她们高度认可母亲作为孩子照顾者的角色；另一方面她们也开始为自身利益盘算，希望透过工作所得的保有，避免自己在经济上过度依赖另一半。

2009年开办的"育婴留职停薪津贴"某种程度化解了就业母亲这种"既想自己亲自照顾孩子又想保有一定经济自主"的内在冲突。例如前面提过的E就承认当初会申请育婴假，"六成薪"的育婴留停津贴具有很大的吸引力。

来源二：工作也成了女性的自我构成元素

受访母亲对于经济自主的追求某种程度上意味着越来越多的女性开始将独立自主视作人生目标。从访谈文本即可以清楚地看到：在多数受访母亲对自己生涯的想象中，工作占据非常重要的位置。因此即便结婚生子后，她们也不像20世纪的女性，将人生局限在婚姻与家庭生活，她们仍期望透过工作的保有，去参与社会生活并对社会做出贡献。这种建立在工作之上的生涯想象并不因为中断就业而被彻底舍弃。13位就业母亲中仅有K为二度就业母亲。离开职场前她在非营利组织担任主管。怀老二后因厌倦周末与孩子分隔两地的假日父母生活，便辞职在家专心待产并亲自照顾过去因忙碌而疏于陪伴的老大。她在老二满3岁进幼儿园后重返职场。我询问她重返职场背后的考虑，她的回答很直接：

> 喔，回到职场是必须的啦！因为一个女性、一个女性如果没有工作的话就比较没自我。因为小孩子会大，那我的个性本来就不是依附在家庭里面跟小孩子照顾上的，所以其实还是要回到职场。（K，2页，9~11行）

K将工作与自我连结在一起，反映出她原本人生规划中工作占据的核心位置。因此尽管当初她为了多陪伴孩子而离开职场，她也清楚地知道那只是"暂时的"。

新世代母亲将生涯扣紧工作的信念，亦受到重要他人的强化。访谈本文显示：并不只有母亲期许自己要有稳定的工作，母亲身旁的重要他人也会强化母亲去工作的自我期许。例如E在决定申请育婴假前，娘家母亲一开始非常反对：

> 我爸爸是没有什么意见的，可是我妈妈很反对，"那时候，你好好的工作不做，你为什么要请育婴假"，她一直觉得女生还是要自己的一份薪水比较有保障，那我先生的话是支持我请育婴假。（E，5页，19~21行）

除了重要他人强化母亲去工作的自我要求外，整个社会似乎也越来越倾向用工作来认定女性的身份，这样的氛围也会使那些没有工作者角色的全时母亲在社会生活中面临不知如何定义自己的窘境。K告诉我：当家庭主妇期间每当遇到向陌生人做自我介绍的场面，总令她万分不自在。这种难堪与尴尬都代表着在当代台湾社会对母职的规范标准中，人们对母亲的角色期待已经逐渐从一种单纯的照顾者角色，转变成工作者与照顾者两者混杂交错的双重角色。

来源四：全时母亲成了被贬抑的身份

新世代母亲普遍将人生规划扣紧工作的现象，某种程度也与当下社会对全时母亲的贬抑有关。曾经有3年时间担任全时母亲的K告诉我：她在家带孩子的那段期间，因常光顾一家面摊，竟被老板误认为"外籍配偶"。K对如此误认的不自在，某种程度上映照出台湾社会普遍对来自东南亚婚姻移民女性的刻板印象和偏见。尽管在台湾社会，多数人在表面上友善地对待这群女性移民，但在深层的内在人们仍倾向用"他者"的立场来观看她们（夏晓鹃，2002），因此，即便她们移居台湾多年，依旧有不少人习惯唤她们为"新娘"。因深知这样的观看角度，K认为这样的误解是对自己的贬抑。① 她将这样的贬抑与自己不具工作者身份的处境做连结。

> 对啊，因为没有一个妈妈，没有一个高学历的人，会全职当妈妈、当家庭主妇，就只有外籍配偶才会。（K，7页，17~18行）

这样的连结除了透露K对于全时母亲这个身份的自我贬抑，也间接地反映出K当时内心的不安定感：她虽然自愿辞掉工作花了3年多的时间专注地陪伴孩子，但由于社会并不认可全时母亲的贡献，加上经济不自主，她对自己"选择"的照顾安排其实极度焦虑。对K而言，这是她为孩子而做的自我牺牲，是她原本人生规划的暂时脱轨。等孩子够大了，她终将回到工作者的身份，重返正轨。

来源五：丈夫养家能力不足

上述例子都突显了新世代母亲对工作者角色的认同。然而并非所有就业母亲都是基于对工作者角色的认同而投入工作。倘若将阶级的因素考虑进来，单亲妈妈在欠缺另一半分担家计的情况下，或者中下阶层家庭的母亲在另一半工作所得不足的限制下，就算她们不认同工作者角色，也必须进入劳动市场。

上文曾提到的F就是很好的例子。F高度认同密集母职，如果条件许

---

① 蓝佩嘉（2008）在其专书中的自序《洗衣篮与香水信纸》中也提及类似的经验。蓝佩嘉在美国念书时，有天扛着洗衣篮走在街上，被一位中年白人男性误认为家务移工。蓝佩嘉将这种误解以及随之而来被贬抑感受归因于美国人对有色女性的刻板印象与偏见。

可，她非常渴望按此信念去养育孩子。然而分居丈夫担任工厂作业员的薪资过于微薄，无法让她实践母职理想，她被丈夫与婆家人逼着去工作。夫妻之间为孩子照顾安排的理念不同而冲突不断，也因此分居。分居后，她搬回娘家与母亲同住，缺乏丈夫的经济支持，加上娘家母亲贫困的生活条件，她仍旧无法依自己的母职理想去照顾孩子。

F 与先生之间的冲突揭露了全球化下台湾男性工人阶级及其家庭的经济与生命困境。20 世纪 80 年代之后全球经济整合的趋势使得工业化国家制造业部门的工作机会大量外移；全球市场的激烈竞争与新自由主义意识形态的崛起，让越来越多雇主为降低劳动成本，采取更为弹性却也更加不稳定的雇佣形态。中下阶层男性所在工作的劳动条件急剧恶化。薪资成长停滞，工作也变得更加不稳定。劳动条件恶化除了让他们更容易陷入工作贫穷外，也波及其婚姻与家庭关系。因为低薪与失业风险也代表其养家能力的衰退。在这样的情况下，其妻子无论是否认同工作者的角色，只能投入工作去分担养家责任。

2. 文化矛盾下的内在分裂与挣扎

当女性将工作视作自己人生计划中不可或缺的元素，甚至连重要他人与一般他人都开始用工作来定义她们的身份，这意味着年轻世代的女性对自我的概念已不同于前一世代。在传统家内性别分工下，女性的自我概念与性别认同几乎是紧扣着照顾者；但从我在田野中的观察来看，新世代母亲尽管仍看重照顾者这项角色，但和上个世代母亲不一样的是：她们开始像男性一样，也透过工作来评价自己，将自我与工作连结在一起。因此 K 才会说出"一个女性如果没有工作，就比较没自我"的话。（K，2 页，9~10 行）

然而要将自我的概念与评价同时扣紧照顾者与工作者这两项角色，无论对女性还是男性来说，都是极为艰辛的事。原因如同文献回顾的结论：当代社会对于照顾者与工作者均有一套理想与标准，而这两套理想与标准彼此矛盾。一个人不可能在达成社会对理想照顾者的标准之际，又不背离社会对理想工作者的期待。而且不要忘了，新世代母亲在重新将工作表现纳入对自我概念与评价的同时，正像本节第二部分所呈现的田野发现，她们对于母亲作为照顾者所设定的标准，由于深受专家知识的影响，远比上个世代母亲严苛。换言之，女性对劳动市场的参与导致当代社会再度透过工作表现来定义女性身份的趋势，与整个社会对母亲作为孩子照顾者越来越密集的要求,其实是两股方向正好相反的规范性力量。

在田野中,我从不少受访母亲的谈话中看见她们为了同时扮演好照顾者与工作者,在相互矛盾的自我概念之间反复挣扎的辛苦。这种几乎让当事人精神分裂的文化矛盾,我在受访者 O 与 P 身上看得最清楚。不同于前面几位受访的就业母亲集中在女性居多的"非竞争性就业部门",O 与 P 分别受雇于知名的大型金融企业,属"竞争性就业部门",而且两人都担任中高阶主管。在约访与访谈的过程中,我发现她们两人薪资水平相较其他有工作的母亲来说,高出许多;但相对地工作压力也大,不仅工作密度极高,工时也相当长。我原先以为,在这么大的工作负荷下,O 与 P 对照顾和教养孩子这项任务的自我要求,应该相对低于其他在"非竞争性部门"工作的就业母亲,但是实际访谈的结果和我预期的完全相反:她们对照顾孩子投入的时间和心力与其他受访妈妈相比,是同等密集甚至更为密集的。

以 O 为例。她和另一半之间的分工其实颠覆了传统男性养家的模式。先生因为在孩子出生前正好结束大陆的工作,孩子出生后便顺势留在家里担任孩子的主要照顾者,因此整个家庭的经济重担落在 O 身上。然而作为主要养家者,O 并不像传统男性那样,将孩子完全丢给另一半,她尽可能地利用工作之外的所有时间亲自陪伴孩子甚至主导孩子照顾安排的相关决策。这使得她经常陷入蜡烛两头烧的时间贫穷困境,甚至也对自己因为工作而必须放弃太多陪伴孩子的时间,而感到愧疚。

P 的状况虽没那么极端,但她对于自己从孩子出生后,每天几乎都因为超时工作而让先生一个人陪孩子吃晚餐,内心同样充满罪恶感。因为这并不符合她对"母亲作为理想照顾者"的想象:和先生比起来,她作为母亲才是最该花时间陪伴孩子的人。

> 那我是觉得说毕竟是妈妈,我会希望反过来:就是老公忙一点,晚一点回来,感觉是比较正常。可是现在我们家反而是妈妈(这样)。……可是其实我有时候扪心自问会蛮有罪恶感的。(P,38 页,24~31 行)

O 与 P 因为在竞争性部门工作,相较于那些在非竞争性部门工作的受访母亲,她们承受来自工作组织对工作成员作为理想工作者的期待与要求，更为强烈。正因为这样，她们俩人的自我概念在工作者与照顾者之间的矛盾，相对紧张。就这点来说，我们也清楚地看到 Hays（1996）所谓文化矛盾的确是深具阶级意涵的概念。

如果将不同阶级的母亲在母职经验上的差异考虑进来，并不是每位母亲都有能力运用专家知识对自己的母职行动进行反省。专家知识的获得与运用需要一定程度的文化资本。就理论上来说，受教育程度越高与社会经济背景越好的母亲透过专家知识对母职行动进行反思的能力越强；受教育程度低者，这部分的能力越弱。整体而言，本文聚焦的13位就业母亲虽然4位没有大学学历，这4位受访者运用专家知识反思自身母职行动的能力并未同其他母亲存在明显差距。唯一出现显著落差的是 I，这位被本文排除在文本分析范围之外的母亲。她仅有国中的受教育程度，因早早结婚又连续生养5名子女，所以从未就业。访谈中她几乎没法更深入地分享母职行动背后的任何考虑。由于其教育成就和经济能力的限制，她很难像其他受访母亲那样，获得相关的专家知识。这也使得她的母职密集度不像其他受访母亲那么高。而且不只母职的密集度跟阶级存在正向的关联性，劳动市场参与和表现亦然：社会经济地位高的母亲因为其人力资本较为雄厚，也更有能力购买价格不算便宜的托育服务，她们在孩子出生后较有可能继续工作，甚至有更大的机会留在竞争性部门。这产生一个吊诡结果：那些越有可能透过对专家知识的运用而以密集形式实践母职的母亲，往往也是在劳动市场中竞争压力最大的母亲。

我在文献回顾中曾指出男性由于将自我紧扣着工作者角色，这使得男性对失业与无业有很深的焦虑；透过这次田野，我也在许多受访妈妈身上看见这种焦虑感。有好几个妈妈谈到自己在孩子出生后，再怎么苦于工作和照顾之间的内在矛盾，她们仍坚持保有工作，她们对于全时妈妈这个选项戒慎恐惧的最大考虑都是"孩子不会永远需要你"。就现实来说，孩子对照顾需求不可能永远那么密集，等到他长大成人后，会脱离对照顾者的依赖，追求自己的人生计划。当受访妈妈因为"孩子不可能永远需要你"而拒绝辞掉工作成为所谓"全时妈妈"，她们害怕的其实是当孩子不再那么密集地依赖自己时，她们无法透过重返工作找到自己在照顾者"之外"的身份定位。这种"没有工作"的焦虑感让受访妈妈们宁愿继续承受自我概念在工作与照顾两者之间的分裂与矛盾，也不敢贸然退出工作者的角色。

3. 调整对工作者的标准

没有人能长时间承受两种截然对立的规范性力量对自我的拉扯，就业母亲必须想办法找出一种策略让自己的内在不再处于断裂的状态。综合文献与文本分析的结果，就业母亲有几种策略选项，让自己脱离或缓解这种导致内在裂解的文化矛盾。

第一种策略选项是退出劳动市场，采取全时母亲的儿童照顾形态，不过也有现实问题。假使丈夫养家能力不足或者是单亲家庭，例如上述经济较弱势的 F，此策略选项并不可行。其次就算是中产阶级家庭，虽然丈夫养家能力并不算差，但是中产家庭也因为对生活质量要求不低，支出相对较高。在家庭支出水平偏高的情况下，母亲退出职场虽不至于让整个家庭陷入经济困境，但减少一份收入势必对家庭的生活质量造成影响。事实上，担心辞职后单凭丈夫薪水难以维系现有生活质量，也是许多受访母亲最后没选择全时母亲安排的原因之一。然而即便女性最后采取退出劳动市场的策略，但从上个段落的讨论看来，全时母亲的照顾安排也不见得让她们内心完全安然自在。就新世代母亲对工作者角色的高度认同而言，她们很可能像 K 当初那样，时时承受"没有工作就没有身份"的焦虑感。

第二种策略选项是继续留在劳动市场，但是调整自己对工作者的标准，不要用那么高的标准来要求自己的工作表现。简言之，就是去工作，但不需要像雇主对理想工作者的期待那样，将工作组织的需要与利益摆在最优先的位置。一旦对工作表现的标准降低，那么工作与照顾之间的文化矛盾自然会缓和下来。整体而言，这几乎是本文聚焦的 13 位就业母亲普遍选择的策略。

访谈到最后阶段，我经常会对受访妈妈提出类似"如果工作对家庭造成影响"的假设性问题，绝大多数就业母亲的答案都是：她们会调整工作安排来配合家庭生活，比方说换工作或者选择采用部分工时的工作形态。前面提过的 E，她最后在先生的要求下做出育婴假安排的照顾决策。在说明先生对她工作的看法时，她间接地透露自己对工作的态度：

> 我这个人就是胸无大志，我就平顺平稳就好，不求升官做襄理，平平淡淡就好……
>
> （但是你就是希望你有一份工作就对了。）

对，不一定要赚很多钱，但是可以打发时间这样子。(E，第一次访谈，18页37行~19页7行)

显然E对工作的设想是：一定要有一份工作，但并不用是那种能让自己有突出表现的工作。因此如果工作和照顾孩子冲突时，她会选择换一个跟家庭比较不会有冲突的工作。整体而言，这也是多数受访母亲对工作的立场。跟20世纪的母亲不一样，她们大多认为即便是女性，基于对自我的追求或者经济独立应该要去工作。但重点是工作并不能和母亲作为孩子理想照顾者的信念相互冲突。而且不只是母亲本人如此，母亲的重要他人也这么以为。比方说，有不少受访者会提到每当自己向先生抱怨工作好累时，先生都会一派轻松地说出类似"那就辞职不要做"的话。就某种程度来说，这种"累就不要做"的体贴说词，反映了受访者的另一半其实并不期待自己的妻子按照社会对工作者的理想图像投入工作。

女性为了缓解自己的文化矛盾困境而偏离理想工作者的规范性标准，并非没代价。我认为受访的就业母亲们其实都很清楚当自己拒绝以理想工作者的姿态投入工作时可能付出的代价，包括在雇主心中的评价将下滑，未来加薪与职位升迁的机会和幅度也可能受阻。

我在接触几个申请育婴假的妈妈后，发现育婴假其实是观察雇主对理想工作者期待很好的测量工具。很多受访者被询及是否曾考虑申请育婴假时，她们往往在肯定"育婴假是一种法定权利"后紧接着加注一些但书。事后检视访谈文本，我才发觉这些但书的弦外之音正是：在主管眼中，会放育婴假的员工部属绝对不是理想的工作者。几位放育婴假的受访者A、D与E在申请休假前都清楚这样的但书，她们除了详细阅读法规了解自己的休假与津贴权益，也透过人脉甚至上网到社群网站去了解法规"之外"工作组织关于育婴假的潜规则。因此她们在休假前就知道但书背后所代表的惩罚。例如D在育婴假结束顺利回到原来的工作岗位后，我约她第二次访谈，特意询问她是否感受到主管态度的转变。

嗯，我猜想、我觉得虽然老板自己也有家庭，但是我的感觉是他虽然也有家庭压力，可他并没有因此退让工作的部分，要放弃或怎样。那我不确定他会不会觉得，为什么在面临工作跟家庭的部分，我

选择的是先放弃掉工作,不是像他一样以工作为优先。(D,第二次访谈,32页,16~19行)

Hakim(1996)认为,正因为女性清楚偏离理想工作者的规范性标准可能付出的代价,因此女性在选择工作时,往往会偏好那些雇主较能包容受雇者满足照顾者角色要求的非竞争性部门。当女性选择继续留在劳动市场,她们可以实行的策略选项并不局限于调整自己工作者的标准。文化矛盾是女性同时在理想工作者与理想照顾者两套文化期待下的内在分裂。因此就理念上来说,女性也可以调整自己作为母亲对照顾者所设定的标准,来逃离自我裂解成两半的内在困境,这是第三种缓解文化矛盾的策略选项。可惜的是受访者人数有限,我在田野中遇到的就业母亲们几乎没人选择这么做,包括在竞争性部门工作的O与P。就像我前面说的,她们并没有因为工作压力大就降低自己对母职的标准。

不过从另一个角度来看,就像我在文献回顾时曾引用过Acker(1990)的论点,当代工作组织对工作者的理想图像其实是根据男性的肉身与生活经验而打造的。这种偏袒男性的工作组织文化一方面很容易让女性,尤其是育儿女性被边缘化。另一方面,这也使得那些有意透过理想工作者的实践而在职场有杰出表现的女性,必须彻底地仿效男性那种不被任何依赖者牵绊的生活方式。这样的生活方式与母职几乎不兼容。在这样的不兼容下,女性只有两条出路:一是一开始就不要进入母亲这个角色;二是进入母亲这个角色后,模仿男性履行父职的方式,透过养家去承担她作为母亲对孩子的责任。无论采取哪种出路,女性面临的挑战及付出的心血,都并不轻松。

五 结语:文化矛盾的再检视

本文透过13位就业母亲的访谈文本的整理与分析,去探究理想工作者与理想照顾者共同构成的文化矛盾困境,对女性的母职经验所造成的影响。我想借此呈现母亲这项角色在当下台湾社会的新样貌及进入这个角色的年轻世代女性在当中的处境与挑战。从访谈文本我发现:无论哪个世代的母亲,母职并不只是响应孩子基本的生存需要,它也在养成理想的人。做母亲对女性的深刻意义在于:女性往往透过对孩子的照顾和教养在孩子身上实现自己对人的理想,但社会的变迁的确改变了女性做母亲的样态。首先,专家知识取代重要他人,成为新世代母亲学习母职最重要的途径。这样的转变一方面使新世代母亲得以利用专家知识对抗重要他人对其母职行动的干涉,争取她们照顾孩子的自主空间。另一方面,由于专家知识几乎是以孩子为中心,也导致年轻母亲对孩子的照顾越来越密集与负荷。其次,母亲也被期待去工作。女性开始透过工作来评价自己,将自我与工作连结。由于"没有工作,就没身份",女性也像男性一样害怕失去工作。不过,女性并没有因为工作就降低自己对孩子照顾的标准。为了缓解照顾与工作之间的文化矛盾,许多女性试着采取一种不同于男性对理想工作者标准来投入工作:她们想工作,但是工作不能阻碍她们实现母亲作为孩子照顾者的理想。

保有工作者身份,但调整自己对工作者的标准,这虽然让就业母亲成功地脱离自我被裂解成两半的文化矛盾,但它毕竟是一种"私人性"的策略,而且这种私人性策略并非没有代价。Williams(2000)认为职场对女性的性别歧视与劳动市场的性别隔离其实是一体两面的问题。就像文献回顾说的,理想工作者这套规范性标准几乎依照男性的生活形态而打造。因此在那些格外强调这套规范性标准的男性工作或竞争性就业部门,不愿意割舍照顾者身份的女性很难融入当中:除了文化矛盾困境外,雇主与其他男性同事也会质疑她们对工作组织的认同和忠诚。对照于男性工作与竞争性就业部门的歧视与敌意,那些女性就业者居多的软性就业部门成了最好的避风港。躲在软性就业部门的避风港中,女性虽然可以逃离理想工作者这套规范性标准的约束,但也因此付出代价。软性部门的就业机会不仅薪资水平较低,升迁的阶梯也较短。这里头虽然也有专业度较高的工作,如中小学教师、护士、社工或图书馆员等社会服务工作,但它们的薪资水平相较于竞争性部门的整体所得状态,仍有一段距离。换言之,职业的性别隔离隐含两性在薪资上与经济上的不平等。

从儿童作为公共财产的立场,母亲其实是代替整个社会提供孩子长成可用生产力所需的教养与照顾服务。因此社会不该放手,让就业母亲们只能凭着上述文本中所描述的私人性策略去化解照顾与工作之间的文化矛盾。就公平正义的理据,我们需要新的"公共性策略"去协助就业母亲们面对文化矛盾。下文分两个部分:第一部分将回到文化矛盾,我尝试把这个概念放回资本主义的生产与再生产体系,去思考资本主义社会运作与文化矛盾之间的关联性；第二部分对现有政策提出初步建议。

（一）资本主义运作逻辑下的文化矛盾

对雇主与企业而言，一位工作永远优先的理想工作者是最符合工作组织利益的成员。他在工作组织有需要时可以放下其他社会角色的责任，随时响应雇主、主管、同事或顾客对他的要求。这样的员工可以为工作组织带来最大的效益，让企业用最小的劳动成本创造最大的利润。然而对家庭而言，这种几近工作机器的理想工作者却是最不负责任的家人。当一个人把工作组织的任务放在最优先的位置，这意味着当家庭对他的需要与组织交付的职务相冲突时，家人的利益是被牺牲的。这种牺牲对家庭所造成的影响，并不只是原本约定好的家庭聚餐被迫取消或规划已久的家庭旅行计划必须延后的问题，还包括理想工作者为了工作而被迫搁置的孩子（以及其他依赖者）照顾责任。

德国社会学家夫妻档 U. Beck 与 E. Beck-Gernsheim（1990, 1995）认为这是劳动力商品化后，劳动成了个体追求个人生命计划的过程不可避免之结果。劳动力商品化除了反映生产体系与家庭领域的分化外，Beck 夫妇认为它还象征着劳动过程的"个人化"（individualization）。在前现代社会，劳动与社群生活紧密交错，人们劳动是在响应所在社群包括家庭与小区的需要。男性们种植米麦牧养牛羊、女性们种植蔬果饲养鸡鸭，最终目的都在求家中人口的温饱。简言之人们是基于对社群成员的情感与责任而投入劳动。但在劳动力商品化的趋势下，劳动与社群责任间直接而立即的联系被切断。人们的劳动成果成了响应陌生人需求与欲望的商品，一个人在劳动市场的表现和成就跟他出身的社群无关，仅属于劳动者自己。劳动过程的个人化往好处看，代表着个体终于有机会摆脱家庭与宗族等社群加诸他身上的约束与责任，透过劳动市场去追求自己（而非社群）想要的生活，这是个体自由的彰显。然而这绝对不表示个体从此无拘无束，不受制于任何外在的束缚。在劳动市场的运作规则下，工作组织与雇主对工作者存在某种文化期待。当现代男性借由参与劳动市场这个个人化的劳动过程去实践自己的生命计划时，他们同样必须承受工作组织与雇主对理想工作者的要求与规范。

然而孩子是如此脆弱，他们必须倚赖成人的保护与滋养才能活下去。而且就资本主义的运作而言，企业也需要一代接续一代的劳动力来维系工作组织的营运。儿童作为未来的劳动力若无法被顺利地养成可用之材，也将危及整个社会的长久生存。倘若工作组织期许每个成员尽其可能地以理想工作者的姿态投入工作，那些被理想工作者搁置的孩子照顾责任该怎么办呢？答案很简单，就是密集母职。Williams（2000）在分析当代资本主义社会的家庭内部性别秩序时，一再强调它与资本主义工作组织对工作成员的理想工作者图像是相互依存的。她认为这套性别秩序由三个条件所构成。第一个条件是：雇主认为他们理所应当享有一群免于家庭责任的理想工作者。第二个条件是：男性也认为自己理所应当（亦被期待）成为理想工作者。第三个条件则是：母亲必须把全部的时间与爱都投注到孩子身上。

从 Williams（2000）的论点，我们可以清楚地看出：当代资本主义社会对儿童的照顾安排是同时建立在密集母职与理想工作者这两套文化规范基础之上的。虽然两套文化规范对于当事人的要求相互对立，但过去透过性别分工被巧妙地分隔在不同的生活领域与性别个体；20 世纪末大量成长的就业母亲让这样的分隔崩解，文化矛盾的困境才由此而生。

接下来我们想问的是：当代资本主义社会这套同时立基在密集母职与理想工作者的儿童照顾安排，合理吗？首先，它完全以人们的生物性别来分派角色规范。男性被要求符合理想工作者的图像，而密集母职则紧扣多数女性的性别认同。从性别平等的角度来看，这并不合理。不过，问题并不局限在性别面向。

表面上看起来，密集母职下的照顾者事事以孩子为中心，将孩子的利益摆在最优先的位置。在这样的观念下，孩子的脆弱性与需要能得到成人的立即回应，获得充足的保障。然而若从整体儿童照顾责任的分配来看，密集母职其实是一种极度个人主义的照顾安排。前文曾指出：新世代的母亲相较于 20 世纪的母亲更能摆脱社会的集体规范与期待，按照自己对孩子未来人生的愿景去照顾与教养孩子。相对而言，她们的母职更为自主。这种自主性是密集母职个人主义特质的展现。但事情总是一体两面。当新世代母亲为保有自主性，尽可能地避免公婆或娘家父母等重要他人来干涉自己的母职策略时，她们同时也减少了公婆和娘家父母对孩子照顾与教养的参与机会。这样的后果意味着：孩子的照顾责任更集中在母亲及其另一半的身上。事实上从上述 13 位就业母亲所揭露的母职经验可以清楚地看到，多数受访母亲对孩子照顾责任的范定相当"核心化"：尽管母亲们或多或少会利用娘家与婆家的支持来化解自己在照顾与工作之间的文化矛盾，但她们仍旧视自己与另一半为孩子最主要的照顾者，爷爷奶奶外公外婆终究只是协助者，不该承受过多的责任与要求。

这种核心化的育儿责任预设，再配合新世代母亲信奉的专家知识，无异让这个世代的父母承受比以往更大的育儿重担。更棘手的是，母亲的另一半若是典型的理想工作者，那么孩子的照顾责任几乎落在母亲一个人的肩上。这是极为庞大的劳务负担与精神压力。美国前国务卿希拉里（Hillary Clinton）在担任第一夫人期间曾出版一本书 *It Takes a Village: and Other Lessons Children Teach Us*，书名引用自一句非洲的古谚："养大一个孩子，要用到一整个村子的力量。"（Clinton，1996：12）在核心家庭普遍化以前，人类社会大多采取一大群人共同照料一群孩子的"多人照顾者"模式。密集母职这种"单人照顾者"的育儿模式，让年轻世代母亲在照顾与教养子女的过程中，很容易陷入身心俱疲且孤立无援的窘境。

除了让照顾者心力耗竭外，无论是既有的文献还是本研究的访谈文本均显示：密集母职具备强烈的阶级意涵。就像文本中不同阶级受访母亲在母职样貌所呈现的差异：受教育程度越高、经济实力越雄厚的母亲，对孩子投注的时间与心力越密集。不同阶级母亲母职的差异，不只代表不同阶级母亲辛劳程度的落差。当整个社会将孩子责任完全放在孩子的父母甚至母亲身上，它意味着母亲对孩子照顾的付出程度及这背后映照出母亲的个人能力强弱与经济资源多寡，将大大地决定孩子能否在成长过程中获得充分的涵养，顺利长成社会可用之材。也就是说，孩子的福祉将高度取决于母亲（以及父亲）的社会经济地位。我相信这是一个追求平等的社会不能忍受的后果。

（二）文化矛盾的新出路

从前面的讨论清楚地看到密集母职的局限性。它不仅违背性别平等理念，也是一种让单一照顾者承受极大压力并将孩子福祉同母亲能力及资源紧密连结的高度阶级化照顾模式。不过如果密集母职不合理，对于儿童的照顾安排，我们还有什么更好的出路？前述曾提及的"多人照顾者"模式似乎是可行的解决方案。

这不是叫我们再回到前现代社会那种大家族式的家庭形态——不仅在现实上不可行，也不见得是值得追求的社会目标。要让孩子的照顾责任从母亲一人的肩上卸下由更多的照顾者共同分担，有两种可行的公共策略。

1. 让孩子父亲同母亲一起分担照顾责任。

让父亲回家照顾孩子，不能只依赖教育或者道德上的要求。国家可以透过政策诱使父亲投入照顾任务。借镜北欧国家的经验，育婴假是不错的政策工具。根据"劳动部"统计处（2013）发布的核付概况报告，自就业保险育婴留职停薪津贴于2009年5月1日开办至2012年5月底，已累积157353个初次核付案件；领取者男女比例悬殊，女性超过8成，男性不到2成，女性核付案件为男性的5.3倍。这并不是台湾独有的问题。瑞典早在1974年就设立亲职假与亲职津贴，瑞典女性对亲职假的利用程度同样远远高于男性。1995年起，瑞典在原先亲职假加进所谓"父亲额度"（father's quota）的要求。瑞典政府期望透过诱导父亲休假的制度设计，促使更多父亲实际投入对孩子的照顾，逐渐改变男性本身乃至整个社会对于母亲作为照顾者的刻板印象与价值信念（Gupta, Smith, Verner, 2006）。① 父亲额度实施后的确提升了男性受雇者对亲职假的利用程度。根据Nyberg在2004年对瑞典官方统计资料的整理，在1974年亲职假政策甫实施时，大约只有3%的父亲领取到亲职津贴，但到2004年增长到43%。从目前的资料来看，父亲额度的制度设计确实相当程度地刺激了男性对亲职假的利用（Nyberg, 2004）。

不过若从长期的角度来看，要让父亲回家照顾孩子，显然我们的社会必须更深刻地反省多数雇主与工作组织关于理想工作者的角色规范。

2. 透过更完善的公共儿童福利体系的建立，分担密集母职下由单一照顾者与核心家庭独力承受的昂贵育儿成本。

家庭内部更平权的性别分工，就性别平等的理念而言的确是值得追求的社会目标。然而，若要有效地响应密集母职高度阶级化的困境，我们还需要家庭外部的福利给付，共同承担年轻父母的育儿重担。无论是补贴育儿成本的所得维持给付或是分担父母照顾压力的公共托育服务，均有助于缓解密集母职的高度阶级化困境，缩小不同阶级儿童处境的落差。尤其是完善公共托育服务的建立除了可以解决育儿责任日益核心化对贫穷儿童基

---

① 简单地说，瑞典的亲职假最初就像台湾地区的育婴假一样，假期额度是以孩子为计算基准，政府对于父亲或母亲休假没有任何立场，因此假期额度可以在双亲之间自由转换。但现在瑞典政府规定双亲中任何一方有一定的假期额度不得自由转换到另一方；也就是说假使其中一方放弃使用这些休假，那么另一方也不能使用。由于会放弃使用休假的一方往往是父亲，因此同时适用双亲的休假额度规定被泛称为"父亲的"额度。

本福祉所造成的威胁外，大量专业托育工作者跟母亲一起分担密集照顾孩子的劳务与精神压力，某种程度体现了多人照顾者模式可行的公共版本。

的确，密集母职作为一组文化期待并没想象中那么容易松动。但是文化期待与制度安排往往连动且相互影响。一方面，观念上的改变导致人们行为模式的转变，进而造成社会制度的变迁。反过来说，制度的变动也可能影响人们观看自身与事物的方式，进而导致文化规范与期望的改变。第四节曾指出：近年来女性参与劳动市场的趋势，已经改变年轻台湾女性评价自我的方式。从多数受访母亲的表述当中，我们清楚地看到：工作者的身份已经融入女性的自我认同当中。

我相信：这种制度与观念连动的转变也可能发生在密集母职的文化期待上。当国家提供价格便宜且质量良好的托育服务，必定可吸引就业母亲去使用。一旦母亲习惯托育服务并信任专业托育工作者对孩子的照顾质量，母亲也许可以打破密集母职中"我才是孩子最理想照顾者"的迷思。Kremer（2007）曾针对英国、荷兰、比利时北部与丹麦四个社会对儿童照顾安排的文化期待和制度安排进行跨国比较。她发现像丹麦这种3岁以下机构式托育很普遍的国家，人们对于托育工作者并不存在前述Williams（2000）所谓商品化焦虑。托育工作者的专业性受一般人以及母亲的高度信赖。人们甚至相信：孩子进入机构在专业托育工作者的引导下与同侪互动并一起学习，有助于他们发展良好的社交能力与健全的人格，这是孩子跟着自己妈妈待在家里接受母亲密集照顾所没法达成的。丹麦的经验或许值得台湾参考。

参考文献

洪惠芬，2012，《"男性养家模式"？从女性作为"照顾者"的劳动市场参与经验检视其意涵》，《宜人文社会学报》第6期。
黄瑞祺，2005，《自反性与批判社会学》，松慧。
蓝佩嘉，2008，《跨国灰姑娘：当东南亚帮佣遇上台湾新富家庭》，行人。
蓝佩嘉，2014，《做父母、做阶级：亲职叙事、教养实作与阶级不平等》，《台湾社会学》第27期。
"劳动部"统计处，2013，《劳工生育给付及育婴留职停薪津贴核付概况》，数据检索日期：2015年7月10日，网址：http://www.mol.gov.tw/statistics/2456/。
夏晓鹃，2002，《流离寻岸：资本国际化下的"外籍新娘"现象》，《台湾社会研究》第9期。

"行政院"主计处,2014,《103年人力运用调查报告》,数据检索日期:2015年1月10日,http://ebook.dgbas.gov.tw/public/Data/41229115711H1A3FB2M.pdf。

Acker, J., 1990, Hierarchies, "Jobs, Bodies: A Theory of Gendered Organizations." *Gender and Society*, 4(2).

Ashford, J., C. LeCroy, K. Lortie, 2013,《人类行为与社会环境(第二版)》,林哲立、邱晓君与颜菲丽译,双叶。

Bailyn, L., 1993, *Breaking the Mold: Women, Men and Time in the New Corporate World*, New York: Free Press.

Beck, U, E. Beck-Gernsheim, 1995, *The Normal Chaos of Love.* (M. Ritter and J. Wiebel, Trans.) Cambridge: Policy Press.

Brody, E. M., 1985, "Parent Care as a Normative Family Stress." *The Gerontologist*, 25.

Clark, A., 1919, *Working Life of Women in the Seventeenth Century*, London: George Routledge and Sons.

Clinton, H., 1996, *It Takes a Village: And Other Lessons Children Teach Us.* New York: Touchstone.

Collins, P. H., 1994, *Shifting the Center: Race, Class, and Feminist Theorizing about Motherhood*, New York: Routledge.

Collinson, D. L., 1988, "Engineering Humor: Masculinity, Joking and Conflict in Shop Floor Relations." *Organization Studies*, 9.

Collinson, D. L., M. Collinson, 1997, "'Delayering Managers': Time-Space Surveillance and its Gendered Effects." *Organization*, 4(3).

Collinson, D. L., J. Hearn, 1994, "Naming Men as Men: Implications for Work, Organization and Management." *Gender, Work and Organization*, 1(1).

Connell, R. W., 1987, *Gender and Power*, Allen and Unwin.

Cooper, M., 2000, "Being the 'Go-To-Guy': Fatherhood, Masculinity, and the Organization of Work in Silicon Valley." *Qualitative Sociology*, 23.

Creighton, C., 1999, "The Rise and Decline of the 'Male Breadwinner Family' in Britain." *Cambridge Journal of Economics*, 23(5).

Crompton, R., 1999, *The Decline of the Male Breadwinner: Explanations and Interpretation*, Oxford: Oxford University Press.

Dean, J., 1992, "Including Women: The Consequences and Side Effects of Feminist Critique of Civil Society." *Philosophy and Social Criticism*, 18(3-4).

Esping-Andersen, G., 2002, *Why We Need a New Welfare State*, Oxford University Press.

Fraser, N., 1997, *Justice Interruptus: Critical Reflections on the "Postsocialist" Conception*, New York and London: Routledge.

Giddens, A., 1990, *The Consequences of Modernity.* Palo Alto, Stanford University Press.

Gupta, N. D., N. Smith, M. Verner, 2006, *Child Care and Parental Leave in Nordic Countries: A Model to Aspire to?* IZA Discussion Paper.

Hakim, C., 1996, *Key Issues in Women's Work*, Athlone Press.

Hays, S., 1996, *The Cultural Contradictions of Motherhood*, Yale University Press.

Hendrick, H. (ed.), 2005, *Child Welfare and Social Policy: An Essential Reader*, The Policy Press.

Jaumotte, F., 2004, *Labour Force Participation of Women: Empirical Evidence on the Role of Policy and Other Determinants in OECD Countries.* OECD Economic Studies, No 37. Retrieved Dec. 28, 2008, from http://www.oecd.org/dataoecd/12/39/34562935.pdf.

Jassens, A., 1997, *The Rise and Decline of the Male Breadwinner, International Review of Social History*, Cambrige University Press.

Kremer, M., 2007, *How Welfare States Care: Culture, Gender and Parenting in Europe*, Amsterdam University Press.

Kunda, G., 1992, *Engineering Culture: Control and Commitment in a High-Tech Corporatio*, Temple University Press.

Land, H., 1980, "The Family Wage." *Feminist Review*, 6 (6).

Martin, P. Y., D. Collinson. 2002. "'Over the Pond' and Across the Water: Developing the Field of 'Gendered Organizations'." *Gender, Work and Organization*, 9 (3).

Michel, S., R. Mahon (eds), 2002, *Child Care Policy at the Crossroads: Gender and Welfare Restructuring*, Routledge.

Miller, T., 2005, *Making Sense of Motherhood: A Narrative Approach*, Cambridge University Press.

Nelson, M. K., 1994, *Mothering: Ideology, Experience, and Agency*, Routledge.

Nyberg, A., 2004, *Swedish Peer Review of the European Employment Strategy*, Apr. 19-20.

Pateman, C., 1986, Introduction: The Theoretical Subversiveness of Feminism. In C. Pateman and E. Gross (eds.), *Feminist Challenges: Social and Political Theory* (pp. 1-10). Boston: Northeastern University Press.

Pfau-Effinger, B., 2004, "Socio-historical Paths of the Male Breadwinner Model—An Explanation of Cross-national Differences." *The British Journal of Sociology*, 55 (3).

Thompson, E. P., 1967, "Time, Work-Discipline, and Industrial Capitalism." *The Past and Present Society*, 38.

Williams, J., 2000, *Unbending Gender: Why Families and Work conflict and What to Do about It*, Oxford University Press.

（原载《台湾社会福利学刊》2015 年第十三卷第一期）

从在线母职书写看台湾母亲的
认同建构与母职展演

陈婷玉

内容提要 本研究经由分析亲职网站之论坛与部落格的母亲经验书写，检视其中所展演的母职形象如何维系或颠覆传统母职论述（或母职迷思），并在此种认同建构中，一窥台湾母亲主体能动如何被压抑或彰显。本研究发现在母亲的在线书写文本中浮现出五个主要论述（主题）："当了妈妈要认命""孩子的成长只有一次""带孩子是妈妈的事""在家带小孩能有多累""母乳最好"。研究发现，职涯与母职的战争语艺在在线母职书写中清楚地呈现，然而无论是职业妇女还是家庭主妇，都对传统的母职意识形态产生多元的反抗论述。母亲们借着书写取得诠释意义的权利，而网络所提供的社群性交互式讨论机制形成支持网络，使母亲们得以互助、共同成长、思考与对话。生存于网络世代的母亲从一起成长的社群（其他母亲）——而非专家的意见——获得智慧和力量，并在网络的场域中，对传统母职加诸她们身上的规训与压迫，找到反抗的意识与反抗的力量。

一 研究动机与研究问题

母职的专业化过程中，专家所提供的知识为母职实践提供了一个范型。一方面告诉女性，母性是天生的、是本能，另一方面却又强调照顾孩子具高度技巧，必须严肃以对，所以母亲们应该努力学习这些育儿知识与技能（Phoenix, Woollett and Lloyd, 1991），并服从医师与其他专业人员的建议（Cherry, 1999; Daniels and Parrott, 1996; Murphy, 2000）。各种育儿书籍、报纸刊物，皆是这种范型的体现。这些专家与育儿书籍指导母亲应如何照顾孩子，如何与孩子互动，在这个过程中便将知识建构与既存权力关系构连起来，并产制了"正常"母亲或"好妈妈"的论述及意识形态（陈婷玉，2010）。

性别、种族以及阶级意识是一个借由家长制、殖民主义和资本主义等对立社会关系的历史经历以达到强迫我们的结果。后殖民女性主义者 Chela Sandoval 提出"反抗的意识"（oppositional consciousness），借由抗拒在种族、性别或阶级的社会类属上的固定成员身份，而具有觉察权力网络的技能（苏健华，2006）。Donna Haraway 指出："'我们'当中再也没有任何人拥有足够的象征或物质能力，可以指挥任何'他们'的现实如何形塑。或至少'我们'在进行这种支配时也无法再宣称无辜。"（Haraway, 1985；张君玫，2010）。如此看来，没有任何事是天生就与女性连结在一起的，甚至也不存在一种"身为"女性的状态。然而即使在女性意识高涨、女性自主权议题受到普遍关注的现在，性别规范也许渐渐变得隐晦，但母亲规范却相对明确（Cherry, 1999）。我们的文化从来没有或很少由女性/母亲的视角来看待母职。一个母亲之所以被论及，大多着眼于她们对孩子的影响，而她们自身的需求、感情、兴趣，即作为一个人的主体性却很少被关注（Bassin, Honey and Kaplan, 1994; Medina and Magnuson, 2009）。本研究企图从母职的书写中，检视反抗（加诸她们角色的迷思与驯育）意识的存在与其呈现的样态，并一窥这些母职实践中所开展的主体性。

网络论坛又称讨论区，提供不同兴趣偏好的社群之知识、技术、信息、资源、意见、经验、情感能够交流的虚拟场域，被认为能促进社群之知识分享、意见交流、社会支持、多元讨论、理性对话，乃至公共参与。部落格（blog 或称网志）在 2004 年兴起之后，将过去网络工具性导向的服务转向网友的个人化服务。而随着消费者自我意识的觉醒，个人化风格的部落格成为展现自我最重要的场域（翁漪蔓，2007）。而从传播的观点来说，阅听人一改接收的被动特质，转而成为信息撰写者（朱华瑄，

2007),同时可以积极地书写自我、抒发自我及展演自我(王柏钧,2006;林宏祥,2006;曾玉枝,2008;翁漪蔓,2007;刘依婷,2007;陈中兴,2006;权自强,2004)。事实上,部落格上最脍炙人口的内容是有关作者的生活与经验(Lopez,2009)。本研究透过检视母亲对亲职生活点滴与经验分享的自我书写,来一窥在线母职经验的展演与母亲角色认同的建构。

二 文献探讨

20世纪后期,有关母职的研究逐渐累积,研究者对母职的想象,不外乎"母职作为一种宰制机构""母职作为一种经验""母职作为认同建构的行动"。因此本章节将母职的相关文章典籍,分为以下几个层面来探讨:首先是母职的社会建构,探讨我们所处的社会中的各种论述力量如何形塑母性/母职/母亲,并回顾母职建构的实证研究,以提出此种建构的具体例证;其次进行母职迷思的批判文献探讨,检视当代女性主义者如何揭发父权宰制对女性/母亲角色的压迫和控制,晚近受到后现代思潮的影响,个体的主观经验受到关注,使得女性经验、女性历史及女性知识生产被重新检视;最后,探讨母亲如何在其母职实践中,维系抑或解构传统母职论述,展现其主体性。

(一)母职作为一种制度(motherhood as an institution)

社会主义女性主义学者Alison Jaggar认为女性的母职经验包括生物性(生产经验)与社会性(养育经验)母职,而母职更进一步被区分为"母性"(motherhood)与"母职"(mothering),前者是指社会文化透过社会政策或制度运作,对女性与家庭的关系进行定义,进而规范女性的母亲角色与行为;后者则是女性于生产与养育过程中的日常生活经验(潘淑满,2005)。俞彦娟(2006)则将"motherhood"翻译成"母亲角色",包括母亲实际的生儿育女的工作(母职),随着社会、历史、文化发展而改变的意识形态(母德),以及社会中对母亲的期望与规范。而不论是Sarah Blaffer Hrdy备受赞誉的科学巨著《母性》(*Mother Nature: A History of Mother, Infants, and Natural Selection*)中,以"生物"与"遗传"两个不同于以往的角度来看母亲的矛盾情绪与母职(薛绚译,2004),还是溯及中国古代医方所呈现的对女性产育所挟带的管束与规训（李贞德，2000），母职都是一个不断被再制的社会建构。

在家庭结构较为松散的时代，性别分工较不明确，生小孩虽是女人的事，但养育小孩却是所有家庭成员共同承担的。都市化形成小家庭后，两个成年人无法同时离家进入生产线，负责生育的妇女被迫独自留在家里，同时担负起养育的责任，刻板的性别分工于是形成，这就是将下一代的"生"和"养"集于一身的所谓女性"母职"的由来（苏芊玲，1998）。

女性在母职实践的角色与行为规范在20世纪中期开始陆续出现，此后母职与女性成为同义词，母职也被划归为私领域的生活经验。而由于女人的主要定位于家庭，从而奠立了家户与公共领域的结构分化，但这样的领域分化是有高低之分的。在文化与政治上，公共领域支配了家户领域，因此也让男人支配了女人。公领域所代表的是超越个人与团体的一般福祉及利益，私领域则为情感、欲念取向的价值标准，女性被排挤在公共领域之外，在意识形态上，被教化以爱和情感去构造生存的价值（张晋芬、黄玫娟，1997）。

Adrienne Rich在其著作中，将长久以来视为自然的事物（母职）当成政治的产物，也就是透过合法化的制度将文化集体想象转化为真实的再现经验，最后成为牢不可破的社会事实。母职变成男人控制（父权意识）下的一种"制度"（Rich，1976）。生养孩子、成为一个母亲常被再现为女性的本能欲求，是一个女性一生的必经之路，"有一天你会想要有孩子，然后你过去的成就（职业生涯）相形之下就变得不重要了"（引自Tropp，2006）。而如果女性"选择"不生育，就是违反大自然的规律、违反人类本能，就可能导致她们身体上病理性的反弹而罹患疾病（Lantz and Booth，1998；Yadlon，1997）。时至今日，不愿生育的丁客族在传统华人社会中，仍被认为是不负责任的、自私的、贪图享乐的，而经常面临来自家人、亲朋的压力（王如雁，2007）。

至于某些女性虽生儿育女，但因被划归于性别化的女性气质之外，而被父权宰制的生殖概念视为威胁，如太老（太晚生育）的母亲（Hadfield，2007；Kelha，2009）、太年轻（太早生育）的母亲（Hadfield，2007；Wilson & Huntington，2006）、单亲（May，2004；Valdivia，1998）、无法留在家里照顾孩子的母亲（Avellar and Smock，2003；Garey，1995；Guendouzi，2006），或无法哺育母乳的母亲（Bartlett，2003/2004；Sutherland，1999）。

父权意识宰制下的母职规范是相当严苛及全面的。

因此，美国第二波妇运期间，20世纪70年代中期以前的女性主义者多批判传统母亲角色，认为母职是女性受压迫的根源。抗拒女性哺育角色的文学和论述倾巢而出，如 Simone de Beauroir 及 Firestone 等便呼吁唯有抛弃母职才能将女性由生儿育女的生理枷锁中解放出来；Betty Friedan 强烈批判家庭主妇，认为只有兼顾家庭和工作的职业妇女才合乎现代社会需求；而 Rich 则认为否认母亲的做法会抹杀女性经验与传统（Reger，2001；俞彦娟，2002）。所以女人要反对的不是为人母的体验，而是历史演进过程中，男性以母职作为控制女性的社会、法律与经济机制（张小虹，1993）。

而影响当代母亲角色最深的社会建构，应该是学者 Apple 从流行杂志、政府宣传品、电影、学校家事课教材中发现的"科学母亲角色"：强调母亲必须听从专家的建议，才能养出健康的小孩。传统上女性所拥有作为母亲的知识受到贬抑，而科学家育儿的权威晋升（引自俞彦娟，2006）。尤其在一个风险社会中，新自由主义社会公民被鼓励要做出正确的"选择"，也就是听从专家的忠告，来将风险减到最低，研究亦发现台湾的育儿文本，几乎完全笼罩在此种技术专家主义（technocratic）的氛围中（陈婷玉，2010）。

Medina & Magnuson（2009）指出，除了仍要看顾、喂养家庭，21世纪的母亲还必须扮演许多社会角色，好妈妈的标准正在扩大中。研究发现，20世纪80年代以降的母职建构，是所谓"密集性母职"（intensive mothering），此种意识形态中的母亲是孩子最好的照顾者，母职是专家指导（expert guided）的、全心投入的、劳力密集的（Cherry，1999）。在这种考虑下，社会是以满足他人（孩子）需求来定义一个母亲，而非她们的所感所想。

（二）母职作为一种经验（motherhood as an experience）

身为一个女性和母亲，除了育儿经，她所能得到的经验分享（如角色冲突，有关身体的、性的问题）并不多。Marqaret Leroy《欢愉：女性性经验的真相》一书（Leroy，1993）中对许多有关女性身体、性、母亲的独特经验等有所披露。Leroy 对女性经验的论述是以和50位妇女促膝长谈所获得的数据基础而写成的。透过对这些妇女经验和感受的关注，呈现了在男权至上的社会，许多女性特殊的经验几乎受到全面的忽略及压抑，使女性的集体记忆被抹杀而在历史脉络中不复存在，进而使女性丧失主体性。后现代女性主义论者代表之一的西苏（Cixous）于是提醒我们，女性在象征体系中被剥夺"说话"的权利，因而主张女人应把她们对自我的认知和身为女人的经验透过书写表现出来，才能脱离父系体制加诸女性的框限（庄子秀，2000）。

女性主义者开始呼吁女性的声音被听见，女性的经验被确认、被尊重。萧昭君（2007）在她的课堂上，带领学生投入有关女性知识生产的行动，深入地探究她们的生命故事，共同看见、听见身边平凡女性不同的生命经验，揭开个别故事背后的共同文化结构如何成为压迫女性集体的存在，以及记录见证不同的女人如何发展努力面对生命的能量。而在进行这样的行动叙述的同时所遭遇的阻力，也让我们清楚地看到，这个社会及许多男性甚至女性本身，都将女性经验的探究视为无足轻重而没有记录的必要（萧昭君，2005）。

相对于20世纪70年代前期的拒斥"母亲角色"，70年代后期的女性主义者积极把母亲角色纳入女性主义理论，开始探索压迫面向以外的母职意涵，讨论和书写日常生活中的母职经验以及有关母职的象征意义（俞彦娟，2002）。DiQuinzio（1999）呼吁一个差异的女性主义，因为讨论母职，女性主义理论必须考虑女性实践、处境、经验、自觉的殊异性，及其社会关系与社会脉络的差异。

Daniels 和 Parrott（1996）曾比较报纸上有关母婴照顾内容与怀孕的妇女日常谈话的主题，发现某些主题从未登上报纸版面，如怀孕的正常症状、经验、卫生问题以及怀孕期间的性事。另一些主题亦很少被提及，如怀孕期间，孕妇和她伴侣的关系、经济问题、舒缓孕期不舒适的对策等。母亲所关切议题的不被重视显示出母亲经验的被忽略与边缘化。

Choi 等（2005）访谈24位英国妇女以了解她们对母职的看法，这些妇女都处于怀孕的晚期，有的是初产妇（第一胎），有的是经产妇（第二胎以上），研究发现这些孕妇并未准备好面对即将来临的母职角色，而她们的期待有许多依循着各种母职的迷思。但事实是她们被成为母亲的诸多工作给吞噬了，被新母职的巨大角色给淹没了，母职是令人沮丧的。今日女性角色的文化再现是一个"女超人"（superwoman）、"超级妈妈"（supermom）、

"超级太太"（superwife），可以应付所有的要求、解决所有的问题。研究发现，这些受访的妇女中竟然无人反抗此种"超级"母职的意识形态，她们如此害怕无法做一个称职的母亲，唯一的选择就是更加努力地做到完美，于是母职迷思便得以强化及延续。

晚近，多元的母职经验开始受到关注，Buzzanell 等（2007）探索美国不同族裔母亲（亚裔、西班牙裔、非裔）在由家庭主妇进入职场的过程中，如何看待及实践她们的母亲角色，发现她们的论述中，包含美国主流以及她们原生文化家庭结构支持间的交互作用，并清晰地反映了这些妇女社会认同的混杂性与多元性。无独有偶，Kielty（2008）则对英国外籍母亲的经验感兴趣，并企图呈现这些女性如何处理她们的"非典型"的处境，以及在主流的母职文化中她们如何看待自己。研究发现，这些母亲可能陷于社会烙印所造成的疏离而无法扮演完整及主动的母亲角色。

台湾有关母职经验的研究近年来有增加的趋势，庄永佳（1999）首先访谈母亲，聆听母亲的育儿经验与想法。廖玲玲（2005）透过女性成为新手妈妈的历程，探讨新手妈妈对母职角色的知觉、感受和经验，以及在母亲角色扮演时所面临的冲突、改变与适应。台湾的硕士博士论文对各种不同处境母亲的经验有零星的关注，如精神分裂症病患之母职经验（王怡桦，2005）、受暴妇女的母职经验分析（李仰钦，2005）、女同志妈妈的母职实践（林思妤，2007）、自闭症儿母亲的心路历程（邱敏文，2008）、肢体障碍女性的母职实践（林秀珊，2005）、双军职家庭之母职实践（林昀蓉，2005）以及离异单亲母亲之母职实践（赖怡霖，2007）。而近年来台湾异国婚姻的增加亦产生若干婚姻移民女性之母职施为研究（彭奕婷，2008；杨琇雯，2009）。

潘淑满（2005）曾对 37 位妇女进行深度访谈，说明台湾妇女如何诠释自己的母职经验，并深入剖析其社会意义。研究发现，父权文化之下，要打破"母亲"等同于"母职"的迷思是非常艰困的。台湾女性对于母职的认同与西方女性相似，然而台湾女性在母职实践的历程，对于"家""政府"的想象，却呈现与西方女性迥然不同的经验，相较之下，台湾女性习惯地将母职认为是女人个人的责任，忽略"政府"与"社会"的集体责任。综上所述，台湾女性的母职经验似乎受宰制的社会结构所框限，难以对母亲的主体性及其母职实践有所反思。

（三）母职作为一种主体形构（motherhood as a subjectivity and agency）

身为咨商师的两位学者 Medina 和 Magnuson（2009）指出，许多女性当事人在咨商中谈及她们在母亲角色中的挣扎，但母亲作为一个人的主体性却鲜少被讨论。晚近，游素玲（2008）在描述母职时亦提醒我们，女性在母职实践中，如何展现其多样的个人能动性及主体性，也值得重新确认。本研究论及之个人主体性，是指具认知、理性和有意识的主体能够认识、理解和控制外在世界。探讨个体的能力涉及动能，暗示其具有某种行动能力，也就是能够确认自己的社会利益，以及拥有在社会环境中提升这种利益的权力（卢岚兰，2008）。本研究亦参照 Foucault 所提出之自我关照的概念，即学习与自己对话、探索、发现、揭示自己的存在，并学习适当行为举止，以进行人际关系管理。行动者具有发展认识架构与诠释架构以及对经验赋予类型化的能力，同时行动者也能配合情境及条件的变化来思考如何更改、转变以达自我的目的（Foucault，1988；陈雪云，2004）。自我关照被视为社会权力松动的起点，也是社会权力执行的效果。

晚近，不同样貌、不同处境母亲的主体开始受到关注。Collett（2005）发现母亲为年幼的孩子打扮，会考虑何时以及会遇到何人而做形象整饰，借着梳理得体、穿着体面的孩子，来建构"好妈妈"的认同，并在每日的社交互动中，保护及提升自我概念。

过去的研究常发现母亲会改变自己的工作安排（辞职、专职变兼职……）以符合社会上密集母职的期待。Johnston 和 Swanson（2006）却发现，母亲也会改变她们对母职期待的意义建构来与其工作状况相互协调。Garey（1995）发现必须值晚班的母亲，和没有出外工作的母亲有相似的母职建构。夜班护士认为她们也是"留在家中的母亲"，她们强调自己在白天陪伴孩子、参与孩子的活动，这是为社会所接受的、适当的时间及地点——白天，在家。这些策略都在凸显她们的"母亲"身份。

学者开始关注到不同处境的母职。Kelha（2009）审视 35 岁以上女性怀孕、生产及照顾新生儿的经验，分析她们如何看待主流医学论述中有关她们的年龄和生产的高危险性之间的相关性，以及她们如何对抗这些论述。May（2004）由一个不同的路径来聆听芬兰单亲妈妈的生命故事，发现她们在谈及自己的母亲经验时，并不采用社会给她们的类别名称，而是设法在母职的文化常模中，创造自己的空间，而不采取"单亲妈妈"的认同。

另外，有关哺育母乳被女性主义者认为是对母亲身体的规训与控制，并不是一种个人选择（完全自愿），而是道德与文化顺从的妥协（Bartlett, 2003）。而 Johnson 和 Williamson（2009）则发现母亲们找到折中的方式来实践母乳哺育，他们访问了 16 位初为人母的英国女性，以将母乳挤出（瓶喂）取代亲喂来展现其主体性，及处理哺喂母乳时身体不受控制的无效率（非自愿漏乳、身体拒绝泌乳、随时必须满足孩子吸乳的需求等）。如此，以将母乳挤出来哺育的做法来取得丧失或减损的控制感及主体性。

至于台湾有关母亲主体性的探讨似乎刚刚起步。谢美娥（2009）研究母亲的就业策略，发现了少数的"性别平等与自我实现的追求者"，她们不接受传统母职意识，追求就业中的自我实现与乐趣，认为母职并非天生，也不相信亲职应有性别的差异。

吴佩玛、吴佳慧、萧高明（2013）则研究进修博士学位的妈妈们如何在教职、母职、贤妻、孝顺女儿及称职媳妇等多重角色的要求当中，寻求学历提升与个人成功。研究发现，这些母亲以智慧和毅力做了各种调适，如寻求外在资源协助、时间切割与规划、认知调整以及自我提醒等。母亲们因困境挑战而激发诸多适应之道，在自我实现的道路上挺进。

婚姻移民女性之母亲主体形成，近来似乎受到更多关注。彭奕婷（2008）的研究试着"提炼"出新移民女性特有的母职珍贵元素：退让（yielding）、跳脱的主客关系，多变的适应人格，活络的人际关系及因"迁移"而新增之主体性。潘淑满、杨荣宗（2013）则发现对婚姻移民单亲母亲而言，成为母亲之后，其"他者"的身份可能松动，所以"成为母亲"并非缺乏主体的经验。而传统"好妈妈"论述也未必规范母职实践，经济需求才是影响日常生活角色扮演的关键。跨境协商（孩子送回原生国由娘家家人照顾或邀请家人来台协助照顾子女）让亲职呈现多元，打破了"生物性母职"和"社会性母职"的扣连。王翊涵（2011）亦指出生产小孩对漂洋过海来台生活的移民女性，有着落地生根的重要意义，研究也发现其展现因应、协商污名的能力，以及其将原生文化融入亲子教养的文化传递角色。她们并非可怜的受迫害者，而是有能力展现优势的主体，可以在异地文化差异的适应过程、家务劳动以及母职实践中创造多元意义与增权赋能。

（四）因特网作为母职经验书写的场域

"MommyBlogging"是指在部落格书写有关母职、育儿、家庭相关的内容，并且已成为具规模的部落格社群（Neff，2008）。研究指出，这些部落格呈现的与主流媒体中看到的母亲不同，大众媒体总是理想化母亲形象，其实母职经验是平淡无奇的（Lopez，2009）。

美国最有名的妈妈部落客非 Heather Armstrong 莫属了，不像大部分人写部落格是为了和远方的朋友亲戚保持联系，她却将自己作为母亲的感受、情绪发泄在部落格书写上，诸如孩子的大小便、肠病毒、做家事等数不尽的母亲每日生活细节却吸引了成千上万的陌生人来阅读，而她可以因此赚广告商的大把钞票（Belkin，2011）。

母亲在线书写使女性得到确认并团结，参与讨论、分享想法与支持，不仅仅是孤单、私人的反思书写，更是沟通和社群交流。Chan（2008）分析香港一个亲职网站中的聊天室、论坛的信息，发现职业妇女在虚空间中发展出一个友谊社群及社会情绪支持系统。

计算机科技与因特网改变了人的互动方式，也扩大了互动范围甚至深度，网络社群（如论坛、部落格等）逐渐成为使用者社交圈的一环。部落格的书写有很强的作者人格及观点。Lopez（2009）指出，男性部落格多过滤新闻、政治讯息，而女性部落格则多为日记、日志形式，个人经验表达居多。部落格与个人传记书写的行为被认为是现代自我建构的重要特征，而母亲部落客的日记或传记，是许多破碎、分离的文章（源于女性的书写风格以及母亲职务的繁忙零散所致），因此部落格中所出现的自我，并非凝聚、统整、单一的，而是局部甚至是冲突的，因此，有关个人生活的主体性在线书写似乎是审视后现代思潮中自我认同创造的最佳场域，而有关母亲经验的在线书写亦是检视母亲角色认同及母职展演的最佳文本。

三 研究方法

本研究以母亲在线母职实践书写文本作为分析对象，检视母亲产生何种母职论述，其与传统的母职建构有何构连与争辩。

(一) 亲职网站选取

根据研究者实际上网搜寻有关妈妈的部落格，发现相当多妈妈所拥有的部落格是在 BabyHome 宝贝家庭亲子网（www.babyhome.com.tw）上，它在 2002 年由两位刚当上爸爸的工程师所架设，当初是为了与亲友分享亲子的照片及写下初为人父的经验。到了 2010 年，BabyHome 已成为台湾同类型网站中最大、最多人造访的网站。早在部落格尚未风行时，BabyHome 就可以让网友以文字、影音的形式描写宝宝，里面有日记、相簿、笔记本、留言板等功能，网友可以互相拜访部落格，或到讨论区交流意见并以"版爸、版妈""爹地、妈咪"称呼对方（林妙玲，2007）。江立群（BabyHome 创办人之一）指出，该网站每天有 550 万人次造访，不重复到访人次有 12 万 ~ 20 万（艾博司网络口碑研究中心，2011）。

除了在网站上进行参与观察，本研究亦与 BabyHome 的公关部门主管访谈，以获得有关妈咪部落客及论坛的详细资料。截至 2010 年 1 月，BabyHome 拥有超过 50 万的注册会员，这其中的十分之一为付费会员，称为 VIP 会员，付费会员每年支付 365 ~ 1990 元不等的年费，他们可使用更多的网络空间与服务。

(二) 分析文本选择与收集

由于 BabyHome 是一个庞大的数据库，因而在文本的选取上相当不易，本研究决定由论坛入手，一方面是因为网站公关主任告知，论坛是访客到访最多且流量最大的平台，另一方面是因为论坛具有关键词的搜寻功能，同时在网站的首页，会列出讨论最多的主题，使造访者能很快寻获有用的信息。除了部落格之外，这是母亲最常分享、讨论母职经验的场域，数以万计的妈妈每天在此分享知识、经验、感受及情绪。

BabyHome 拥有不同主题的论坛（亲子讨论区）：孕前讨论和准备的"等待送子鸟"，讨论孕事的"送子鸟敲我家门"，可以询问带宝宝的林林总总的"宝宝话题"，分享哺乳经验的"母乳哺育"，有关孩子学习、教养方式的"教养、教育"论坛，讨论养生、过敏等的"保健医疗"，其他还有"美体美颜""香香美食""开箱文"等论坛。在众多讨论区中，本文最感兴趣的是可以让妈妈们"畅谈心事、抒发甘苦"（引自 BabyHome

官网）的"心事说开，烦恼不再"讨论区，以及母亲们可以恣意发表的"闲聊专区"。据公关主任告知，母亲有苦恼之事，希望与人讨论、求助，或是心情不佳，想找人抱怨、诉苦时，这两个论坛是母亲们最常造访之处。"闲聊专区"是 BabyHome 网站上发文量最多的论坛，自 2003 年迄今，累积超过 3.2 万多个主题发文，"宝宝话题"居次，约有 2.4 万个主题发文，接下来是"心事说开，烦恼不再"论坛，在官网上有超过 1 万多个主题发文。

本研究分析母亲书写，重点不是放在带孩子的事务性、咨询性、技术性的讨论上，而是聚焦在引发最多讨论的、母亲们在母职实践中所遭遇的有关育儿、工作、家庭、家族、人际、身体等的各种问题、困惑、阻碍、疑难上。笔者曾在 2004、2005 年两次生产，在第一次的生产前半年间与生产后的一年间，经常在 BabyHome 的亲子讨论区"潜水"，阅读育儿、亲职的相关发文，因而对论坛内容有相当程度的了解。而在研究进行期间则根据研究目的，进行较为聚焦的浏览阅读（自 2009 年 8 月至 2009 年 12 月）。于 2010 年 1~3 月搜集资料，首先针对若干讨论频繁的关键词，如"育儿""带小孩""甘苦谈""辛酸""妈妈经""聊聊""吐苦水"等进行搜寻，而随着数据采集过程中持续的阅读，陆续增加"新手妈妈""喂母乳（奶）""全职妈妈""家庭""工作""家庭主妇""职业妇女""公婆""婆婆""上班""加班""做家事""挤奶""压力""保姆""产假""先生（老公、丈夫）""做月子"等更多元的关键词。资料搜集结束后，发现这些文本多在主要的两个论坛中——"心事说开，烦恼不再"及"闲聊专区"，这与访谈所得资料相当吻合。然而亦有部分文本在"宝宝话题""母乳哺育""送子鸟敲我家门""亲职教养""产后靓妈咪私房话"论坛。

由于 BabyHome 网站上的母亲部落格为数众多且书写较为零散，恐不易呈现完整性，而论坛中主题包罗万象，许多与部落格内容重复。事实上，论坛中有许多内容是部落格文章的转帖，或是经过编辑之后转帖而来。而论坛本就是一个公开讨论、分享经验的公共场域，随着原始发文，常接续着许多回应文，搜寻到某个主题发文，系统亦会同时罗列回应文数目及内容，因而可能形成较完整、较多元的母职实践论述。而论坛的特质降低了引用内容触及作者隐私与意愿的研究伦理问题。另一个选择分析论坛发文的理由，是因创办人之一江立群曾指出，讨论区是 BabyHome

最难被取代的地方，因为会员习于在此发表妇幼、亲子和家庭的相关问题，这里聚集 BabyHome 最多的人，而其回应的速度，也增加了用户的黏度（艾博司网络口碑研究中心，2011）。透过前述各个关键词的搜寻，本研究寻获 200 多则主题发文，连同其回应文（数则至数百则），作为本研究分析之文本，并在资料分析部分尽量引用论坛之语料作为论据之佐证。

（三）分析步骤

本研究采取质化资料分析法，质性研究关注的是社会事实的建构过程，即文本在特定的文化社会脉络下的运作情形。本研究的目的是要找出资料中所存在的范型，也就是说研究者原先并不预设任何立场或建立假设，而是把原始数据组织到若干概念性类目以找出概念、意念或主题（theme），再以这些主题来分析数据，因此登录数据不是死板的编码，而是完整分析的一个部分。所谓主题分析，即对访谈数据或文本所进行系统性分析的方法之一，目的在于从一大堆看似杂乱无章的材料中寻找共同主题，并用最贴切的语言来捕捉这些共同主题的意义（吴佩瑀、吴佳慧、萧高明，2013）。

在数据输入的初期阶段，采用开放性编码（open coding），即把大量原始资料（文本）浓缩到若干原始主题（类目名称），并在登录过程中，随着数据的累积，不断精致化类目名称。接下来便进入主轴编码（axial coding），即把第一步骤形成的主题组织起来，找出这些主题在概念上或结构上的秩序，最后在数据输入完成后，选择性（selective coding）地找出最能说明、呈现、示范主题（类目）的资料个案，以对资料做出最确切的解释（Neuman，2000）。

以每一则论坛上（讨论区）的主题发文与其所有回应文为分析单位，找出与母职有关的意念或概念，形成若干主题名称，并记录呈现该意念的关键词汇。深入分析、整理、组织这些母职概念的呈现类型（即原初建立的主题），并试着将它们串联起来。最后经过反复阅读文本及不断精致化、整合类目，获得在线的母亲角色图像，本研究试图将这些建构涉及的复杂历史、文化、政治、社会脉络一一理出，深入剖析虚拟空间中的母职叙事方式。而在这些叙事中，母亲的认同如何被建构，主体性如何被彰显或压抑，亦是本研究欲探索的。

四 资料分析

本研究针对部落格文本及论坛讨论文章进行分析，并没有发文者或作者的人口背景等详细资料，但本研究取得 BabyHome 宝贝家庭亲子网之内部资料，企图在分析母亲部落客的母职形象与角色建构前，提供有关这些母亲的年龄、受教育程度、收入、居住地等大致轮廓。多数妈咪部落格使用者的年龄为 31~40 岁（68%），大多数只有一个孩子（85%），且孩子在三岁以下（72%）。会员的受教育程度则相对较高，68% 的母亲为大专程度以上。会员中 55% 的使用者为家庭主妇，这也可以解释过半母亲每月收入低于三万元。另外网站会员约有 2/3 是住在北部的母亲，亦有 2.6% 生活在大陆及香港澳门地区，1.4% 居住在美国和加拿大。而在分析文本时，本研究发现虽有部分使用者是双薪、核心小家庭的女性，但亦有不少人与公婆甚至小姑、小叔同住。

BabyHome 网站有超过 40 个论坛（讨论区），而 60%~70% 的讨论却是在两个论坛中进行（根据长期观察与访谈资料），即"闲聊专区"与"心事说开，烦恼不再"；而吸引最多发文的主题是有关"育儿""家庭主妇的苦恼""职业妇女的两难""与公婆同住"等的话题。

本研究目的在于了解母亲们实践母职的作为与感受，以及呈现母亲们在论坛讨论与部落格中的母职书写所描绘出的母亲形象。作为一个读者，研究者乐于阅读这些文本，分享她们育儿的快乐、感受她们被孩子需要的喜悦，同时也能理解她们在育儿及家务中被疏离、贬损、低视的痛苦以及在兼顾工作与家庭的两难中所经历的折磨。

总的来说，母亲部落格中有着各式各样的记录及记载，有关孩子生活的每件事、每个层面、每个细节：孩子的身高、体重、注射的疫苗，何时喝了多少奶，吃了什么，孩子何时解了便、睡了觉，如何大便，甚至小了多少便、大了多少便、睡了多少觉，无不巨细靡遗。母亲们也记录婴儿产品的好或不好用，哪些场所环境（餐厅、卖场、医院、诊所、公园、幼儿园）对孩子友善或不友善。母亲对孩子所食、所饮、所看、所学都尽力地介入，详细地评估。怀孕时，母亲们亦在部落格中写下自己身体及情绪的改变以及和孩子的情感连结。母亲们喜欢彼此分享家庭生活，和谁去了哪里，做了什么，谁给了什么，又给了谁什么，以及母亲们对这些事物的感受。

借着阅读这些母亲们不甚有趣的、每日的生活细节，在如此自然不造作、真实、平凡甚至琐碎的书写中，却又呈现如此独特、私密的经验。借着阅读部落格中的故事和趣事，研究者仿佛目睹了这些母亲的每日生活中，小小的、平凡的却又独一无二的快乐（当然也有不快乐），而能够理解和想象她们的生活。

部落格及论坛中所使用的语言，通常是不正式的、叙事性的，某些内容虽充满幽默、戏谑来娱乐它的读者，却仍充满丰富的情感。读者感觉与作者很亲近，部分是因为"于我心有戚戚焉"，就好像是听一个好朋友诉说她的故事，陪着笑也陪着哭。

本研究运用质性研究的文本分析法，自庞大繁复的 BabyHome 网站讨论区发文中，选取有关母亲角色与母职经验的论述，从中提炼出线上母亲形象与角色认同的若干共同主题。

（一）当了妈妈要认命？！

一旦女性结了婚（尤其是怀孕、当了母亲），其生活及状态可能产生巨变，有些母亲必须搬家，有些母亲必须辞掉工作来生育孩子与料理家务，父亲（男性）则很少面对此种情形。许多女性是在非自愿的情况下，不得已接受此种安排的（家中无人照顾孩子或是无力请保姆），因而母亲心中产生无奈、疑惑、挣扎、矛盾甚至怨恨。这种由非母亲自由意志所做的"选择"，便形成一种"牺牲"的语艺。

> 版妈你的情形跟我很像喔，我也是嫁到外地，怀孕生子，只是我是书都没读完就怀孕，跟着就来大陆了。刚过来时，我没有朋友，那种感觉真的很糟，因为除了儿子、婆婆、先生，我的世界就没有别人了，打电话回娘家又远水救不了近火，如果有朋友可以听听自己说话，哪怕不想告诉朋友，只是见个面、聊个天也好。（主题：从职业妇女变成全职家庭主妇，回应文：6篇，讨论区：心事说开，烦恼不再。回应作者：卡妈，2008-04-14）
>
> 总之这两年我感觉没有睡饱过……也没有自己的生活，比我上班加班还累……没有人可以帮我，我曾经崩溃大哭两次，没有地方诉苦，因为没有人可以体谅我的心情，我老公更是无法了解我的感

受,更是无法帮我分担,一般大家的反应就是带小孩而已,不用上班有什么好累的,但我觉得是心里的累,那种一个人孤独无助的累,偶尔想偷懒享受一下都不行的累……没有自己生活质量的累。(主题:有妈妈一直是自己一个人带小孩的吗?回应文:21篇,讨论区:闲聊专区。回应作者:爱谁都可以,但要先爱自己,2009-12-07 14:20)

为什么结了婚之后,过的是小孩老公公婆的人生?而没了自己的人生?(主题:职业妇女的辛苦,回应文:11篇,讨论区:心事说开,烦恼不再。回应作者:MONCHERI,2008-05-16)

从许多母亲的在线书写来看,当妈妈是天底下最辛苦的差事,而"辛苦"是育儿的代名词,母亲们苦不堪言。论坛中的母亲们常规劝版主,既然是自己选择的(婚姻、生育等),就必须忍受随之而来的一切,"总是一个人生必经过程,别想太多""放轻松点""撑一下就过去了""从不同角度来看事情""凡是有得必有失,多看看你所拥有的,而不是只看失去的……"是常见的论调,形成一种"认命"的语艺。

版妈,抱怨不会让生活变美好,只有转念才会让自己过得自在开心。(主题:纯抱怨,职业妇女真的好累,回应文:28篇,讨论区:心事说开,烦恼不再。回应作者:Angie Pan,2010-03-12)

这是我们为母的责任,生了就要负责,要教要养,不然当初就不要生。(主题:甘苦谈,有妈妈一直是自己一个人带小孩的吗?回应文:21篇,讨论区:闲聊专区。回应作者:左拥右抱双猪,2009-12-07)

(二)孩子的成长只有一次?!

不论是在广告词中,或是人际闲聊中,"孩子的成长只有一次"这样的论述似乎如影随形地纠缠着母亲。这一部分首先呈现母亲在工作及母职间选择的身不由己,以及职业妇女在兼顾两者的不可能任务之中疲于奔命,接着针对母亲应该陪伴在孩子身边这个似乎千古不变的母职"真理"如何在在线书写中被巩固及颠覆。

1. 工作 VS. 母职

学者过去常批判"母亲的战争语艺",认为工作及母职被文化建构成僵化的二分法（Johnson and Swanson, 2004; Medina and Magnuson, 2009; Stephens, 2004）。然而此种辩证似乎深植于母亲的在线书写中。本研究分析论坛与部落格的母职文本,发现其中相当多是围绕工作与母职的矛盾与冲突展开,母亲们亦身陷此种二元对立的认同泥淖及无法兼顾两者的自责煎熬之中（如主题:我该选择职业妇女还是全职妈妈？作者:Emily 豪豪的最爱,2009-08-25 13:08。谁辛苦？家庭主妇 VS. 职业妇女。作者:兰妹子,2009-06-08 14:17。主题:职业妇女的悲哀!!! 谁来帮帮我??? 作者:承妈咪,2005-07-21。主题:累与泪……职业妇女的悲歌。作者:好累的职业妇女,2005-08-21。主题:从职业妇女变成全职家庭主妇。作者:苦闷,2008-04-14 17:09）。

生小孩之后,公公婆婆就以"带小孩是最伟大的工作,哪需要出去工作""小孩给妈妈带是最幸福的"等理由,要求我不要上班。老公没有正面响应,却说"我跟爸妈的想法一样",就这样吵了一年多,也因为工作常需要出差无法兼顾小孩,我办了留职停薪……但是我觉得我是群体生活的人,喜欢追求工作成就感的人,好怀念以前上班,虽然工作忙但是有自己的工作目标……现在却变成一个无所事事的失业游民一样,每次连看到7-11的收银员都觉得她们真幸福,有份工作有个目标,每天都在想自己的生存目的是什么,好忧郁。（主题:真的喜欢上班的全职妈妈! 回应文:13篇,讨论区:心事说开,烦恼不再。作者:伊莉雅特,2009-12-18 12:12）

想到每天我儿子会有9~10个小时没有爸妈在身边的日子,即使阿公阿妈都很疼,但仍是对他有满满的说不出的亏欠……因为家里的经济问题我必须开始上班,分担家计。（主题:从全职转成职业妇女的放不下,回应文:3篇,讨论区:心事说开,烦恼不再。作者:小铁猴妈咪,2008-09-21 06:32）

当初为了mm（妹妹,指女儿）我没了工作,专心当全职妈妈换来的是不被尊重,现在为了不想再当伸手牌,我选择工作却失去了陪伴mm的成长,这样的我是不是很自私呢??? 很想哭……很不安,很焦虑。（主题:当全职妈妈当得很无奈 没尊严……回应文:28篇,

讨论区：闲聊专区。作者：猪小妹ㄉ妈，2010-02-11 18：20）

过去研究发现，每生一个孩子，女性的薪水就变少，而此种母亲"薪资惩罚"（wage penalty）未曾稍减（Avellar and Smock, 2003）。从母亲的书写中看出，不少母亲因生产育儿而辞掉工作、失去工作或转换成薪资较低的工作。母亲们抱怨怀孕过程的不适、生产及请产假、产后的育儿负担等都令她们在工作上力不从心，而职场上的不支持、不友善、不合法的对待（如劳基法规定孕妇不可以值夜班），甚至歧视，都逼得母亲无法兼顾家庭与职业生涯（如主题：生一个小孩，丢一份工作……职业妇女的无奈。作者：宝宝，2008-11-19 04：53。回应作者：Tree mami, 2008-11-19 06：50。主题：产假……职业妇女甘苦谈，作者：快乐准妈咪，2009-08-15 21：06。回应作者：甜甜的妈咪，2009-08-15 21：19，小Q麻，2009-08-15 21：22，Silvia2，2009-08-16 01：15。主题：想请教职业妇女的妈咪们都怎样兼顾家庭与工作。作者：亚拉冈的妈咪，2006-12-22 20：37。回应作者：贵妇琪，2006-12-22 21：28）。

最近压力好大，真的很想离职，但家里的经济无法接受我没有工作，每天加班时，都会想到自己是个不尽职的妈妈，自己现在头脑也不太灵光了，工作反应常常也不是很好，总觉得自己工作也没做好，家庭也没顾好，以前和婆婆处得还不错，现在她对我也很不满。（主题：职业妇女真的压力很大，回应文：25篇，讨论区：心事说开，烦恼不再。作者：什么都做不好，2007-04-10 23：06）

工作、家庭两面煎熬……我先生算是脾气好，也愿意沟通的人，可是任我说破了嘴，他永远也无法了解我的状况，因为他只要专心把工作做好就可以……千言万语也难形容我的困境……老板嫌工作做得不够好，公婆嫌小孩带得不够好，老公也不配合维持家中整洁，每天只会嫌地板脏，小孩在地上爬容易生病，总之，我只能说目前我的生活毫无质量可言。（主题：职业妇女真的压力很大。回应文：25篇，讨论区：心事说开，烦恼不再。回应作者：澔澔宝贝的妈，2009-03-23 21：15）

2. 陪伴孩子 VS. 自我实现

母亲的两难源自宰制的机制论述及母亲们自身所形成的论述两者的交错。Elvin-Novak 和 Thomsson 两位学者曾对挪威妇女进行调查，发现她们在讨论母职时，出现三种优势的论述位置：接近性，母亲要能陪伴在孩子左右照顾他；快乐，母亲快乐孩子才会快乐；个别的领域，母亲要有自己的职业生涯以体验自我实现。这个母职的模式里出现两个论述位置之间的矛盾紧张：陪伴在孩子身边与追求自身需求和成就，虽然两者不完全互斥，但现实生活中常使身处职业生涯的母亲陷入天人交战（Guendouzi, 2006：902）。在论坛中，母亲是否应该辞职来陪伴孩子、照顾孩子的讨论非常多，母亲们说如果没有家计、经济负担，应该自己带孩子，毕竟孩子成长只有一次，是金钱无法衡量的（主题：全职妈妈请给我鼓励，我居然要放弃月薪六万的工作了。作者：Ian's Ma，2010-03-23 11：46。回应作者：徐小谦的妈、阿美麻麻、Jennifer W、APPLE、纬ㄇㄚˊㄇㄚˊ、时尚小贵妇、紫色贝壳、小羊妈妈、乐乐小公主的妈、小小护士妈咪、婷瑜妈、Herababy、蓉儿娘、小鸡蛋的妈、ㄚ妈咪、乖乖 123、宝股的妈妈、两个恰恰好、Mammy J、芭小拉宥包包、俏丽ㄉㄧ妈咪、卡萝妈、郭小绿、ZOE_H。主题：从职业妇女变成家庭主妇以后。作者：相夫教子好吗？2009-04-28 11：12。回应作者：会会、nina-ma、和我之前的状况很像、Malody 妈咪）。

> 一路走来看着孩子的成长，我真感到幸福能陪在他身边……当孩子大点他回馈给你的爱，是再多钱都买不到的，我想你会觉得你的决定是正确的。（主题：有妈咪也是由职业妇女转家庭主妇吗？回应文：11 篇，讨论区：心事说开，烦恼不再。回应作者：G 宝妈，2007-06-01 13：11）

> 我很注重参与孩子的童年，有妈妈跟我说："看着孩子一点一滴成长，是最好的回忆"，我很认同。（主题：全职妈妈当得很无奈 没尊严……回应文：28 篇，讨论区：闲聊专区。回应作者：发发妈，2010-02-11 19：39）

> 对孩子说，妈咪因为要帮你买更多好看的书和玩具，所以要出去赚钱，但自己其实明明知道，这么小的孩子要的只是妈妈的陪伴和满满的爱。（主题：从全职转成职业妇女的放不下，回应文：3

篇,讨论区:心事说开,烦恼不再。作者:小铁猴妈咪,2008-09-21 06:32)

如此看来,对多数母亲而言,接近性确实是一个优势的论述位置,母亲应该把孩子带在身边照顾。本研究发现,一位母亲若无"正当"理由而坚持工作,把孩子送走,很容易招致质疑及挞伐声浪。这些论述似乎隐含若不是为了家庭经济,就应该以孩子为重,母亲的自我在此种论述中被压抑了。

母亲们因为接近性的优势论述而受到压迫,她们感到工作与家庭间巨大的冲突,因不能亲自照顾孩子而自责,尤其是那些"假日妈妈"更是如此,她们哭诉孩子不要她们,和她们不亲近,令她们觉得自己是不合格的妈妈。

我因为工作的原因必须忍痛将宝贝送去阿姨家托婴(我住台中而阿姨家则在清水,路程约40分钟),所以只有假日才可将宝宝带回来,每次将宝宝送去内心都相当难过,又担心宝贝没办法得到妥善的照顾。(主题:假日妈咪请进~~聊聊甘苦谈……回应文:10篇,讨论区:产后靓妈咪私房话。作者:云儿,2006-12-18 10:18)

我也是假日妈妈……因为自己在上班没办法当全职妈妈,刚开始时也和老公哭了几次,觉得宝贝被人抢走了,最可怕的是宝贝5~6个月时认人,带回来时每晚都哭得不行,害我也跟着哭。(承上,回应作者:婕妈,2006-12-18 10:46)

因为工作,所以台北新竹两地跑……宝贝睡前一定要找阿嬷才能安稳地睡着,阿嬷还不能偷跑回房间,看到我和爸比就大哭,要抱她抵死不从,她眼泪汪汪地找阿嬷抱时,我自己也哭了,总觉得自己不像个妈妈,因为我的孩子不找我。(承上,回应作者:lingchuah,2006-12-18 18:20)

而另一方面,本研究发现有关母亲自我实现的声音亦旗鼓相当。她们说,"喜欢工作的人,如果一直待在家里会疯掉;女人能自立,男人才会尊重"(主题:全职妈妈请给我鼓励,我居然要放弃月薪六万的工作了,回应文:305篇,讨论区:闲聊专区。回应作者:蟹爸鱼妈牡羊宝)。"身为一个生活有重心，在工作上也有成就的女人，是值得大家尊敬的"（回应作者：宝贝是妈妈的最爱）。"等小孩长大，你已经被职场淘汰，到时候就是米虫"（回应作者：蕾蕾的妈咪）。"不论薪水高低与否，女人还是要有工作或是找到自己的生活重心，多大多小事业都没关系，要有成就感就对了！！"（回应作者：sorry sorry）。"虽说成长只有一次，但不值得为此牺牲你的未来"（回应作者：欢欢妈）。"女人就算当妈妈，也该为自己保有一份竞争力"（回应作者：肥嫩嫩的手工皂）。"工作不是拿来填饱肚子的，是实现自己的理想跟证明自己来的……"（回应作者：我喜欢工作）

接近性虽然是讨论母职时经常出现的论述位置，但对于接近性的认定与实践，母亲们却有着充满创意的建构，如在 Garey（1995）的研究中，值晚班的母亲强调自己在白天陪伴孩子，参与孩子的活动，因此"night shift"并不会损及这些母亲的"接近性"论述位置。而本研究更发现，除了强调母亲个别领域自我实现的体验，更发展出若干反抗接近性的论述位置或是接近性的替代论述。

有妈妈以亲身的经验，作为捍卫职业生涯母亲的证言，宣称自己在成长过程中，母亲也在工作，因而有机会与家族中许多亲戚相处，这并不会导致母亲与孩子的疏离，尤有甚者，有工作的母亲对自己所想、所欲的坚持，经过身教，反而使孩子将之视为偶像。

像我是家中第三个小孩，都觉得跟姑姑爷爷相处时间很多，长大后跟妈妈也不会不亲啊。（主题：全职妈妈 VS. 职业妇女。回应文：21 篇，讨论区：心事说开，烦恼不再。回应作者：美美阿姨，2009-09-09 17：19）

我妈快 60 岁了，现在还在工作……从小到大，她一直是我的偶像……回想起小时候，好像也没因为爸妈都在上班，导致我的成长过程有什么心灵上的缺憾。（主题：有没有妈妈们原本是职业妇女但现在变全职妈妈后悔的呢？回应文：21 篇，讨论区：心事说开，烦恼不再。回应作者：Cathy，2008-11-03 15：37）

话说我小时候也不是我妈带大的（是我外婆），我长大也一样跟妈妈感情很好，有没有亲手带小孩对我来讲没有差别，有钱有尊严比较重要。（主题：全职妈妈请给我鼓励，我居然要放弃月薪六万的工

作了。回应文：305 篇，讨论区：闲聊专区。回应作者：Cathy Chuang，2010-03-23 13：02）

职场妈妈不能认同只有全职妈妈能参与孩子的成长，强调自己下班后、周末也会陪伴孩子，同样没有错过孩子的成长过程，而"用心"陪伴孩子、照顾孩子才是关键，她们说："只要当妈的对孩子有心，下班、休假还是可以陪伴孩子的；如果是对孩子无心陪伴，就是全职妈妈也只是放任着不管，我也看过全职妈妈放任着，只管吃喝睡，其他一律都不是很用心！也看过职业妇女教养出来的孩子却是很棒！对孩子也很用心，一点都不马虎的！"（回应作者：毛仔的娘，2009-12-29 14：57）"每次在版上看到要不要请育婴假？要不要辞职？回答几乎千篇一律都是如果老公赚得够，那就回家带小孩吧，标准答案几乎都是"小孩成长只有一次"，但是身为一位职业妇女，我真的很不能理解，为什么只有辞职回家带小孩才是陪伴小孩成长呢？"（主题：职业妇女也是可以陪伴孩子长大的。回应文：79 篇，讨论区：心事说开，烦恼不再。作者：不能理解，2009-12-26 21：02）

"孩子的成长只有一次"固然是这个世代的父母十分耳熟能详的，这亦是强调"接近性"的优势意识形态，意在警告母亲若是没有陪在孩子身旁，便会错过宝贵的经验甚至铸下大错（如亲子关系疏离、孩子表现不如人意等）。这样的论调亦引起职场母亲的不以为然，除了辩称职业妇女仍然可以陪伴孩子成长，更指出孩子成长的经验，不应只有母亲参与；一些妈妈更嘲讽所谓孩子"第一次"的重要性及神圣性，主张孩子的成长是一个需要持续观察的过程，错过第一次并没有什么大不了。

小孩成长只有一次，但我不觉得那种成长的经验，只要有妈妈参与就好，这种论述真是压死职业妇女了……回想以前的时代，也没这样要求妈妈。（主题：全职妈妈 VS. 职业妇女。回应文：21 篇，讨论区：心事说开，烦恼不再。回应作者：美美阿姨，2009-09-09 17：19）

至于全职妈妈才可以参与小孩很多个第一次的想法，我个人是觉得有点好笑啦！……可能我没有看到他第一个动作的历史性的那一刻，但是身为妈妈都了解，那是一个需要观察的过程，在翻身之前，他就会做很多的尝试，他也不是翻了历史性的一刻之后，就永远不再翻身了……孩子也不是突然有一天就言语流畅、妙语如珠，我或许没有听到他第一次似是而非地叫爸爸妈妈，但是我不会错过他牙牙学语的过程啊！（主题：职业妇女也是可以陪伴孩子长大的。回应文：79篇，讨论区：心事说开，烦恼不再。回应作者：恐怖，2009-12-28 14：25）

小孩的某些部分没有参与到，或许会很遗憾没错，但第一次有参与到又怎样？以后小孩就保证会孝顺你到天堂吗？只要父母是真心爱小孩、教养小孩，那就好了，不是吗？（主题：同学，请不要说职业妇女很"可怜"，也不要一直强调小孩童年只有一次。回应文：15篇，讨论区：心事说开，烦恼不再。回应作者：哈哈哈，2009-10-16 16：06）

另一个针对接近性的反抗论述，是从经济的观点出发的，母亲们争辩靠工作和赚钱，她们方能提供更好的生活条件（物质及非物质）给孩子，如果待在家里，根本不可能负担得起。因此，与其拮据地守着孩子，远不如给孩子提供更多资源与金钱对他们的成长帮助更大。

如果一个家的确需要多一份经济来源，当妈妈的出去赚钱也没什么不对，孩子总不是吸空气就会饱，就会长大了吧！（主题：同学，请不要说职业妇女很"可怜"，也不要一直强调小孩童年只有一次。回应文：15篇，讨论区：心事说开，烦恼不再。回应作者：哈哈哈，2009-10-16 16：06）

我小姑因为工作性质，当年完全没有办法带小孩。我问小姑，小孩的成长才一次，难道不觉得可惜吗？她非常有智慧地说：政府没有办法给育儿妇女更好的福利或配套，我不能放弃工作，虽然当时很少看到成长的状况，曾经很心痛，但是我和先生的事业很成功，我现在可以给小孩的更多了……我现在可以买很好的教材，亲自给小孩做学龄前教育，我可以每年带她出国两三次，让她了解社会人文。我只要有心，小孩不会不认我，反而我当时赚多了，我现在得到更多，当时只要有人照顾她的健康就好，现在她要求知，要教育，要出去趴趴走，不能没有爸妈。（主题：全职妈妈很幸福。回应文：10篇，讨论区：宝宝话题。回应作者：洛儿妮妮，2010-01-26 14：44）

有些妈妈自认在家庭与工作间取得平衡,并游刃有余,她们拥有来自工作的成就感以及滋养孩子、家庭的满足感。也有母亲认为工作家庭并不冲突,反而因母亲在个别领域表现所获得的肯定及自我认同,使得她们对育儿更有信心、耐心。

> 每每跟同学约好吃饭……同学就会说:"×××(版妈我啦)你要忙小孩的事情,又要忙公司的事情,这样你不觉得很可怜吗??"版妈:"可怜?会吗?我并不觉得啊!!"同学:"可在我眼里,你这样很可怜耶!!全职妈妈该做的事,你都要做,又加上工作,这你还不觉得可怜?"试问:我该觉得我很可怜吗???(主题:同学,请不要说职业妇女很"可怜",也不要一直强调小孩童年只有一次。回应文:15篇,讨论区:心事说开,烦恼不再。作者:我是职业妇女,2009-10-16 15:57)

> 我也是职业妇女……白天我有自己的工作、自己的人生,晚上我有可爱的小孩,下次你同学再说你很可怜,你一定要让她知道你很快乐,因为你拥有很多。(主题:同学,请不要说职业妇女很"可怜",也不要一直强调小孩童年只有一次。回应文:15篇,讨论区:心事说开,烦恼不再。回应作者:真的是空站,2009-10-16)

> 在工作上得到自我认同和自己肯定,平时更有耐心陪小孩了,并没有因为工作,小孩就顾不好……放弃工作不光会有收入的问题,更会面临自我肯定的问题。(主题:全职妈妈请给我鼓励,我居然要放弃月薪六万的工作了。回应文:305篇,讨论区:闲聊专区。回应作者:monamama,2010-03-23 13:13)

(三) 带孩子是妈妈的事?

这是在母职书写中常出现的主题。常见到母亲们因为怀孕、生产、育儿,必须忙着张罗安排自己与孩子的照顾工作。然而求助无门后,仍是母亲必须自己想办法,做出牺牲,仿佛养孩子是母亲一人之事,必须独立面对,这些令母亲心力交瘁之事,父亲似乎毫无干系,总是母亲在伤神苦恼。虽然偶尔有妈妈发出不平之鸣:"常常有人问工作跟家庭要选哪一个?我看了很不舒服,你有听过男人有这种问题吗?女人为了工作跟家庭的选择而烦恼，而家庭什么时候成为女人唯一的责任?!"（主题：职业妇女也是可以陪伴孩子长大的。回应作者：人生做很多事情都是甘愿！2009-12-27 11：43）。多数人有着"带小孩是妈妈的义务"之想法。曾有妈妈说："虽然我是全职妈妈，但带小孩不是我的义务！"（作者：气，2010-01-25 07：56）。随即招来许多妈妈的反弹："你的标题有问题，无论你是不是全职妈妈，只要你是妈妈，带小孩就是你的'义务'。"（作者：帅哥，2010-01-25 14：43）"带小孩本来就是妈妈的义务啊，这……需要怀疑吗???……就算爸爸不帮忙，妈妈还是有照顾好孩子的义务……"（作者：是义务，2010-01-25 15：08）

也许就是这样的思维，每当有母亲（全职或职业妇女）抱怨很累，都不能休息，家人不能或不愿帮忙时，在论坛中所得到的回应通常都是劝母亲出去工作，请保姆带孩子（全职妈妈）或请另一半分担（职业妇女）。而多数妈妈即使抱怨婆家的人把媳妇当成"外人""外佣"，甚至"赚钱工具"，却认为婆婆并没有义务帮忙。过去传统社会中，担任父母的亲职工作的，其实不是父母自己，而是家族或社群的集合力量，如今这个资源已然消失（王浩威，2013）。由本研究看来，母亲们对这样的力量似乎也并没有过多的期待，而认为带小孩是妈妈的事，或至少是小（核心）家庭的事。

  周一到周五白天都在工作……我好想偶尔休息个星期六，但就是没有人帮我带小孩……还说小孩本来就该自己带……每次听到小姑说他们看了哪部电影，去了哪些地方，都是由她婆婆帮她照顾小孩，甚至可以照顾到隔天……现在搞得我和先生，每天都为了照顾小孩而感情渐淡，我好想要一天，让我自己好好放松一下，他却回我一句，"当妈了怎么会有休息念头"……我也不想怪婆婆，但她完全没有尽到奶奶的责任，我小孩只要靠近她，她就急着要离开出门。（主题：职业妇女就不该拥有休息的权利？回应文：32篇，讨论区：心事说开，烦恼不再。回应作者：我好想放假，2009-05-18 16：47）

  我是职业妇女，可是有那么累吗?……平常已经周一到周五白天让别人带孩子了，所以我自己的孩子，我要自己带，从来没有"丢给婆婆自己去放松"的念头产生过。（承上，回应作者：何苦跟小姑比呢？2009-05-18 16：56）

对我来说,奶奶对孙子应该是没什么责任需要负的吧?……你是否想过你婆婆老了,人生很短暂,所以她也是周六、日一到,就想好好过自己的生活。不知你忙成这样,那你老公是跑到哪里去了??(承上,回应作者:靠自己,2009-05-19 07:26)

我没婆家娘家可以靠,什么都自己来,你要怪,为什么不怪老公呢?孩子是你跟先生生的,为什么要把照顾的工作,叫婆家娘家分担呢?(承上,回应作者:路人,2009-05-19 08:49)

奶奶有什么责任呀,我头一次听到这种说法……我也是职业妇女,从不觉下了班自己带小孩,或假日自己带小孩有多累,小孩是自己要生要养的,为什么要去麻烦别人呢?还想过单身生活的话,当初就别生啰!也许话不好听,可是我一直没办法接受当妈当爸的人,抱怨没有自己的生活和时间。(回应作者:奶奶的责任???2009-05-19 09-51)

本研究在这个"带孩子"的主题之下,整理出三个次主题。

1. 由妈妈来带小孩最好?

在许多母亲部落格中,孩子成长的细节被翔实地记录着,并且带给母亲喜悦和成就感。母亲乐于被孩子需要、想望,母亲无法忍受自己不是孩子生命中最重要的角色,但这些似乎都再次巩固了古老的迷思:照顾家庭和孩子是女人的责任。涂妙如(2003)的研究指出,台湾多数母亲仍旧认为最理想的婴幼儿照顾方式是由母亲亲自照顾。在本研究中,亦出现由谁来带小孩较好的讨论,母亲们对亲人、保姆都有疑虑:许多母亲所描绘的照顾者形象中,亲人(长辈,多数是婆婆)的育儿观念与作为常令母亲不敢苟同,而又难以沟通;保姆则令母亲不放心,照顾孩子可能漫不经心,孩子可能吃得不营养、不新鲜,环境可能不干净、不安全,以致母亲时常疑神疑鬼。借着将其他照顾者"无知化""妖魔化",母亲似乎将自己置于育儿的至高无上的地位。

我想大概只有妈咪自己带孩子,才会是最完美的。如果是交给奶妈,我是根本就看不见别人照顾孩子的所有细节……什么状况都看不见,只能凭联络簿上的记录及保姆的告知,这就得看保姆的良心了,要做假也是很容易的。(主题:职业妇女的难题,回应文:6篇,讨论

区：心事说开，烦恼不再。作者：快乐妈咪，2010-03-12 23：34)

也是有想过给保姆带，可是我跟老公都觉得要是万一不幸遇到不好的保姆怎么办？如果早知道保姆是好是坏，就不会有社会新闻了。(主题：全职妈妈请给我鼓励，我居然要放弃月薪六万的工作了。回应文：305篇，讨论区：闲聊专区。回应作者：ZOE_H，2010-03-23 15：44)

随着政府将育儿工作与产业纳入管理与监督，以缓解职业妇女的压力，为了自己的职业生涯，母亲们亦发出反抗论述。在阅览母亲的讨论时，一个有趣的发现是，有些母亲似乎开始对自己"松绑"，不再要求自己成为各方面都完美的超级妈妈、超级太太，有些母亲自认她们并不那么具有所谓"母性"或滋养他人的气质能力，而坦承自己并不善于担任母亲的角色，反而认为专业保姆能把他们的孩子照顾得更好。她们倾向强调保姆"专业""可信赖""令人放心""保姆协会找的""有执照证照"等。

但是我坚信，术业有专攻，专业保姆有时候还比妈妈自己带得好。我不是要引起笔战，而是我自己是一个比较没有耐心的人，我老公也常念我根本不会带孩。(主题：全职妈妈请给我鼓励，我居然要放弃月薪六万的工作了。回应作者：米雅2，2010-03-23 12：12)

保姆不可能找不到，如果你薪水高，更可以找到管理良善的优良托婴中心。(回应作者：椪柑&丫布妈妈，2010-03-23 11：56)

我的保姆是在保姆协会找的，很专业很让人放心。(回应作者：monamama，2010-03-23 13：13)

2. 育儿自主性的丧失与夺回

我们的文化中似乎对婆媳问题司空见惯，戏剧中十分常见婆媳不睦的戏码，这样的戏码，是在传统的家庭关系网络中产生的。台湾颇具盛名的精神科医师王浩威（2013）指出，过去当父母很容易，不需要学任何亲职教育，因为家族、亲戚、邻居都是母亲的智库，也是支持系统，然而这样的结构，亦对父母亲产生社会控制。直到家庭结构产生了变化、传统社会关系没落、父母亲开始了单兵作战，亲职教育于是兴起，然而母亲们似乎并不遗憾失去他们长辈所曾拥有的资源，至少在本研究中是如此。她们在其育儿书写中，抱怨长辈（多半是婆婆）对如何照顾孩子多做干预，倚老卖老、唠叨、自以为是、自作聪明、育儿观念老旧落伍、难以沟通等，发出怨言的多半是新手妈妈，她们痛恨每天上演的宝宝攻防战，抱怨婆婆的冷嘲热讽及风凉话，说新手妈妈常不被当一回事，育儿的方式不被尊重。而虽然有些母亲强调请亲人带孩子自己较放心，多数在论坛中发言的母亲却并不建议请婆婆带孩子。母亲们以搬出去、不与公婆同住、出去工作但不将孩子交给婆家照顾，而送至保姆处或托儿所来维护其育儿的自主权。

当全职妈咪2个多月了，和公婆同住，觉得最大的苦处就是，不能依照自己的想法带小孩，因为随时有眼睛在盯着你看……婆的想法是~带孩子就是要这样牺牲，哇咧，年代不同了好不好？（主题：全职妈咪又与公婆同住的~进来分享一下甘苦谈吧！回应文：14篇，讨论区：心事说开，烦恼不再。作者：苦多于甘~@@，2006-02-11 01：48）

随时有眼睛在盯着看，明明他们的育儿知识很落后……就算我说是医生护士教我的，婆婆反而还会骂妇幼医院的医生护士头脑有问题！真是……是婆婆自己头脑有问题，反倒去质疑专业的医生护士咧！一样要强迫我照他们的意思带小孩。（承上，回应作者：小饭团妈咪~小倩，2006-02-11 11：14）

当宝宝哭的时候……就会有一堆自以为有经验的人来介入……然后婆婆就会很粗鲁地把宝宝从我手上抱走，边抱走孩子边说：给我啦！……宝宝从我怀中被掏空的感觉甚至让我数度哽咽。（主题：新手妈妈甘苦谈，回应文：17篇，讨论区：宝宝话题。作者：snoopy妈咪，2006-05-01 11：55）

从很多角度来看，我觉得是他们以前没（不懂）参与自己孩子的成长，现在才想掺一脚，玩我们的小孩来弥补自己的缺憾，又忌妒我们懂得比他们多，知道陪孩子成长的重要性！（主题：妈咪甘苦谈，来聊聊天，回应文：33篇，讨论区：闲聊专区。回应作者：公婆同住症候群患者，2004-05-25 23：22）

很多婆婆都很自以为是，喜欢把自己当年带小孩有多辛苦、多厉害挂在嘴上！……而且以前只要把小孩喂饱就好了，现在如果还用那招带小孩，这样的小孩长大了会有竞争力吗？（主题：妈咪甘苦谈，来聊聊天，回应作者：Mandy，2004-05-27 12：38）

3. 家务分工的不平等：懒惰的丈夫、自私的婆家

若说婆家对母亲如何带孩子的干预是在线经常出现的母职经验谈，那么有关夫妻谁来带小孩，谁来做家事，已经成为母亲与丈夫、婆家的一个无止境的争议。

本研究的论坛及母亲部落格中所描述的许多丈夫和Chan（2008）研究中的香港丈夫似乎很相似，这些丈夫在家务上通常是无能又漠不关心的。对一个台湾男性而言，家中的女性要做所有的家事，结婚前由妈妈和姊妹做，结婚后则由太太做。一位和公婆住在一起的母亲抱怨她丈夫甚至认为倒垃圾是一件丢脸的事（主题：是职业妇女请进！！！作者：追逐梦想，2009-10-23 08：35）。本研究就发现相当多的妈妈戏称另一半"老爷""大爷""大人""陛下"，因为他们从不做家事，这似乎也是母亲们抱怨最多的主题。论坛里的家庭主妇抱怨丈夫根本不帮忙，而职业妇女则觉得丈夫在假日时不分担家务及育儿工作，尤其是那些和公婆住在一起的母亲（因为婆家的人，多数是婆婆，会干预丈夫做家事及帮忙带小孩）。母亲们对婆家对丈夫的偏袒与对自己的待遇大不相同，更是充满愤慨，于是我们看到在线母亲笔下"懒惰"的丈夫、自私的婆家以及受压榨、做牛做马的"台佣"妈妈（主题：到了假日大家都会忘了我是职业妇女，作者：大小眼，2009-02-09 01：13。主题：纯抱怨，职业妇女真的好累，作者：一根蜡烛N头烧的苦命娘，2010-03-12 10：52。职业妇女的辛苦，作者：Amywu530。主题：针对职业妇女的你，你会煮这顿晚餐吗？作者：惰性男人，2009-07-01 21：35。主题：累与泪……职业妇女的悲歌，作者：好累的职业妇女，2005-08-21 03：10。主题：有妈妈一直是自己一个人带小孩的吗？作者：鱿鱼羹，2009-12-07 13：59。主题：全职妈妈请问你们会认同这个观念吗？作者：andreajuan，2010-04-02 22：07）。

许多母亲笔下的另一半是被妈妈宠坏的"废人"，一位母亲的心声似乎描绘出若干台湾父亲的样貌：

> 放假我又是全天候照顾小孩，他放假只会打电动，然后说那是他唯一的休闲。小朋友是一种责任，不是给他钱，他就会好好地长大，

碗也不洗，喝完的杯子放了就走……我知道他不是坏人，他的成长背景让他在为人夫、为人父这一块成长得太慢，他的教育让他以为努力赚钱工作就是有责任。（主题：职业妇女真的压力很大，回应文：25篇，讨论区：心事说开，烦恼不再。回应作者：埃玛，2008-03-24 09∶25）

两性家务分工的不平均，在母亲眼里，一部分是由婆家亲人，尤其是婆婆造成的。婆婆常被认为自私而不公平，他们只爱自己的孩子，而将媳妇视为外人。台湾女性在结婚后，一部分会搬入丈夫的原生家庭同住，虽然核心小家庭似乎是趋势，但仍有为数不少的母亲与公婆同住。这些母亲抱怨她们要做所有的家事，而其丈夫和小姑们则是什么也不用做。如果有工作的母亲要求丈夫分担家务，婆婆会出面干预。因而许多母亲感受到不公，而她们感觉自己对夫家的贡献也不被感激。相反的，她们的原生家庭在乎她们，为她们着想而劝她们不要辞掉工作，而夫家则可能会要求她辞掉工作来带小孩，或是叫她们出去工作以赚钱贴补家用，无论哪一种情形，母亲们都觉得自己被剥削，夫家并不会站在她这边。父权体制的婚姻制度之下所产生的"媳妇是外人"的思维，持续在在线母职书写中被再制。

当初和公婆一起住时，老公他妈妈也是叫我不准让他儿子做家事和帮忙，因为他妈妈是说上班都够累了，你在家就顾小孩很轻松……所以他被他妈妈宠到连顾小孩都不用，更别提说帮小孩泡过几次奶和从不曾帮小孩洗澡！！！（主题：全职妈妈请问你们会认同这个观念吗？回应文：47篇，讨论区：闲聊专区。回应作者：大头公主的妈咪，2010-04-02 22∶25）

因为我的小朋友都比较晚睡，婆婆会心疼我老公，一直叫我们分房睡……难道我带整天不会累吗？还是在他家只有男人有人权？（主题：有跟公婆同住的全职妈妈吗？回应文：13篇，讨论区：亲职教养。作者：Joy 2，2010-02-08 16∶49）

公婆总会记得他们的儿子上班很累，可是到了假日都会把家事留给我做……我假日也想休息的好吗？怎么不开口叫你儿子做？我现在就是要摆烂啦！（主题：到了假日大家都会忘了我是职业妇女，回应

文：4篇，讨论区：心事说开，烦恼不再。回应作者：大小眼，2009-02-09 01：13）

　　之前我在小区外面的便利商店上大夜……一天能跟小孩睡三小时午觉就很偷笑了，也不见婆婆说这样会累死……反观老公偶尔，真的很偶尔，被老板派去支持大夜……我婆婆可心疼死了！说这样会累死啦！！或是这样怎么受得了……挖哩勒！！真是有够给它差很多的……哀～只能认清媳妇永远是外人永远不是人的道理啦。（承上，回应作者：葳妍宝贝§胖胖娘，2009-02-09 03：09）

　　我也是职业妇女，有些事请老公帮忙做……我婆婆就会很不高兴……婆婆就会碎碎念说我很懒惰，我做的事她看不到，而她儿子做的她看到就很心疼，真不公平。（主题：纯抱怨，职业妇女真的好累，回应文：28篇，讨论区：心事说开，烦恼不再。回应作者：hui 2，2010-03-12 11：49）

　　公婆的话左耳进右耳出就好，实在看太多例子了，老是和媳妇说小孩要自己带才好，但孩子大了后，又明示暗示你该去上班，免得他儿子一人赚钱太累。（主题：全职妈妈 VS. 职业妇女，回应文：21篇，讨论区：心事说开，烦恼不再。回应作者：先有钱家庭才有快乐吧，2009-09-10 15：41）

　　在母亲的书写中，有些丈夫似乎永远忙于工作、交际应酬，他们不是出差，就是工作到很晚才回家，而相反，女人要赶回家、接孩子、喂饱他们、督促他们做功课、帮他们洗澡，然后把他们送上床，接着准备孩子明天的便当、学习用品，最后可能还得把在公司未能完成的工作做完。

（四）在家带小孩能有多累？

　　诚如 Julie Stephens（2004）所言，当代的母亲活在充满不安的自我改善思维之中，母职亦不能自外于新资本主义的运作逻辑。在高度竞争的职场中，人们必须依据绩效表现（performance）的原则来重新创造自我价值，一个母亲的认同亦必须依循现今经济安排与工作实践的逻辑。本研究中的家庭主妇亦深知此种逻辑，因而强烈抗议被认为是闲散或拥有许多空闲时间。这些母亲宣称经营家庭与婚姻如同老板经营企业，她们把家庭当成一份职业来看待。

请不要再问我在家全职带小孩不会无聊吗？不会！！一点都不会！！除了要照料小孩三餐、打理家务，我家可是干净得发亮、一尘不染。孩子上课、午睡时，我也是要忙着我的网购，还有兼顾我的部落格及日记，很认真地记录孩子的成长，孩子天天吃的、身体状况、发生的事详细记载。每周五我们会打扮一番出门，挑间有气氛的餐厅外食，不然我会特别在家里煮个主题餐。先生回家后，我还要赶去做身体、头发、指甲，跟姊妹们聚会聚餐。我真的不知道为什么有些人就是觉得全职妈妈的生活无聊，我想除了有薪水的工作是正职，婚姻家庭也应当作一份职业来经营。（主题：不要再问全职妈妈不会无聊吗？回应文：30篇，讨论区：心事说开，烦恼不再。作者：因为我很忙的！！！ 2010-03-13 07：40）

同样是反抗其他人士"主妇闲在家没事""在家带小孩能有多累"的论调，像上述这样的全职妈妈如此悠闲的经验书写毕竟是少数，更多母亲感受到的是被家庭、育儿的繁多事务淹没的辛劳，如没有帮手，连生病的时间和权利也没有的投诉无门，因没有赚钱而必须当"伸手牌"的看人脸色与没有尊严，因没有外出工作而"理所当然"地必须担负全部家务及被当成"免费台佣"的无可奈何，因另一半在家什么事也不必做的愤愤不平。她们一一罗列自己为孩子、丈夫及家庭中其他成员所做的各种事务，抱怨生活忙碌且压力大，不能休息，甚至不能像上班族一样请病假。部落格和论坛中常见到这些母亲的怒吼："我是家庭主妇，而且我很忙！"来回应一般人对家庭主妇"不需要工作，只是在家照顾孩子，能有多累"的指摘。（主题：全职妈妈，这样的生活你每天过得快乐吗？作者：QQ铃铃QQ，2010-01-20 20：38。主题：有婆婆要全职妈妈过年提前回去帮忙的吗？？作者：一整个烦，2010-02-06 15：37。主题：在家当全职妈妈被一个人说是米虫。甘苦作者：gingerjeba，2010-02-26 15：07）

我老公长期在大陆……我儿子24小时都黏着我……总之这两年来我感觉没有睡饱过……也没有自己的生活，比我上班加班还累，没有人可以帮我，因为我是不可取代的，我曾经崩溃大哭两次，没有地方诉苦，因为没有人可以体谅我的心情，我老公更是无法了解我的感受，更是无法帮我分担，一般大家的反应就是带小孩而已不用上班有什么好累的，但是我觉得是心里的累，那种一个人孤独无助的累，偶尔想偷懒享受一下都不行的累，没有自己生活质量的累……带小孩真的是既辛苦责任又大，这是我第一次说出我心里的话，感觉舒服多了。（主题：甘苦谈，有妈妈一直是自己一个人带孩子的吗？回应文：21篇，讨论区：闲聊专区。回应作者：爱谁都可以，但要先爱自己，2009-12-07 14：20）

家庭主妇的在线书写充满愤怒、挫折、悔恨、自怜，令人感到悲惨而心碎，而网友除了回报以个人经验来安慰鼓励版妈之外，读者对这些心声的回应几乎是一成不变的……"找个工作吧，妈咪！"似乎工作是家庭主妇脱离苦海唯一的出路。因此每当一位母亲在论坛丢出"辞职回家带小孩"的询问时，总会有许多母亲跳出来阻止，力劝妈妈别贸然辞掉工作，主张女人一定要经济独立，与公婆同住者，尤其建议上班。她们说："女人要有钱！没工作就没钱、就没地位、没尊严、没自我，也没人听你说话。"

（五）母乳最好?!

母乳哺育是近年来健康部门大力推动的卫生政策，也成为当代母亲哺育的优势论述，亦占据在线母职书写的一隅。母亲们分享哺育母乳的挫折、疼痛、坚持、成功的经验，她们互相学习、互相打气、支持并不断强化母乳对孩子最好，喂母乳所受的一切苦难都是值得的，直到一位母亲发出呐喊。

难道，只有喂母奶，才是给孩子最好的礼物吗？难道，只有喂母奶，才能表达对孩子的爱吗？难道有一个健康开朗的母亲，不重要吗？这个社会只给了一个答案，就是喂母乳才是最好的……各位妈妈，以及医护人员，请也给像我这样的妈妈（无法喂母乳），一个喘息的空间和一个有希望的明天。（主题：政府的鼓励母乳政策……，回应文：8篇，讨论区：等待送子鸟。作者：emily，2010-01-14）

而对于在"母乳最好"的论述中受苦的版妈，其他母亲则回复以反证来安慰她：

想当初，我也是越挤越少，不到一个月，就没奶了，只能改喂配方奶，但是从以前到现在，（宝宝的）生长曲线都很漂亮……所以，不一定要喂母奶，宝宝也一样长得很好喔！……我有个朋友根本一开始就不打算喂母奶……因为她觉得喂母奶太累了，她不想因为喂母奶而影响自己的生活质量，她的宝宝长得也是头好壮壮，很少生病呢！（承上，回应作者：小柿子的异想世界，2010-01-14 22：59）

"母乳最好"对某些母亲而言，变成一种愿望，一种永远无法到达的理想境地，一种压迫，于是母亲们觉得对不起孩子、觉得罪恶、觉得自己不是好妈妈，所幸在亲子讨论区，她们能够在其他人的经验分享中，得到安慰、支持或替代性思维，因而得到救赎。

五　结论与讨论

过去有关母职的研究，多在理论批判层次（母职的社会建构、母职的迷思等），近来则开始将研究焦点移至女性（母亲）本身，而深入探究她的生命经验，进而呈现以女人为主角的知识叙说，生产以女性为主（about women）的知识。而在母职这个环节，过去研究的重点多在国家政策对母职的假设及意识形态以及书册典籍、大众媒体文本对母亲角色的再现。而取材于母亲本身的数据，则多透过深度访谈而来，这固然是一种母职经验的书写，但仍经过研究者筛选、过滤、诠释而来。本研究以真正的母亲经验书写（由母亲执笔、亲"手"说出）作为分析文本，并以网络媒体应用中的论坛与部落格为观察场域，经由一个吸纳、包容多元差异、去中心化意涵的论述空间，来检视其中所开展的母亲经验和实践。也许经由这样的分析，母亲的所想所感方能清楚地呈现，并指出存在我们社会中母职、两性及人口学的问题。

本研究经长期与大量阅读特定形态（亲子讨论区的发文与回应）的母亲在线书写，整理出五个母亲经验的主题，而这些主题与我们文化中常见的母职建构相互呼应。母职在线书写所刻画的母职经验，是牺牲、认命的语义，女性因母亲的角色而自愿或非自愿地改变了生活方式与角色认同，也许这些发现是台湾母亲长久以来的境遇写照，并不新奇。然而过去母亲只能默默承受痛苦，而网络科技使得现代母亲能在线书写自己的想法、情绪,并从同是母亲却素未谋面的陌生人,而非如过去的血缘亲族,得到同理、帮助、醒悟、智慧。她们敢于说出自己的苦,也有人倾听。Lopez（2009）指出,这一代的母亲喜欢向同侪咨询,而非向专家学者求助,BabyHome的亲子讨论区（论坛）便是这种母职实践的场域。

职业妇女在接近性的母职论述之中受煎熬,而全职妈妈的母亲认同,则必须在资本主义经济运作逻辑带来的无价值感与歧视中,不断与之抗争,然而本研究发现,不论是家庭主妇还是职业妇女都发展出多元、根植于经验、有创意甚至有趣的反抗论述来抵抗主流意识形态（如本研究数据分析的主题）的支配,让母亲们在科技中介的社会里更有能力去争论属于她们角色的意义,而母亲们亦可能在这样的书写与阅读中,发展出"反抗的意识",进而集结"反抗的力量"。

家务育儿的辛劳、职业生涯严苛的要求,使得家务分工的议题浮上台面,成为当代家庭中维系婚姻关系的重大议题。"家务分工"的意义是家人共同分担家中的事务,过去这个名词很少被提及,因为家务是与女性画等号的,于是就没有所谓分工的问题（唐先梅,2005）。现代家庭中,家事、育儿确实是夫妻常见的口角之一,家务分工已然成为现代夫妻维系婚姻关系的大考验（曾楙如,2011）,本研究就发现在线母亲书写中,充斥着对家务负担的疲累及另一半不愿分担家务的愤慨。虽然近来在亲职分工或家务分工中,两性之间的明显差异已比过去传统家庭有缩减的趋势（曾楙如,2011;郑文烽,2012）,但张晋芬、李奕慧（2007）指出,即使拥有全职的工作,已婚女性仍须承担大部分的家务劳动。本研究亦在论坛与部落格中,屡见母亲抱怨她们要做大部分的家事和带小孩。相对于在公领域中政治经济地位的改善,女性在私领域中仍须面对相当程度的不平等,两性平权意识要落实到家庭的日常生活中,并非一蹴而成。

而工作-家庭冲突通常对女性造成比男性更大的压力,这是因为两性对于亲职角色的认知差异。不论收入高低,男性通常定义自己为收入的提供者,而女性则视自己为照顾的提供者（Chan,2008）,即便在有专人负责家务与幼儿的照顾工作时（帮佣、保姆等）仍是如此,由本研究多数母亲有着"带孩子是妈妈的义务"的想法可以印证。而为了免于婆家对育儿的干预,母亲的因应之道,是倾向将孩子送到保姆或托儿所,而不愿意将孩子给夫家（尤其是婆婆）照顾,借此来保有其母职与育儿的自主性。

母亲们似乎持续处在家务分工不平等的状态之下，而在台湾，越来越多的丈夫被派驻到大陆去工作，一周、一个月，甚至更久的时间才能回家一次。随着台湾和大陆的经贸交流越发频繁，这样的家庭不断增加，于是丈夫被更加地拉离（或自愿远离）他们的亲职角色，而留给母亲更重的担子。

性别化的家务分工亦是近年来女性主义者关注的焦点（林津如，2007；张晋芬、李奕慧，2007；萧英玲，2005），社会学者致力于家务分工的解释，大多围绕在相对资源论/权力论、时间可得论、性别角色意识（叶致芬，2010），有的主张相对资源论解释力较高（张晋芬、李奕慧，2007；萧英玲，2005），认为当女性获得相对或绝对的资源（受教育程度、薪资）时，才有可能跳脱从属地位，进而改变家庭的权力结构。本研究中的母亲力劝职业妇女别辞掉工作，或是鼓励全职妈妈外出工作，亟言经济独立方能拥有自我、尊严与在家中的自主权，相对资源论对家务分工的解释力似可由本研究的结果看出。

参考文献

艾博司网络口碑研究中心，2011，《打造55万幸福家庭的推手》，BabyHome。
陈婷玉，2010，《当妈妈真好？——流行妇幼杂志的母职再现》，《女学学志：妇女与性别研究》第26期。
陈雪云，2004，《媒介与我：阅听人研究回顾与展望》，《台湾传播学的想象》，巨流。
陈中兴，2006，《部落格的使用动机对网络生活型态与电子口碑传播之关联性研究》，淡江大学管理科学研究所硕士学位论文。
董绮安译，1994，《欢愉：女性性经验真相》，时报文化。
赖怡霖，2007，《离异单亲母亲之母职经验叙说研究》，暨南国际大学辅导与咨商研究所硕士学位论文。
李仰钦，2005，《母职枷锁：受暴妇女于受助过程中经验分析》，东吴大学社会工作学研究所硕士学位论文。
李贞德，2000，《中国古代医疗史与性别——从汉唐之间的母职谈起》，《妇女与两性研究通讯》第55期。
廖玲玲，2005，《我当妈妈了！——新手妈妈初任母职历程之研究》，台东大学教育研究所硕士学位论文。
林宏祥，2006，《Blog的使用动机与行为》，清华大学科技管理研究所硕士学位论文。
林津如，2007，《父系家庭与女性差异认同：中产阶级职业妇女家务分工经验的跨世代比较》，《台湾社会研究》第68期。
林妙玲，2007，《让30万父母 上班不忘做宝宝网页》，《远见杂志》第257期。

林思妤，2007，《台湾女同志妈妈的母职实践》，树德科技大学幼儿保育学研究所硕士学位论文。
林秀珊，2005，《肢体障碍女人之母职实践》，高雄师范大学性别研究所硕士学位论文。
林昀蓉，2005，《双军职家庭母职主观经验之探讨》，政治作战学校军事社会行为科学研究所硕士学位论文。
刘依婷，2007，《在线表演：部落格作者网络关系对网络书写的影响》，元智大学信息社会学研究所硕士学位论文。
卢岚兰，2008，《阅听人论述》，秀威信息。
潘淑满，2005，《台湾母职图像》，《女学学志》第20期。
潘淑满、杨荣宗，2013，《跨国境后之主体形成：婚姻移民单亲母亲的在地与跨境协商》，《台大社工学刊》第27期。
彭奕婷，2008，《婚姻移民、文化弱势与母职的施为：文化宰制与抗拒的论证》，屏东教育大学幼儿教育学研究所硕士学位论文。
邱敏文，2008，《母职实践——一位乡镇地区劳工阶级自闭症儿母亲的心/辛/欣路历程》，花莲教育大学多元文化研究所硕士学位论文。
权自强，2004，《网络部落格使用对个人赋权之影响》，元智大学信息社会学研究所硕士学位论文。
苏健华，2006，《Cyborg、Cyborg宣言与Cyborg研究》，《信息社会研究》第11期。
苏芊玲，1998，《我的母职实践》，女书。
唐先梅，2005，《家务分工：责任与压力？爱与关怀？》，《应用心理研究》第25期。
涂妙如，2003，《影响家庭婴幼儿照顾方式决策之相关因素》，《家庭教育学报》第5期。
王柏钧，2006，《部落格的异想世界-使用者人格特质与使用动机行为之关联性初探》，淡江大学大众传播学研究所硕士学位论文。
王如雁，2007，《生不生有关系：一位中年丁客族妇女的生命叙说》，南华大学生死学研究所硕士学位论文。
王怡桦，2005，《女性精神分裂症病患之母职经验与其社会支持情形之初探》，暨南国际大学社会政策与社会工作学研究所硕士学位论文。
王翊涵，2011，《"我很辛苦，可是我不可怜！"新移民女性在台生活的优势观点分析》，《台大社会工作学刊》第23期。
翁漪蔓，2007，《无名小站使用行为研究-以自我呈现的观点》，台湾大学国际企业学研究所硕士学位论文。
吴佩瑀、吴佳慧、萧高明，2013，《博士妈妈向前走——女性多重角色与进修博士的困境与进路》，《应用心理研究》第57期。
夏传位译，1997，《女性主义思想：欲望、权力及学术论述》，巨流。
萧英玲，2005，《台湾的家务分工：经济依赖及性别的影响》，《台湾社会学刊》第34期。
萧昭君，2005，《你妈妈的故事有什么好写的？生产女性知识教学过程中的反挫》，《妇研纵横》第76期。

萧昭君，2007，《你妈妈的故事有什么好写的？——生产"礼赞女性"教学知识的行动叙说》，《教育实践与研究》第20期。
谢美娥，2009，《就业母亲之母职经验与就业策略初探》，《中华心理卫生学刊》第22期。
薛绚译，2004，《母性》，新手父母出版。
杨琇雯，2009，《外籍配偶母职经验之分析研究》，台南大学教育学系辅导教学硕士学位论文。
叶致芬，2010，《男主外、女主内？——家务分工之相关文献探讨：性别与文化观点》，《辅导季刊》第46期。
游素玲，2008，《母职研究再思维——跨领域的视野》，五南。
俞彦娟，2002，《女性主义者对母亲角色的批判：波娃和傅瑞丹》，《成大西洋史集刊》第10期。
俞彦娟，2006，《女性主义对母亲角色研究的影响——以美国妇女史为例》，《女学学志：妇女与性别研究》第20期。
曾楹如，2011，《浅谈婚姻关系中家务分工》，《家庭教育双月刊》第33期。
曾玉枝，2008，《影响人们经营部落格的动机因素》，静宜大学国际企业学系研究所硕士学位论文。
张晋芬、黄玟娟，1997，《两性分工观念下婚育对女性就业的影响》，女书文化。
张晋芬、李奕慧，2007，《"女人的家事"、"男人的家事"：家事分工性别化的持续与解释》，《人文及社会科学集刊》第19期。
张君玫译，2010，《猿猴、赛伯格、女人：重新发明自然》，群学。
张小虹，1993，《后现代/女人：权力、欲望与性别表演》，时报。
郑文烽，2012，《从家庭生涯观点初探现代双薪家庭夫妻的性别分工——以四对双薪家庭夫妻为例》，《家庭教育与咨商学刊》第12期。
朱华瑄，2007，《从部落格的物质形式看部落客的自我技艺实作》，清华大学社会学研究所硕士学位论文。
庄永佳，1999，《台湾女性之母职实践》，南华大学教育社会学研究所硕士学位论文。
庄子秀，2000，《后现代女性主义》，《女性主义理论与流派》，女书。
Avellar, S. and Smock, P. J., 2003, "Has the price of motherhood declined over time? A cross-cohort comparison of the motherhood wage penalty." *Journal of Marriage and Family*, 65, 597-607.
Bassin, D., Honey, M., and Kaplan, M. M., 1994, *Representations of motherhood*. Yale University.
Bartlett, A., 2003, "Breastfeeding bodies and choice in late capitalism." *Hecate*, Vol. 129, No. 2.
Belkin, L., 2011, "Queen of the mommy bloggers." *New York Times*, February 23.
Buzzanell, P. M., Wabymer, D., Paz Tagle, M., and Lin, M., 2007, "Different transitions into working motherhood: Discourses of Asian, Hispanic, and African American women." *Journal of Family Communication*, Vol. 7, No. 3.
Chan, H. N., 2008, "'Life in happy land': Using virtual space and doing motherhood in

Hong Kong." *Gender, Place, and Culture*, Vol. 15, No. 2.
Cherry, A., 1999, "Maternal-fetal conflicts, The social construction of maternal deviance, And some thoughts about love and justice." *Texas Journal of Women and the Law*.
Choi, P., Henshaw, C., Baker, S., Tree, J. 2005, " Supermum, superwife, supereverything: performing femininity in the transition to motherhood." *Journal of Reproductive and Infant Psychology*, Vol. 23, No. 2.
Collett, J. L., 2005, "What kind of mother am I? Impression management and the social construction of motherhood." *Symbolic Interaction*, Vol. 28, No. 3.
Daniels, M. J. and Parrott, R. L., 1996, "Prenatal care from the woman's perspective-a thematic analysis of the newspaper media." In R. L. Parrott, C. M. Condit (Eds.). *Evaluating Women's Health Messages* (pp. 222-233). Thousand Oaks, CA: Sage.
DiQuinzio, P., 1999, *The Impossibility of Motherhood: Feminism, Individualism, and the Problem of Mothering*, Routledge.
Foucault, M., 1988, Technologies of the self. In L. H. Martin, H. Gutman, P. H. Hutton (Eds.). *Technologies of the Self: A Seminar with Michel Foucault* (pp. 16-49). The University of Massachusetts Press.
Garey, A. I., 1995, "Constructing motherhood on the night shift: 'Working mothers' as 'stay-at-home moms'." *Qualitative Sociology*.
Guendouzi, J., 2006, "'The guilt thing': Balancing domestic and professional roles." *Journal of Marriage and Family*. Vol. 68.
Hadfield, L., Rudoe, N., and Sanderson-Mann, J., 2007, "Motherhood, choice and the British media: A time to reflect." *Gender & Education*, Vol. 19, No. 2.
Haraway, D. J., 1985, *Simians, Cyberorgs and Women: The Reinvention of Nature*. Routledge.
Johnston, D. and Swanson, D., 2006, "Constructing the 'Good Mother': The experience of mothering ideologies by work status." *Sex roles*, Vol. 54, No. 7/8.
Kelha, M., 2009, "Too old to become a mother? Risk constructions in 35+ women's experiences of pregnancy, child-birth, and postnatal care." *Nordic Journal of Women's Studies*, Vol. 17, No. 2.
Kielty, S., 2008, "Wording hard to resist a 'Bad Mother' label." *Qualitative Social Work*, Vol. 7, No. 3.
Lantz, P. M. and Booth, K. M., 1998, "The social construction of the breast cancer epidemic." *Social Science & Medicine*, Vol. 46, No. 7.
Lopez, L. K., 2009, "The radical act of 'mommy blogging': Redefining motherhood through the blogosphere." *New Media & Society*, Vol. 11, No. 5.
May, V., 2004, "Narrative identity and the re-conceptualization of lone motherhood." *Narrative Inquiry*, Vol. 14, No. 1.
Medina, S. and Magnuson, S., 2009, "Motherhood in the 21st Century: Implications for counselors." *Journal of Counseling & Development*.
Murphy, E., 2000, "Risk, responsibility and rhetoric in infant feeding." *Journal of Contemporary Ethnography*, Vol. 29, No. 3.

Neff, J., 2008, "P&G relies on power of mommy bloggers." *Advertising Age*, July 14, Vol. 79.

Neuman, W. L., 2000, *Social Research Methods: Qualitative and Quantitative Approaches*. Needham Heights, MA: Allyn & bacon.

Phoenix, A, Woollett, A. and Lloyd, E. (Eds.), 1991, *Motherhood: Meanings, Practices and Ideologies*. Sage Publications.

Reger, J., 2001, "Motherhood and the construction of feminist identities: Variations in a women's movement organization." *Sociological Inquiry*, Vol. 71, No. 1.

Stephens, J., 2004, "Beyond binaries in motherhood research", *Family Matters*. Vol. 69, No. 9.

Sutherland, K., 1999, "Of milk and miracles: Nursing, The life drive, And subjectivity, *Frontiers*" *A Journal of Women Studies*, Vol. 20, No. 2.

Tropp, L., 2006, "'Faking a sonogram': Representations of motherhood on sex and the city." *The Journal of Popular Culture*, Vol. 39, No. 5.

Valdivia, A. N., 1998, "Clueless in Hollywood: Single moms in contemporary family movies." *Journal of Communication Inquiry*, Vol. 22, No. 3.

Wilson, H. and Huntington, A., 2006, "Deviant (m) other: The construction of teenage motherhood in contemporary discourse." *Journal of Social Policy*, Vol. 35, No. 1.

Yadlon, S., 1997, "Skinny women and good mothers: The rhetoric of risk, control, and culpability in the production of knowledge about breast cancer." *Feminist Studies*, Vol. 23, No. 3.

做父母、做阶级：亲职叙事、教养实作与阶级不平等

蓝佩嘉

内容提要 台湾的主流亲职论述在西方理念影响下，近二十年来衍生明显转变。然而，不同阶级位置的父母在使用文化资源时渠道有所不均，不仅形塑他们教养方式的差异，也影响孩子在改革中教育体制里的生命机会。透过对中产阶级与劳工阶级父母的深度访谈与家庭观察，本文分析亲职叙事与教养实作的阶级差异。我赞同先前学者视教养为阶级再生产机制的观点，但反对将阶级化约为给定的结构位置，或默认阶级惯习的跨代延续。台湾个案凸显了父母承自原生家庭的惯习可能透过反思而转变，以及亲职作为一个协商阶级界线的社会场域。亲职日常实作充满了不确定与矛盾，包括教养脚本与亲子互动之间的落差以及家庭生活与学校期待之间的冲突。同时强调，中产阶级与劳工阶级的父母都不是同质群体，在教养策略与实作上存在内部分歧。透过父母资本总量高低（含经济、文化、社会与象征资本）以及追求益品倾向（偏重竞争流动或自然发展）两条轴线，建构出一个"亲职场域"来分析做父母同时也做阶级的划界过程。

台湾在近年来成为全球生育率最低的地区之一，[1] 背后有许多原因，

---

[1] 《台湾的总生育率在 2010 年降为 0.895，为全世界最低》，引自"内政部"户政司全球信息网，http://www.ris.gov.tw/zh_TW/346（访问日期：2014 年 4 月 29 日）。

日益提高的教养花费与父母投入是其中关键因素。媒体上出现"养一个小孩要500万""教育投资超过1000万"等耸动说法,[①] 教养杂志与亲职书籍在市场上火红畅销,尽管如何养育小孩这个问题,对不同阶级、小区的父母来说答案大不相同。当今的台湾社会,受到全球资本流动与在地经济停滞的影响,贫富差距扩大,更凸显童年与亲职作为社会不平等之体现、运作与再制的重要场域。

台湾的亲职论述在近二十年来产生明显的转变,大致可勾勒出以下三个趋势。首先,亲子关系从孝亲传统规范下的社会交换道德契约,转为强调内在于关系本身的亲子连带与情感满足。其次,父母的角色从管教孩子的执行者,转变为科学育儿知识与亲职教育的接受者。"爱的教育"(permissive parenting),这个自20世纪30年代以来在美国社会占据主导地位的亲职典范(Stearns,2003),取代权威管教成为正典的亲职模型。体罚不再被认为是"严格父母"的做法,而是不愿意接受亲职教育的"懒惰父母"的做法。最后,智育至上、填鸭背诵的学习方式已受到教育改革运动的强烈批评。教育专家呼吁教师和家长应该连结学习与乐趣,以多元学习的方式来启发孩子的创造力,栽培的面向扩大到人格、个性、情绪管理与沟通技巧等。[②]

亲职论述作为"主导文化脚本"(dominant cultural repertoire),具有规范、典范的地位,让家长认为"现代父母应如此"。这些亲职论述固然提供了跨国界的文化资源与工具,但也造成当代父母更多的焦虑、压力与不确定。尤其是父母需有一定的经济、文化与时间资源,方能在家庭生活中履行新式的教养脚本,而不论是中产阶级还是劳工阶级,多数父母正在经历教养脚本与亲职实作的断裂,甚至矛盾。本文探讨不同阶级位置的台湾父母,在这样的论述脉络与时空环境中,如何透过世代比较的框架来描述自己的亲职理念,如何透过资本的积累与转换来安排孩子的教养,以及亲职叙事与教养实作如何成为一个协商阶级差异与不平等的社会场域。

一 文献回顾与研究问题

父母的社会阶级如何形塑其亲职态度与教养方式,又如何影响子女的

[①] 参见2006年的《联合晚报》和2007年《商业周刊》。
[②] 此处根据我们对《中国时报》家庭版、联合数据库与《亲子天下》杂志进行的内容分析,论述细节及数据出处请参考Lan(2014a)。

成就与发展，长期以来受到社会学者关注。Melvin Kohn（1963）指出职业影响了父母的价值与亲职态度：中产阶级职业侧重个人的自主，劳工阶级职业强调对权威的服从。Pierre Bourdieu（1984）则认为，教养方式的阶级差异源自资本、品位、秉性的代间传递，也促成了阶级关系的再生产（Bourdieu & Passeron, 1977）。

Annette Lareau（2003）延续上述理论命题观察美国家庭生活，呈现不同阶级的父母在育儿方式上的差异。专业中产阶级父母采取"规划栽培"（concerted cultivation）的方式：透过细心规划、协作安排各式休闲与学习活动，来培养小孩的才能与表达能力；父母运用"讲道理"而非命令的方式与孩子沟通，并允许小孩反驳成人意见。具备高教学历及专业背景的父母，较有能力及正当性介入学校运作，不仅经常批评学校政策，也训练小孩采取类似做法。这样的教养方式让孩子养成"权利感"（sense of entitlement），擅于捍卫自己的权利与利益，有助于将来进入专业白领劳动市场。劳工阶级与贫穷家庭的育儿风格则是"让孩子自然长大"（accomplishment of natural growth）：小孩主要互动的对象不是成人，而是亲戚小孩；父母多直接给指令，不允许孩子挑战父母权威。由于家长的受教育程度与职业位阶较低，其社会网络中也少有教育工作者，他们对于老师与学校心生畏惧或深感疏离，面对体制觉得无力或挫折。这样的教养方式容易让孩子养成"局限感"（sense of constraint），倾向服从或配合体制，这也是符合体力或服务劳动的身体惯习。

我对 Lareau（2003）的研究有两个主要批评。首先，她将阶级视为给定的结构位置与二元范畴，[①] 并将中产阶级、劳工阶级看作同质的群体。这样的分析把阶级等同为劳动市场中的位置（positions），忽略了"阶级过程"（class process）的分析（Reay, 1998），虽然生动呈现了两套阶级化的教养脚本，却未能探讨阶级间相互区分、划界（boundary-making）的过程（Lamont, 2000），也无法关照到阶级内部不同的亲职价值与教养方式（Irwin and Elley, 2011）。

[①] Lareau（2003）根据两个标准区分阶级：一是工作现场的管理权；二是工作上的学历要求。双薪家庭中若父母双方属于不同阶级位置时，以较高者为准。中产阶级指家中任一全职工作者在公司里占有重要的管理权，或者此职位要求较高的受教育程度，如大学毕业；劳工阶级则指家中无人为中产阶级位置，且任一全职工作者在工作场所拥有相对少的管理权，同时此职位并不要求较高的受教育程度，此定义也包含低阶白领阶级的人。

其次，Lareau 的研究强调阶级惯习（habitus）的代间传递，但未直接讨论父母的亲职风格受到何种机制的影响，比方说，是 Kohn 所说的职业价值，还是 Bourdieu 所认为的阶级秉性的世代传承。相对于法国，美国社会的阶级流动渠道较为通畅，战后的教养脚本也有明显改变（Levey Friedman, 2013），事实上，当代美国中产阶级父母在过去也鲜少被用"规划栽培"的方式抚养长大。其呈现的教养脚本相对静态，并未关注教养实作如何受到社会因素的影响，特别是教育制度和规范论述的转变。像台湾这样的晚近工业化地区，代间与代内的阶级流动快速与频繁（许嘉猷、黄毅志，2002；苏国贤，2008），考虑亲职态度与教养脚本的转变尤其重要。

台湾的教养研究提醒我们注意在地的特殊文化脉络。历史学者熊秉真（2000）研究前现代中国的幼教或"训幼"文献，发现不同时代的士人家庭教导孩子的重点虽有不同，但普遍带有功能论色彩：儿童的存在目的是"学做人"，也就是养成符合社会规范的成人特质，以光宗耀祖、延续香火。儿童的情感价值（Zelizer, 1985），要到 20 世纪后的中国才逐渐受到重视。台湾的祖父母世代普遍使用体罚，如打手心、打屁股、罚跪等方式（吴齐殷、高美英，1997），亲子关系强调地位尊卑，教育手段也显现出外控、他律的观点（林文瑛、王震武，1995）。然而，学者也指出传统教养文化的转变：父母世代的教养价值逐渐转向"类平辈关系"（林文瑛、王震武，1995），"严酷教养"的代间传承出现松动，罚跪、打耳光的处罚方式变得少见，尤其是受教育程度高的父母（吴齐殷、高美英，1997）。总结来说，有关教养的心理学与社会学研究，仍多集中于量化研究；教养方式的变与不变，透过怎样的机制与形式在运作、显示怎样的阶级差异，仍有待质性资料来深入探讨。

研究者确实面临以下两难与挑战：如何强调阶级分类的重要性，又避免物化阶级范畴或复制刻板印象？如何将阶级看成一个活出来的经验（lived experience），并能掌握阶级内部的异质、动态的划界过程？我认为，一方面，我们需要借助 Bourdieu 的理论工具，来动态呈现阶级划界与象征斗争的过程；另一方面，我们也需要超越 Bourdieu，从其他的理论角度，来分析阶级的情绪政治、惯习的代间断裂以及阶级的内部分歧。

Bourdieu 的阶级理论帮助我们考察社会空间中的配置与转换。首先，资本的多重组成（经济、文化、社会与象征资本）与相互转换，不仅可以解释中产阶级的教养策略与优势，也可以描述弱势父母如何在资源有限的结构处境中勉力协商。其次，资本的配置与相互关系形成了社会空间，也就是"场域"（field）的概念。不同的阶级群体彼此未必有实质性接触或互动，但他们定位自己时，有意或无意地以其他阶级群体作为区辨、排除、模仿、对比的参照点。我在后文中，仍以中产阶级、劳工阶级等范畴作为初步分类，但以光谱的方式来看待教养策略的差异分布，并透过分析不同资本的转换来呈现动态的协商过程。我也将亲职看成一个阶级化的场域，用社会空间的分析工具来呈现阶级群体间的相互关系。

阶级之间的划界，不仅涉及资源的竞逐，也形成攸关道德正当性的象征斗争。Berverley Skeggs（1997）在分析英国劳工阶级女性的经典著作中，指出 Bourdieu 的理论较擅于分析优势阶级如何透过象征支配再制其优势，相对而言，较少分析弱势阶级如何经历被排除与边缘化。她强调阶级分类作为一种政治化的论述框架，再制了劳工阶级的"情感结构"（structure of feelings）或"阶级的情绪政治"（emotional politics of class），让他们容易自我怀疑，感到困窘、焦虑、怨恨，担心自己永远没办法"做对"（get it right）。Skeggs 指出，中产阶级母亲也经常自责不适任，不同于她们仍被看作教养论述中的常态（normalcy），不像劳工阶级被视为不适任且污名化。台湾的新兴教养论述往往预设了中产阶级家庭、专职母亲为典型，① 本文试图关照教养论述中隐含的阶级偏误衍生出怎样的情绪政治，又如何影响弱势父母的教养实作。

Margaret Archer（2007）批评 Bourdieu 的结构主义导向，假定了客观位置与主观禀性的一致、同形（homology）。Archer 认为个人的反思与能动性中介了两者之间的因果力量，因而造成社会位置相近者可能有不同的行动倾向。② 受到 Archer 的启发，我将亲职视为反思（reflexivity）的实作，特别当面临"结构、文化与生命经验的不连续"时（Archer 2007：47），人们倾向将自己的生命经验当作对象来反省，进行"内在对话"

---

① 本文限于篇幅无法分析教养论述本身，仅透过父母的感知经验来考察这些论述的效应。
② 相近阶级位置的家长，当然会因为个人生命史或个性特质等因素，衍生出教养方式的差异。本文仅指具有社会学意义的群体倾向，也就是在一定结构条件（阶级位置与资本组合）的允许或限制下，行动者如何发挥能动性来反思并与既有惯习断裂。

(internal conversation)。不同于"惯习"的概念根植于重复的情境与持续的关系,"反思"容易发生在人们面对不熟悉或有问题的情境之际。承此,本研究特别关注台湾父母在面对外部环境(如教育体制、劳动市场)的不确定以及主流教养论述的变化时,如何透过反思自己的童年及父母的教养方式,来评定理想的教养脚本或亲职价值,并逐步修正自己的惯习。

Andrew Sayer (2008) 也批评 Bourdieu 把社会行动化约为利益竞逐或资本积累,没有留下太多空间讨论道德评价。他用"益品"(goods)的概念来指称人们欲求的生活方式,其中包括符应资本积累逻辑的"外部益品",如父母希望孩子取得教育成就,有利未来的竞争或流动,但也存在道德价值定义下的"内部益品",如父母希望孩子拥有快乐的童年或相信孩子应该自然发展。我认为,益品的概念,尤其是内外益品的区分,可以帮助我们分析父母的不同亲职价值与欲求目标,而不全然化约为资本或利益的追求。虽然,如何界定什么构成"教养益品",谁有能力与资源来界定,也是阶级间象征斗争的一部分。①

总结以上,我将亲职经验区分为三个层次,这些层次的内容经常不一致、断裂,甚至矛盾:"亲职叙事"指的是父母透过叙事性理解(narrative understanding),来解释他们过去的生命经验如何影响了现在的教养方式;"教养脚本"指的是父母所认同的有关教养的文化规范,也就是他们认为适切、理想的教养方式;"教养实作"则指父母在日常生活中的实际做法、教养行为与策略。本文透过"做阶级"(doing class)的标题来强调阶级不只是结构上的客观位置,也在日常生活中透过持续展演、相互区分来达成阶级差异与阶序的再生产。② 我从下面两个相互构成的面向来探讨亲职作为阶级化内容的经验。

---

① Sayer 在书中虽强调道德评价独立于阶级以外,也提到这些评价仍与阶级有关,是对阶级的响应,阶级斗争同时在争取评价什么是雅的(the posh)、善的(the good)。
② "做阶级"的标题,沿自女性主义者对于"做性别"(doing gender)(West and Zimmerman 1987)、"做差异"(doing difference)(West and Fenstermaker, 1995)的概念,强调性别或阶级不只是外在于个人的结构约制力量,而是透过个人的日常生活实作来达成、实现,显示结构与施为(agency)的相互辩证。但本文并非从俗民方法论或符号互动论立场来讨论阶级展演。此外,我们也要注意"做阶级"方式的阶级差异:中产阶级倾向对教养实作进行反思,阶级划界往往较为明显或有意识,劳动阶级父母则通常没有一套系统化的教养脚本,阶级间的比较也相对片段或零碎。

（1）阶级作为物质位置：父母的资本配置，包括经济、文化、社会、象征资本的不同组成、总量与相互转换，如何影响其教养资源，进而形塑对不同的亲职叙事、教养脚本的偏好？父母教养子女的方式承自父母辈的阶级惯习，或透过反思来与前一世代断裂？代间断裂或延续的倾向与父母的教育背景或职场秉性有怎样的关联？

（2）阶级作为划界过程：对于不同阶级的父母来说，教养脚本与日常实作之间存在怎样的矛盾与冲突？他们如何在教养实作的过程中协商阶级界限：定位我群实作的合理性以及指认与他群的不同？他们倾向认为教养首重追求的益品为何，如何得以（或不能）运用象征资本来正当化自己采用的教养方式？阶级如何与性别交织，即透过性别化的分工，来落实阶级化的教养策略？[①]

二 研究设计与方法

本文是较大的专书计划的一部分，在 2009~2011 年与 2012~2013 年我们透过多种方式搜集质性数据。首先，我们择定台湾北部地区的四所公立小学进行田野观察，它们分别代表都会区中产阶级（位于台北市中心，化名天龙小学）、都会区劳工阶级（位于新北市某旧小区，化名河岸小学）、非都会区劳工阶级（位于宜兰县某渔村，化名海滨小学）以及非都会区另类学校的中产阶级（位于宜兰县，化名田园小学）。我们在每所学校进行一学期的观察：每周有一到两天，由助理进入一所二年级班级（由学校指定），观察上课情形、下课活动，我则参与班亲会、运动会、校外教学等活动，观察亲师互动与家长参与情况。

我们在学校与家长结识后，开始第二阶段的资料搜集，主要由我（少数由助理执行）进行家长的深度访谈。最理想的状况是父母分别受访，若祖父母为主要照顾者，也加入受访对象。某些家庭只有父母一方有时间或意愿受访。我们共完成来自 46 个家庭中 67 位父母（母 42、父 25）及 6 位分担照顾的祖父母（祖母 5、祖父 1）的深入访谈。访谈地点多在受访者家中，也有少数配合当事人意愿约在外面（中产阶级多约在咖啡

[①] 本文以阶级为分析轴线，故多以"父母"为统称，但也会注意双亲内部的性别分工、母职与父职的重要差异。

厅，劳工阶级多约在公园）。访谈均有录音并逐字整理，以便进行过录分析（coding）。第三阶段的资料搜集则是亲子互动的田野观察。我们从访谈对象中择定12家庭，由助理观察家庭生活，每个家户有至少两个周间晚上、两个周末半天的观察时间。

我们选择小学二年级学生（以下简称"小二生"）家庭为研究对象，主要是因为该年级的课业压力较小、上课时间较短，比较适合观察课后活动的安排，而且父母已经熟悉了学校和老师。必须注意的是，教养方式确实会随着孩子的年龄而转变，在高年级与中学后课外活动的阶层差异可能会缩小；随着课业压力的增加，父母往往更加重视智育，补习活动也占据孩子生活的更多时间。本研究对于学校、家长的抽样，尽可能涵盖若干情况，但无法像大规模的量化研究抽取具有经验代表性的样本。质性研究的抽样原则在于理论意义（theoretical significance），以呈现社会趋势的变化或行动意义的深描。比方说，田园小学的家长固然不是台湾中产家长的常态或平均数，然而，另类教育在近年来的成长扩张，反映了中产阶级对于新式教养脚本的渴望，具有重要的理论意义。

表1说明从这四间学校选取的受访家长在性别、家户形态、受教育程度上的分布情况。受访父母的年龄多为30~50岁（与小二生在家中的排行高低有关），劳工阶级母亲（尤其是新移民）低于40岁者较常见，中产阶级父母相对晚婚，受访时年龄高于40岁者较多。在我们研究的两间劳工阶级学校，有许多来自越南、泰国、印度尼西亚或中国大陆的新移民母亲：河岸小学学生有14%的家庭有家长来自台湾地区之外，海滨小学的比例更高达20%。基此，受访个案中也选取了一定的"新移民"母亲。

在阶级位置的界定上，我承继先前的研究者，将（父母其中至少一人）具有大学（含大专）学历作为中产阶级的指标之一，因为高等教育是进入专业白领劳动市场的重要门槛，尤其是大多数受访者的求学历程发生在高教体系扩张之前。[①] 此外，我们采取以下职业指标来界定阶级：中产阶级指的是具有一定工作指挥权或专业技能的白领，包括管理人员、专

---

① 本研究的中产阶级受访者出生于1960~1979年。高等教育的粗入学率（the gross enrollment rate，GER）在1976年为15.4%、1985年为20.8%，逐步攀升到1995年的39.4%、2000年的56.1%，2010年则高达83.8%。引自教育部门《性别统计指针汇总性资料》，http://www.edu.tw/pages/detail.aspx? Node = 3973&Page = 20272&WID = 31d75a44 - efff - 4c44 - a075 - 15a9eb7aecdf（访问日期：2014年5月20日）。

业人员、助理专业人员,劳工阶级则包括事务性工作人员和类似技术层级者及非技术体力工。① 双薪家庭中若父母双方属于不同阶级位置时,以较高者为准。

表1 受访个案数量与特性分布

学校	天龙	田园	河岸	海滨
受访户数	13	15	11	7
受访人数	18	26	16	13
受访者性别与世代	妈11,爸6,祖父1	妈15,爸11	妈11,爸3,祖母2	妈5,爸5,祖母3
父母婚姻状态	双亲12,单亲1	双亲15	双亲9,单亲2	双亲3,单亲4
祖父母居住安排	同住5,邻居3,核心家庭5	邻居1,核心家庭14	同住5,邻居3,核心家庭3	同住7,核心家庭0
"新移民"母亲	中国大陆1	无	中国大陆1,泰国1	中国大陆1,越南1,柬埔寨1
大学/专及以上*	父10,母10	父13,母12	父2,母2	无
高中职*	父3,母3	父1,母2	父6,母6	父3,母1
中国*	无	父1,母1	父3,母3	父2,母2
小学*	无	无	无	父1,母3,不详2**

* 受教育程度的统计,包含该户中未受访或已离婚的父母成员,不含祖父母。
** 该家庭父亲入狱、母亲离婚,担任主要照顾者的阿嬷是续弦,不确知父母的受教育程度。

值得注意的是,台湾的公立学校并不像美国的小区与学校存在明显的阶级区隔。以天龙小学与河岸小学所在小区来说,两地的房地产平均价格有将近一倍的差距,但由于小区内新旧住宅杂陈,加上有寄住户口越区就读的现象,这两所学校的家长内部仍存在一定程度的阶级异质性。我们在选取个案时主要以该校的阶级多数家长为目标,但也会选取阶级少数的家长作为比较。天龙小学与田园小学的家长多为大学或大专学历以上,职

---

① 根据"台湾社会变迁基本调查计划"第五期五次的《台湾地区职位标准分类表》,将社经地位分成管理人员、专业人员、助理专业人员、事务性工作人员及其他类似技术层级者与非技术工。

业以白领或管理阶层为多；河岸小学与海滨小学的家长则多为高中或以下学历，职业以服务业劳工、蓝领劳工、自营小生意者为多。

如何研究家庭这个私密的场域，对质性研究者是个挑战。在深入访谈中，当事人的叙事可能与经验有所落差，并容易受到理想化的再现（呈现想要被看到的经验），能言善道、熟悉主流价值的中产阶级受访者尤其如此。至于不善言辞的劳工阶级则可能较无防备地在研究者面前呈现亲子或配偶间的冲突。我对此有所省思，试图透过多重数据源（如家庭生活观察、孩子话语）来呈现较立体的样貌。此外，我的家庭出身与职业位置都与中产阶级有较高的亲近性，劳工阶级受访者面对我这位学校老师，可能倾向避免展现对中产阶级价值的质疑。我尽可能地反省自己在观察与诠释上的可能偏误，包括与不同家庭背景的助理或同侪讨论。受限于论文的篇幅，本文无法深描个案的脉络与民族志细节，待未来用专书的方式再行深论。

三　中产阶级家庭

（一）亲职叙事与教养脚本

当我询问中产阶级父母，他们的教养模式是否受到自己父母影响时，多数人肯定地说没有，并加上这样的说明："我跟我老婆只有一个想法，不要延续前面一辈的东西""我不要成为我妈那样的妈""我父母对我的影响就是，我不想要变成他们那样"。他们强调长辈意见的参考价值有限，教养书籍甚至是小孩本身，反而是重要的信息来源："我不会问长辈。我会自己去想，我会自己判断，看我的书……长辈那个方式不见得适合，因为他们的年代跟我们有点距离，其实我大部分还是会先问问小孩。"

中产阶级父母倾向使用"世代断裂"的时间叙事，描述自己的养育方式有别于当年父母的权威形象或打骂教育。但他们也承认在无意识的层次，其实有许多原生家庭惯习的延续与体现。如受访者说："过去父母的那一套不知不觉就上身了""我就像是我妈的镜子，怎么跟她年轻时候一模一样"。一位母亲描述，这些"不自觉的影响"，透过阅读教养书籍以及参加家长课程，成为思考与反省的对象，让她得以"觉醒"（"对我来说也都有自觉了")。Anthony Giddens（1984）所说的"反思性监控"（reflexive monitoring），可以用来描述中产阶级亲职的特色：专家知识的介入，提醒父母必须透过反思与内在对话，将承继于原生家庭的无意识、自然化的惯习加以"去自然化"，并在日常亲子互动中时时检视、监控，以避免重复错误及对孩子造成伤害，逐步改造自己成为"更好的父母"。明明，一位大学毕业、从事保险业的母亲（原生父母过去从事小吃生意）这样描述：

> 有一天啊，我不知道在对××（儿子名）做什么时，就突然觉得，根本就是我妈的翻版，然后自己就突然吓了一跳，我就觉得其实我没想成为那样严厉的母亲，对啊，所以……我其实还蛮会（停顿）……会自省的一个妈妈，就是我对于孩子的一些做法，我会常常去思考，如果有这样状况，我下次怎么做会更好，然后怎么样去避开我妈妈曾经对我们的方式。[访者：所以你的意思是你会有意识地不要去重复你妈妈的方式？]嗯，常常有意识的时候是已经做下去了（笑），就是只好提醒，下次知道不要再这样。

中产阶级父母强调反思改变、世代断裂的能动性；父母辈的养育方式被视为"过时传统"，难以适用于"现代小孩"。[1] 相对而言，专业职场经验所累积的文化资本、专业技能或阶级秉性，反而容易转化为教养上的文化资源，帮助中产阶级父母进行更有效或更良好的亲子沟通。例如，一位担任房地产中介主管的父亲，在公司接受有关心理学与沟通技巧的培训课程，这样的知识不仅帮助他与下属或客户互动，也可用来与女儿沟通。另一位在高科技产业担任工程师的父亲，面对女儿不喜欢喝水的问题，并非用强制方式要求，而是把它当作一个 WBS（work breakdown structure）的"project plan"（计划书），经父女一起讨论后，绘制出一张 SOP（标准流程图）。父亲描述这样的做法"其实跟我们工作上面是一模一样的事情"，希望透过这样的亲子讨论与实验，让女儿"能够透过一起做分析，

---

[1] 这样的跨代断裂，既反映阶级位置的代间流动，也呈现不同世代中产阶级的观念差异。由于台湾作为后进工业地区，绝大多数中产阶级受访者的原生家庭，不论经济资本高低（有不少父母是白手起家的中小企业主），父母多没有接受高等教育。其中仅有少数个案的父亲为大学毕业，有个家庭特别"洋派"，该世代的教养方式并未呈现明显的阶级差异。

来 internalize（内化）"喝水的习惯。这样的互动模式帮助父母传递给下一代若干身体化的惯习，有助于促进孩子的认知与组织能力以及未来进入专业白领劳动市场的机会。

中产阶级父母也透过"跨国联结"的空间叙事，来展现对专家知识或跨国社群的认同。许多父母在受访中引用书籍、杂志或网络文章的观点来说明他们受到教养专家或知名部落客的启发。这些书籍多是英文翻译过来的国外教养书籍，或由具有跨国经验的文化中介者所撰写而成，如转介国外书籍或制度的台湾教养专家，或是书写旅居国外经验的台湾作家或部落客。[①] 有不少受访者提到他们先前在西方求学、工作、旅游的经验，如何让他们视野大开、影响日后为人父母之道。他们向往西方亲职典范，不仅借此与传统育儿模式断裂，更得以彰显自己与缺乏国际经验、视野的父母的差异。

此外，台湾中产阶级普遍使用"失落童年"的自我叙事，来说明现在致力维护孩子"纯真童年"的前因后果。被主流社会归为"胜利组"的中产阶级父母，成长过程多浸淫在严酷的升学竞争与课业压力中，因而感叹自己"没有童年"。由于休闲生活与课外活动受到智育学科的挤压，成人后"我也不知道我本身到底有什么样的嗜好，到底喜欢什么东西"。成长于经济条件有限家庭的受访者，少时钦羡家境好的同学有机会学才艺，感叹"过去家里没有条件"，现在有财力可以培育孩子，希望提供更全面的学习经验。有不少受访者在童年阶段经历权威或疏离的亲子关系，父母忙于生意或工作，没有时间照顾或陪伴孩子，或受到文化框架的拘束，鲜有情感交流或亲密接触。尤其是男性受访者多有被父亲"打得很惨"的经历，长大后"希望自己不要成为这样的爸爸"。

相对于自身的失落童年，中产阶级父母倾向抱持"纯真童年"的正典观点，认为父母有责任为孩子打造一个无忧无虑、开心快乐的"理想童年"。父母也清楚地体认到，纯真童年只是进入充满压力的青少年之前的一个短暂阶段。在高等教育被视为基本成就的父母期待下，中产阶级孩子未来必须面对激烈竞争，以迈入险峻的成人世界。这样的观点将成年与

---

① 我们分析博客来网络书店 2006~2011 年的销售统计，这五年间有关亲职主题的 92 本畅销书中，有 1/3 翻译自英语或日语，有 24 本书是医师、教师、科学家和教授撰写的专家教养意见，另有 11 本书或介绍国外的教育观点和系统，或是旅居海外的台湾人所撰写的育儿经验。

童年建构为时间上断裂的两个范畴，而非人生现实中连续的生命阶段，换言之，"纯真童年"是人为隔离、建构出来的状态。父母需要投入"画界工作"来维持两者的区隔，例如，父母试图保护儿童免于接触到成人世界与性或暴力有关的信息与影像，以及避免让小孩暴露于现实世界的经济压力中。

上述的亲职叙事与童年建构，引导家长采取特定的教养脚本与亲子互动模式。首先，中产阶级父母虽然在认知上将成年和童年区隔为断裂的生命阶段，在家庭空间里，儿童却多与成人密集互动。这种现象在独生子女的家庭里尤为普遍，由于没有兄弟姊妹陪伴游戏，小孩以父母为主要互动对象。父母基于照顾孩子的实际需要以及维护纯真童年的亲职意图，努力安排以孩子为中心的亲子活动，如共读绘本、亲子游戏。许多时候父母跨越（成人与儿童的）界线来参与纯真童年的打造，尤其喜欢利用欧美或日本的卡通人物或神话传说。许多非基督徒家庭都有庆祝圣诞节，让孩子相信圣诞老人从北极送来礼物，有的父母甚至在家里布置的圣诞树周遭伪造圣诞老人造访的足迹。有位父亲在派驻中国大陆工作时，打电话回台湾给小孩，会假装自己是"咸蛋超人"——四岁儿子最爱的日本卡通人物。

其次，传统华人文化规范下的亲子关系，并不重视言语或肢体的情感表达；然而，年轻一辈的台湾父母，尤其是母亲，也有部分父亲，刻意使用语言（"爸爸妈妈很爱你"）或肢体（拥抱、亲吻）来向孩子展现情感。① 这样的语言与肢体并非来自上一代父母传承下来的阶级惯习，而是刻意学习的"现代"教养脚本。有的父母用中文对孩子说"我爱你"，更多人坦承用英文讲"I love you"比较"自然"，这显示出这样的符号互动模式与在地文化的距离，以及相对于西方文化的亲近性。

最后，中产阶级父母普遍接受应该使用说道理和协商的方式跟小孩沟通，体罚被认为是过时、偷懒或不正确的做法。② 大多数家庭都有清楚的赏罚规则，鼓励孩子针对规则来谈判或协商，父母期许借此达到孩子自律的效果，而非强迫孩子遵守外加的规定。父母通常以剥夺孩子的活动权限

---

① 在华人社会里，用口语表达情感，尤其针对非亲密伴侣，并非异性恋男性普遍养成的性别惯习（gender habitus）。
② 中产阶级父母在访谈中倾向用符合主流教养脚本的方式再现自己，例如描述家里少使用体罚的方式，但在一旁的孩子经常会爆料说"爸爸有打我""妈妈打我屁股"，显示出体罚仍常使用，但孩子的轻松反应则呈现相对平等的亲子关系。

为惩罚,例如禁止看电视、玩计算机游戏、踢足球。身体语言的使用也展现对亲子平权的重视:我们观察到,当父母跟年纪比较小的孩子说话时,通常会俯身或蹲下到适合孩子的高度。

父母要履行上述教养脚本,需要一定的前提,包括能力、时间与大环境的配合,否则会导致衍生脚本内部的矛盾、不一致,或是规范与实作的落差、断裂。最明显的是,上述文化脚本要求父母花费相当时间与孩子沟通相处,然而,台湾的职场文化对家庭并不友善,奉行责任制的专业职场经常要求超时工作,安亲班与才艺班成为忙碌父母外包照顾的常见安排。稚龄孩子也深刻感受到现实世界的时间短缺。例如,圣诞节前夕,天龙小学的老师要求学生写下他们的圣诞节愿望。许多愿望很常见,例如"我想要长高""我想要好成绩",让我惊讶的是,不少孩子写着:"我希望爸妈不要工作太晚""我希望爸爸可以回家吃晚餐""我希望爸爸可以常常回台湾(指父亲在大陆工作)"。

中产阶级父母虽然想要跟孩子说理、给孩子选择,但面对孩子的不听话或不配合,他们在职场家庭两头烧的忙碌生活中容易失去耐心,对自己的情绪管理失灵深感挫折,或自我指责无法扮演"好父母"(尤其是"好妈妈")的角色。父母也对实行西方教养理念感到不确定,担心与孩子将来要面对的现实环境未必兼容:首先,教改虽然放宽了进入高中、大学的门槛,但要挤进明星高中、顶尖大学的学业竞争依旧激烈。再者,台湾的职场文化仍然强调服从群体与阶层关系,充满主见、质疑权威的申请者未必受到雇主的肯定。

遵循上述教养脚本的父母容易遭遇称为"亲职的文化矛盾"的状况。中产阶级亲职,特别是母职,已成为前所未有、要求大量脑力与情感涉入的密集劳动(Hays,1996);同时,"直升机父母"(helicopter parents)又被批评过度保护,制造出娇宠、依赖的"妈宝"。为人父母必须踮着脚尖,小心翼翼地维持艰难的平衡:父母有责任在关键的成长期,为孩子提供丰盛多样的启发,但必须避免加诸过多负担与介入,也要避免伤害孩子脆弱幼小的身心。身处这样的矛盾论述脉络,父母所崇尚的价值观念与履行的教养实作经常走向"吊诡的分叉路"(paradoxical pathways)(Weininger,Lareau,2009),换言之,父母的教养实作往往产生非意图的后果,与其信仰的理念相悖。在后教改的时空环境里,当代台湾中产阶级父母的教养策略存在光谱的差异,以不同的方式来与教育体制协商。以下描述光谱两端的理念型,绝大多数的家长位于光谱中间,在两端的力量间拉扯、游移。

(二) 教养策略与实作之一:培养国际竞争力

"不要让孩子输在起跑点上"是坊间常听到的说法。对于光谱右端的家长来说,当今的跑道已不限于国内竞争,媒体甚至用"全球军备竞赛"的战争比喻来强调父母从全球尺度来规划"教育投资"的重要性与急迫性。"培养国际竞争力",对于送孩子念私校国际班、计划申请国外大学的中上阶级家长来说,是一种具体的教育策略与人生规划;对于财力较有限的中产父母来说,则是一种渴望(aspiration),想象下一代未来出国留学或工作,可以走向更宽广的世界、面对更全球化的竞争。台湾近年来的经济衰退也增加了中产阶级的不安全感,让家长对下一代的未来更为焦虑。跨国界的资本与人才流动日益频繁,强化了膜拜全球市场的新自由主义论述以及对世界人主体位置的渴望与想象。不论"培养国际竞争力"是具体策略还是想象期望,这些父母都倾向将教育重点从单一课业表现扩充到"全人教育"的模式,或者,用石易平的话来说,朝向强调多元学习的"杂食教养"(omnivore cultivation)(Shih,2010)。[1]

中产阶级父母在访谈中多认为每个孩子都有独特天赋,只要父母可以辨识出来,并给予适当栽培,换言之,孩子的才能被认为可以后天培养出来。除了智育学习的课后辅导,如英文、数学,孩子还参加许多才艺班,常见的如钢琴、小提琴、绘画、舞蹈(肢体律动)、围棋、游泳等,也有乐高、桌游、全脑开发等新兴课程。商业资本的投入加剧了童年的体制化(institutionalization)与商业化。各项课外活动最好能转换为学习凭证、能力检定或竞赛成果,以成为制度性的文化资本。例如,孩子学骑单车可以报名参加营队,结业后会取得证书,原本亲子之间的教骑互动,转变为讲究"有效学习""正确技巧"的商业外包活动。许多家庭会把类似的凭证与学习记录做成一个文件夹,这样的履历在孩子未来申请学校时或许可以

---

[1] 许多量化研究确认孩童才艺学习与父母社会经济地位的相关,如李鸿章、杜宜展(2009)经由抽样问卷调查发现,父亲职业声望与父母受教育程度越高,学龄前儿童参与才艺补习的比例越高;李秀如、王德睦(2007)使用"台闽地区儿童生活状况调查"资料,也发现父母受教育程度及家庭支出越高者,儿童学习英语越普遍。不过,林碧芳(2009)分析"台湾教育长期追踪数据库"数据有不同发现:虽然家庭月收入15万~20万台币的家庭,其子女学习才艺的概率最高,但家长受教育程度与父亲职业并没有显著影响孩童学习才艺。

成为"多元学习""全人发展"的客观记录。①

虽然居住在空间局促的都会区,中产阶级父母倾向有意识地扩展孩子的活动空间。周末除了拜访祖父母、参加才艺班外,许多父母,尤其是全职母亲,会带孩子去博物馆、图书馆、公园,或者全家开车到郊外让小孩接触自然。有的父母坦承说,若不是为了小孩,他们宁可待在家里看电视、睡觉,或去百货公司吹冷气、逛街。父母也需提早规划孩子寒暑假要参加的课程或营队,常见的如游泳课、科学营、昆虫营、英文营等。为了培养孩子的"国际观"或积累"西方文化资本"(Shih, 2010),许多家庭会利用较长的假期带小孩出国,或是送孩子出国参加夏令营、游学团(母亲陪同或寄宿台湾人家庭)。如果家庭的经济资源不足以负担孩子去欧美澳游学,新加坡、菲律宾成为替代性的地点,或者参加在台湾举办的全美语营队,这是花费更低的"国际体验"。

在这样的家庭生活中,理性化与时间管理成为明显特点。负责接送的大人必须在繁忙行程中协调多项活动,有的甚至需设定时间表。在我们观察的一个家户中,由于担任管理职务的爸爸工作时间很长,每天晚上快十点才会到家,全职家管的母亲负责规划独生女小芸晚餐后的活动时间表,例如写功课30分钟、拉小提琴20分钟、玩计算机50分钟(如果成绩退步,缩短为35分钟)。母亲并借用机器来辅助时间管理,如计算机设定五十分钟后会自动关掉,或要求小芸玩计算机时戴着可以设定时间的护眼装置(时间到会"哔哔"叫),也用手机设定不同的铃声,来提醒小芸起床、爸爸起床(较晚)以及小芸晚上该去洗澡。

中产阶级家庭的小孩因此内化出一种结构化的时间感。过多、爆满的外包学习与课外活动,可能让孩子疲于奔命,反而减少亲子共处的时间。我们在学校便经常听到稚龄孩子出现这样的对话:"我真的好忙喔""我快累死了""我都没有时间""赶快,我要来不及(去上安亲班或才艺班)了"。然而,相对其他学校的孩子,我们最常听到天龙小学的孩子说:"我好无聊。"因为他们习惯于成人安排的多样组织性活动。小芸在家里常常做完母亲规定的一件事后,问妈妈:"那等一下要干吗呢?"

---

① 《商业周刊》描述父母从孩子三岁开始透过竞赛、检定等"攻略"开始"集点",以打造一本"黄金履历",补足孩子"教室外的成绩单",以有利于未来大学甄试的加分(黄亚琪,2013)。

中产阶级家庭虽然在教养价值上重视孩子的自主与自治，但父母过多的规划与介入，往往造成孩子依赖父母规划、"不会自己玩"的非预期后果（Lareau，2003）。小米的爸爸在竹科工作，平日和住在台北的老婆、女儿分隔两地，工忙之余就是上网搜寻各式旅游景点或名胜餐厅，最好能够"要运动、骑脚踏车，要看海、对眼睛好，然后要吃好"，以安排一个"对孩子身心有益"的充实周末。他自称："我一个人不会想要去爬山，累得要死，也不会喜欢去晒太阳，'芬多精'是给小孩吸的。"爸爸也对这样的规划感到有些迟疑与两难：

> 不过我……我也不晓得这样到底好不好啦。譬如说他们自己不会玩，就一定要问"爸爸要去哪里玩"，这样好像也怪怪的，所以我们常常在矛盾中。他们一睁开眼睛就跟你说："爸爸今天要去哪里玩？带我出去玩！"让我觉得就是要有那种"plan"。

在许多家庭里，课外活动的安排并非依据小孩的喜好，尤其是英文课、钢琴课等娱乐效果有限的课外活动，往往是父母的强制安排。这样的"规划栽培"未必会让孩子衍生一种 Lareau 所说的"权利感"，反而强化了孩子对父母的顺从、对权威的尊敬（Shih, 2010: 201），如此状况随着孩子进入中学、面对增强的课业压力时尤为明显。中产阶级父母虽然向往与前一世代的教养价值相断裂，但在入学竞争没有明显降低的情况下，许多仍然在一定程度上延续了"尊卑""严教""磨炼"等传统教养脚本（林文瑛、王震武，1995）。来自高社会经济地位家庭的青少年，往往感受到较强的父母期望与心理压力，甚至可能形成忧郁等负面的心理（Yi et al., 2009；范纲华，2012）。

父母在规划孩子的课外学习时通常扮演着不同的角色。石易平与伊庆春分析量化资料发现，父亲职业对孩子的课外活动参与有重要影响，但母亲职业的影响并不显著（Shih, 2013）。这是因为在男高女低的婚姻坡度文化下，多数家庭以父亲为主要所得提供者，其职业位置高低影响投入课外活动的经济资源多寡。该研究也发现，母亲的文化资本（以受教育程度以及文化活动的参与为测量指标），对孩子的课外活动有显著影响，显示母亲扮演着实际规划与辅助学习的角色。

在我们的研究中，确实有一些中产阶级父亲积极地投入孩子的教养与学习。相对于劳工阶级父亲，中产阶级的工作具有较大的时间弹性（如休假较多或非固定工时），有助于打破传统的性别照顾分工（杨巧玲、徐韶均，2010）。吊诡的是，为了负担中产阶级孩子的高额教育花费，尤其是准备出国游学甚至留学的经费，许多父亲需要投入更多的精力与时间来扮演"养家"的父职角色，包括较为高薪的派驻海外工作。换言之，为了提供足以培育孩子全球竞争力的经济资本，"陪伴"的父职角色的时间反而被挤压，甚至产生空间分离。家庭生活的时间与空间界线都受到职场的入侵：不仅跨国资本流动迫使父亲离家工作，劳动的弹性化与电子科技（网络、手机）等媒介也导致工作时间的无形延长。

在多数家庭里，母亲仍是孩子的主要照顾与教养者。在薪资低迷、房价飙涨的台北市，单薪难以负担日益增加的家庭开支，母亲倾向选择工时较固定或弹性的工作。① 母亲主要透过自身文化资本与社会资本的积累来辅助孩子的培育，不仅担任吸取新知与改变实作的启动者（她们看书、上课，睡前摘录重点给爸爸听），也透过与其他母亲建立人脉（透过当学校志工、家长脸书社团、Babyhome 等母亲网志甚至在公园溜小孩时认识）来收集相关信息、统筹规划孩子活动，以及在孩子学习过程中扮演协助与督促的角色。矛盾之处在于，许多学校活动，甚至才艺学习（有钢琴班或英文班要求家长每次要陪同一起上课），都预设了一个时间充裕而弹性的专职母亲角色，这样的亲职期待，对于职业妇女来说备感压力，并容易衍生"不适任母亲"的自责。事实上，除了全职家管母亲，儿童照顾外包其实是台湾家庭生活的常态，不论透过商业机构还是延展家庭成员。安亲班提供亲职代理的广泛服务，包括到校接送小孩、监督孩子功课以及准备晚餐。双薪家庭父母依赖住在一起或附近的祖父母提供孩童照顾的协助，即便教养理念存在世代的鸿沟。

（三）教养策略与实作之二：规划自然长大

朝向光谱左端的中产阶级父母，期望孩子享有一个免于压力或强制的快乐童年，并努力塑造一个孩子得以自由选择与适性发展的空间，我称这个教养模式为"规划自然长大"（orchestrating natural growth）。表面上看起来，似乎与 Lareau 所说的"让孩子自然长大"很接近，但"规划自然

---

① 例如，小米的母亲原是竹科工程师，因为工时太长难以兼顾家庭而改任研究助理。

长大"有赖父母的策划与努力,人工打造一个"自然长大"的空间。换言之,"规划自然长大"其实是一个矛盾语:孩子的"自然长大"是在父母的精心策划下得以发生,并非自然状态。比方说,父母希望尊重小孩的喜好,让他们自由选择课外活动,不想把才艺课当作一种强加的培育课程,然而,有些父母其实做了非常多的努力才引导孩子走向父母所期望的"选择"。如下面这位天龙小学的母亲,想要女儿像她一样从小学钢琴、喜爱音乐,但希望女儿"自然"地开口要求学习。

> 我想要送她一个礼物,我想让她有一个喜欢的兴趣,我不会去强迫她。像学钢琴,不是我叫她去学的,我一直在等她开口跟我说她想要学钢琴。那我怎么去达到我这个目的?我从她还很小的时候,每个月,比如说中正纪念堂那里,可以同时拿到全台北市的表演数据,那我就会帮她安排,就是对她的一个投资,让她去看一些表演,各式各样的,只要小孩子可以看的,尽量都去看。然后我觉得在无形中她就会……反正我就是在等她开口,那后来有一次我们去看郎朗的表演。她就是看了郎朗之后,回头跟我说:"妈咪,我想要学钢琴。"

让孩子适性发展与自由选择,体制学校内的许多中产阶级父母也心向往之,却隐隐担心竞争力的不足。坐落在光谱的左端,则有日益增多的父母透过另类教育的选择,将"规划自然长大"落实为具体的教育策略。与"不要让孩子输在起跑点"的主流观点形成鲜明对照,一位送孩子就读另类学校的母亲说,她担心主流教育让"孩子还没开始跑,就昏倒了"。近年来,另类学校在台湾各地如雨后春笋般地快速成长,其中包括私立、公办民营的实验学校,也有若干标榜"田园式教学"的小型小学。相较于不少主流学校在少子化的趋势中面临招生危机,另类学校因为吸引慕名就读的移居家庭,反而出现满额、候补的情形。家长选择另类学校的动机其实很多重,有些父母基于自身求学经验的教育创伤(遇到不好的老师或过度的竞争压力),有些因为孩子个性(如过于好动、上课爱插嘴、注意力不足)无法适应主流教育体制,有些单纯希望孩子可以享有快乐的童年(Lan, 2014b)。我们研究的田园小学(宜兰另类学校)家长中只有少数的当地家庭,多数是从都市迁移而来的中产阶级。这些父母拥抱西方模式的另类教育，希望让孩子跳脱智育至上与课业竞争的窠臼，以享有较为全面的发展与学习。

选择将孩子送读另类学校的家长，经常面临他人，尤其是都会区以"培育国际竞争力"为教养目标的阶级同侪的质疑。一位旅居上海的台商太太看到杂志里对田园小学的介绍非常向往，几经考察后决定搬到宜兰让孩子就读，上海的台商朋友纷纷劝告她说："大家都拼命往大城市跑，你怎么还把孩子送回乡下去？"家长面对类似质疑时，另类学校所提供的丰富论述资源（书籍、师训、家长课程），尤其是强调以西方教育理念为本，让家长较有信心回应外界的疑虑。有的家长认为另类教育可以培养孩子的创造力，在技术创新、产业多变的未来可以帮助孩子建立不同的竞争力。也有家长选择另类学校的主要原因在于避免主流教育体制对孩子造成的负面影响（如考试过多、老师管教过严）。为了补强孩子的学习，父母在课余透过经济资本的投入来聘请家教或送英文班，或者依靠家长自己的文化资本来提供辅助教学。一位在大学担任讲师的母亲，面对有人质疑另类学校的学习效果时，很有自信地回应："没关系，学校没有学就自己加强，我们自己是老师，什么不够的可以自己教。"

宜兰当地的家长也对外地人争相就读田园小学感到不解，多认为移居都市替孩子争取更有"竞争力"的教育资源都来不及，为什么要"回归到过去的教育方式"。一位返乡让孩子就读田园小学的父亲告诉我，务农的长辈对此安排并不赞同："为什么要送孩子去学爬树？""都没有教读书写字。"这位父亲在访谈时情绪略为激动地说："小时候我妈我爸什么东西都帮我做好，只要我专心读书，现在长大了我有的时候会觉得很气，他们懂得很多……种田、种菜，我都不会，我会很气我爸妈，以前什么东西都不让我做。"父母过去的教养目标集中在让孩子透过教育成就取得社会流动的机会，包括职业与城乡的流动。这位父亲经历了求学竞争与都市生活，如今珍惜甚至向往家乡、农间的生活方式。其中涉及的技能与知识并不受到主流价值肯定，难以成为具有象征地位的文化资本，因而让父亲认为没有代间传承的价值，但在另类学校里，爬树、种田、木工变成正式的课程内容，受到教育体制的认可。

田园小学对于家长的教养方式有高度的规范与要求，期待透过家长的配合与努力，共同营造一个去商业化、有机的家庭生活。家庭用品，尤其是孩子的衣服与玩具，最好是用天然素材制成，如棉麻或木头；过去买的塑料玩具、商业游戏、计算机和电视，最好都舍弃或藏起来。学校午餐一律提供有机素食，家庭饮食也偏好在家烹调有机、新鲜食材。有些家长担心疫苗与西药对孩子身体的负面影响，团购中药、另类疗法的小药丸。这些家长小心翼翼地管理家庭生活，打造了一个孩子"自然长大"的温室空间。矛盾之处在于，父母毕竟不可能将孩子与外界环境隔离开来，孩子回都市探望祖父母或其他亲戚时，便会接触到电视及商业文化。这样的教养方式产生的非意图后果是，孩子对隔离开来、不符合另类学校的生活方式及元素反而衍生向往，或者他们世故地了解上学时应展演"正确"穿着和玩具，例如把阿姨送的印有迪士尼卡通图案的球鞋留在家里，跟表哥交换的游戏卡只能偷偷在学校厕所里拿给同学看。

这样的以小孩为中心的"岛内移民"，需要家长生活方式的调整。家长必须放弃看电视的习惯、节制使用电子产品（至少在孩子面前），并适应商业娱乐鲜少的乡间生活。更重要的是，原本双薪的家庭，母亲多辞掉工作专心照顾孩子，父亲则通勤到都会区来工作（多数周末团聚，少数每日通勤）。许多母亲笑称自己是"假性单亲家庭"，这样的居住模式强化了养家父职、照顾母职的性别分工。为了追求学校所认同的有机生活模式、降低商品与外包的使用，母职任务变得更为密集与多重。她们必须学习手工艺，来帮助孩子在校的学习活动，例如织毛线娃娃、染教室窗帘、缝孩子在教室穿的室内鞋以及手制文具袋等。有些母亲，尤其是在外工作者，对这些学校的要求备感压力。但有更多的母亲，尤其是全职育儿者，从这些活动中获取意义感，得以将照顾孩子从琐碎的日常事务中提升到"科学母职"或"精神母职"的层次。一位积极在田园小学参加师训、担任志工的母亲，描述她在宜兰的生活，相较于过去在台北担任全职家管，有更多生活的目标："来这边以后，我比较有事情做吧，'研读'××博士（另类教育学者）的学说也好，有事情让我更投入地去做。"此外，她们也从家长网络中得到社群支持，一位母亲比较过去在都市里当家庭主妇的生活说："以前在台北，你知道我是很孤单的，我的情绪没有地方发泄，而且我没有社群，没有援助，一个人关在那里带小孩，其实随时都很情绪化。"在宜兰的母亲，由于理念与生活方式相近，形成交换信息、集体育儿、团购另类商品的社会网络，这样的社会资本帮助她们学习与自身教育经验断裂的教养脚本、流通另类的教养资源与工具，也巩固了不同于主流教养理念的信仰。

四　劳工阶级家庭

（一）亲职叙事与教养脚本

相对于中产阶级的"世代断裂"叙事，我们较常听到劳工阶级使用"世代延续"的叙事来形容自身为人父母之道，如小布的爸爸所言："你爷爷当时怎么对我，我就按照这种方式来对你。"他们倾向类似自己的父母辈，采取接近华人文化传统的"管教"或"勤教严管"的模式（林文瑛、王震武，1995）。跟小孩沟通时，父母较常使用命令语言或威吓语气，处罚办法中较少有孩子议价的空间（有一户称之为"家规"），也经常借用制度权威者的角色来确认处罚的严重性（"如果你们再讲话，老师就会拿胶带把嘴巴贴起来""你不乖我就叫警察来抓你"）。父母的肢体语言也标示出相对于孩子的阶序关系：跟小孩说话时，往往是站着，往下看小孩。

我们在河岸小学征询家长同意参与研究之际，学校老师很热心地协助，帮我们跟家长解释："他们想要去你家看你和小孩的互动。"常常得到的家长反应是："有什么好看，就是打啊。"虽然在一定程度上延续"不打不成器"的传统教养脚本，但劳工阶级父母也强调亲子关系与前一个世代的断裂，"要跟孩子做朋友"这样的说法普遍出现在受访者口中。当今的父母施行体罚时，会用较不易造成肉体伤害的工具或打法，也会和孩子说明体罚的理由，并在事后展现温情的抚慰。如我们观察到小布妈妈在打完孩子后，往往会抱着哭泣中的孩子说："妈妈是因为爱你才打你，知道吗？"换言之，权威管教与情感关系不被视为互斥，而被看作相辅相成的教养做法。相较于祖父母世代，中产阶级父母可以说是"断裂（叙事）中有延续（实作）"，劳工阶级父母则是"延续（叙事）中有断裂（实作）"。

为什么劳工阶级家长仍以体罚为主要的管教手段？既有研究认为因为他们拙于言辞，下意识地延续了过去身受的管教经验（张建成、陈珊华，2006），我认为更重要的原因在于阶级位置导致的资源不足，让他们难以使用以中产阶级为原型的新兴教养脚本。我们在田野中经常感受到劳工阶级父母"不晓得要怎么教"的挫折感，他们欠缺教养文化资源，甚至不时询问年轻未婚的研究助理有关育儿的建议。经济的困境与时间的紧张也耗费了他们多数的认知资源,很难有耐心对待孩子的吵闹或有余裕去学习新的教养观念,因而偏好立竿见影的措施。① 小布妈妈叹着气说:"家庭上的影响,对我们的心理有影响,在教育小孩、脾气方面,多多少少会……你工作不稳定的话,会担心。我现在教小孩,脑袋不会平静,就像电影演了又演,我担着那么多角色,什么又到期了,什么又要缴费了,什么钱要给了。"

劳工阶级父母在与体制互动过程中,直接或间接感受到阶级化的教养污名,容易强化其严格管教的倾向。我们在天龙小学寻求访问时,大多家长都很乐意参与,甚至充满自信地假定自己是教养的成功范例,才得到邀请访问。我们在河岸小学有着完全不同的经验,许多家长拒绝受访,或者听到访问邀请的第一个反应是:"我的小孩在学校有什么问题吗?"教养失职的焦虑普遍笼罩着劳工阶级父母,因为目前的主导教养脚本,需要家长的经济资本、文化资本与时间投入,媒体或学校经常让无法配合的父母感受到匮乏与不足。

在这样的脉络中,体罚可能成为劳工阶级展演亲职投入的一种方式,以避免被指责教养失职。劳动阶级同样会反身性地看待自己的教养实作,不同于中产阶级的是,他们较少透过专家论述的框架,更常透过关键他人(老师、其他家长、研究者等)的评价,来评估自己是不是个好父母。小布的成绩其实不错,但在学校因为闯过几次祸被贴上"坏学生"的标签,小布妈去学校的时候,感受到其他家长(尤其是中产阶级家长)对她冷淡、不打招呼,她于是不想再去班亲会,担心受到其他家长指责。小布父母经常施以体罚,即便研究者在现场,打起孩子也不手软,访谈中甚至详尽地描述自己对孩子有多生气、处罚有多严重。我稍后才明白他们其实是有意或无意地借此让我看到他们有在"努力管教孩子",不论效果如何。

此外,也有受访者并不赞同中产阶级亲戚的教养模式,质疑过度强调跟小孩讲道理是否能达成管教效果。他们认为体罚仍是必要手段,需要与新式教养方式相互搭配,如一位母亲所言:"打小孩和讲理要两个一起啊。就是先打他,边打边讲,打完之后,再继续跟他说。像我小姑就只跟

---

① 行为经济学家从认知的角度分析贫穷的心理过程:由于认知资源有限,经济资源的短缺会限制人们的注意力,进而影响其思考与自我控制(Bertrand at al., 2004)。我认为这也可以用来解释贫穷父母教养子女时的心理困境。中产阶级父母则可能因为时间资源的短缺限制了注意力与自我控制,而在教养时情绪失控。

小孩说：'这样不可以。'我觉得这样没用，那个态度和口气，要严厉。"除了担任销售员的少数，劳工阶级的职场较少强调口才训练，养成的阶级禀性与重视说理、沟通的教养脚本距离较远。他们的职场经验传递给下一代的秉性与价值，比较接近务实、脚踏实地、刻苦耐劳。相对于中产阶级父母致力于培养孩子的"兴趣"或"创造力"等抽象教养目标，"品行好""守规矩"是劳工阶级父母更重视的道德基础。

不少劳工阶级父母在访谈中表达出"失落童年"的叙事，但内容与中产阶级不尽相同。升学导向的台湾教育环境，往往将智育成绩不佳的孩子归为"失败组"，学校的强迫学习让他们的成长经验充满挫折感。这些父母因而倾向采取"让孩子自然长大"的策略，希望孩子度过一个"快乐、不痛苦"的童年。如一位母亲所言："其实现在，你说要怎样培养或是锻炼，我觉得我没有特别去做。我只是希望，他们在这个年龄，不要有一个痛苦的童年。"

这些家长视"纯真童年"为一种"自然状态"，父母的责任在于避免外部压力的强加，并不需要人为建构有别于成人世界的"快乐童年"。[①]不同于中产阶级家庭构筑童话世界保护孩子免于过早进入"子代激烈竞争"的现实，劳工阶级父母面对的现实感主要来自"父代的经济局限"。有些父母会有意告知或无意中透露家里的经济问题或父母的工作困境，从而让孩子了解家庭的经济资源有限，以及为何无法负担额外的活动或新玩具。[②]这些劳工阶级父母透过"现实童年"的观点，将儿童与成人的生活状态视为连续的生命阶段，希望借此激励孩子努力，以透过代间流动来超越父母辈的现实困难。

在我们进行家户观察的小布家，专科毕业、从事铁工的父亲，在工地发生意外摔伤背脊后，只能打以日计酬的零工，近年来的经济不景气，让他找工作更加困难，家庭收入主要依赖来自中国大陆、初中毕业的太太。新移民身份让她深陷劳动市场的最底层，她在小区或小工厂当杂工，没有劳保，薪资以时薪95台币计，"比不识字的老太太还低"，小布妈不平地说。家中的两兄弟对于家庭经济的拮据也有所认知，弟弟小布有天拿着学

[①] 虽然也有少数劳工阶级家庭配合幼儿园庆祝圣诞节，让孩子在家里挂袜子，假装圣诞老人送礼物，但大概进小学后就会停止相关仪式。

[②] 小布父母虽然赋予孩子现实感，例如在孩子面前谈起家庭经济困境，夫妻吵架时没有隔离孩子，但仍然维持某些界线，如不会让孩子知道家里的债务。

校发的课外活动报名单回家时，默默地自言自语说："家里没有钱让我去。"小布妈谈到这方面的经验：

> 他们对钱的观念是有的。我们什么时候都说钱，怎样怎样。他在幼儿园大班的时候，就跟我说："妈妈你为什么骑摩托车，不开轿车来？"我愣了几分钟，这么小，怎么可以问我这个问题？我就跟他讲："因为妈妈那个时候没有钱读书，所以没有办法赚很多钱，也就没办法开轿车。""那买轿车要很多钱啊？"我说："对啊，很多钱，妈妈买不起啊。那你要努力学习。"他说："好，那我要努力学习，找到好工作，赚很多钱，然后我就买个轿车给你，那你就不用戴安全帽，就不用淋雨啰。"

劳工阶级父母间的养育分工更倾向依循传统的性别角色。当我问父亲参与哪些照顾孩子的工作时，许多人愣了一会儿，回答说："赚钱养家，就是我的工作啊。"父职角色除了养家，主要是跟孩子玩耍或扮黑脸处罚；孩子的日常照顾、功课检查、教育安排、亲师联系，大部分落在母亲的肩上。劳工阶级父母同样不是一个同质群体，其教养策略存在内部的光谱差异，下文将描述光谱两端的理念型。

（二）教养策略与实作之一：培育阶级流动力

光谱右端的劳工阶级家庭，希望透过升学让孩子达成代间向上流动，我称为"培育阶级流动力"。小布妈是个明显例子，她经常对着孩子耳提面命，以蓝领工作（脏脏、困难）低于白领工作（干净、轻松）的价值框架，来说明阶级流动的优点与重要。访谈中她这样陈述：

> 我做父母的，生育小孩，我当然还是希望他们学好，将来就是尽我的能力培养他。我常跟他们讲，你看，为什么爸爸妈妈没办法像一些伯伯叔叔他们做那么好的工作呢？坐在办公室里面，用自己头脑去做生意赚钱呢？你看爸爸做工也是很辛苦，回来身体也是很脏。我就说，你看，爸爸跟妈妈那么累，就是小时候没有好好读书，所以就没有办法找到好的工作，所以你们要好好读书，以后可以考上好一点的学校。

然而，不像中产阶级母亲能够给予孩童学业上的指导，劳工阶级母亲并没有足够的文化资本来协助孩子的课业，因此更为仰赖学校老师扮演教育者的角色，或是将教育工作外包给安亲班与补习班。① 与 Lareau 笔下的美国劳工阶级不同之处在于，住在都会与近郊地区的台湾劳工阶级比较容易透过市场取得辅助孩子学习的制度资源。都会地区的新移民母亲，尤其倾向透过外包教育来追求下一代阶级流动的梦想。她们憧憬孩子有光明的未来，好让自己的移民之苦变成值得的付出。在天龙小学，我们认识了来自湖南的小俊妈妈，她与台湾先生离婚后，独自抚养小俊。湖南的外婆为了帮忙女儿也迁移来台，当清洁工、卖水果。高职毕业的小俊妈在一家公司当助理，月薪三万台币。虽然家庭经济资本有限，小俊妈坚持要在大安区租屋（顶楼加盖），因为听说市中心的学区比较好，此外，小俊的安亲班、作文班、珠算班等费用加起来每月近两万台币。小俊妈说明了这样的外包策略的重要性：

> 因为我没有办法教小孩子的功课，我为什么花这么多钱，就是我没办法教他，我们学的跟台北教的完全不一样，我看得懂但我没办法教他，我也没办法去写，因为我们念的是完全不同的东西。所以我一定会花钱去，不管花在那里，这个钱我一定会花，去请人教他的功课……他的同学有钱人家实在太多了，他们会觉得，我们外籍来的，一般不会花那么多时间在孩子的教育上。我今天可以把一些钱存起来、买别的东西，可是我觉得那对我来说不是最重要的，最重要的是他以后长大的事情，能够比我好，他以后有发展，对我的意义太大了。

新移民母亲所承受的教养污名是双重的，既是阶级劣势，也是族群弱势。由于对本土教材与语文的掌握有限（大陆配偶指使用繁体中文的能力），小俊妈妈自认是不适任的教育者，大众媒体、中产阶级家长（孩子的"有钱人家同学"）也倾向质疑她们投资小孩教育的意愿与能力。新移民母亲承自家长的语言能力和文化知识多半被当作负担（影响孩子口音、落后教养方式），而非值得传递给下一代的资产。于是，市场外包成

---

① 近十年来的相关量化研究显示，台湾学生参与补习相当普遍，阶层之间的差异并不明显（刘正，2006；林大森、陈忆芬，2006；黄毅志、陈俊玮，2008）。

为重要的教养策略,这意味着她们必须耗费更多时间在外工作赚钱。

虽然与前述中产阶级家长同样追求"竞争力",也将孩子的学习活动外包给市场,经济与文化资本受限的家长,主要着眼于国内的教育成就与职业机会,对于孩童的学习表现,倾向以学业成绩为单一指标。美国与加拿大的研究都发现,劳工阶级母亲比中产阶级更强调孩童的学业成绩(Lareau 2003;Griffith and Smith,2007)。同样的,台湾地区劳工阶级父母主要朝向智育为主的"单食教养"(univore cultivation)(Shih,2010)。相对于安亲班或补习班,他们认为课外活动或才艺班是昂贵且不必要的支出。有课外活动安排的家庭,偏好英文、珠算等与智育学习较相关的课程,缺乏足够的信息或知识来评量课外活动的多样内容。比方说,有天学校发了课外活动传单要孩子拿回家给父母看,一位母亲看到"街舞"不解地说:"学街舞干吗?在街上跳舞吗?我不反对啊,不过老师,那样到底是好还是不好啊?"没有受过高等教育的父母,难以了解"全人学习"在后教改体制中已成为重要的学习目标,他们几乎没有人听过大学推甄的制度,遑论替孩子规划有利的多元学习活动。①

小昆家是"培育阶级流动力"的另一个例子。小昆爸是一位高职毕业的建筑工头,过去也曾抱持"黑手变头家"的梦想,做生意惨败后卖了祖传田地还债,之后就一直在建筑工地工作,晚归回家时身上总是沾满了泥浆与汗水。他谈到自己的工作时,略带骄傲地说:"我什么都做,我差不多可以盖一栋房子喔。"但他并不像中产阶级父亲,乐于将职场技能传递给下一代,即便技术工人的工作机会与所得都相当稳定,他并不期待孩子继承辛苦又危险的建筑工作。他这样描述工地的生活:"吹风日晒,落雨又冷,风又大,蛮危险的……我看到好几次了,人从脚手架上跌下来,躺在地上,好像西瓜破掉一样……"他温柔地看着在旁边玩耍的两个孩子,转头跟我说:"我希望他们坐办公室,打计算机。"同样做建筑工的小昆妈,是孩子的主要照顾者。在期中或期末成绩公布之前,她总是紧张地打电话给老师询问成绩,虽不期望孩子名列前茅或一定要念大学,仍希望孩子可以透过教育来取得一定程度的阶级流动,特别是不要再"做黑手"。当我问道如果孩子将来想要继承父业时,她毫不犹豫地回答:

---

① 其中有位母亲,虽然拿到我的名片,还是不太了解"教授""研究"的意义,后续的访问中她还是问我"论文写完没有""可以毕业了吗"。

"不肯,如果他要做工地,我可以叫他去阿姨的公司当个小弟也好!"

劳工阶级母亲没有受到学校体制肯认的文化资本,难以参与孩子的学习活动;然而,她们能透过跨阶级的社会资本,来为孩子增添文化技能或创造教育机会,例如,受过高等教育的亲戚可以提供与教育相关的信息与建议,或协助孩子迁户口到比较好的学区。小昆妈妈的妹妹拥有大学学历,与先生经营公司,由于没有小孩,对小昆兄弟视如己出。她不仅提供了有关课外学习的建议,也赞助小昆兄弟购买计算机、补习英文,因为这样,小昆妈甚至想象孩子未来出国留学的可能。

更常见的跨阶级社会资本积累,是母亲透过和老师建立私人关系,希望借此确保孩子受到老师足够的关注,或至少在孩子出问题时,让母亲容易得到老师的意见与协助。[①] 在我们观察期间,有位老师生病住院,学生的母亲纷纷在工忙之际到医院问候探病。亲师之间的聊天内容经常包括与小孩学习没有直接相关的家庭问题,如父母吵架等婚姻间隙,也有母亲请老师协助介绍工作。亲师关系相对紧密,并没有像 Lareau(2000)所描述的美国劳工阶级与学校老师的关系疏离而对立。反而是天龙小学的亲师关系呈现潜在的紧张与距离,在教学、处罚孩子等方面,中产阶级家长容易与学校老师有意见上的分歧。台湾的劳工阶级家长,透过建立私人化的亲师关系,以确保外包培育流动力的策略得以成功。

(三)教养策略与实作之二:顺其自然造化

在光谱的左端,父母采取"顺其自然造化"的态度,期待小孩可以完成基本学历,将继续升学视为个人资质的自然发展。如果小孩被体制认为是可造之材,父母便会支持继续升学(台湾当地所说的"可以读就让他读")。家长虽然关切成绩,并不期待孩子出类拔萃、名次领先,只要求成绩及格或不垫底,也就是达到"基本学习"的目标;孩童成绩低到全班倒数时,才会受到父母的处罚(陈如涵,2010)。

以住在新北市的贝贝家为例,父母都是高职毕业,爸爸曾任工厂采购员,由于学历限制难以升迁,中间一度经营超商,失败后开出租车维生。妈妈一面读夜校,一面打工,生了三个孩子后在家专职照顾孩子。劳工阶级家长自身经历了升学或创业的失败经验,不希望对孩子复制"唯有读

[①] 有一位单亲家庭的父亲,也会和老师积极建立关系。

书高"的压力，或强加社会流动的期待。贝贝与姐弟都没有上安亲班，下课回来就在家里做功课与玩耍。爸爸认为这样的安排可以让孩子度过快乐的童年。

> 我最主要是这样，不希望说他们一定像人家说，你下课回来，又要去安亲班，又要去上什么课，我不希望给小孩子压力……我对小孩的态度是，读书是你们自己的，不是我的，我不会去硬逼你们。考试时间到了，你们自己去看书。成绩对我来说，我不会很注重。但是，我会去看，你为什么会考那么低，以你的程度，应该是中上，至少你会及格。

这些劳工阶级家庭生活里，没有刻意安排太多以小孩为中心的学习或休闲活动，而是将亲子活动"嵌入"家庭生活之中。① 周末除了待在家看电视、拜访祖父母，有些父母带小孩享受低消费的休闲活动，例如去"汤姆龙"游乐场、到游泳池玩水、逛夜市、去大卖场或百货公司，顺便在炎炎夏日享受免费冷气。父母的养育角色以"陪伴"为主，而非"教育"。祖父母同住或邻住的比例更高，也分担一定的看顾责任。这样的家庭生活，组织化程度低，也少了中产阶级家庭常见的因为父母要求孩子做功课、练琴而衍生的亲子冲突。

许多劳工阶级父母都在访谈中说了类似的话：如果我的孩子不是那块料，学这学那不是浪费？劳工阶级倾向于必要性（necessity）的阶级品位（Bourdieu, 1984），将课外活动视为奢侈、非必要；孩子的才能是先天赋予的资质，而不是后天培养的成果。对于经济资源有限、孩子人数多的家庭来说，课外活动不仅造成财务负担，学习效果的不确定性也太高。贝贝爸说明了家里没有办法，也没有必要让孩子学才艺的原因。

> 有的家庭比较过得去的话，就是让他们（孩子）有个才艺去学啊，看他们对哪一个比较有兴趣，你就让他去朝那个方向（发展）

---

① 肖索未、蔡永芳（2014）研究北京农民工家庭的育儿，反省到研究者多倾向用中产阶级中心的"教育"观点来理解儿童抚养，从而用负面的方式看待劳工家庭"将儿童活动嵌入家庭生活"之中的样态：父母对家庭成员的需求互相协调，孩子的需求是家庭决策的一部分，但不是绝对的优先。

啊。那我没办法这样啊，因为他一学就是缴学费，他不学，这钱就没了啊。

"顺其自然造化"往往是时间与金钱有限的父母不得不选的教养方式。我们访问的劳工阶级家庭，表面上看并没有明显的经济困境，但结识久了后，我们发现多数都肩负着数目不等的债务。他们或因为曾经怀抱着阶级流动的梦想，借钱创业失败（均为父亲），或因为生活需要周转，仰赖"塑料鸦片"来平衡家庭收支的缺口（夏传位，2008）。小泰家就是个例子，专科毕业的小泰爸在工厂当作业员，在工作时结识了从泰国来打工的前妻，婚姻关系在小泰出生不久后出现裂痕，目前已离婚分居。小泰由父亲和阿嬷抚养长大，两人各自有十几万到二十万元的卡债。60多岁、不识字、在餐厅洗碗的阿嬷解释，当时受到办卡趋势影响，但欠钱是生活所迫："那时候人家都在办啊！没刷卡就没法生活啊，转不过来啊，卡债（现在）也是都卡住了啊！"阿嬷与爸爸的工时都相当长，小泰放学后经常单独在家，当我们问到为何让小泰在家而不送去安亲班时，阿嬷这样回答："爸爸小时候去读（补习班），不喜欢读书啊。他爸爸就觉得很痛苦，就不要他儿子也这样子。"身为新移民的小泰妈妈，在离婚时有向爸爸提出让小泰上安亲班的要求，爸爸也同意了。妈妈在访谈时指出经济局限仍是重要的阻力："他爸爸就说要等一下、等一下，因为他爸爸可能也没有什么钱。"

对身处次级劳动力市场的父母来说，相对密集的劳动条件，限制了他们与小孩共处的时间。没有祖父母可以协助的双薪或是单亲家庭，儿童照顾更是困难。以小泰家来说，担任工厂作业员的爸爸经常在晚间及周末加班，以配合国际买家的紧急订单。在餐厅工作的阿嬷一周工作六天，而且多在晚上和周末，只有下午可以回来看一下孙子。小泰因此常常独自待在家里，即便这种情况违反"儿童保护法"，但对一些家庭却难以避免。国家立法与学校制度，往往预设了孩子家中有一位专职照顾者，或是父母从事朝九晚五的工作，不顾单亲家庭的处境或是服务业的工作时程。小泰有天拿了学校老师发的暑假作业回家，其中的活动多要求家长协助共同完成，包括"烤肉"（询问长辈烤肉经验）、"只要蛋白质不要肉"（和家人做一道菜）、"家事大作战"（和家人完成清洁）、"菅芒花女孩"（和父母一起完成大约十二件事情）。小泰看着作业单，苦哎哎地说："谁有时间帮我做？"

在都会区的劳工家庭里，如果小孩人数有限，又缺乏大人互动陪伴，孩子经常仰赖"电视保姆"与"计算机玩伴"来打发时间（陈如涵，2010）。独生子小泰一个人在家时，阿嬷再三交代不可以跑出去玩，他如果不是看电视，就只能跟幻想的友伴游戏。都市父母多认为"外面"充斥交通意外、儿童拐骗等危险，中产阶级小孩还可以在小区保安看顾下的庭园里嬉戏，住在公寓里的劳工阶级孩子大多只能在室内活动。在他们的身上，我们最明显地感受到 Lareau 所说的"局限感"，包括金钱、空间、身体的局限感。天龙小学的孩子跟成人互动明显比较自在，有的孩子第一次见面就会问我："你是谁？""教授是做什么的？"相对的，河岸小学的孩子会避开跟非亲人的成人眼神接触，在初次见面时也鲜少主动跟我或研究助理攀谈。

在家庭生活空间上，都会与非都会区的劳工阶级有明显差异。海滨小学位于小渔村，由于青壮人口外流严重，生源人数有限（每年级仅一班，二年级全班八人），家庭形态多为非典型，包括单亲家庭（离婚后父亲返乡，祖母为主要照顾者）、跨国婚姻家庭以及隔代教养家庭（父母在城市工作）。相对于城市近郊，渔村的教养文化资源更为稀少，外包教育的策略需要更多交通或金钱的成本。当地没有任何才艺班或安亲班，仅有学校提供的以低收入子女为主的"星光班"，免费提供课后照顾与协助完成功课。小区里很少有家庭，为了提高"竞争力"，将孩子送到有一段距离的城镇就读规模较大的小学。这些孩子也在课后参加城镇的安亲班，之后再由交通车送回，所费不赀。这些"外包培育流动力"的少数个案，父母多在台北工作。

海滨小学的孩子多数没有参加有组织的课外活动。担任主要照顾者的祖父母，除了日常照顾与看管作息，很少会跟孩子一起玩耍或刻意安排亲子互动。新移民母亲往往需要从事劳务工作（切鱼饲料、捕海藻、处理樱花虾、小吃店打工）以撑持家计，因为渔村里的男性受到外籍渔工引进的影响，工作机会大减。小珍爸爸在中学毕业后向往都市生活，到台北当学徒，成为银楼师傅，老板歇业后，他返乡担任渔工，近 40 岁时到越南娶了小他 20 岁的老婆。虽然家里墙上挂着"模范渔民"的奖牌，小珍爸只能打零工，"有时候好几个月没赚到钱的也有"。他并不怀念都市生活，认为压力太大，虽然工作机会多，花费也大（"一出门坐车就要花钱"），他希望小珍和弟弟在宜兰乡下"顺其自然长大"。

因为台北那边就是要补习什么的，功课压力太大了，在这边比较快乐，比较有空间给他跑。我是顺其自然啊，你强迫他，他不喜欢念书，你强迫也强迫不了啊。我有看过父母一直勉强小孩，到后来压力太大反而变成书呆子什么都不会，因为他每天读书每天补习……不要强迫他，他脑筋到那边、开窍了，自然就会了。

村里的孩子经常在没有大人陪伴的状况下单独在家，但邻居间密切往来、声息相闻，白天大门不会上锁，没有太多"危险外面"与"安全里面"的区隔。相对于河岸小学的都市小孩，非都会区的孩子对于每天的活动与游戏有较高的自主权，他们可以自由地到户外跟兄弟姊妹或邻居同伴嬉戏，虽然家里有很少的商业玩具，他们会充满创意、随兴地把手边可及的东西变成玩具。虽然没有大人指导、没有外包学习，他们展现了令我印象深刻的创造力与独立自主。吊诡的是，这样的童年生活，其实恰好是田园小学的迁乡中产阶级家庭所向往与追求的。只是，后者需要透过父母的努力才能刻意营造出类似的"自然长大"的环境，并且透过另类学校、西方教育理念的背书，来赋予这样的教养方式一定的象征资本。海滨小学的家长并没有足够的论述能力或资源来认可他们简朴、随意的家庭生活方式，祖父母也不认为乡间的生活技能（如捕鱼、种菜、腌制、手工艺）是值得传递给孩子的文化资本。有些家长在访谈中流露出对偏乡学校缺乏"竞争力"的隐忧，反而钦羡城市里的教育资源可能会为孩子提供更好的发展。

五 结论

本文比较台湾的中产阶级与劳工阶级在亲职叙事与教养实作上的差异，阶级位置相近的父母倾向共享类似的教养脚本（理想的育儿之道），虽然脚本往往与实作之间有落差与断裂。为了避免将阶级视为二元范畴或同质群体，我援用Bourdieu有关"场域"或社会空间的概念，来分析做父母同时也做阶级的划界过程。我建构出一个"亲职场域"，以父母的资本组成总量高低（含经济、文化、社会与象征资本）、追求益品倾向（偏重竞争流动或自然发展），作为构成这个社会空间的两条轴线，如图1所示。

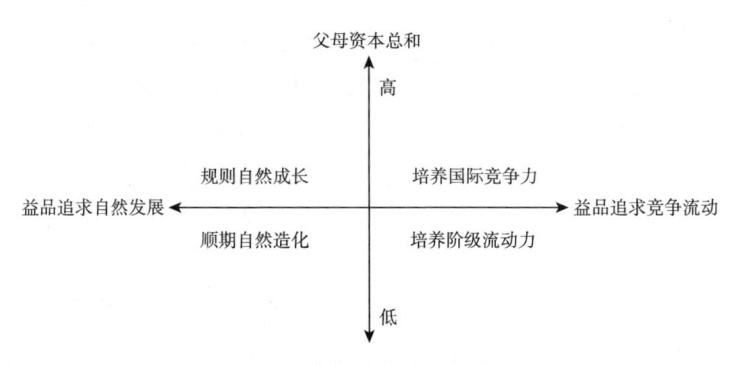

```
                    父母资本总和
                         ↑
                         高

       规划自然成长    │   培养国际竞争力
益品追求自然发展  ←────┼────→  益品追求竞争流动
       顺期自然造化    │   培养阶级流动力

                         低
                         ↓
```

图 1　阶级化的亲职场域

横轴代表教养实作中首重的益品,多数家庭倾向以孩子的"竞争流动"为目标,以确保孩子未来的生存机会、教育成就与职业保障。第一象限的中产阶级与第四象限的劳工阶级,由于资本配置与总量的差异,虽同样透过市场外包来强化孩子的栽培,方式却不尽相同。"培育阶级流动力"的劳工阶级父母缺乏足够的(被体制认可的)文化资本来参与孩子学习,只能竭尽父母有限的经济资本或试图建立跨阶级的社会资本,来为下一代创造流动机会。由于对改革中的教育体制或是跨国的教育机会了解不多,他们更加依赖学校体制的介入。中产阶级父母具备相对充分的经济、文化与社会资本,得以利用跨国输入的文化资源,甚至是跨国流动的教育策略,在子女身上"培养国际竞争力"。这些教养资源所培养出的阶级惯习,对其下一代进入跨国布局的金融与服务产业劳动市场具有相对优势。中产阶级区辨秀异的方式在于,他们在教养上追求多元发展,而不只是独尊智育,期望或想象子女的未来目标是国际竞争,而不只是岛内流动。"全人教育""国际化"等学习目标,也在一定程度上为主流教育体制所认可(虽然未必落实),成为具有象征支配效果的教养论述。

益品横轴的左端,首重追求孩子的"自然成长",希望孩子按照自己的节奏来学习、依循个人的性向来发展,不以考试成绩或学历文凭为绝对目标。"适性发展""放手,孩子会学到更多"等口号在当今也成为主导教养论述,然而,教育改革的实质效果有限,明星学校与文凭主义的地位仍不减,在这样的环境里,中产阶级家长虽向往"自然成长"的理念,也不免担心孩子未来的竞争机会,因此多在横轴两端的益品间游移、拔河。"规划自然成长"的典型,是透过"岛内移民"来追求西方教育模式的另类学校家长。他们的教养方式不全然符应阶级再生产的逻辑,也就是父母不以再制孩子的阶级优势为首要目标。然而,能够忽视阶级同侪的质疑,全心规划自然成长,也根植于父母一定的阶级优势:父母通常有相当的文化资本,对自己的教养理念具备信心,也有能力提供另类学校外的辅助教学。或者,父母有足够的经济资本,可以在孩子遭遇体制内升学困境时提供出路,或有家族生意可以让孩子接班,或可安排出国念书作为另类升学渠道。

第二象限的中产阶级与第三象限的劳工阶级,表面上看同样追求孩子的"自然成长",但方式与逻辑大不相同。迁居乡间的中产阶级父母,透过人为努力刻意营造出"自然长大"的环境,貌似"放手"的教养其实需要成人生活的大幅调整,尤其是母亲以小孩为中心的有机生活与细部管理。再者,他们可以透过西方教育理念的背书,来赋予这样的教养方式一定的象征资本。"顺其自然造化"的劳工阶级父母并没有类似的象征资本来使他们认可现在的家庭生活方式,父母可以传递给孩子的文化资本也不受到体制所认可,他们的亲职实作甚至可能被贴上"教养无力"的污名。

上述的亲职场域分析呈现物质位置与理念价值是如何交织地形塑社会行动:结构位置并非决定了行动倾向,而是透过理念的反思性而施以作用;然而,理念价值的倾向,也并非存在于权力的真空,资本条件越充分的行动者,越能动员、转化象征资本来建立实作的正当性。父母们看似相同的教养实作(如教育外包、让孩子自然长大),背后可能有不同的行为动机与行动意义;而类似的价值或益品的追求,却可能因行动者的资本条件的差异,而呈现不同的实作样貌。教养行为也呈现多层次的社会实在(Giddens,1984):个别家庭的教养与个别孩子之间的竞争,背后有着当事人未必认知到的结构条件(unacknowledged conditions),尤其是阶级差异与不平等;父母的教养方式可能衍生非意图的后果(unintended consequence),例如,中产阶级父母的规划栽培可能造成孩子的痛苦(学习方面),甚至创造力与自主性的削弱;劳工阶级父母对孩子"守规矩"的强调,可能导致孩子未来在高等教育与专业白领劳动市场上的劣势。

虽然本研究并未包含长期追踪的数据,无法探究父母教养方式对子女未来社会流动机会的影响,但研究成果呈现了家庭教养在一定程度上影响子女的阶级惯习养成以及中产阶级教养模式与当前教改论述的亲近性,可能间接限制了劳工阶级的流动机会。例如,入学渠道的多元化,尤其是推甄申请大学,倾向认可规划培养下的中产阶级惯习与文化资本;入学方式与选填志愿的复杂化,提高了家长了解制度与协助孩子的门槛。这些都对弱势家庭子女相对不利。我们应在教育制度与入学方式的改革上,考虑阶级的差异与作用;学校教育应避免以中产阶级双亲家庭、全职母亲为原型来设计学习活动或要求家长参与,否则容易排除、边缘化其他形态的家庭,强化社会指责的阶级烙印,再制下一代的阶级弱势与社会不平等。

参考文献

陈如涵,2010,《台湾劳工阶级的孩童照顾安排与养育风格》,台湾大学社会学研究所硕士学位论文。
陈雅玲,2007,《教育投资,四个聪明策略》,《商业周刊》第 1030 期。
范纲华,2012,《父母教育期望对青少年忧郁症状的影响:情感支持和负面互动关系的中介机制》,发表于《2012 年第五届"社会学与心理学的对话"国际学术研讨会》,世新大学社会心理学系。
黄雅琪,2014,《黄金履历军备竞赛,从 3 岁开始集点》,《商周特刊》第 73 期,英属盖曼群岛商家庭传媒城邦。
黄毅志、陈俊玮,2008,《学科补习、成绩表现与升学结果——以学测成绩与上公立大学为例》,《教育研究集刊》第 54 期。
李鸿章、杜宜展,2009,《台湾学前幼儿的才艺学习现况调查》,《幼儿教育》第 296 期。
李秀如、王德睦,2007,《系贫穷的原罪?或城乡差距?——谈影响儿童英语学习机会的因素》,《教育与社会研究》第 12 期。
林碧芳,2009,《从文化资本探讨才艺学习对学习成就的影响》,《教育与社会研究》第 17 期。
林大森、陈忆芬,2006,《台湾高中生参加补习之效益分析》,《教育研究集刊》第 52 期。
林文瑛、王震武,1995,《中国父母的教养观:严教观或打骂观?》,《本土心理学研究》第 3 期。
刘正,2006,《补习在台湾的变迁、效能与阶层化》,《教育研究集刊》第 52 期。
邱淑宜、林思宇,2006,《台湾小孩养到大学,花 500 万》,《联合晚报》2 月 17 日。
苏国贤,2008,《台湾的所得分配与社会流动之长期趋势》,见王宏仁、李广均、龚宜君编,《跨戒:流动与坚持的台湾社会》,群学。
吴齐殷、高美英,1995,《严酷教养方式之代间传承》,载张苙云、吕玉瑕、王甫昌主编《九○年代的台湾社会:社会变迁基本调查研究系列二下册》,中央研究院社会学研究所。
夏传位,2008,《塑料鸦片-双卡风暴刷出台湾负债危机》,行人。
肖索未、蔡永芳,2014,《儿童抚养与进城务工农民的社会文化调试》,《开放时代》

第 4 期。

熊秉真，2000，《童年忆往：中国孩子的历史》，麦田出版社。

许嘉猷、黄毅志，2002，《跨越阶级界限？：兼论"黑手变头家"的实证研究结果及与欧美社会之一些比较》，《台湾社会学刊》第 27 期。

杨巧玲、徐韶均，2010，《当父母，做性别：兼论阶级与族群的作用》，台湾社会学会。

张建成、陈珊华，2006，《生涯管教与行为管教的阶级差异：兼论家庭与学校文化的连续性》，《教育研究集刊》第 52 期。

Archer, Margaret S., 2007, *Making Our Way Through the World: Human Reflexivity and Social Mobility*, Cambridge University Press.

Bertrand, Marianne, Sendhil Mullainathan, Eldar Shafir, 2004, "A Behavioral-Economic View of Poverty." *American Economic Review*, Vol. 94, No. 2.

Bourdieu, Pierre, 1984, *Distinction: A Social Critique of the Judgment of Taste*. Cambridge, Harvard University Press.

Bourdieu, Pierre, Passeron Jean-Claude, 1977, *Reproduction in Education, Society and Culture*. Sage.

Giddens, Anthony, 1984, *The Constitution of Society: Outline of the Theory of Structuration*, University of California Press.

Griffith, Alison I., Smith Dorothy E., 2007,《母职任务与学校教育的拔河》，吕明蓁、林津如、唐文慧译，高等教育。

Hays, Sharon, 1996, *The Cultural Contradictions of Motherhood*, Yale University Press.

Irwin, S. and S. Elley, 2011, "Concerted Cultivation? Parenting Values, Education and Class Diversity." *Sociology*, Vol. 45, No. 3.

Kohn, Melvin, 1963, "Social Class and Parent-Child Relationships: An Interpretation." *American Journal of Sociology*, Vol. 68, No. 4.

Lamont, Michèle, 2000, *The Dignity of Working Men: Morality and the Boundaries of Race, Class, and Immigration*, Harvard University Press.

Lan, Pei-Chia, 2014a. "Compressed Modernity and Glocal Entanglement: The Contested Transformation of Parenting Discourses in Post-war Taiwan." *Current Sociology*, Vol. 62, No. 4.

——, 2014b, "How to Raise a Global Child: Reflexivity, Change and Divergence of Middle-Class Parenthood in Taiwan." *American Sociological Association Meeting*, San Francisco, USA, August.

Lareau, Annette, 2000, *Home Advantage: Social Class and Parental Intervention in Elementary Education*, Rowman & Littlefield Publishers.

——, 2003, *Unequal Childhoods: Class, Race, and Family Life*, University of California Press.

Levey Friedman, Hilary, 2013, *Playing to Win: Raising Children in a Competitive Culture*. University of California Press.

Reay, Diane, 1998, *Class Work: Mothers' Involvement in their Children's Primary Schooling*.

University College London Press.

Sayer, Andre, W., 2008,《阶级的道德意义》, 陈妙芬、万毓泽译, 巨流。

Shih, Yi-Ping 2010, *Raising an International Child: Parenting, Class and Social Boundaries in Taiwan*. Ph. D. dissertation. State University of New York at Buffalo, Department of Sociology,

Shih, Yi-Ping, Chin-Chun Yi, 2013, , The Great Un-equalizer? Family and After School Activities in Taiwan. Paper presented at *Demographic and Institutional Change in Global Families, International Sociological Association RC06 (CFR) Seminar*. Taipei: Academia Sinica.

Skeggs, Beverley, 1997, *Formations of Class & Gender: Becoming Respectable*. Thousand Oaks, CA: Sage.

Stearns, Peter N., 2003, *Anxious Parents: A History Of Modern Childrearing In America*. New York University Press.

Weininger, Elliot B., Annette Lareau, 2009, "Paradoxical Pathways: An Ethnographic Extension of Kohn's Findings on Class and Childrearing." *Journal of Marriage and Family* Vol. 71, No. 3.

West, Candace, Don H. Zimmerman, 1987, "Doing Gender." *Gender & Society*, Vol. 1, No. 2.

West, Candace, Sarah Fenstermaker, 1995, "Doing Difference." *Gender & Society*, Vol. 9, No. 1.

Yi, Chin-Chun, Chyi-In Wu, Ying-Hwa Chang, Ming-Yi Chang, 2009, "The Psychological Well-being of Taiwanese Youth: School versus Family Context from Early to Late Adolescence." *International Sociology*, Vol. 24, No. 3.

Zelizer, Viviana A., 1985, "Pricing the Priceless Child: The Changing Social Value of Children." Basic Books.

(原载《台湾社会学》2014年6月第27期)

"分而不离"：波士顿在家教育家庭的抚育逻辑与策略

尚文鹏

内容提要 处于现代性下的父母面临前所未有的抚育问题，即如何在亲子平等的话语中实施抚育所要求的权威，如何在运用权威的同时又掩盖这一事实。本文立足于美国波士顿在家教育家庭的田野研究，详细考察了这些家庭"分而不离"的抚育逻辑，即在奉行"以好奇心为导向"的学习理念和尊重孩子自由的平等理念的前提下，致力于建构"影子权威"及民主化的亲子关系，从而保障在家教育顺利进行。通过探究他们解决上述张力的抚育逻辑与策略，本文试图为理解当代的抚育文化提供一个切入点和新的视角。

一 问题的提出

家庭是人类社会最基本的组成单位，在父母子构成的三角结构里，父母对孩子的"抚育"（parenting）一直是家庭研究的核心议题之一，其中代际文化传承为研究之重。以布迪厄的文化再生产理论为代表，这些理论首先预设了父母作为传承方，进行自上而下的文化资本传递的合法性，将亲方和子方置于一个二元对立的分析框架之中。这无疑凸显了抚育的一个根本性质，即它体现了一种权力关系，亲子关系是在不断的权力建构中得以发展的。在这种布迪厄所描述的"象征性暴力"里，父母所代表的是社会标准和价值观，由外而内地施加到孩子身上，培养其"对待生活的各种可能的终极态度"（爱弥儿·涂尔干，2006：2），但这与孩子的本性往往不相契合，成为亲子之间冲突的一个根源。在传统社会科学关于抚育的研究中，有两点共识：第一，抚育的基本问题是如何在规范与自由之间建立恰当的关系；第二，尽管如此，父母在教化过程中的权威一直被视为不言而喻和不容置疑的事实。

但是现代性的到来对整个社会形成了巨大的冲击，它深入并渗透到社会的基础结构，其中一个表现是对个人自由的重视，与启蒙时代"作为个体"不同的是，新的时代要求每个人"成为个体"（乌尔里希·贝克、伊丽莎白·贝克、格恩斯海姆，2011：13）。从20世纪初开始，"陪伴式"的家庭模式日渐成为主流，私领域的情感民主成为一种理想的亲密关系情境，这不仅是对两性关系的文化期待，也是对亲子关系的要求，如吉登斯所言："父母与少儿之间的关系可能是民主的吗？可以是民主的，也应该是民主的，恰如一个民主的政治秩序一样。……实验性地与成年人享有同等地位是儿童的权利。"（安东尼·吉登斯，1997：245）如此一来，内在于抚育事务中的张力得到前所未有的彰显，父母的权威不再是天经地义的，而成为被反思、被质疑的对象。

与以往不同的是，这种质疑不是来自子方，而是来自父母自身，这可谓现代性兴起之后在亲子关系上的一个重大影响。《中镇》的作者就观察到，在20世纪20年代的美国，许多父母认为自己面临的处境是上一代所未曾经历的，他们对变化了的社会规范和日益高涨的自由呼声感到茫然和无力，"如何养育孩子"上升为一个具有道德意义的问题，因为在新的文化观念里，孩子不再是二元对立模式中处于弱势地位的孩子，而是理应受到尊重的"小大人"（young adults）（Robert and Hellen，1929）。进入21世纪以来，对亲子平等的要求正造成父母更大的焦虑，杰弗里·迪尔（Jeffrey S. Dill）在对美国家庭大量访谈的基础上指出，抚育的悖论在后现代社会愈加明显：一方面，父母对于管束孩子在道德上越发感到不正确；但另一方面，在我们的社会，父母仍是抚育的主要责任方，以社会标准教育子女是抚育本身的要求，由此衍生出的矛盾是抚育在后现代性下所面临的独有的境况（Jeffrey，2012）。

如此一来，父母如何在运用权威的同时又掩盖这一事实，就成了一个饶有兴味的问题。具体而言，笔者想探究的是这种权威经历了怎样的变形，如何被建构，处于另一端的"自由"和"天性"在教育语境下究竟是何种意义，父母如何在权威和自由之间调适和平衡，在育儿实践中又表现为何种策略。对这一系列问题的追问需要在经验研究里详细考察，本文以美国在家教育的家庭为切入点，通过呈现和分析他们的教养逻辑和抚育策略，尝试回答上述问题。

"在家教育"（homeschooling）是随着现代性扩张而在美国出现的替代性教育形式，由父母取代学校全权负责孩子的教育。从中我们似乎辨认出一条"教育回家"的路线：教育从家庭到学校，再回到家庭。这里需要廓清一点事实，否则"教育回家"很可能是一个迷思。这涉及"教育"概念的变迁，工业革命对于教育的一个影响是使"教"从"育"中剥离出来，"教"成为一个专门化的事务，被纳入一套官僚化的等级体系之中。在这一语境下，"教育回家"是指，家庭不但"育"，还"教"，这是一个值得研究的新议题。[①] 换言之，当教育的职能回归家庭，教育并没有被人为地分割为一项单独的事务，而是渗透在家庭的各项活动里面，成为抚育的一部分，因此，对抚育逻辑的分析首先应该围绕这些家庭的教育理念来进行。回到之前的问题，我们似乎可以假设，当在家教育的父母们承担起更大的教化责任，权威与规训将得到更大的应用，内在于抚育中的张力会更加明显。那么，事实是否如此？这种叠加对家庭内部的亲子互动有何影响？以外在价值观的干预为预设的良好教养与个体自由之间的张力会有怎样的表现形式？

本文的实证材料均来自笔者于2013年8月至2014年8月在波士顿的田野调查，调查方法包括访谈法与参与观察法，一年当中面对面采访了来自33户家庭中的36人，其中10个有多次后续访谈，时间从一小时到六小时不等，经受访人同意，采用录音与笔记结合的非结构性方法，访谈多在受访人的家里、咖啡馆或者孩子参加活动的地方进行。他们主要居住在

[①] 此处受费孝通先生的启发。他说，要注意"家庭的职能的演变，譬如，教育以前是家庭的事情，现在有一部分由学校管了，学校是一个超越家庭的社会单位。家庭结构、职能的变化，会带动家庭成员关系的变化……我们研究的对象本身在改变，我们就得从实际出发，既要看到实际情形的改变，又要看到是什么力量促使它改变"。在家教育恰恰反其道而行之，因此从学理上探讨促成这种教育方式的动因、实践过程和后果，是很有意义的课题。参见费先生为《家与中国社会结构》所作的序言，载麻国庆《家与中国社会结构》，文物出版社，1999。

波士顿城区的以下城市：波士顿（Boston）、布鲁克兰（Brookline）、剑桥（Cambridge）、萨摩维尔（Somerville）、阿灵顿（Arlington）、牛顿（Newton）、水镇（Watertown）和麦德福德（Medford）。另以邮件的形式采访了5个人，通过参加这个圈子里的各种活动，与八十多个人有过交谈，不仅涵盖大波士顿地区的其他城镇，还包括新罕布什尔州、康涅狄格州、纽约和加拿大魁北克地区的在家教育家庭。

二　重构以"好奇心"为导向的学习理念

"在家教育"是20世纪60年代在美国兴起的社会运动，自1993年取得合法地位以来，逐渐从一种边缘的另类的教育形式演变成为主流社会接受的一项教育选择（Milton，2008）。数据表明，在家教育很大程度上是一个基督教现象，绝大多数父母为基督徒（约90%），尤以新教徒、宗教激进主义者为众，许多家长之所以让孩子在家上学，是为了摆脱世俗化公立学校的"邪恶"影响（Brian Ray，2005）。笔者所调查的波士顿地区自由开明之风盛行，其间接触的家庭多为自由左派人士，属于在家教育阵营中的少数，他们住在城市或郊区，受过良好教育（大学或以上），无宗教信仰或非宗教动机，人文思想浓厚。

尽管用来描述自己教育方式的标签各异，但"非学校化教育"（unschooling）却是多数人认同的教育理念，他们在描述和解释这个新名词时，频频出现的词汇是"学习"，而不是"教育"，因为教育涉及"教"与"学"两端，与许多"学习"之外的因素有关，如制度设计、师资配置等。这些家长试图追根溯源，重新审视"学习"本身，以此出发建立自己的教育模式。在他们看来，学习不是教的结果，它是自然而然或者在无意中发生的，它被描绘为人与生俱来的能力，正如在家教育的倡导者和核心人物约翰·霍特（John Holt）所说："鸟会飞，鱼会游，人会学。"（John Holt，1967）既然是一种天赋，那么任何形式的强迫都是不必要、不可取的，学校的教学范式在这个意义上被问题化，被视作由外而内的知识灌输，一位母亲拿自己的例子来说明教-学模式的荒谬之处："老师教的东西你还能记住多少？你现在考高中的化学还能通过吗？我有工程学的学位，但若再去参加大学的数学考试，肯定一门都过不了。应付完考试就忘，算是真正的学习吗？"通过与教-学二元对立、以考核为指向的教育模式划分界限，父母们有意识地淡化甚至抹去"教"的一端，强调真正的学习应以孩子为中心。

那么，这样的学习如何进行呢？"顺着孩子的好奇心"，布莱迪（Brady）尝试讲得更加生动："让孩子跟着他的嗅觉走（follow his nose），就像狗一样，闻到什么感兴趣的东西就会停下来。"① 在这些父母的表述里，好奇心是在家教育的核心词语，以孩子的好奇心为学习的唯一导向，这意味着父母重新审视既定的层级的知识分类体系，一位妈妈这样剖析她的心路历程：

> 刚开始那段时间很不稳定（shaky），有一次我问 Chris："你今天学到了什么？"问完我就想，我为什么想知道这个？是在寻找他学习的证据吗？为什么读写算术比凝视窗外发呆更有价值？为什么一天都坐在书桌前比去博物馆更可取？答案很简单，并非哪个本质上更好或更有价值，这些都是学校设定的框框。

一旦从学校权威建构的权力/知识话语中解放出来，什么样的知识更有价值，应该什么时候学，就取决于孩子的兴趣，而学习的范围也突破了学校所规定的书本内容，进而囊括整个生活世界，生活与学习之间人为的界限被打破。

凯伦（Karan）在她的家里接受采访时，6岁的女儿也在旁边，凯伦让她说一说正在学什么，小女孩奶声奶气地说，"量子物理学"，看到笔者吃惊的样子，凯伦解释道："我们去科学馆，她对宇宙的起源和构成，还有银河系这些东西非常着迷，自然而然地就学上了，她有兴趣，我们就买了相关的书，现在她已经懂很多了。"② 在传统的学科设置里，量子物理学是大学阶段才接触的内容，但这些人为制定的条条框框在好奇的孩子面前受到了有力的挑战，用很多父母的话来说：人活在世上，没有哪一天

---

① 布莱迪（Brady）：60岁左右，白人，个体设计师，本科与研究生阶段分别就读于普林斯顿大学和哈佛大学，三个女儿从九年级开始在家上学，后分别被哈佛大学、剑桥大学和斯沃斯莫尔学院录取。他是笔者田野期间的关键报道人，曾多次接受访谈，并就美国教育和文化问题进行了持续的邮件往来。为保护受访人隐私，文中的人名等信息已做匿名处理。

② 凯伦（Karan）：40岁左右，白人，拥有哈佛大学博士学位，曾为职业小提琴手，做过教育管理工作，现全职在家，受访时三个孩子分别为8岁、6岁和4岁，一直在家上学。

不在学习,学习可以发生在任何时间任何地点。采访凯茜(Cathy)时正值冬奥会在索契举行,凯茜提及早上吃饭的时候,两个孩子说起冬奥会,她趁机问索契在哪里,都表示不知道,然后就一起上网查资料,"妈妈,妈妈,索契在俄罗斯,索契是疗养胜地哦……"孩子们兴奋地嚷着,"你看,这就是学习!"凯茜自豪地宣告。①

以上例子表明,相对于学校教育模式,在家教育所推崇并实践的"学习"具有去学习化特征,而且超越了现代社会体系下刻板的专业化分工,不再局限于特定的时空和内容。生活中的一切事物,只要孩子感兴趣,都具有学习的价值。在这种观念下,教育也不再是一项单独的事务,而是与孩子的社会化过程有机地融合在一起,从而大大重塑了家庭生活的面貌和秩序。索菲(Sophie)的孩子都已长大,她充满感情地回忆起孩子在家的时光:

> 那时候家里经常像过节一样,很好玩的,比如孩子想看看后院里那棵枫树的树液什么样,我们就花一个下午的时间把它弄出来,并且慢慢熬成糖浆。我儿子痴迷太空那阵子,凌晨三点我就起来做好热巧克力,陪他一起到远离城市灯光的地方看流星雨。应我女儿的要求,我们还把车库的一个角落变成化学实验室,我现在还能想起她看到水爆炸的样子,激动得不得了。②

调查表明,在美国父母的心中,独立思考能力(thinking for oneself)是孩子应该拥有的最重要的品质,它的含义是"自主思考,不从众,做出正确的决定"(Jeffrey, 2013)。在家教育的父母们强调,以好奇心为导向的学习,其优势在于可突破常规(think out of the box)和培养创造性思维,并锻炼独立思考能力,由此将这种重塑的学习观论证为与社会化目标完全相融的品质,而且在此逻辑下,家庭才是实现这种教育目标的最好场所。

考察这些家长所经常诉诸的语汇如好奇心、兴趣、热情(passion)

---

① 凯茜(Cathy):40多岁,白人,拥有天普大学教育硕士学位,曾在某非营利组织工作,现全职在家,受访时两个孩子分别为13岁和11岁,一直在家上学。
② 索菲(Sophie):50多岁,白人,是当地一个很有影响力的在家教育草根组织的创建者,这段话节选自她2013年10月16日在该组织成立十周年庆祝大会上的发言。

等，我们发现其与"直觉""本能""天性"等词语有相近的意涵，强调的都是人的自然状态，与卢梭所推崇的自然教育相吻合。这在《爱弥儿》一书中有集中的描述，整部书所贯穿的就是"人的本能或感官的随意性，而不是理性的确定性"，"用的几乎都是性情、倾向或气质这样的字眼"（渠敬东，2006）。在这些自然化情感化的表述里，理性被放在很低的位置，由此不难解释学校教育为何受到排斥，因为"任何制度化的训练知识都以一种最小的理性化为前提……出于传承的需要，学校教育系统总要对它所传达的东西实行一种最低限度的理性化"（皮埃尔·布迪厄，2015）。

依此逻辑，在孩子社会化的过程中，父母似乎不起什么作用，因为顺从孩子的自然天性意味着不给个体强加任何外在的价值观，那么社会所需要的良好教养何以养成？事实上，康德对卢梭的自然教育就颇不以为意，认为这种"自由"近乎动物本能（渠敬东，2006），尽管美国是一个"以孩子为中心"的儿童本位社会，但洛克所提倡的"绅士教育"以及父母对孩子的绝对权威仍为主流观念，放任式的教育并不被赞同。笔者在田野中也发现，外界对在家教育的家长仍有刻板印象，认为他们是放任孩子、不负责任的父母。

但事实上，许多父母在访谈中特意强调孩子的"良好教养"（well-behaved），多娜（Donna）两个已成年的儿子从没上过学，原因很简单。

> 在儿子很小的时候，我曾经在一个活动上见到一些十几岁的在家上学的孩子，他们是我见过的最讨人喜欢、最友好、最善于交际的孩子（nicest, most friendly and most communicative），你知道，我是做教育工作的，经常有机会到各种学校，他们跟我在学校见过的孩子一点都不一样，一般孩子到了十几岁，跟别人，尤其是跟父母有很大隔阂，不信任父母，但在家上学的孩子不会，并不是说他们跟父母不会起冲突，而是他们很习惯与父母在一起，有矛盾愿意沟通，因为从小就是一家人在一起。①

---

① 多娜（Donna）：50多岁，白人，现全职在家，受访场景：2014年5月8日，位于阿克顿市（Acton）的一所在家教育合作社（homeschooling co-op）。

对孩子健全性格和亲密家庭关系的向往使多娜最终被说服，虽然她所在的牛顿市素以优质的公立学校闻名，但她还是被吸引到在家教育的队伍中。

三 "分而不离"的抚育逻辑

对个体自由的尊重与良好教养的养成均为人本主义者的追求，但二者却存在内在逻辑上的张力，不可化约。如何在具体的日常实践中处理这一理念上的内在冲突？以下将考察父母在抚育过程中的作用，将其抚育逻辑概括为"分而不离"，并以此作为论述的焦点。所谓"分而不离"，指的是一方面在哲学意义上拥有一种超脱的情怀，渗透在上文所述的学习理念中，主要体现为一种深入的对平等理念的认同；另一方面，在此原则的基础上保持对子女教育的介入。下文将试图论证，与大众话语中"不负责任的父母"的形象相反，许多在家教育的父母在抚育孩子的过程中投入大量的时间和情感，但权威的运作更趋于隐匿和注重策略，同时，他们力图和孩子建立起一种新的关系性结构，即民主化的亲子关系。作为一种强大的情感资本，这种亲子关系恰恰是以好奇心为导向的在家教育顺利进行的前提和基础。

（一）"影子权威"的建构

以好奇心为导向，培养有独立见解的孩子，这要求父母重新思考并定位自己的角色。在为访谈设计的问题中，一个问题是"你是怎样教（teach）孩子的？"有趣的是，大部分家长都会纠正笔者的用词，正如一位受访者试图澄清的，"不，我不教孩子，我只是一个推动者（facilitator），做父母的如果能点燃孩子的好奇心，把这种能力发掘出来才是真正了不起的成就"。与田野之前的想象不同，很多父母并没有同时身兼教师一职，那在这种新的教育模式下，父母担当怎样的角色？如何点燃孩子的好奇心呢？

蒂娜（Tina）的个案比较有代表性，她的教育方法在其他访谈中也时有耳闻。采访在她位于萨摩维尔的家里进行，一进门就看到客厅显眼处摆着一架钢琴，餐桌上有一本《新闻周刊》，墙角的沙发上散落着几本书，每层楼都有很多书，尤其是三楼，蒂娜在那里放了几排书架，俨然一个家庭图书馆。按她的说法，相较于学校的"备用学习"（just-in-case learning），她实践的是"即时学习"（just-in-time learning）的理念。

我称之为"撒种"(strewing)和"机缘"(serendipity),前者就是在家里到处摆上我事先选择的书、光盘、小物件,等着孩子自然地去发现,后者指的是凭运气看会碰到什么有趣的事情,比如说今天走在街上,意外发现一个流浪艺人弹奏一种从未见过的乐器,就停下来看看那是什么,有趣在哪里。①

蒂娜的表述再一次强调,孩子的好奇心是整个教育的核心,但同时,我们也看到,被自然化的好奇心,在很大程度上是父母精心培育的结果,孩子看似随意接触到的事物,往往在这些中产阶级父母的审美趣味和价值观所预设的范围之内,如科学、艺术之类。罗斯(Rose)分享的故事颇能说明家长是如何为孩子筛选资源的,盛夏的一天,笔者来到罗斯位于水城(Watertown)的家采访,屋子里随处可见的手工艺品传递着一种温馨的质感,她骄傲地介绍这些都是她两个孩子的作品,女儿在哥伦比亚大学读大二,儿子今年刚从罗德岛设计学院建筑系毕业,正带着他的作品(太阳能房屋)在欧洲各国展出。儿子很小的时候,她就留心各种机会让他探索自己的兴趣。

我们去各种各样的展览,他一下子迷上了做首饰,央求我去跟老师学,那时候他才10岁!是老师门下最小的学生,他还在杂技团表演杂耍,从16岁开始,至少有四个夏天在昆西市场(Quincy Market)表演,赚了不少钱。如果上学的话,这些事是绝不可能做的。我们几个家长在一起时常说,一切都是为了孩子眼中闪烁的火花。②

由此我们看到,在尊重孩子的天性的教育理念下,父母的绝对权威并没有消失,而是在表现形式上从直接的控制变为间接的影响,以"影子权威"称之,以表明它的弥散性和隐匿性。

除了调动优势阶层资源,许多父母还会有意识地为孩子积极营造一个自然化的学习空间,将其认为有害的事物或因素屏蔽出孩子的生活,比如几乎所有的父母都敏锐地觉察到消费主义在当今社会的全面渗透,包括学

---

① 蒂娜(Tina):50多岁,白人,拥有社会学硕士学位,以前从事社工工作,现全职在家,先生在哈佛大学任教,受访时女儿12岁,一直在家上学。
② 罗斯(Rose):50多岁,白人,本科毕业于史密斯学院,现全职在家。

校也不能幸免,不少人将在家上学描述为抵制消费主义的文化实践,而不是一项单纯的教育行为。为什么消费主义是有害的?对这个问题的回答从家长们对电视的态度中可见一斑,蒂娜的看法代表了大多数家长,"电视里充斥着性、暴力和商业文化,让人变得被动,懒于思考"。这无疑与"非学校化教育"的理念背道而驰,因为由好奇心带领的学习所蕴含的是主动、积极的探索精神。因此很多人家里没有摆放电视,而是像蒂娜一样,有各种各样的书籍、乐器和其他学习器材,空间中物的种类和摆设方式作为一种无声的强有力的工具,预设并生产着父母特有的品位倾向,自然而然地在代与代间传递,使孩子形成一套特定的惯习。

也有些家长虽然强烈地反对消费文化,但不反对孩子看电视,而是将它作为培养独立思考能力的工具。"我会和孩子一起讨论,让他们学会明断是非,更批判性地看待问题","但孩子们很少要求看电视,因为顾着做更好玩的事情去了,比如我带他们一起烤蛋糕啊,在外面玩啊,就想不起来看(电视)了"。一方面,这些家长看到电视在教育中的价值;另一方面,他们往往做出相当大的努力以引导孩子朝自己设定的方向前进。这非常考验家长的智慧,比如布莱迪的经验是疏导。

> 我们家是严格禁止电视的,后来发现很难禁止,就改变方式,我们租了一些有深刻内容的经典电影,又加上孩子们特别爱看书,电视的吸引力就没有那么大了,当然有几个节目是全家喜欢一起看的。所以(我们的)办法是,对我们认为不恰当或有害的东西不去阻止,而是提供更有意思的东西。你知道,有些东西越不让看就越想看,也许这算是一种家长太极拳(parenting Tai-Chi)吧!

在笔者看来,布莱迪很善于以柔克刚,他曾津津有味地回忆起一次旅行的经历。

> 女儿12岁的时候,当时刚读完简·奥斯汀的小说,我买了廉价机票,带她们去奥斯汀的家乡实地考察。一路上我觉得她们太被动了,就想了个办法,在机场租好车以后,我假装太累了,说我要睡一觉,在睡醒之前,希望她们找好路线,然后把地图丢过去就闭上眼睛。我听到她们叽叽喳喳地说话,"天哪,这怎么办呢,爸爸睡着

了……那……那我们看看地图吧……"我忍住笑，过了十几分钟假装醒过来，孩子们已经全搞定了！

布莱迪的"太极拳"策略事实上是父母"影子权威"的一种形象比喻，考察这种权威运作的机制，可得出两点结论：一是在家教育的父母并非如其所说，一概反对知识及价值观由外向内的灌输，他们反对的是以学校为中介的国家意识形态的灌输，坚持父母在价值观传递中的主导角色；二是在孩子的社会化过程中，与"尊重孩子的天性"可能引发的揣测相反，父母没有袖手旁观，而是密切参与到孩子的活动中来，由此建立的亲子关系作为一种情感资本，使"影子权威"得以顺利运作。接下来将探讨在家教育的语境里，这种关系被形塑的条件和张力以及父母们的应对策略。

（二）民主化的亲子关系

在田野工作中，常常有受访者在回顾在家教育经历时感叹，收获最大的并不是教育，而是与孩子建立了融洽的关系。这种关系被定义为民主，除了因为孩子的个性受到充分尊重以外，还因为它建立在大量对话的基础上。许多家长都表示在家教育最大的优势是时间，与上学的孩子相比，亲子之间有充足的时间相处和交流，这与这些家庭内部的结构性安排有很大关系，通常有一位成人在家里负责孩子的学习，大多数情况下是母亲。玛琪（March）在描述在家上学对家庭生活的影响时说："简单来说，就是我和孩子在醒着的 90% 的时间里都在一起，因此有很多沟通的机会，即使有时候发生摩擦，也不得不应对冲突，而不是用上班上学来逃避。"[1]布莱迪回忆道："每天的午餐时间，我都与女儿们一边吃饭一边聊天，常常聊两三个小时，我们采取苏格拉底式的辩证法，这会刺激孩子们不断思考。"这样做的好处"除了是一种有效的学习手段，还可以建立联系，但很遗憾，它在当今的学校里没有得到足够的重视"。

讨论在家教育对亲子关系的意义，将其放在这些家庭所处的中产阶级文化中会获得更为清晰的认识。美国文化的公共舆论强调父母应学会与孩

---

[1] 对玛琪（March）的访谈是通过邮件进行的，她自述是黑人，信奉伊斯兰教，拥有心理学硕士学位，目前在读文学硕士，先生在一所大学的教育系任教，她的三个孩子分别为10 岁、8 岁和 5 岁。

子分离，正如贝拉所言："对于高度个性化的美国人来说，父母同子女的关系，总有那么一点异常的味道，因为儿童生理上对成人的正常依赖，被认为在伦理上是不正常的。"（罗伯特·贝拉等，2011）如一位妈妈这样描述她周围的美国家庭："孩子一出生，（关于独立的）文化灌输就开始了，'他得学会独立，让他哭去，别管他（指幼儿睡前哭泣训练）'，'他得自己振作起来，你可不想让他永远赖在你身上'，'就得让他自己受点罪，好长点教训'，这样的话还有很多很多。所有这些劝告都在把我们和孩子分隔开，切断我们之间的联系。"这种分离性文化一直延伸到孩子进入青春期，上学的孩子与父母相处的时间其实不多，各种课外活动占据了孩子放学后的时间，假期则去露营，有一位孩子正在上学的妈妈说："我有一年暑假没给孩子报夏令营，周围的朋友认为我简直疯了，他们说这么长的时间可怎么过啊？"对此，蒂娜的看法是："美国的露营文化之所以流行，是因为平时不怎么和孩子在一起的父母其实不知道怎么与孩子相处，而且他们认为这样可以培养自立精神。"而在许烺光看来，家庭内部角色与情感的分离正是造成美国众多社会问题的根源（许烺光，2002）。

事实上，在家教育的父母们，如果不是更加，至少也同样认同独立的重要性，但许多人对此进行了更为细致的阐述，主张"分"而不"离"，玛利亚（Malia）用两个词的对比来表示这种区分："我觉得（父母对孩子）应该是哲学意义上的超脱（detachment），但不是脱离（disengagement）。"她进一步解释道：

> （在家教育）意味着（父母）密切地参与到孩子们中间，敏锐地观察，帮他们找需要的材料，建议他们参加合适的活动，讨论他们认为重要的问题。孩子们需要自由，但同样需要父母的指导。所以如果我不清楚孩子早上干了些啥，他们在读什么写什么，并不意味着我对孩子们疏忽。恰恰相反，我所着眼的是整体情况，而不是细枝末节，我的目标是培养孩子们身上的无形资产，如批判式思维、对学习的热爱、对世界的积极参与。①

---

① 玛利亚（Malia）：50多岁，白人，本科学历，现就职于某杂志社，与前文提到的索菲一起创建了某在家教育组织，四个孩子绝大部分时间在家上学，其中第二个孩子在笔者离开田野一年后被哈佛大学录取。

"分"而不"离"无疑对父母抚育中的尺度拿捏提出了更高的要求,情感民主使良好的亲子关系获得原则性保护,在此,我们需要明确的是,融洽的亲子关系绝不是在家教育的必然产物,而往往是父母付出时间和情感,有意识追求的结果,尤其是通过积极介入、亲密互动来获得与孩子在情感上而不仅是在角色上的连接。在布迪厄的再生产理论中,文化资本在家庭中的输送占据相当大的分量,而且以一种最为隐匿的形式在日常生活中进行,但是他的理论没有把代际传递的情感加以概念化。黛安·雷伊(Diane Reay)则将抚育中的关系或情感维度视为中产阶级父母培养孩子所赖以使用的一种资本和调节手段(Diane Reay,2000)。下面的例子将说明亲子关系为什么对在家教育的家庭尤其重要,它不仅可以帮助化解抚育过程中经常出现的亲子冲突,更根本之处在于有利于父母对孩子施加影响,平衡个体自由和父母权威之间的张力,因而成为这些家庭追求的重要目标。

在家上学的圈子里对电子游戏有许多争议,如同对电视的态度一样,许多父母担心游戏让孩子变得习惯暴力、懒于思考,但也有一些人支持孩子玩游戏,如帕姆(Pam)就认为:

> 游戏可以引发即时的讨论和学习,而且养育孩子就是与孩子保持联系的过程,视频游戏可以创造与孩子联系的机会,首先,看着他们玩,这是个什么游戏?他们想在游戏中达到什么目的?看着他们解决问题,读地图、用游戏币,成功了跟他们一起欢呼,失败了就安慰他们。别小看游戏,也别小看他们的努力。下一步是帮助他们,做一点功课帮孩子达到目标、最后一步,你可以自己玩,这时候,孩子反过来可以帮助你了,如果你不喜欢玩也没关系,重要的是和他们在一起。这样以后当他们说起取得的最新进展,你也能明白他们在说什么。[1]

所以,在帕姆看来,电子游戏的价值就在于它成为一种情感连接的中介。她指出,当你和孩子建立起强有力的密切的联系,不管借助什么话

---

[1] 帕姆(Pam)是加拿大多伦多一位从事在家教育的母亲,她拥有理工科专业的本科学历,两个孩子都已成年,她创立的"非学校教育"网站为波士顿的许多在家教育家长所熟悉,笔者通过邮件的方式对她进行了访谈。

题，无论是电子游戏、电视、冰球，还是恐龙，你都在通过行动关心并支持着你的孩子。这样一来，当他们觉得沮丧的时候，会更愿意到你这里寻求帮助，你也会感到更容易与他们分享你对生活的观察、你的经验和你的爱。

对于游戏的负面影响，帕姆并不是没有觉察，但她没有在孩子的自由和自己的价值判断之间简单地做出非此即彼的选择，而是以亲子关系为优先考虑事项，提出了这样一条解决问题的路径：首先尊重孩子的个人选择，通过参与和互动与孩子建立互相信任的关系，从而更能有效地对孩子施加影响。如许烺光所指出的那样，帕姆也认为美国社会中出现的青年行为问题，其根源在于父母和孩子之间缺乏深层次的联系。"分而不离"的教养理念要求在具体的日常实践中致力于关系的培养，从而超越自由与权威之间的对立。

四　结语

现代性对于当今社会的影响不仅仅体现在社会结构和制度等公共领域和宏观叙事，对于个人生活的私领域，如亲密关系和抚育策略，也有着潜移默化的作用。与父辈相比，当代的父母们发现他们越来越处在规范与自由、权威与天性的内在张力之中，养育子女不再像以往那样是自然而然、顺理成章的事务，而是涉及多重因素考量的文化事项。质言之，本文探讨的核心问题是，父母们如何在不得不运用权威的同时又要掩盖权威，"在家教育"之所以为这一研究提供了一个绝佳的切入点，是因为这种教育形式的话语中彰显出巨大甚至极端的张力，考察这些家庭的抚育逻辑和策略有助于我们理解当代的抚育文化。

在家教育所奉行的"分而不离"具有价值和工具的分野，也就是说，"分"在这些父母看来是前提，是精神原则，而"不离"在这里仅是在"分"的前提下进行介入的路径，这些父母恰是因为区分了二者的层级关系，才能够处理好二者之间的潜在冲突。前者体现在以好奇心为导向的"非学校化教育"理念中，着力强调"学习"的自然状态和对孩子天性的绝对尊重，从而具有一种哲学意义上的超脱。后者体现在两个层面上：一是通过建立"影子权威"的方式介入；二是建立一种民主的亲子互动模式，经常性与子女进行平等对话。这两种方式是对"分"这一原则予以贯彻之时进行介入的策略性选择，换言之，上述两种介入策略恰是在"分"的前提下进行的选择，它区别于威权型家庭的介入策略。

当然，如开篇所述，由于权力关系的本质，亲子间的冲突贯穿于抚育过程中，笔者无意理想化和浪漫化这一尚处于不断发展中的教育形式，只是希望它能为解决抚育所处的张力提供一个新的视角，并且指出亲子冲突的协商和解决往往意味着父母一方付出更大的努力和代价。由此引出与本文密切相关的另一个问题，即父母（尤其是母亲）所付出的大量的"爱的劳动"对于女性的自我认同和母职的意义，这构成了本文研究的余论之一。

参考文献

爱弥儿·涂尔干，2006，《道德教育》，陈光金等译，世纪出版集团。
安东尼·吉登斯，1997，《亲密关系的变革》，陈永国等译，社会科学文献出版社。
罗伯特·N. 贝拉等，2011，《心灵的习性》，中国社会科学出版社。
皮埃尔·布迪厄，2015，《区分：判断力的社会批判》，商务印书馆。
渠敬东，2006，《现代社会中的人性及教育：以涂尔干社会理论为视角》，上海三联书店。
乌尔里希·贝克、伊丽莎白·贝克、格恩斯海姆，2011，《个体化》，李荣山等译，北京大学出版社。
许烺光，2002，《彻底个人主义的省思：心理人类学论文集》，许木柱译，南天书局。
Brian Ray, 2005, "A Homeschool Research Story", in B. S. Cooper (ed.), *Home Schooling in Full View*, Information Age.
Diane Reay, 2000, "A Useful Extension of Bourdieu's Conceptual Framework?: Emotional Capital as a Way of Understanding Mothers' Involvement in Their Children's Education," *Sociological Review*, Vol. 48, No. 4.
Jeffrey S. Dill, 2012, Culture of American Families: Interview Report, Institute for Advanced Studies in Culture.
Jeffrey S. Dill, 2013, "Are You Raising a Narcissist?" *The Huffington Post*, February 19.
John Holt, 1967, How Children Learn, Lanham, Pitman.
Milton Gaither, 2008, Homeschool: An American History, Palgrave MacMillan.
Robert S. Lynd and Hellen Merrell Lynd, 1929, Middletown: A Study in Contemporary American Culture, Harcourt, Brace and Company.

（原载《开放时代》2017年第1期）

养育快乐的孩子

——流行育儿杂志中亲职话语的爱与迷思

陶艳兰

内容提要 当前中国的亲职话语正在发生变化，大众媒体经常传播养育快乐的孩子的重要性以及如何养育快乐的孩子。文章通过对流行育儿杂志《父母必读》2004年至2014年"特别策划"中部分文本的话语分析，探究了专业知识话语和消费文化话语对当前理想儿童的建构。结果发现，杂志文本再现了儿童应该拥有属于自己的童话世界的儿童观和教育观，建议父母对孩子进行"爱的教育"，包括情感投入、时间投入、金钱投入和以孩子为中心、养育快乐的孩子。话语分析的结果显示，养育快乐的孩子不过是一种话语修辞。它承载和传播的是专业主义、密集亲职和消费主义意识形态，支持了当前的政府治理模式，参与促成儿童教育的"亲职转向"，对母亲身份和角色的建构以及儿童照顾安排等方面产生了重要影响。

一 问题的提出

育儿问题已经是一种备受关注的文化现象。2015年度电视剧《虎妈猫爸》反映和再现了当前中国城市家庭中的育儿问题，并引发了广泛的讨论。该剧导演姚晓峰说："教育的困惑已经成为社会问题。在这部剧里，我们一起探讨什么是最好的教育方式，我要把我认为最好的教育方式告诉大家……"（吕隽、姚晓峰，2014）令人印象深刻的剧情是"狼爸"杜峰与海归教育专家唐琳之间的两场辩论，他们分别是当前占主流的中国教育理念和西方教育理念的代言人。最后唐琳获胜，"重视孩子内心的感受""让孩子做自己"等这些来自西方国家的教育理念受到家长们的认可和称赞，中国当前比较流行的虎妈狼爸的教育理念和方式遭到清算。剧末，男女主人公置身于一个美丽虚设的童话世界，蓝天白云绿树，孩子们在其间奔跑，一幅田园牧歌式的画面令人心旷神怡，"孩子是有他们自己的世界的""快乐最重要"，这句对白很清楚地传达出剧中毕胜男夫妇对自身教育方式反思和痛苦挣扎之后所达成的共识，也是该剧想要告诉观众的最好的教育方式，更是当前大众文化中比较流行的"快乐教育"在电视媒体上的再现。从学术研究的角度该如何去理解这种快乐教育呢？

有关如何养育孩子的育儿建议是一种历史与社会的建构。育儿建议深深地扎根于特定的社会背景当中，政治、经济及文化的变迁带来育儿实践和育儿文化的改变。19~20世纪，人们对科学的热情与信心几乎席卷一切领域。科学育儿开始兴起，母亲开始感觉到依靠口耳相传的方式流传下来的传统育儿知识已经无法帮助她们教养好孩子，科学的母职由此形成（Apple，1995）。那时的科学育儿实践和规范受行为主义科学的主宰，认为孩子需要得到严格的训练以便形成良好的日常生活习惯。这种育儿规范与早期的工业社会特质相关联，工业社会需要工人有规则意识、严谨和有效率。随着社会的变迁，到20世纪中期，生产文化逐渐被消费文化所替代，科学育儿中的纪律训练也逐渐被宽容、建议和劝告的方式所替代（Rutherford，2009）。20世纪初，父母被要求关注母婴保健和生长发育；20世纪30年代，父母被建议在专业知识的帮助下培养情绪健康的孩子；到了20世纪60年代，西方育儿杂志大量建议父母促进孩子的认知与智力发展。工业化的发展促进了育儿建议从保健向智力发展的转变。在现代化的过程中，教育在社会分层和流动中的作用越来越重要，孩子在学校系统中面临较大的学业压力和要求，早期认知教育的目标直接与这种教育环境相对接，所以父母都尽力促进孩子的智力发展（Julia Wrigley，1989）。在1928~1944年与1990~2012年这两个不同的历史阶段，加拿大流行的妇女杂志 *Chatelame* 对母亲的建议发生了非常明显的变化。早期的母职被再现为一种严肃而耗时的工作,重点放在孩子的身体健康和行为习惯的教导方面,以便孩子将来能够适应工作场所、家庭和社会;而后一个时期的母职则更多地被描绘为一项情绪工作,不仅要关注孩子的身体健康和行为习惯,还要密切注意孩子的心理健康和情绪稳定,养育孩子不仅仅是为了让他们适应社会,更要努力让其过得幸福快乐。前期的医疗化聚焦于儿童的身体和行为习惯,后期则注重儿童的个性和情绪。这些变化折射出社会价值的变迁,心理专业话语和风险社会导致妇女杂志育儿建议发生变化(Clarke,2014)。来自英国的研究也表明,在过去的20多年里,亲职文化发生了很大的变化,儿童养育的任务不断扩张,亲职范围也不断扩大,逐渐成为公共讨论的主题。亲职文化方面的变化与儿童处在风险中的观念的发展是同步的,亲职扩张与风险社会的发展也是同步的,在这种社会背景下,父母也被建构为风险的管理者(Ellie Lee et al.,2010)。脑科学研究的新进展亦对亲职文化影响甚大,在相关理论知识的指导下,父母被建议去最大化地促进孩子的认知和智力发展。当前新自由主义意识形态下强调个人责任、自我管理和自我增强的管理模式也促使此类对父母的建议的增多(Wall,2004)。风险社会和消费主义文化共同促使儿童观念的转变,并直接影响了亲职文化的变化。在某种程度上,童年的危机是风险社会中成人世界的焦虑和不安全感在儿童身上的折射。而这将深深地影响家庭中的亲职实践,童年阶段的风险无处不在,儿童是那么的纯洁,他们应该拥有幸福快乐的童年,所以父母要保护他们,通过消费给他们提供尽可能好的环境和条件(Mary,2010)。综上所述,英文文献中关于育儿建议的研究显示,从前工业社会、工业社会到当前的风险社会,育儿建议与特定的历史时期的经济和文化特征密切相关。学者从风险社会、消费文化以及脑科学研究进展等方面对当前育儿建议或亲职文化的变化进行了解释。在经济全球化的今天,科学育儿知识在全球范围内得以传播,全球资本也正在尽力打造一个同质性的儿童文化。中国自改革开放以来,逐步卷入这种全球经济体系。在此背景之下,中国的育儿建议正在发生何种变化?家庭教育的重要性受到越来越多的重视,对家长科学育儿的建议以及对家长责任意识的强调已经成为家庭教育领域的主流现象。家庭教育立法也正在推进当中。而国内学界对育儿问题的研究比较集中在育儿实践和育儿支持体系建构及照顾政策等方面,对文化层面的研究和反思比较缺乏。少有的几篇文献从亲职文化的变化这一角度指出了当前育儿领域发生的变化,比如,"好妈妈"是符合标准的全知全能的"教育妈妈"(金一虹,2013),当前亲职职责范围不断扩大,"家长主义"开始盛行(金一虹、杨笛,2015)。这些研究捕捉到了亲职文化方面的变化,但是这种变化是如何发生的?会产生什么样的影响?仍需要进一步探究。在重视家庭教育的背景下,这一研究取向具有一定的现实意义和理论价值。本文在以上国内外相关研究的基础上,描述中国当前亲职话语中育儿建议的内容,剖析这种亲职话语产生的社会背景和话语建构机制,并分析它可能造成的影响。

二 研究方法

大众媒体是建构社会真实的重要机制。社会建构论认为,媒体与社会之间的关系是再现与被再现的关系。再现论认为,媒体并不是被动反映社会状况,而是从无数纷杂零星的社会事件中主动加以挑选、重组、编排,以文字或图像等符码组成一套有秩序、可理解、有意义的叙述方式(林芳玫,1996)。本研究对流行育儿杂志进行分析,在杂志与社会之间关系的思考方面,采取"再现论"的立场。在此理论视角下,本研究的重点并不是要去分析流行育儿杂志中的育儿内容和观念是否与现实情况相符,而是要尽力在广阔的社会背景中去呈现并解释流行育儿杂志如何挑选、重组和编排育儿相关事件,建构特定的育儿知识,以此来剖析各种社会力量之间的关系与运作。

本文采用话语分析的方法对流行育儿杂志《父母必读》相关文本进行分析。权力机制如何安排运作,权力运作机制如何通过话语而将不平等的关系结构化并且维持和延续,是话语分析要去探讨的焦点问题。话语分析是一个跨学科的研究取径,很多学科都有自己的一套话语分析方法。诺曼·费尔克拉夫(Norman Fairclough)将语言分析和社会理论结合在一起,发展出了一个适合于社会科学研究特别是社会变化研究的话语分析框架。它包括三个向度上的分析:文本、话语实践和社会实践。文本分析包括四个主题,分别是词汇、语法、连贯性和文本结构。话语实践牵涉文本生产、分配和消费的过程,其实质是知识/权力机制在社会的宏观层面和微观层面的运作,包括的三个主题分别是:言辞表达中的力量、文本的连贯性和文本的互文性。社会实践在意识形态和权力的关系中讨论话语

（诺曼·费尔克拉夫，2003）。本文参考和借鉴这一系统性的分析框架对文本资料进行分析，拟定初步的分析框架。首先运用话语分析中文本的互文性的技术和方法对材料进行分析，着重于文本生产的过程；然后在话语实践分析的基础上，着重分析作为社会实践的话语，即着重在意识形态和权力的关系中讨论话语。

《父母必读》于1980年4月创刊，是中国改革开放后创办的第一本家庭育儿杂志，也是知名度最高的一本以家庭教育为主要内容的权威科普杂志。刊名由宋庆龄题写。它的创刊在当时的社会背景下具有重要的社会意义。杂志在创刊之初关注儿童、青少年的生育、养育与教育问题；随着时间的推移，定位逐渐清晰，仅关注0~6岁的孩子和他们的养育者。本文聚焦学龄前儿童的家庭教育问题，选取21世纪以来《父母必读》杂志中与教育内容和教育方式相关的文章作为分析对象。《父母必读》杂志自2000年以后增加了印张，文章数量及内容大幅增加，在栏目设置上做了比较大幅度的调整。2000年至2003年开辟了"本刊视点"栏目，2004年之后改为"特别策划"，每一期杂志的"本刊视点"或"特别策划"只有一个主题，这种情况占绝大多数，但是也有少数例外，2003年12期当中只有11个主题，2004年和2007年却分别有15个主题和14个主题。一般情况下，每一期此栏目的主题由杂志编辑部策划，通过案例或数据呈现主题内容，由数名该领域专家组成专家支持团队对前述的主题内容进行点评、分析或总结。"特别策划"栏目的标题也会以较大的字体显示在封面上比较显眼的位置。各种迹象显示，"特别策划"的主题基本上能够体现出杂志传播的核心内容。21世纪初期的杂志在内容上与20世纪90年代中后期具有较强的连续性，2003年9月与法国育儿杂志开展版权合作，杂志自2004年之后在内容、形式和风格上都发生了较大的转变。基于此，本文选取的研究资料为2004年至2014年杂志中的137次"特别策划"，每次"特别策划"中包含3~6篇文章。需要说明的是，2004年至2006年的杂志改为半月刊，2007年之后恢复为月刊。上半月即奇数期保持原有的风格，所以在抽样的时候只关注上半月刊。关于怀孕、生产、照顾与健康等与本文研究内容不符者不在分析之列，这样一来就筛选出48次符合本文内容要求的"特别策划"。根据立意抽样的方法选取其中有关育儿方式的30篇文章作为本文的分析文本。采用费尔克拉夫提出的文本分析及话语分析框架中的具体向度对所选取的文章进行分析。

三 重新发现童年世界

(一) 认识儿童

当前对儿童的界定和观念正发生着明显的改变。具体言之，就是认为孩子不是一张白纸，有主动成长的规律和意识；儿童应该有属于自己的童话世界，在这个世界里，孩子可以做自己想做的事情，童年生命力得到生长和发展，孩子便会收获童年幸福感。杂志文本比较精准地传达了这一时代特征，并将它具体化后传递给读者。

现在的小孩普遍会遇到一个麻烦：大人似乎把他所有的时间都填满了。小孩是非常具有生命力的，我相信他还是会有属于自己的童话世界，但是问题是他能够在他的童话世界里待多久。小孩在童话世界里待的时间变得越来越短，这是很悲哀的事情（朱德庸，2008）。

以上文字来自2008年第2期"特别策划"中朱德庸的一篇文章。整篇文章占有两个版面，基本内容是，孩子的世界是一个非常自然的世界，大人要顺应孩子的特点，学会尊重孩子，并与孩子好好相处，作者在文章中也分享了自己的育儿经历。读者可以看到，一个知名漫画作家用自由柔和的笔调在其文字中表达着自己的儿童观，孩子有属于自己的童话世界，如果父母过早地将孩子带离这个童话世界，那便是一件非常不好的事情、一件"很悲哀的事情"，童年的生命力难以生长。很明显，这里的"童话世界"是孩子的世界，与大人的"竞争世界"相对。20世纪90年代的杂志文本迫不及待地说服父母要做好让孩子面对竞争社会的准备，而21世纪的杂志文本却似乎反其道而行之，一心想要告诉父母不要"打扰"孩子，让他"做儿童做的事情"，让他"成为他自己"，建议父母为孩子构筑童话世界，远离竞争社会。《父母必读》创刊30周年庆典暨21世纪儿童发展论坛之"面向未来的育儿生活"论坛上，有专家说："儿童的名字是今天，不是明天。教育应该认同和尊重童年生活的价值，应该使每个儿童发现自己的潜能，并对自己影响控制环境的能力感到越来越自信。应该强调教育不是流水线上的机器，儿童也不是批量生产的

产品，应该尊重和理解儿童的现在，而不是无休止地为儿童的未来作计划。"（却咏梅，2010）

这种童年生命力的概念还出现在 2010 年第 6 期的"特别策划"中。下面这段文字来自林文采对于幸福童年的观点，她认为孩子的幸福主要来自童年生命力的发挥。据杂志介绍，林文采是国际知名萨提亚治疗师，也是"她时代"家庭大学首席亲子专家。同时，她还是美国心理辅导学、临床辅导学博士。

> 如果一个孩子觉得很幸福，他肯定不是在做成人做的事情，而是在做一个儿童做的事情，是他作为儿童的生命力得到了发挥和完成。每个人今天的"我"都是过去各个年龄段的"我"结合起来的，如果一个孩子童年很幸福，说明他童年的生命力发挥得非常好，而这将成为他未来很重要的资源（本刊编辑部，2010a）。

儿童生命力能够得到发挥和完成，是因为他"在做一个儿童做的事情"。这段文字的言外之意是，如果父母想要孩子将来得到好的发展，就要让他拥有一个幸福的童年，给他营造一个可以做儿童做的事情的空间，让他的生命力在其间充分生长。

杂志文本关于儿童的另一个聚焦点是如何让孩子幸福。"让孩子做喜欢的事，他就能专注和持续；让孩子做喜欢做的事，更容易培养出主动学习的能力；让孩子做喜欢做的事，他就能成为他自己。而成为他自己，就意味着成功和幸福。"（本刊编辑部，2011b）在 2011 年第 9 期"特别策划"栏目中，杂志邀请数位事业有成的名人谈如何让孩子幸福，他们基本上主张"让孩子做自己喜欢的事"。例如"让爱表现自由生长"，"对孩子的成长，我们要做发现者、潜能的挖掘者、辅助者，而不是破坏者"，"童年是最好的时光，本来有各种奇妙的想法，可许多违背孩子意愿的学习浪费了时间。如果能给孩子自由的空间和实践，让他做自己喜欢的事，他会奠定好人生最重要的基础"（本刊编辑部，2011b）。

这种"成为他自己"的观点也体现在以下这段文字中。文中提及的陈学锋是联合国儿童基金会驻华办事处教育专家、北京师范大学教育与发展心理学博士。我们一直用"孩子是一张白纸"来强调后天环境和教育对孩子成长的重要影响；而今天的心理专家则认为孩子不是一张白纸，借此来强调孩子自身的成长规律不可忽视。前者代表了家庭教育领域家长和环境的作用，而后者则代表了强调家庭教育中儿童的主体性地位和主动性、以孩子为中心的教育理念逐渐兴起，父母被建议不要试图去"教育"孩子，只要不扰乱孩子成长发展的节奏就好，家庭教育中的亲子关系也随之发生了意义深远的变化。

陈学锋在和我们分享这个问题的时候，首先提到一个有冲击力的观念，那就是"孩子不是一张白纸"。她认为，每个孩子在身心发展中都是具有主动性的，他有自己成长的规律，有主动成长的意识。而父母正是需要观察到孩子什么时候出现这种主动意识，及时"促"一把，才能真正帮助孩子成长，而不是破坏、限制孩子的发展，也不是揠苗助长。如果父母不尊重孩子成长中这种主动性，时时把孩子当作一个被动的受教育者，有过多的控制和主导，不仅不会把孩子教好，还会影响孩子自信的养成，让孩子不断产生无能感（本刊编辑部，2014a）。

在以上这些"特别策划"栏目的文章中，很多时候是知名人士或各类专家结合自己的工作经验或育儿经验，讲述自己的观点，传递出他们所在阶层的价值取向。文体大多采用散文形式，文风比较自由活泼，所论及的问题，专家和知名人士是如此这般理解和处理的，只是展现在读者面前，没有语重心长的、直接的教导，但是达到的效果却并未因此而减弱。他们的现身说法，拉近了与读者的距离；父母在阅读杂志的同时也成为学习者，专家的观点需要消化和学习，专家的经历可以参照和模仿。虽然杂志表面上没有呼吁读者应该怎样，但是这种生产文本的方式和现身说法的力量足以让父母自我约束和自我教育。

（二）多元、快乐的成长元素

在上述儿童观念的指导下，杂志文本向读者传递了一种快乐教育的理念。在早期教育内容方面，越来越重视玩具、旅行、阅读等给孩子带来的积极影响，主张给孩子营造多元的体验空间，让孩子快乐地成长。学习的概念逐渐在淡化和转移，"成长"和"发展"出现的频率非常高。在专门的智力发展论述方面，反对过度开发，主张"玩就是学"，提倡在具有安全感的氛围下进行互动交流以观察、发掘孩子的兴趣，最终能够顺其自然地促进孩子的发展，在快乐的氛围中促进孩子的认知和社会交往。

> 时代在进步，我们对学习的理解也在进步！今天，孩子们的学习中有了更多的快乐元素。寓教于乐、玩中学的教学办法，让学习的形式更多元了，体验更愉快了。快乐教育是这个时代的主题。……"婴儿出生后已具备了学习的兴趣，并且天生具备学习的能力"，"在主动的学习过程中，由于大脑神经的活动所产生的激素，会带给人兴奋和快乐的感觉"。20世纪末脑神经科学的这些重大发现告诉我们，孩子生下来就有探索未知、学习新知的欲望，孩子时刻都在学习（本刊编辑部，2005）。

"快乐教育是这个时代的主题"，多么明确的声称！上段文字的作者引用最近的脑神经科学的研究结论来说明，我们要重新理解孩子的学习。学习不仅是家长教育的过程和结果，而且是孩子时时刻刻在进行的活动。言外之意，父母要提供更加多元的学习途径，以保证孩子能够在学习中获得更丰富的体验和更好的学习效果。这些多元的学习途径包括玩具、阅读、才艺与旅行等。

> 孩子从玩具中学到的东西，是一种早期经验的贮备，它的效果不像识字、做数学题那样立竿见影。比如孩子在玩积木中积累的空间概念，也许要到中学学几何的时候才用得上。孩子刚出生时，你在他床头挂一些玩具，孩子用脚踢、用手摸、摆动时发出声音等等，通过这些活动，孩子发展着自己的感知觉，这就是一种学习（本刊编辑部，2007a）。

玩玩具可以为将来储备早期经验，能让孩子学到很多东西，还可以让孩子感觉自己是主人。这被认为可以给孩子带来快乐，而孩子心理上的愉悦又被认为是极其重要的。因此，玩具基本上是孩子成长过程中不可或缺的物品。翻开2004年以来任何一本《父母必读》，玩具的广告必定扑面而来，知名玩具品牌、设计师、相关专业人士对玩具的解读等内容是读者无法忽略的信息。"玩具可以促进孩子某些能力的发展……理解了它们，我们也就学会了选择。好玩具背后的研发和设计是无可替代的，这让它从一开始就注定了优秀与与众不同。"（本刊编辑部，2012a）杂志中的玩具广告不断地强调："我们的生活离不开真正的玩具，它永远是孩子的需要，也是父母表达爱的需要。为孩子找到他爱的玩具，找到让我们放心的玩具，陪孩子一起创造性地玩玩具。"（本刊编辑部，2012b）这些都是父母应该懂得和做到的。事实上，当前对于玩具的争论不绝于耳。一个比较流行的批评意见是，那些高科技玩具仅仅编码了一些有限的回应行为，会使儿童的创造力受损，甚至对创造力构成威胁（艾伦·普特劳，2014）。杂志文本对此却基本只字不提，有目的地筛选出玩具有利于孩子发展方面的信息，忽略和删除了不利于孩子发展的信息。杂志文本的选择性特征背后隐藏的意识形态值得深究。

  亲子旅游的意义更在于"体验"。有些体验也许孩子当时并没有感觉，但是他看到了、摸到了、闻到了、感受了，以后会给他的生活带来不同的影响。体验越多，孩子的印象就会越深刻。建议无论带孩子去哪儿旅游，都该注意自己的行程里是否有"体验"的意义蕴含其中（本刊编辑部，2007b）。
  一旦把亲子旅行定义为发现之旅，就已经接近它独特的魅力了。带着发现的眼光，孩子很容易在亲子旅行中被激发出创意和想象力……在众多的体验中逐渐找到自己的兴趣爱好；我们也期盼借着每一次亲子旅行的机会，享受生活，发现美好（本刊编辑部，2014b）。
  旅行的意义其实是在于让孩子自发地涌动好奇心去感受和体验外界，而不是像上课一样被灌输知识。即使是还不会说话的小宝宝，也有他表达好奇心的方式，比如在沙滩上抓沙子不肯离开，那就是他还没有"研究"够。让孩子在旅行中自觉地打开自己的五感去观察、体验、思考，才能真正实现所谓的"开阔视野"（本刊编辑部，2014c）。

  "最好的养育在路上"，旅行被定义为"发现"，旅行的意义被建构为"感受"和"体验"。总之，亲子旅行可以激发孩子的创意和想象力、增加孩子的阅历、开阔他们的视野。孩子的成长不只需要知识，还需要"发现美好"，给他们的人生涂上多彩的底色。杂志中关于亲子旅行的

"特别策划"栏目，一般由读者首先介绍他们的旅行趣事和经验，分享他们对于带孩子旅行的感受和心得，可能还会有相关专家的点评，对读者的感受和心得进行肯定和进一步的拓展。最后，会有旅行公司建议的路线和注意事项等内容。

除了提倡"最好的养育在路上"，杂志还十分重视提倡亲子阅读。自2005年起，《父母必读》与红泥巴网站一起推出"童书推荐年度排行榜TOP10"，成为父母为孩子订购图书的重要参考。阅读作为一项育儿内容，在20世纪八九十年代的杂志文本中就一直被提及。不同的是，阅读的理念和方式发生了改变。在最初，阅读的作用被指向认字、提高表达能力、拓展课外知识面、为将来的写作能力奠定基础等。而当前阅读的概念变成了"亲子阅读"或"亲子共读"，强调父母念图画书给孩子听，所读之书要真正以孩子为本、关注孩子的情感世界。孩子在阅读的过程中能养成一种"阅读力"，这种能力可以被理解成为生活的智慧，帮助孩子在今后的生活中面对和处理各种问题。

> 亲子阅读，不仅是父母和孩子一起读一本书那么简单，它是无形的纽带，紧密着家人之间的连接。它还能把一家人凝聚在一起，为一个小故事感动，为一句有趣的话共同欢笑。它还让我们学会了爱的表达，懂得了尊重他人和自然（本刊编辑部，2013e）。

下面这段文字来自台湾儿童阅读推广人、儿童文学作家方素珍在2009年第12期"特别策划"中的发声，她从"阅读力"的角度解答父母对于亲子阅读的疑惑。这种关于阅读功能的观点被广为接受，它完全是从孩子需求和成长的角度来做的论述，认为阅读不一定能让孩子在起跑线上一开始就跑得快，但是一定可以让孩子人生之树的根扎得比较深，将来会跑得更远。现在的投入可以为孩子将来的事业和生活做准备。

> 我认为，读一本书，就像在心里埋下一颗种子，这颗种子会慢慢发芽、长大、开花。不久，花瓣中就会住进来一位"小精灵"。我们埋下的种子越多，心里就有越来越多的小精灵，这些小精灵有一个共同的名字叫"智慧"。每个人在成长的过程中，都有生离死别、酸甜苦辣等生活问题。自己要如何去面对和解决呢？这时候，心中的智慧

小精灵就会悄悄地和我们"对话",帮助彷徨的我们下"判断"。这是真正的"阅读力"(本刊编辑部,2009c)。

综上所述,养育快乐的孩子,其实是一种话语修辞。不论玩具、旅行还是亲子阅读,它们最终指向的还是促进孩子的认知水平、提高社会交往能力、积累人生跑道上的爆发力等内容。儿童观念的改变,加之消费主义文化的影响,给家庭育儿披上了一层浪漫色彩,也给父母育儿提出了前所未有的密集投入的要求。

四 爱的教育

杂志文本力图使父母相信,有了正确的养育模式,便可以让孩子不输在快乐幸福感上。应该怎样养育快乐的孩子呢?父母被告知,孩子不是问题,孩子的问题也不是问题,父母对待孩子以及对待孩子问题的方式和态度才是问题。那么这个问题到底是什么呢?杂志从情感投入、专家指导、金钱投入和以孩子为中心四个方面对父母提出了建议,这四方面内容无一不包括一个"爱"字,是为"爱的教育"。

(一)情感投入

情感投入被视为养育孩子过程中的关键性基础和必需部分,也是爱的教育方式中最直接的部分。爱孩子是为人父母者之本能,父母能做的最重要的事情就是给孩子无条件的爱;婴幼儿如果不能与某个特定的养育者建立情感依恋,那么就会影响到他成年之后的人际关系的建立。这些观念已经广为流行。杂志文本在这些育儿观念的指导之下向读者建议如何实现育儿过程中的情感投入。

> 每个动物都有爱自己孩子的本能,人类也不例外。比如我的心能感受到孩子的痛苦,感觉到他不舒服,这就是本能。当我感觉到我这样做使得他痛苦,就得去想一下他的痛苦到底是为什么?(本刊编辑部,2013a)
>
> 母乳喂养提供给宝宝的不仅仅是我们可以感知得到的营养素,母乳喂养更是和肌肤相亲互动的亲昵时刻。……多和宝宝互动交流,抚

触是个不错的活动。每天的抚触，给母子提供了一个共处的时光，给孩子做做操，肌肤相触，都会促进孩子的安全感（本刊编辑部，2013c）。

对于一个小婴儿来说，自己的需求得到满足就是最大的幸福。此时的孩子对世界的认知是通过母子关系进行的。感受到妈妈对自己的爱，自己的每个小小动作妈妈都会有反馈，孩子就会觉得幸福。所以，此时的妈妈不要以为孩子不懂事就忽视孩子的一些举动，要多和孩子说话，看着孩子的眼睛微笑（本刊编辑部，2010b）。

孩子小的时候，最享受的是抱着她的感觉；现在则是孩子熟睡时抚摸及亲吻她的感觉；也很享受孩子在我假寐时照顾我、孩子和我聊天说未来的时刻。和孩子一起做某件事或什么也不做，大家的心思都在对方身上，特别亲密自在地交流（本刊编辑部，2010c）。

对孩子的情感表达是非常必要和重要的，就像植物需要水分。父亲应该时不时地脱掉盔甲来拥抱自己的孩子，亲吻孩子（本刊编辑部，2008a）。

上述第一段材料强调父母有爱孩子的直觉和本能，能感受到孩子的痛苦。一旦有了这种感受，就应该去想一想孩子的感受从何而来。第二段材料从客观的立场讲述母亲如何同婴幼儿进行亲密互动以促进孩子的安全感的获得。第三段材料传达的是，婴儿知道自己需要什么，基于此，母亲要"多和孩子说话，看着孩子的眼睛微笑"。第四段材料通过父母亲的口吻，描述了一幅亲密的、富有感情的亲子互动图景，甜蜜而温馨。外面的世界竞争有多残酷，这里的画面就有多温情。最后一段材料特别强调父亲对孩子的情感表达和投入的重要性。总的来讲，杂志文本告诉读者，良好的亲子关系是孩子获得安全感及认识世界的基础，而良好亲子关系的标志是亲密感，父母对孩子的情感投入是孩子成长过程中必需的养分，能给孩子带来安全感和幸福感，也能给双方带来快乐和享受。父母都能够也应该采取情感投入的育儿方式来养育快乐幸福的孩子。

（二）以孩子为中心

"每天一进家门就陪我玩。陪我看动画片。我发脾气的时候也不生气。接我下幼儿园后能等我和小朋友玩够了再回家。吃饭时我弄脏了地板不说我。每天睡觉前给我讲故事。"(本刊编辑部,2008b)父母被建议了解孩子的心智成长规律,从孩子的视角看问题,以满足孩子的需求。这是一种典型的以孩子为中心的育儿方式。以孩子为主语的叙述方式也凸显和加强了孩子的中心地位。以孩子为中心的育儿方式不仅指孩子是家庭关注的中心,它还包括这样一种现象:孩子指引父母的育儿方向和重点,父母要顺着孩子的步伐,走在他的后面,而不是在他的前面拉他。孩子自己知道他需要什么,父母要做的就是去陪伴、观察、发觉并满足他的需要。美国著名育儿专家本杰明·斯波克(Benjamin Spock)是这种宽容自由型育儿观念的重要支持者。随着西方育儿观念和方式的传入,以孩子为中心的育儿方式成为流行育儿杂志所建议的重要内容之一。

为了让孩子玩得更好,我们得努力去做"好玩"的父母。有心的父母,知道孩子从小婴儿起,很多不经意的动作就是在玩了。为了让孩子玩得更好,可能会付出更多的辛苦和关注。……有了童心,我们就能知道孩子喜欢玩什么,孩子喜欢怎么玩。有了童心,我们也会跟他玩得更投入。……有时候我们可能更需要耐心地站在一边看孩子自己玩,不必给予孩子大量的语言指导。耐心还指我们对小淘气们的宽容,我们大可不必用怒吼和说教来建立规则,耐心地问问他为什么这么干,然后帮他找到一种替代玩法也许效果更好。用心的父母,一定会适时地帮助孩子玩得更好,应该是自由玩耍舞台的搭建者、孩子兴趣的调动者和适时调试者。但是,也千万别把"用心"变成"别有用心"。因为,一旦玩有了功利性,孩子可能就不会再玩得那么痛快了(本刊编辑部,2009b)。

以上材料非常具体地展现了"以孩子为中心"的育儿方式的主要内涵。父母应该具备"有心""童心""耐心""用心"四个方面的特点。有心的父母具备一定的洞察力,知道孩子"不经意的动作就是在玩";童心即高质量陪伴,父母为了更好地陪伴孩子而"变回小孩子",陪孩子做孩子应该做的事情,而非父母指定的事情;耐心也意味着高质量的陪伴,观察孩子,宽容孩子;用心指为孩子创造环境,刺激孩子的兴趣。不论做什么事情,都不能"别有用心",不能带有大人的功利性,一定要保持"童汁童味",让孩子沉浸在自己的童话世界里。这种观点极力地将孩子的世界和成人世界划清界限，建议父母要尊重孩子的世界，孩子知道自己要什么，不需要父母的控制和"教育"。

  养小孩这件事情是绝对不能讲效率的。养小孩需要你花费很多的时间，需要你很有耐心，要很慢。小孩子是完全独立的个体，我们有的七情六欲，小孩子都有。我们觉得孩子不听话，其实问题在于我们不了解他。没有仔细体会他的内心，就没有办法与他沟通交流。……我觉得不要总埋怨孩子学习不好，试试不要催他，为他营造一个温暖而有秩序的家庭氛围。有的时候，孩子情绪不好，是因为家庭成员的生活步调很乱，孩子没有办法适应（谢淑美，2012）。
  慢，不是不管，而是跟着孩子的节奏走。与其站在孩子的前面拉他走，不如站在孩子的后面跟着他的步伐，给他支持，给他提供环境。……蹲下来，耐心听他的心声；站在他的后面，在需要的时候做他强有力的后盾（本刊编辑部，2012c）。
  不要在孩子集中注意力做"工作"的时候打扰他。在他需要的时候，作为一个玩伴出现在他的身边。孩子需要有"悠闲"甚至"无聊"的时间，不要把他的时间安排得太满（本刊编辑部，2008c）。

上述材料从另一个角度展现了"以孩子为中心"的育儿方式的内涵。养育孩子需要大量的时间和耐心，与家庭外部的竞争社会里时时处处讲效率的逻辑决然不同。在工作场所中，父母可以掌控很多事情，然后确保高效完成任务。但是在家庭中，父母需要"跟着孩子的节奏走"，不能控制他，取而代之的是要走进他的内心、满足他的需要、给他提供环境。孩子不听话，需要检讨的是父母及家庭，要为孩子"营造一个温暖而有秩序的家庭氛围"。

（三）金钱投入

  如何养育幸福快乐的孩子？除了上述情感投入和以孩子为中心之外，还需要花费大量金钱满足孩子的需要。孩子有自己的成长意识，父母要擅长发现孩子的兴趣和潜能，并在适当的时候助他一臂之力，创造环境去支持他。父母被建议给孩子买名牌益智玩具、带孩子旅行以增加其阅历和对生活的体验、陪孩子一起读书、关注孩子的需要、懂得孩子的心理发展规律……所有这些都需要父母付出情感、时间、精力和金钱。"创造环境"在很多时候意味着人为地为孩子构筑一个"自然长大"的环境,延长孩子的儿童期,不要过早地进入激烈竞争的现实世界,而这又意味着更多的金钱投入。细读文字内容,就会发现"自然长大"的环境并非放手让孩子自由自在地长大,这里面反而包含父母参与的"协作培养"的过程。

> 世界有机农场旅行组织,只要交40美元,在各国WWOOF网站上注册,就可以成为一名准国际农夫。网站便会列出各地加入WWOOF的有机农场名单,你可以根据气候、地理环境等因素从中挑选。……感兴趣的父母可以带着孩子去日本的冲绳岛学碳烤生蚝,到意大利学习香草及香薰知识,或是去澳大利亚体验环保农庄运作……
> 在创造更健康、更持续的有机生活环境的过程中,让人与自然、与他人重新找到连接。孩子在这样的环境中,会自然变得健康而美好。
> 很难想象在繁华的大都市外还有这样一个世外桃源,让孩子体味已经失去的耕读文化传统。这些美好的东西都会留在孩子的生命中(本刊编辑部,2013a)。

杂志文本中所呈现的父母与孩子都是幸福快乐的,其家庭背景都是极其富足的。在作者的叙述中,"成为一名准国际农夫"看起来非常轻松容易,选择也很多。"到日本的冲绳岛学碳烤生蚝,到意大利学习香草及香薰知识,或是去澳大利亚体验环保农庄运作。"在这种生活方式中,孩子"会自然变得健康而美好","这些美好的东西都会留在孩子的生命中",物质消费和孩子的精神需求可以非常和谐地互为一体,精神上的需求可以通过物质消费得到满足,消费被认为是实现自我的最佳方式。有机生活表面上看是提倡身心回归自然、寻觅健康和美好,实质上是一种中上层的生活方式。杂志文本经过精心编排和筛选,有目的地再现这些中产阶层育儿内容的象征符号,体现了作为意识形态的消费主义对育儿的阶层象征性塑造,排斥和贬低了其他阶层的亲职内容和方式,势必给那些中下阶层的父母带来压力,甚至是自我否定。

（四）专家指导

专家学者频频告诉我们，现代人处在一个风险社会中。个体被鼓励听从专家的忠告以减低风险。以本研究所选取的杂志为例，整个杂志文本充满着技术专家主义的说辞，如怀孕生产、产后母婴护理、照顾、教养等内容全都以专家学者的观点为标准和依据。在本研究所涉及的教养领域，关于育儿的理念、内容及方式方法等方面，心理学、教育学、认知神经科学、社会工作、人类学及其他相关专业的学者专家的观点让读者目不暇接。专家指导式的育儿方式一方面建议父母遵从专家意见，另一方面又建议父母变成"专家"，更深入更专业地学习和实践。

首先，遵从专家意见。从文本生产的角度，很多文章都会以"专家认为……"类似的句子开头，真可谓言必称"专家"。每一期的"特别策划"栏目都会有专家团队，读者不仅能读其言，还能观其相，专家仿佛就在读者的眼前讲述科学的道理，并且能了解专家的专业、头衔和工作单位等信息，其言论显得非常真实可信。专家为不知道如何选择育儿书籍以及不知道如何看待和运用个案型育儿书籍的父母提供专业建议。父母特别是母亲被视为不能胜任育儿工作的人，他们困惑、焦虑、知识欠缺、无所适从，急需专业指引。这个世界变化很快，各种现象错综复杂，各种风险防不胜防，怎样才能养育出快乐而又拥有发展潜能的孩子呢？"如果你现在也正在被苦闷困扰，没关系，专家的回答和其他父母的经验会帮助你从苦闷中走出来，成为一个轻松、快乐的妈妈。"（本刊编辑部，2004）"我们将依照前面调查中让新妈妈'头疼度'的排名，请国内顶级专家为你一一解除困扰！"（本刊编辑部，2009a）父母被建议遵照专家意见养育孩子，不听从专家建议的母亲就是不在乎、不谨慎、自私、愚蠢的不称职的母亲。

其次，专家父母修炼手册。从内容来看，专家的叙述中充满专业术语和理论知识，这些都有待于父母去学习。除了大脑开发相关的理论知识，还有诸如"移情式倾听的法则"（本刊编辑部，2011a）之类的专业沟通技巧，育儿也被视为父母的自我成长和自我修炼的过程。"专业性的书会帮你更了解孩子成长发展的规律，根据自己孩子的需要制定养育方案"，"妈妈们还应该看一些心灵成长的书，补充看看这类书，养育的心态能比较平和。很多时候，养育中妈妈自己的修行是最重要的"（本刊编辑部，

2013d)。父母不仅要了解和学习育儿理论知识，还需要"靠智慧和爱心"去研究孩子的特质，以便"找到真正适合他的养育方式"，也要经常反思自己的养育模式是否符合儿童身心发展的自然规律。从此意义上来讲，遵从专家，并非照搬照抄，更需要家长灵活运用，最为关键的是要找到孩子内心的"密码"。专家意见可能只是一种参考，真正的专家是父母自己。

> 约35%的宝宝可能混合了以上32种气质类型，心理学家称之为中间型。中间气质的宝宝有的更接近于易养型，有的则更偏向于难养型，无法进行准确的归类。所以，很多时候需要靠你的智慧和爱心，来发现宝宝的特质，找到真正适合他的养育方式（本刊编辑部，2007c）。

> 在我看来，孩子成长非常需要父母"纯粹"的陪伴，需要父母在与孩子的接触中发现孩子的长处和问题，并与孩子协商，寻找创造性生活和学习的办法。……或许我们需要暂时放下专家的书籍和讲座，用自己的心灵聆听孩子的心灵。……有效地养育和管教孩子，并不取决于父母是否采纳专家的意见，而取决于父母是否愿意并能够创造生活。更重要的是，父母有决心花时间和精力，和孩子一起摸索养育和管教之道（龙迪，2005）。

以上文字选自香港中文大学社会工作系的龙迪博士在2005年"特别策划"中的一篇文章，她在文章中对育儿主流话语进行了破解，目的是强调父母特别是母亲需要对专家知识进行创造性地运用，并且在听取专家意见的基础上不失母性的本能，不能让"那份清醇而原始的母爱"被加入太多技术层面的东西，甚至被育儿技术所控制。正如编辑部在文章点评和总结中所表达的意思，破解专家话语并不是想要父母们改变对育儿专家生产的知识的固有信任，而是建议父母在育儿过程中保持一定的思考力和创造力。很多研究批判了育儿过程中专业知识对亲职特别是母职形成的支配和控制力，母亲们"照书育儿"，经常产生自责和内疚感，因为自己达不到专家所建议的育儿标准，并逐渐丧失母性本能，言必称专家观点，形成了一种专家指导下的母职实践，专家指导也成为一种意识形态。反观《父母必读》这篇文章中的专家观点，至少表面上在矫正这一现象，呼吁母亲不要因为专家知识而产生不自信和自我怀疑，建议母亲将母性思维与专家知识综合运用，似乎呼应了女性主义对母亲育儿自主权的主张，但细细想来，这是多么高的要求。母亲们最初因为育儿不够科学被建议听取专家意见，如今又需要将专家意见灵活运用，结合孩子的独特性具体问题具体分析。为人父母，不只要听取专家意见，还需要做自己育儿问题的专家。

五 "养育快乐的孩子"的话语建构

总的来看，当前育儿知识的生产呈现三个方面的变化趋势：在亲子关系方面，民主化趋向越来越明显，父母被建议将孩子当成一个独立的个体，并与其保持一种平等和相互尊重的关系；在育儿方法方面，技术化或专业化趋向越来越明显，父母被建议遵从育儿专家的指导，做学习型父母，用科学知识养育孩子，用以心理学为基础的沟通技术与孩子相处；在育儿观念和方式方面，商品化趋向越来越明显，父母被建议消费特定的商品和服务以更好地满足孩子的需要，为了孩子的美好未来奠定坚实的基础。总之，父母被建议以孩子为中心，投入时间、情感和金钱去养育快乐的孩子。专家话语、消费话语、素质话语、个体及平等的话语都在不同程度上参与了当前育儿知识的建构。

（一）快乐的孩子：多元话语的介入

从文本表面来看，杂志的育儿话语反对将儿童过早地卷入现实的竞争社会中，认为孩子无时无刻不在学习，主张"快乐教育""自然长大"，将孩子从各种早期培训班中解放出来，配置以轻松活泼的叙述风格和文艺路线的文体，让人感觉到轻松愉悦——快乐的气息扑面而来。但是，"养育快乐的孩子"不过是一种话语修辞。

首先，20世纪80年代倡导的智力教育、90年代开始的素质教育几乎在21世纪之后的《父母必读》中被再现为一种压迫和束缚孩子的桎梏。目前的育儿观要求父母关注孩子的内心世界，让其根据自己的节奏自由地生长。以儿童发展心理学和脑科学为主要内容的理论知识为此观念提供了依据，相关领域的专家及其理论观点得到密集地传播，它们重新界定了童年的面貌。专业知识不仅仅代表解决问题的能力和资格，它还有明显的权力意味。专业系统的分化体现了政府管理社会模式的改变，它假设个人可以通过寻求专业知识解决个人问题，社会冲突和政府干预可以减到最低，并且最终个人将对专家系统产生功能上的依赖。具体而言，儿童发展领域的专业知识，诸如"慢慢长大"及"快乐成长"，指出了过去儿童成长过程中的问题和不足，帮助家长培育适应新环境的理想儿童。但是，与此同时，它需要父母密集投入并以孩子为中心，并且为孩子的成长负责。这种专家话语得以成为主流，不仅在于它在儿童身心发展理论知识上的进步，还因为它参与建构了作为孩子成长风险的管理者的父母角色。而这一点正好满足了当前政府与家庭在儿童养育和照顾方面的分工需要。

其次，"养育快乐的孩子"是经过消费文化精心设计和包装的结果。在西方现代性向全球普及的过程中，消费文化被当作全球化的特质不断向外传播。与消费文化相关的西方商业模式、市场与生活方式也被当前中国视为现代性的标准。20世纪90年代以来，政府通过扩大内需来深化改革，消费主义本质意义上的消费革命启动了。它鼓励人们追求生活的舒适以及建立在物质基础上的个人幸福，且这些需要被生产出来。这种文化特征也影响到育儿过程中的消费行为。进入21世纪以来，育儿杂志逐渐成为一种销售中介，贩卖的是与育儿相关的消费主义意识形态，以为全球资本服务。中国本土的育儿杂志也积极主动地卷入这样的过程。育儿杂志中的文字和图片文本无一不在强调消费好的商品的重要性和必要性。消费好的育儿商品被认为是避免风险和促进孩子成长的最好策略；消费好的商品成为做父母的基本规范和职责，亲职的面向得以增加和延伸。因此，在某种程度上，"养育快乐的孩子"的亲职话语掩盖了符合资本逻辑的教养观念。

最后，21世纪以来的杂志文本中已经难以看到国家话语的痕迹。但是，在实际生活当中，政府相关部门从"减负""素质"和心理健康的角度讲"快乐的孩子"。国家用以建构理想儿童的话语依然是集体主义和社会主义核心价值观，教育部门的相关政策法规文本以国家话语为主导，并加入了儿童发展的专业话语，以实现对理想儿童的建构。与育儿杂志相比，二者的共同点是关心儿童的心理健康、人格健全、综合素质的全面发展。但二者的话语修辞不同，育儿杂志的话语修辞是专业知识和消费文化，而政府提倡素质教育的话语修辞除了专业知识之外，还包括传统文化修养与社会主义核心价值观等重要内容。所以，政府建构的理想儿童形象是既具有全球竞争力和发展潜力的儿童，也是具有集体主义价值观的社会主义事业的接班人，还是能够继承源远流长的中华传统文化精髓的儿童。杂志文本将"养育快乐的孩子"作为国家卷入全球经济体系的必然结果，政府相关部门认为"养育快乐的孩子"可以看作在地力量对全球化的抗拒并试图与之共存的谋划。

总的来说，专家话语和消费话语常常结盟，相互借用，共同塑造"快乐的孩子"的形象。专家话语指出孩子发展的内在规律，并告知孩子成长过程中的风险因素，消费话语利用此类话语和知识，说明消费特定商品的必要性。同时，这二者也是当前中国亲职文化卷入全球化过程的一个表现，是中国政府和民众对育儿现代性的一种把握和理解。

（二）作为修辞的自主的个体与快乐文化

"养育快乐的孩子"在理论上还主张尊重孩子的天性，强调童年的独有特质，且需得到成人的高度重视与支持。父母希望自己的孩子能够拥有快乐的童年，主张孩子应该自然发展，而不能将父母的意愿强加于他们，这是符合道德价值含义的教养观念。这些育儿理论和观念大量出现在像《父母必读》这样的流行育儿杂志中。育儿杂志和政策法规文本中的专家话语的确是朝着这个方向在建构理想儿童。表面上看，理想儿童的建构呈现一种去政治化、去工具化的发展趋势，一种自主的儿童形象正在出现，但是自主的个体的儿童观念和形象具有一定片面性和模糊性。实际上，它更多地建立在儿童的表达、情绪以及情感需要满足的基础之上。杂志建议父母要给孩子自主表达和成长发展的空间，不要试图掌控孩子，因为他们是有着自身成长规律的独立个体。在与孩子互动的过程中，要让他们自由地表达自己的所想所要，而不能用父母权威去压抑孩子的想法和表达。这些儿童教养观念被视为一种突破和进步，毕竟在较长一段时间里，儿童被建构为一种工具化和政治化的与国家民族发展紧密相连的形象，表达了中国人百年来追求现代性和塑造现代人的渴望，在现代性的叙事框架里它有着重要价值。但是，目前育儿杂志中再现的自主的个体更大程度上是一种私人化与私领域的个体。自主是西方社会个人主义价值观中一个重要的组成部分。在过去的几十年里，西方社会的个体自主发生了显著而令人不安的变化，从政治经济领域民众互动的理想典范变化为私人生活方式和自我表达的理想模式，个体的概念越来越与这种狭隘的个人自主相关联。儿童教养的标准也在随之改变。流行育儿杂志中，允许儿童自主表达自己的专家建言越来越多，儿童在公共责任领域消失的现象却越来越明显（Rutherford，2009）。诸如《父母必读》一类的流行育儿杂志对国外流行育儿杂志亦步亦趋，传播的主要内容之一便是这些令人不安的自主的个体的概念。所以，我们在看到"自主的个体"的积极意义的同时，也要看到它潜藏着的隐忧。

这种现象产生于社会文化的私人化转型这一深刻的转变过程之中，它过于凝视个体的表达、情绪和快乐，对外部世界的参与和责任置若罔闻。当前大众文化环境也在致力于传达一种快乐氛围，"苦"是国家欠发达、个体贫穷的文化标签。政府需要避免社会成员负面情绪导致的高运行成本，每个人都要努力让自己快乐地活着。我们可以知道很多种去除负面情绪的方法和途径，调整生活方式就能个人化地去应对它们。毕竟这是一个个人需要为自己负责任的时代，个体有义务作为一个主体介入社会生活当中，并且不能够让自己筋疲力尽。我们的文化已经变得更加关注个人而非宏大的社会经济发展过程，我们不再被引导去思考和寻求有意义的伦理原则和有价值的个体命运，唯一能做的事情就是寻找快乐。在这个金钱拥有无比魔力的社会，快乐正在被批量地生产。快乐得以生产，不快得以去除，其基础在于当前心理学及心理治疗的知识专门化，以及与此相关的专家系统的合理化扩张。快乐话语连结了心理学知识与消费主义、个体化治理的权力系统，快乐生活是宏观的社会结构为我们制定的让人难以察觉的逃逸路线。正是在这样的文化变迁过程中，过度关注个人的自主的个体产生了。也正是在这样的文化变迁过程中，流行育儿杂志才会建议父母重视孩子的自主性，尊重和满足孩子的需求，而忘记了亲职还有其他重要的面向，那就是公共领域的道德责任主体的培养。从工具化的儿童到自主的儿童，这并不是一条从低到高的线性的发展路径。我们应该对发展变化的过程及其社会趋势保持警醒。总而言之，流行育儿杂志给我们描绘的自主的个体及其背后隐藏的思想霸权和文化政治都值得批判。

六　亲职话语的社会影响

养育快乐的孩子意味着，孩子要在玩中学，父母要陪伴孩子玩，创造各种环境让孩子在玩的过程中提高认知水平和人际交往等各种能力。快乐的含义既包括孩子身体上的舒适与自由自在，也包括心理与情感上受到关注并得到满足，还包括养育者要保持充盈的精神状态。话语即权力，通过权力的运作，话语得以合理地复制或再制权力关系；话语也具有建构性，包括建构社会主体、社会身份和社会关系。从此角度出发，"养育快乐的孩子"这种亲职话语在许多层面都有着重要影响。

（一）建构标准化的母亲身份

快乐话语使得父母密集地投入孩子的养育过程当中，而更多的情况是母亲密集地投入。快乐教育需要大量的时间、精力和金钱来做支撑。孩子在玩各种奇妙的玩具的过程中必定是快乐的，孩子在旅行的途中必定是身心愉悦的，孩子在亲子共读过程中内心必定是温柔和幸福的。孩子需要的是父母全身心的投入和陪伴，而非仅仅是身体在场。杂志文本不遗余力地向读者灌输这些内容和观点，凡为人父母者几乎都难以不被它们所打动。在当前育儿及家务劳动性别分工的前提下，这种亲职话语其实是在建构一种标准化的母亲身份。只有遵从以上标准去进行亲职实践的母亲才是合格的"好妈妈"，父亲因为工作繁忙而没有办法陪伴孩子成长，是正常的，可以理解的，并不会影响他们成为好父亲，而母亲不管自身情况如何，都应该向这种理所当然的模式去努力。但是普遍性母职是不存在的，当前的这种母职模式是一种被建构出来的标准和规范。这种母亲角色意识形态也具有强大的"询唤"能力，塑造女性的主体意识，使得那些无法遵循这种看似普遍性的母职标准的女性处于种种矛盾和自责当中，并在工作与家庭之间做出策略性的选择，以形成自己的身份认同。所以，不仅是社会对女性有着标准化母亲身份的想象，女性自己也会认同并实践这种标准化身份。不过，女性的这种认同与实践不能完全被视为一种"自由"，毕竟，结构性力量强大又显而易见。进而言之，标准化母亲之女性身份被建构的同时，"理想的工作者"之男性身份也得到建构和强化。作为私领域的家庭的维系是和特定形式的工作组织相互呼应的，特定形式的工作组织就是以"理想工作者"为基础的企业（Joan Acker, 1990）。这里的理想的工作者，实际上是指没有家庭照顾任务的男性；而女性，不管她们是否处于结婚生子的生命阶段，都不被期待成为理想的工作者，她们天然地与孩子、与家庭联系在一起。当前亲职话语建构下的标准化母亲身份，影响了女性的身份认同与母职实践，也强化和巩固了公私领域的性别分工。

（二）母亲作为儿童成长过程中的风险因素

在宏观层面，"养育快乐的孩子"话语巩固了当前正在发生变化的政府治理模式，参与促成儿童教育的"亲职转向"：父母育儿在很大程度上依靠专家系统和消费更好的商品和服务，儿童的养育越来越依赖家庭及父母的投入和资本，并迈向一种个体化育儿时代。在"道德形式"和育儿专家体系的作用下，儿童被建构为时刻处于风险之中的脆弱生命状态，父母被建构为孩子未来取得何种成就的关键性因素，甚至被建构成孩子成长过程中的风险因素。如果能够努力做好父母，那将有利于孩子的成长，如果不能做好父母，则很有可能阻碍和限制孩子的成长，使得孩子在未来的竞争中失去优势，特别是母亲，被视为养育孩子的首要责任人和投入者。"孩子不是问题，孩子的问题也不是问题，父母对待孩子以及对待孩子问题的方式和态度才是问题。"类似这样强调父母作用的言论铺天盖地。国家鼓励公民听从专家的忠告并通过教育行为的选择来降低孩子身心发展过程中的风险，也鼓励通过消费合适的商品促进孩子的大脑发育和认知水平。这些理性的政府治理模式倾向于强调个体责任，也包括作为父母的个体的责任，结果弱化了某些公共部门的责任。从微观层面来看，不是所有的母亲和家庭都能符合此等密集化的育儿标准。事实上有很多被视为糟糕透顶的母亲，她们将孩子带到这个世界却不能或不愿好好照顾养育孩子，简直是孩子生命中的灾难。有一本名为《乡下人的悲歌》的传记式的畅销书，非常具体地呈现了美国没落的白人工人阶级母亲群体及她们的孩子的糟糕状态。身为其中的一员，作者非常直接地指出美国政府对于中小学的支持项目的无效率，因为孩子们在家"与狼共舞"，老师很难当好"牧羊人"，根源在家庭、在母亲（万斯，2017）。从作者及其所在阶级的经验来看，母亲的确是孩子成长过程中的风险因素，但其实中下阶层的母亲们被裹挟进整个社会的变动中，她们是风险的制造者，更是风险的承受者，她们身上的问题深重而积习难返。她们不断地被责难、被建构。所以，总的来说，母亲是孩子成长过程中的风险因素，这一观念的建构会导致中上层阶层的母亲更加全力精心地投入孩子的成长。中下阶层的母亲因为无法符合标准化母亲的想象而成为儿童诸多问题的根源，并备受指责，她们不光彩的形象和不知上进的生活方式，得到太多的聚焦，其他非个人因素得以掩藏在黑暗中。更为关键的是，目前为止，还没有出现一种有效的社会政策和支持方案能够持久地帮助她们及其孩子。长此以往，社会群体的分化会愈加明显。不论何种阶层的母亲，她们都在这个强调育儿个体责任的时代付出太多。最终结果是，一种新的道德态度和社会责任会产生：我适合生养一个孩子吗？我的人格是否足够成熟，性格是否有利于孩子的成长？我是否愿意为孩子付出？经济资源是否够充足？……人们从养育现状反思生育，生育时间和生育意愿势必会受到影响。

（三）密集母职作为一种儿童照顾安排

养育快乐的孩子的亲职话语也会影响城市家庭的儿童照顾安排。从宏观层面来看，"快乐的孩子"话语承载和传播的是专业主义和消费主义意识形态，参与促成了正在发生变化的儿童教育的"亲职转向"：父母育儿在很大程度上依靠专家系统以及消费更好的商品和服务，儿童的养育越来越依赖家庭及父母的投入和资本，并迈向一种个体化育儿时代。从照顾者的角度来看，虽然有着社会流动和家庭结构小型化等社会变迁因素的影响，中国城市家庭育儿代际支持依然强大；但是从照顾的性质和内容来看，父母特别是母亲在有代际支持的条件下依然被期待密集地投入孩子的养育过程。育儿过程在家庭内部逐渐出现了劳心者和劳力者的代际分工。当前的亲职话语以"科学"之名对祖辈育儿进行贬低、排斥甚至污名化，也以"科学"之名，强调对孩子进行高度精细化的养育。在社会竞争越来越激烈的背景下，在社会阶层变动加剧的环境中，家长前所未有地重视孩子的成长与发展。"养育快乐的孩子"在客观上被建构成为"让孩子的成长更有后劲和爆发力"的新型育儿知识和理念，正好符合家长对孩子美好人生的期待。他们结合自身的阶层地位和资源，在主观上建构着这种"慢慢长大""快乐成长"的育儿知识。父亲育儿虽然在杂志文本中被提及和倡导，但"父亲参与"和"父亲分担"是两个非常不同的概念，杂志文本中或隐或现的观点是"父亲有条件地参与"。从家庭外部的支持来源来看，这种亲职话语也会同时排斥市场化的或其他形式的非家庭照顾体系。杂志文本频频提到非家庭化的托幼机构品质参差不齐，不能完全放心，母亲还是需要费心尽力地再寻求更好的方式照顾孩子。由此看来，祖辈育儿不科学，机构照顾不能令人放心，父亲只能有条件地参与育儿，唯有母亲亲自育儿对孩子来说才是最好的。密集母职被期待成为当前城市家庭的儿童照顾安排，它镶嵌于并同时强化了中国儿童照顾体制家庭化和女性化模式。

  从现代以来的儿童观出发，或许密集母职对孩子的确是有益的，对学校教育、家校合作和整个国民素质也是有益的，但是，母亲作为一个个体的需求和利益呢？如果我们生活在一个逐渐强调和重视个体价值的时代，那究竟是什么让作为个体的儿童得到极大的承认，而作为个体的母亲却如此模糊？对于此问题的回答，绝不能陷入孩子与母亲利益的二元对立循环当中，也不能将问题导向为"全职母亲"与"工作母亲"之间的论战。应将更多的照顾主体纳入讨论的框架中来。我们期待一种具有性别正义的和更加理想的儿童照顾安排制度。

参考文献

艾伦·普特劳，2014，《童年的未来》，华桦译，上海社科院出版社。
本刊编辑部，2004，《妈妈育儿的十大苦闷》，《父母必读》第3期。
本刊编辑部，2005，《重新发现童年世界》，《父母必读》第2期。
本刊编辑部，2007a，《玩具天使爱宝贝》，《父母必读》第6期。
本刊编辑部，2007b，《带上宝贝的完美旅行》，《父母必读》第8期。
本刊编辑部，2007c，《9种气质特点，决定你的养育方式》，《父母必读》第10期。
本刊编辑部，2008a，《他是什么类型的爸爸》，《父母必读》第6期。
本刊编辑部，2008b，《超级爸爸，不是天生的，而是炼成的》，《父母必读》第6期。
本刊编辑部，2008c，《亲子班：2008年最新报告》，《父母必读》第9期。
本刊编辑部，2009a，《妈妈好，大家会更好》，《父母必读》第5期。
本刊编辑部，2009b，《"好玩"父母的4颗心》，《父母必读》第10期。
本刊编辑部，2009c，《培养真正的阅读力》，《父母必读》第12期。
本刊编辑部，2010a，《幸福究竟是什么?》，《父母必读》第6期。
本刊编辑部，2010b，《幸福列车：成长路上的N个关键帮助》，《父母必读》第6期。
本刊编辑部，2010c，《幸福究竟是什么》?，《父母必读》第6期。
本刊编辑部，2011a，《高效能父母的秘密》，《父母必读》第6期。
本刊编辑部，2011b，《个性童年，美好未来》，《父母必读》第9期。
本刊编辑部，2012a，《玩具再发现》，《父母必读》第2期。
本刊编辑部，2012b，《好玩具研发的黄金法则》，《父母必读》第2期。
本刊编辑部，2012c，《亲，等等孩子!——家庭慢养运动》，《父母必读》第4期。
本刊编辑部，2013a，《寻找好妈妈基因》，《父母必读》第1期。
本刊编辑部，2013b，《有机生活，你好!》，《父母必读》第2期。
本刊编辑部，2013c，《你想知道的：盘点儿童脑发育的新研究》，《父母必读》第6期。
本刊编辑部，2013d，《追问个案型育儿书》，《父母必读》第9期。

本刊编辑部，2013e，《亲子阅读正流行》，《父母必读》第 12 期。
本刊编辑部，2014a，《寻找早教的真相》，《父母必读》第 2 期。
本刊编辑部，2014b，《众筹亲友团，自驾游中国》，《父母必读》第 10 期。
本刊编辑部，2014c，《到瑞士，去南极，在路上》，《父母必读》第 10 期。
金一虹，2013，《社会转型中的中国工作母亲》，《学海》第 2 期。
金一虹、杨笛，2015，《教育"拼妈"："家长主义"的盛行与母职再造》，《南京社会科学》第 2 期。
林芳玫，1996，《女性与媒体再现——女性主义与社会建构论的观点》，巨流图书公司。
龙迪，2005，《专家是谁的专家？》，《父母必读》第 17 期。
吕隽、姚晓峰，2014，《一个导演的大厨思维》，《北京晚报》5 月 15 日。
诺曼·费尔克拉夫，2003，《话语与社会变迁》，殷晓蓉译，华夏出版社。
却咏梅，2010，《儿童的名字是今天，不是明天》，《中国教育报》9 月 7 日。
谢淑美，2012，《幸福永远在效率前面》，《父母必读》第 4 期。
朱德庸，2008，《让我们每天再做一次小孩》，《父母必读》第 2 期。
Ellie Lee, et al, 2010, "Risk, Health and Parenting Culture." *Health Risk and Society*, Vol. 12, No. 4.
Joan Acker, Hierarchies, Jobs, 1990, "Bodies: A Theory of Gendered Organizations." *Gender & Society*, Vol. 4, No. 2.
Julia Wrigley, 1989, "Do Young Children Need Intellectual Stimulation? Experts' Advice to Parents." *History of EducationQuarterly*, Vol. 29, No. 1.
J. D. 万斯，2017，《乡下人的悲歌》，刘晓同、庄逸抒译，江苏凤凰文艺出版社。
J. N. Clarke, 2014, "Tracking Governance: Advice to Mothers about Managing the Behaviour of Their Children in a Lading Canadian Women's Magazine Curing Two Disease Regimes." *Critical Public Health*, Vol. 24, No. 3.
Mary Jane Kehily, 2010, "Childhood in Crisis? Tracing the Contours of Crisis and Its Impact upon Contemporary Parenting Practices." *MediaCulture & Society*, Vol. 32, No. 2.
M. B. Rutherford, 2009, "Children's Autonomy and Responsibility: An Analysis of Childrearing Advice." *Qualitative Sociology*, Vol. 32.
R. D. Apple, 1995, "Constructing Mothers: Scientific Motherhood in the Nineteenth and Twentieth Centuries." *Social History of Medicine*, Vol. 8, No. 2.
Wall, G., 2004, "Is Your Child's Brain Potential Maximized? Mothering in an Age of New Brain Research." *Atlantis*, Vol. 28, No. 2.
Wall, G., 2010, "Mothers' Experiences with Intensive Parenting and Brain Development Discourse." *Women's Studies International Forum*, Vol. 33, No. 3.

（原载《妇女研究论丛》2018 年第 2 期）

集体化下的童年:"大跃进"时期农村幼儿园研究

翟 菁

内容提要 文章以河南省渑池县作为个案,从日常生活史的角度重新认识"大跃进"时期的农村幼儿园,呈现国家如何参与乡村生活以及普通妇女、儿童在国家推行社会主义集体化过程中的体验。文章认为,农村幼儿园的创办反映了国家对妇女解放的重新论述。一方面,农村幼儿园承担了部分照看儿童的责任,有效减轻了妇女的抚幼负担,从而使母亲能够走上田间地头,成为社会主义劳动者,提高了政治、社会参与水平,丰富了其精神生活,从而促进了妇女解放;另一方面,幼儿园也意味着育儿任务的社会化,通过大力提倡社会主义新母亲的形象,不再将女性价值禁锢于家内,与此同时幼儿园教师成为令人尊重的职业,给农村女性开启了新的职业机会。对于儿童而言,农村幼儿园则突破了传统育儿模式,使他们能够参与集体生活,体验社会主义教育,留下了不同寻常的集体化记忆。

在传统中国,农村地区一直没有而且看似也不需要幼儿园,"男主外,女主内"的分工格局保证了女性在家庭中承担起抚育儿童的义务(Patricia Ebrey, 1993; Charlotte Furth, 1999)。但 1949 年之后,随着传统小农经济的瓦解和农业合作化的不断发展,以及农村妇女逐渐走出家庭参与社会劳动,农村地区开始产生对于托儿组织的需要。1957 年,幼儿园在局部农村出现。全国妇联提倡"在农村应当继续发展亲邻相帮、农忙托儿小组和农忙托儿所、幼儿园等多种多样的托儿组织"。[1] 1958年，随着"大跃进"的不断推进，为了响应《全国农业发展纲要》号召，全国妇联在农村地区大力发展托儿组织，幼儿园的普及性得以提高。从全国幼儿园收托的儿童来看，1958年比1957年增加26倍。[2] 1959年、1960年则是农村幼儿园发展的高峰。农村幼儿园在普及率上一度反超城市。据全国妇联1960年的统计，全国农村入托儿童约占需要入托儿童总数的70%，城市仅占40%左右。[3] 但这种农村超过城市的抚幼格局，仅出现在"大跃进"时期。"大跃进"运动一结束，作为对激进农村政策的反思，全国大部分地区的农村幼儿园随即陷入停办状态。

河南渑池的幼儿园发展历程其实是全国农村幼教工作总趋势的缩影。幼儿园作为"向三岁到六岁的学前儿童提供教育和照料的早教中心"（Li Hui，2009），直到1957年才在渑池农村首次出现，当时共建园35所。[4] 后来，随着"大跃进"和人民公社化的不断开展，农村幼儿园逐渐普及。1958年渑池县已组织幼儿园420个，入园儿童8944人，幼儿园基本做到了一村一个。[5] 此项运动更是在1959年和1960年达到顶峰，至1960年4月，全县181个大队已基本实现了幼儿园化。[6] 但令人遗憾的是，渑池这种热火朝天在农村兴办幼儿园的尝试却在1961年随着"大跃进"的结束戛然而止。其时，虽然妇联组织仍然强调在农村兴办托儿组织的重要性，幼儿园还是在农村地区迅速消失了。

无论从渑池还是全国范围内进行考量，"大跃进"时期的农村幼儿园

---

[1] 《勤俭建国勤俭持家为建设社会主义而奋斗》，《中国妇女》1957年第10期。
[2] 《进一步动员全国妇女热烈投入增产节约运动的新高潮——全国妇联召开的省、市、自治区妇联主任扩大会议通报》，《中国妇女》1959年第17期。
[3] 《高举毛泽东思想的旗帜，进一步发动妇女为实现1960年继续跃进而奋斗——蔡畅主席在全国妇联第三届第二次执行委员会上的报告》，《妇女工作》1960年第5期。
[4] 《渑池县妇联会关于妇女干部会议总结（草稿）》，1957，渑池县档案馆藏，全宗号4，目录号6，卷宗号1。
[5] 《渑池县妇联会58年工作总结》，1958，渑池县档案馆藏，全宗号4，目录号7，卷宗号1。
[6] 《高举毛泽东思想的旗帜，充分发动妇女为实现我县1960年持续大跃进而英勇奋斗——渑池县三年来妇女工作总结和今后任务的报告》，1960，渑池县档案馆藏，全宗号4，目录号9，卷宗号1。

均呈现存在短暂却发展速度惊人的特点,这引发了更为深层的困惑:为什么这种同现代化相联系的设施恰恰出现在农村历史上最为困难的时期?与此同时,幼儿园给妇女和儿童的生活带来了什么独特的体验?整理前人研究,当前尚没有针对"大跃进"时期农村幼儿园进行研究的专门著作,与此相涉的内容也多是在梳理相关女性史和教育史时才有提及。照料儿童,常被归在家庭关系和家务劳动的范畴之内,用以探讨共产党领导下的妇女解放等议题(Ruth Sidel,1972;Phyllis Andors,1983;Kay Johnson,1983;Judith Stacey,1983;Margery Wolf,1985;Kimberley,2003);或者仅从教育的角度去泛谈幼儿园的规模、入园人数和教育方法等(中国学前教育研究会,2003)。但从这些角度出发,都不足以解答"大跃进"时期农村幼儿园的出现和消亡。

对比前人研究,本文更强调从文化角度去解读"大跃进"时期轰轰烈烈推广幼儿园的国家运动。基于以往有关性别与民族、国家等研究的一些核心概念,如国族构建(nationalist projects)、再生产(reproduction)、男性气质(manhood)和女性气质(womanhood)(Yuval-Davis,1997),借鉴社会学研究中儿童主动性(initiative)(Allison James et al.,1998)等概念,本文既凸显农村幼儿园的建立给乡村社会关系尤其是妇女儿童的生活所带来的深刻改变,并随之生成新的社会主义女性和儿童形象;又强调妇女儿童的主体性,试图理解他们怎样参与农村幼儿园的建立和日常运作,如何体验集体制度。

本文力图通过个案更好地呈现"大跃进"时期的农村幼儿园状况。选取的个案——渑池县,位于河南省西部的黄河南岸,在"大跃进"时期隶属洛阳行政专员公署管辖(渑池县地方史志编纂委员会,2006)。作为最早树立起来的样板,河南省妇联在全国率先提出要在本省范围内普遍推广幼儿园。[1] 到1959年,整个河南省已建成幼儿园9428个,托儿所168748个,共收托598万儿童,占适龄儿童的54%。[2] 而作为河南省内解放较早的地区之一[3],渑池县在整个"大跃进"中也保持了一贯积极的态度,其切实开展的农村幼儿园工作,可供我们完整追溯农村幼儿园产生、

---

[1] 《进一步解放妇女劳动力为多快好省地建设社会主义服务》,《妇女工作》1958年第9期。
[2] 《搞好集体生活福利事业并非生活小事》,《中国妇女》1959年第2期。
[3] 1948年3月,渑池获得彻底解放。

发展和消亡的历程。加之农业立县的渑池，地处丘陵，① 土地多贫瘠，生产力发展缓慢，同大多数农业地区相类似，在整个"大跃进"阶段完整经历了起初的集体化狂潮和随之而来的自然灾害。从渑池县的个案中，可以窥探河南省乃至全国推进农村幼儿园建设的部分图景。

一 生产与再生产的平衡：农村幼儿园的建立

农村幼儿园的主要职能在于照顾幼儿，这与生育以及家务劳动等同属再生产的范畴。与此同时，围绕幼儿园所展开的叙事和讨论又紧密联系着"大跃进"时期的生产局势。作为连接生产与再生产节点的农村幼儿园成为妇女解放的具体体现，积极参与着农村妇女形象的塑造。

（一）妇女解放话语下的农村幼儿园

"大跃进"时期，农村幼儿园作为集体福利事业的组成部分，被视作妇女解放的重要举措。这为中央和地方所共同接受。在"大跃进"的动员中，妇女解放一直被强调是同农业集体化融为一体的进程。《关于人民公社若干问题的决议》中就提到"创办了大量的公共食堂、托儿所、幼儿园、敬老院等集体福利事业，这就使得几千年来潜伏在锅灶旁边的妇女得到了彻底的解放而笑逐颜开"（罗平汉，2009：224）。

一方面，国家希望通过创办农村幼儿园，有效减少妇女耗费在照料幼儿上的时间，解除她们的后顾之忧，使得妇女能够参与到社会主义建设中去，提高其政治、社会参与度，实现妇女自身的解放。全国妇联主任扩大会议上就曾提到，"由于大量举办了食堂和托儿组织，逐步实现家务劳动的社会化，就节约了很多人力物力财力，大大地减轻了妇女的家务劳动"。而这些时间则可被妇女用来"和男子一样参加生产，进行政治文化技术学习；使她们能够得到必要的休息，增进身体健康；并可以促进家庭和睦，使孩子受到比较良好的教养"。②

更进一步，农村幼儿园的建立有助于打破小家庭生活对于妇女发展的

---

① 渑池县北部是以东崤山为主的山区，南部是以西崤山（又称南大岭）为主体的丘陵地区，中部是涧河盆地。
② 《勤俭建国勤俭持家为建设社会主义而奋斗》，《中国妇女》1957 年第 10 期。

限制和家长制的残余。农村幼儿园和其他托儿组织，常与公共食堂联系在一起，构成集体化生活体系。实现了家务劳动的社会化后，公社就成了一个大的集体单位，从而使妇女摆脱小家庭的束缚，打破个体小家庭生活给妇女的限制，使她们能够和男子一样没有牵累地参加社会劳动。当时的宣传中还强调，历史上遗留下来的家长制开始被破除，妇女彻底解放和男女真正平等的理想正在成为现实。在这种条件下，家庭将不再是束缚妇女的智慧、消磨妇女精力的场所，社会主义制度下真正幸福的民主团结家庭生活即将实现。①

另一方面，农村幼儿园的建立标志着将沉重的抚育幼儿的任务转化成为社会主义经济事业，从而标志着妇女解放发展到了新的阶段。彭德怀在讲话中提到："要大力办好集体生活福利事业和社会服务事业，由组织主要家务劳动向全面组织集体生活发展，更近一步实现家务劳动社会化，把分散的、烦琐的、使人愚昧的家务劳动改造为集体的大规模的社会主义经济事业。正是在此种考虑之下，在农村大规模创办了公共食堂、托儿所、幼儿园等福利事业，把过去分散进行的很大一部分繁重的家务劳动，变为社会主义的集体事业。广大妇女劳动力获得了进一步的解放，我国妇女已经成为社会主义建设事业中一支伟大的力量。"②

上述围绕农村幼儿园的论述同"大跃进"时期的妇女理论密切联系。妇女解放的特点被归纳为具体的三个方面：绝大多数妇女成为社会劳动者，这是实现妇女彻底解放的第一个重要标志和特点；家务劳动社会化是妇女运动新阶段的第二个特点；广大妇女精神面貌起了深刻的变化则为第三个特点。③ 农村幼儿园的建立，既可以使妇女摆脱抚育幼儿的沉重负担，使她们能够成为活跃的社会主义劳动者，也推动了家务劳动社会化，并将其办成了社会主义的经济事业。与此同时，妇女因为参加到集体事业中去，获得时间学习和发展自我，将自身的提高与集体生活福利事业和社会主义事业紧密地结合起来。

农村幼儿园的建立包含向苏联妇女工作学习的因素。作为"社会主义老大哥"，苏联的道路对于当时正在兴建的人民公社具有很明显的借鉴

---

① 《进一步解放妇女劳动力为多快好省地建设社会主义服务》，《妇女工作》1958年第9期。
② 《妇联组织要在建立和巩固人民公社中充分发挥作用》，《妇女工作》1958年第18期。
③ 《论妇女运动的新阶段》，《中国妇女》1959年第10期。

意义。早在1954年,《新中国妇女》就开始介绍苏联农村妇女工作的经验:"在农业合作化中求得农村妇女的彻底解放……(苏联)集体农庄里有的是幼儿园、托儿所,你爱把孩子送到哪里,就送到哪里好了……一方面说,这样可以使妇女腾出更多的时间参加农业劳动,还可有时间参加学习和社会活动;另一方面说,这些过去不被人重视的家务劳动,也显示了它们的价值。"①

而当"大跃进"真正开始之时,农村地区整体的社会主义福利体系同苏联的集体农庄也有一定的相似之处,在此背景下,开始大规模地兴办农村幼儿园。更重要的是,农村幼儿园的建立同共产主义妇女解放的理想紧密联系。马克思和恩格斯认为女性解放是内化在阶级斗争中的。马克思提出,家庭是女性受到压迫的根源。因而女性解放应该回归社会生产,并且打破家庭的经济单位作用。恩格斯认为:女性的解放必须通过参与劳动和减少花在家务上的时间来完成。列宁的妇女解放思想沿着相似路径进一步发展,他提出:女性仍然受着"家庭的奴役",仍然是"家庭的奴隶,她们被最琐碎、最粗重、最辛苦、最使人愚钝的厨房工作及一般家务压得喘不过气来"(列宁,1958:153)。只有在开始把琐碎家务普遍改造为社会主义大经济的一部分,才有真正的妇女解放,才有真正的共产主义(列宁,1956:371~395)。因此列宁强调,女性解放依赖于女性对于家外劳动的参与以及家务劳动的社会化,这些都是社会主义的目标。必须把妇女从烦琐的家务劳动中解放出来,他把公共食堂、托儿所、幼儿园的建立,称为伟大共产主义事业的开端。还指出:这些平凡的工作,实际上能够真正解放妇女,减少和消灭她们在社会生产和社会生活作用上与男子的不平等。②毛泽东进一步发展了马克思、恩格斯以及列宁对于妇女解放的看法,他提出:"只有当阶级社会不存在了,笨重的劳动都自动化,农业也都机械化了的时候,才能真正实现男女平等。"③ 总体来看,上述共产主义妇女解放的叙事强调了两个方向的努力:从家内来看,要将妇女从家务劳动中解放出来;而在家外,则要创造机会使妇女积极参加到社会劳动中。农村幼儿园的创制,正是因为其能够

---

① 《只有实现农业的社会主义改造农村妇女才能彻底解放》,《新中国妇女》1954年第1期。
② 《迎接1958年,掀起一个宣传勤俭持家的热潮》,《妇女工作》1958年第1期。
③ 《结合当前中心工作大力加强宣传勤俭持家》,《妇女工作》1958年第1期。

在很大程度上减轻妇女被孩子牵累的程度,使妇女在更大程度上参与日渐繁重的集体劳动,而成为"大跃进"时期在农村推进妇女解放的重要举措。

这套关于妇女解放的论述很好地为基层政府所接受。在渑池妇联布置农村幼儿园的建立过程中,妇女解放一直是被考虑的重要因素:"坚持生产、生活一齐抓,两条腿走路的方针,这是彻底解放妇女,实现妇女家务劳动社会化,实现妇女工作'大跃进'的根本途径。这就是说,我们各级妇联组织,在抓好生产的同时,必须紧抓住办好以公共食堂为中心的集体福利事业。如托儿所、幼儿园、妇产院、缝纫厂,等等。只有把广大妇女从穿衣、吃饭、管孩子这些家务劳动小圈子解放出来,才能使她们走上工农业生产战线,才能实现家务劳动社会化。才能彻底解放广大劳动妇女。"①

由此可见,渑池妇联在推进农村幼儿园的发展中,妇女解放仍是很重要的考虑因素。除了官方叙述之外,普通村民也普遍接受农村幼儿园对于解决妇女牵累所发挥的积极作用,并将农村幼儿园的建立看作妇女解放的重要举措。②

(二) 解放妇女的现实考量

"大跃进"时期农村幼儿园可以在短时期内实现大规模发展,同上述妇女解放思想有很大关联。与此同时"大跃进"对于大量劳动力的需求,也使得解放农村妇女劳动力成为必需。现实上的迫切需求,加速了农村妇女参与集体劳动,农村幼儿园正是配合这种形势的产物。

"大跃进"运动的本质在于追求生产发展的高速度、实现工农业生产的高指标。增加劳动力的数量,对于"大跃进"的开展尤为重要。虽然增加投入有多种方式,如增加物质资料、人力或者科学技术等,但是当时薄弱的技术力量制约了通过技术革新来实现跃进的可行性。因此,人民公社被寄予厚望,希望其成为合理调配劳动力和生产资料的途径,这一点在

---

① 《高举毛泽东思想的旗帜,进一步发动妇女为实现1960年继续跃进而奋斗——蔡畅主席在全国妇联第三届第二次执行委员会上的报告》,《妇女工作》1960年第5期。
② 根据笔者2012年9月29日在渑池县韶峰村对王秀珍的访谈录音、2012年10月20日在渑池县槐树洼村对姚金英的访谈录音、2012年10月20日在渑池县槐树洼村对张东兴的访谈录音整理。

人民公社的大力宣传中常被提及。例如，在介绍人民公社经验的专著《普通一公社》中就提到："农村人民公社成立的时间虽然不久，但是广大农民已经看到了它所带来的显著利益：劳动力和生产资料可以在更大的范围内作统一的安排和调度，比以前得到更合理更有效的使用，因而更便于发展生产。"（康英，1959：23）

为了更加合理地调配资源、增加生产资料的投入，勤俭节约被一再强调。国家希望人民公社在适当地改善生活的同时，尽可能地将收入多用到扩大再生产方面。① 但事实上，农村在整个"大跃进"时期所遭遇的困境，使得对于农业的投入陷入越投越少的恶性循环。因此劳动力几乎成为唯一能够有效调度的资源，甚至中央把劳动密集型也看成一种技术的进步，而且这种技术的进步需要制度来维护（Robert Ash，2006）。在某种程度上，"大跃进"可以被看作一场试图通过不断增加劳动力的投入来增加最终产出的生产运动。

将占成年劳动力一半的妇女调动起来参加集体生产，成为农村集体化运动的题中之意。中央推翻了原来先技术进步后集体化的设想，提出家务劳动社会化的道路，应该是先集体化、社会化，然后再逐步达到半机械化和机械化。② 但是除去这些蕴含在妇女解放深层的问题，妇女解放的话语还同"大跃进"时期的实际需求融合在一起，形成一套紧密结合的体系。

在农业合作化进程中，国家对于农村妇女的动员随着劳动力需求量的增加而不断深化。在大兴水利工程之前，农业生产并未太过依靠新增的大量劳动力，女性参与相对并不重要。此时，农村妇女动员的宣传主要集中在"五好运动"，强调妇女操持好家务、教养好子女、处理好邻里关系、注重自身学习，而并未过多提及参与农业生产。③ 后来随着修水库、炼钢铁等工作量的增多，国家开始重新考虑女性参与。当时很盛行一句顺口溜："共产主义是天堂，人民公社是桥梁。"（麦克法夸尔，1990：143）

---

① 《结合当前中心工作大力加强宣传勤俭持家》，《妇女工作》1958年第1期。
② 《再论妇女运动的新阶段——驳斥右倾机会主义分子对妇女运动的谬论中国妇女解放发展的阶段》，《妇女工作》1959年第23期。
③ 《渑池县妇联会对当前妇女工作的几点意见》，渑池县档案馆藏，全宗号4，目录号6，卷宗号1，1957年。"五好"包括生产劳动好，爱国爱社好，家庭生活安排好，团结互助、尊老爱幼好，学习文化技术好。其中生产劳动只占一条。

这句顺口溜说明，为完成"大跃进"的艰巨任务，需要通过解放妇女参加生产来满足不断增长的劳动力需求。

由于女性劳动力需求庞大，国家对于女性出勤率提出了更高的要求，在此基础上解决幼儿对妇女的牵累就显得尤为重要："目前，在比干劲比先进的新形势下，各地妇联和妇女群众都提出了1958年妇女工作的各项跃进指标，一般要求妇女出勤率达到女劳力的90%以上，许多地方提出的妇女全劳力全年出勤指标，大大地超过了全国农业发展纲要提出的80到180个工作日的要求。但是妇女出勤的指标能否实现，妇女在生产上的干劲能否巩固和持久，重要的关键之一就在于能否相应的妥善安排孩子。"①

除了生产任务之外，国家对于妇女的学习也提出了很高的要求。全国妇女工作会议上就提到：为了进一步解放妇女劳动力，合理使用和调配整个社会劳动力，促进社会生产的发展，促进整个社会的文明和进步，并逐步改造全部社会生活，腾出时间学习，有生产时生产，没有生产时学习。②巨大的生产和学习压力，使得人民公社必须兴办切实有效的设施来帮助妇女解决家庭生活中的牵累，其中最主要的措施一是建食堂，二是建幼儿园和托儿所（麦克法夸尔，1990：145）。

在农村幼儿园一项上，国家有关妇女解放的论述能够很好地为基层所接受，与基层妇女实实在在感受到了劳动和学习的巨大压力有很大关联。在渑池县，以"大跃进"中的先进典型槐树洼大队为例：大炼钢铁开始之后，村中的男性被迫出村到其他地方炼钢铁，留守妇女成为村中的主要力量，除了负责所有农田灌溉之外，她们还主动修建了小钢炉。"大槐树弄mu（没）了，都是搞钢铁，那女哩们也不rang（差），恁大那树都砍倒了。"③而且为了跑步进入社会主义，在一段时间里，所有人都黑白不分地劳动。在这样巨大的劳动强度之下，传统的抚育幼儿的方式不再适用。政府不得不通过兴办幼儿园来保证妇女的出勤率以及调动她们的积极性。④

---

① 《大力开展农村托儿工作的几点意见》，《妇女工作》1958年第8期。
② 《全国妇女工作会议总结报告》，《妇女工作》1958年第16期。
③ 根据笔者于2012年10月20日在渑池县槐树洼村对张东兴的访谈录音整理。
④ 《五八年妇女工作规划》1958，渑池县档案馆藏，全宗号4，目录号7，卷宗号1。

二 社会主义新母亲和抚育儿童社会化

"大跃进"时期对于劳动力的迫切需求,使得国家更为强调妇女在生产中所扮演的角色,从而重新调整了女性的再生产职能,国家大力提倡社会主义新母亲。与此同时,再生产工作本身并未消失,抚育儿童的任务依旧存在。农村幼儿园的建立也意味着国家对再生产角色的重新定义。抚育儿童不再是个体家庭的职能,而是通过社会化成为国家和集体的责任。

亲子关系不得不随着集体化生活而做出改变。传统意义上,母爱的表达在对儿童日常生活的参与,在于无微不至的照料和看护(郑雅如,2009)。但是随着妇女越来越多地加入农业生产,抚育儿童的任务越来越成为母亲参加劳动的牵绊。地方妇联有时甚至将看护儿童同其他家务劳动归于一类,并将其视作妇女的负担。[①] 在实际的劳作中,妇女常常未被留有充足的时间用以照顾儿童。韶峰大队社员金锁(音)的小孩儿因为父母下地劳作,被锁在家里,从门槛的缝隙里往外看过往行人。[②] 槐树洼大队社员姚天水的爱人带着小孩儿下地,最后小孩儿哭闹,根本无法劳动。坡头公社韩家坑大队社员王焕朵劳动时,"我那娃 zou(就)坐场里,流着鼻涕哭着"。[③] 在观念和现实的双重作用下,对于儿童日常生活细节的照料不再是母爱表达的必需渠道。

与此同时,国家提倡积极新型的母亲形象,重新界定母爱的范畴和任务。一方面,根据经典马克思主义理论,共产主义社会不应夸大母爱的作用,妇女应该放弃狭隘的小家庭的爱,追求共产主义精神的母爱,爱自己的孩子,也爱社会主义大家庭中的孩子。[④] 另一方面,在"大跃进"时期的生产实践中,对于子女的照料不再是评价母亲的唯一标准,取而代之的一个重要标准是母亲在工作上取得的成就。1959 年,渑池县妇联倡导在各大队幼儿园中举行"赛妈妈"的活动,评比的依据就是儿童母亲在工

---

① 《渑池县妇联会关于妇女干部会议总结(草稿)》,1957,渑池县档案馆藏,全宗号 4,目录号 6,卷宗号 1。
② 根据笔者于 2012 年 9 月 29 日在渑池县韶峰村对王正印的访谈录音整理。
③ 根据笔者于 2012 年 10 月 18 日在渑池县韩家坑村对王焕朵的访谈录音整理。
④ 《为什么要强调孩子全托,小学生住校?——访全国妇联副主席康克清同志》,《妇女工作》1958 年第 21 期。

作上所取得的成就。① 随着母亲将大量的时间投入集体劳作中，抚育幼儿工作中的一部分就被转移给了幼儿园老师。对于这种新的抚幼安排，有些妇女最初并不情愿。在渑池县槐树洼村，不愿将孩子送进幼儿园的妇女还会趴在窗台上张望，但后来逐渐认同了这种新的制度安排。保育员的用心工作在其中起着重要作用，妈妈们"回去问自己的小孩儿，早上送来跟花猫一样，回去干净些，就放心"。②

更为重要的是，农村幼儿园的大力推广也折射出国家将抚育幼儿的任务从一项家庭琐事转变为国家事业。抚育儿童的社会化不仅仅是家内劳动的累加，更是对抚育儿童的根本改革。幼儿教育，在以往个体家庭的抚育中常被忽视，而现在则成为公社的重要任务之一。与此同时，分散于各个家庭中的对于幼儿的抚育工作集中起来，为女性拓展职业提供了新机会。承担着抚育儿童任务的幼儿园教师也成为受人尊敬的社会主义劳动者。换言之，育儿工作作为一项再生产任务，经过社会化的改造之后，变成了与田间劳动、大炼钢铁、修建水库等属于相同范畴的生产劳动。

为了保证高水准的教育，国家通过制定一系列选拔标准，控制成为农村幼儿园教师的人选。在渑池，各大队在挑选保育员的时候，都对文化水平有所要求，多为高小或者中学毕业生；但受年代所限，政治素养显然是更为重要的标准。要成为保育员，必须具备以下几个条件。一是成分好，大多保育员为贫苦农。③ 二是性格好，挑选韶峰大队保育员时，认为王秀珍"性格也皮皮（温和）的，想着应该是对小孩儿有爱心，以后真的是这样"。④ 三是最好有从事妇女工作的经验。槐树洼大队姚金英在担任保育员之前，曾在大队妇联任职。⑤ 四是配偶最好较开明、思想觉悟高。王家坪大队的幼儿园保育员，其爱人是小学教师。⑥ 而韩家坑大队幼儿园老师的丈夫则在大队的代销点工作，都属于村中的先进分子。⑦ 在"大跃进"时期艰难的物质条件之下，各个村子在具体兴办幼儿园的过程中，

---

① 《渑池县妇女联合会关于一年来工作基本总结和一九六零年工作任务报告》，1959，渑池县档案馆藏，全宗号4，目录号8，卷宗号1。
② 根据笔者于2012年10月20日在渑池县槐树洼村对姚金英的访谈录音整理。
③ 根据笔者于2012年10月20日在渑池县槐树洼村对张东兴的访谈录音整理。
④ 根据笔者于2012年9月29日在渑池县韶峰村对王秀珍的访谈录音整理。
⑤ 根据笔者于2012年10月20日在渑池县槐树洼村对姚金英的访谈录音整理。
⑥ 根据笔者于2012年10月22日在渑池县王家坪村对张金财的访谈录音整理。
⑦ 根据笔者于2012年10月18日在渑池县韩家坑村对王申保的访谈录音整理。

挑选保育员的标准也随村庄的实际情况而变动，但是对保育员的遴选，标志着抚幼任务性质的转变，幼儿教育得到了空前重视。

将抚育儿童的任务从个体家庭中解放出来，社会化之后，就变成了光荣的社会主义生产劳动。"大跃进"时期幼儿园保育员在农村是一份令人羡慕的工作。其劳动强度比田间劳作相对较小，被视为好职业。保育员参加工作也相对积极，都"愿意干，地里干不了，这儿劳动量少"。[①] 且保育员享有同普通女性劳动力一样的工分。在有些地方，为了以示鼓励，"幼儿园老师工分比下地稍微高点"。[②] 大队也会有一些奖惩措施来调动保育员工作的热情，在评选荣誉的时候，例如评"巧姑娘"称号时，会给予保育员一定的倾斜。保育员的福利待遇更好，生于"大跃进"时期的槐树洼村现任支书董明召就是一名保育员的孩子，他回忆自己出生时："因为妈妈是村里学校的，满月那天，给你特殊照顾，给六斤白面。所以满月这几天，还能下锅汤面，在家吃顿汤面。"[③] 其他社员甚至会嫉妒保育员的工作："别人还说保育员活轻。保育员自己也不想干，你们老提意见，不想干。"[④]

除了上述普遍的情况外，幼儿园教师有时也意味着更多的职业发展机会。农村幼儿园保育员，可被当作一种过渡职业，即具有小学初中文化的农村女性另觅其他更好职位之前的短暂选择。当时大批中、小学毕业生在接受教育后返乡，却又不愿意从事农业劳动。"据了解有很多学生对农村不感兴趣，嫌农业生产苦、累、脏……其中还有一部分受家庭和社会上的舆论影响，认为升不了学，找不到工作，就白念书了，当个农民没前途，没有出息；认为当个农民也用不着文化。"[⑤] 这种现象在全国范围内都很普遍。与参加农业劳动相比，保育员这份工作对于这些返乡女青年是更好的选择。一方面可以远离繁重的田间劳作，另一方面又可以将所学知识用到教学中。槐树洼幼儿园作为被采访幼儿园中规模最大的一所，就接纳了一些实习生。这些从县城毕业的小姑娘，经过培训，会唱歌跳舞。在幼儿

[①] 根据笔者于2012年9月29日在渑池县韶峰村对王小宝的访谈录音整理。
[②] 根据笔者于2012年10月18日在渑池县韩家坑村对李明法的访谈录音整理。
[③] 根据笔者于2012年10月20日在渑池县槐树洼村对董明召的访谈录音整理。
[④] 根据笔者于2012年10月20日在渑池县槐树洼村对张东兴、姚天水的访谈录音整理。
[⑤] 《为欢迎中、小学毕业生回想生产给县、乡妇联的一封信》，《妇女工作》1957年第7期。

园实习之后，少部分最终找到了满意的工作。姚金英举了其中一个成功的例子："你看我们村的焕梅（音），头起做教学，后来去到县里，nia 现在 zou 变成公家人了，有指望。"[①] 农村幼儿园的建立是将儿童抚育社会化的初步尝试，从而将再生产任务转化为社会主义生产的一部分。这种革命性的变化，不仅改变了母亲的生活，也创造了更多女性职业的机会，惠及保育员群体。

三　国家与儿童：集体化下的幼儿园

同其他再生产任务的社会化相比，幼儿园不仅仅将抚育儿童变成了一项生产任务，更变成了一种社会责任。各级政府将幼儿教育纳入工作任务之一。国家的大力提倡和集体制度的保障，使农村幼儿园能够在相对困难的物质条件下得以开展。原本分散于各个家庭中的幼儿，通过接受教育，开始参与集体生活。儿童所独有的认知心理和认知规律，造成了幼儿园儿童独特的体验，这正是儿童能动性的重要体现。当前学界对于"大跃进"时期农村的日常生活仍缺乏充分的探讨，对于儿童群体的关注则更为稀少。本文希望依托访谈者中当年参加过农村幼儿园儿童的回忆，追溯儿童在农村幼儿园中的经历，反映集体化对其日常生活的影响。值得注意的是，当年的儿童早已成为四五十岁的中年人，儿时的经历在记忆和讲述的双重作用下，已不能完全复原。因此，在下文的分析中，当年儿童的体验和当下的回忆交织在一起，共同组成研究对象。

（一）集体化下的幼儿园

儿童是共产主义事业接班人，教养儿童是一项伟大的事业。因而建设农村幼儿园对儿童保教具有重要意义，对儿童多个方面的发展都有益处。全国妇联主席蔡畅在讲话中提到："我们要把托儿所、幼儿园办好。儿童是共产主义事业的接班人，教养儿童是伟大的事业……要让孩子们生活得好，吃得好，住得好，玩得好；要讲求卫生，预防疾病……要把孩子教育得好，使孩子从小就养成良好的生活习惯，培养孩子热爱祖国、热爱劳

[①] 根据笔者于 2012 年 10 月 20 日在渑池县槐树洼村对姚金英的访谈录音整理。

动、热爱集体,使他们诚实、勇敢、活泼、健壮。"[1] 但在各种能力的培养上,最为强调的还是儿童能够在幼儿园中接受社会主义、共产主义的教育。全国妇联副主席李德全在《为庆祝"六一"国际儿童节的广播讲话》中认为建立农村托儿组织的意义在于:这项工作关系到劳动力的后备、民族的延续和共产主义新的一代的成长问题。做好这项工作,就能使我们的后代从小受到合理的教养,受到社会主义、共产主义教育,使儿童成为德育、智育、体育全面发展的社会主义新人。所以儿童保育和教育工作,不仅是当前建设社会主义中的一项重要工作,而且为将来的共产主义社会准备了"人"的条件。这是一项伟大的崇高事业,是一万年都要做的工作。[2] 为了令这些儿童将来都具有健康的体魄,都有高度的共产主义觉悟、高度的共产主义道德品质、高度的文化科学知识,成为共产主义事业的建设者和保卫者,成为改造自然、征服宇宙的英雄,就需要从他们还是幼苗的时候起,能经常地锻炼身体、增强体质,从小就养成爱祖国、爱人民、爱劳动、爱科学、爱护公共财物的崇高道德,在身心两方面,都得到健全地发展。随着农村人民公社进一步的巩固和发展,全面组织生产、全面组织生活的群众运动更加波澜壮阔地出现了新的高潮。正是在这种培育社会主义新人的形势下,国家提出了进一步贯彻执行以社会教育为主的方针,全面组织学前儿童。[3]

"大跃进"时期的农村幼儿园归集体所有,从国家到地方都强调幼儿园的集体所有性。一方面,这是将幼儿园纳入农村集体主义福利体系的需求;另一方面,这也保障了农村幼儿园能够得到切实推进。1957年早在"大跃进"开始之前,渑池已经开始了小规模建立农村幼儿园的尝试,但是当时的幼儿园并不占抚幼组织的主流。渑池县妇联要求下属各公社"根据本社具体情况,有计划有目的将托儿组织搞起来。方法是先将生产队、组的孩子进行站队,看家庭分工解决的有多少,邻里互助的有多少,互相换工看管的有多少,尚无人看管的有多少,然后再根据本社的经济条

---

[1] 《提高觉悟、学好本领、为建设社会主义奋勇前进——中华人民共和国全国妇女联合会主席蔡畅在全国妇女建设社会主义积极分子代表会议上的报告》,《妇女工作》1958年第24期。
[2] 《高举毛泽东思想的红旗培养共产主义接班人——全国妇联副主席李德全为庆祝"六一"国际儿童节的广播讲话》,《妇女工作》1960年第11期。
[3] 《把儿童培养成为共产主义的接班人——全国妇联书记处书记田秀娟在第二届全国人民代表大会第二次会议上的发言》,《妇女工作》1960年第8期。

件，组织小型的抱娃娃组、托儿所，幼儿园"。当时的幼儿园并不归集体所有，渑池县妇联仅对其进行扶持，其下达的指导方针是"依靠群众""谁办谁管"，并且"应根据按劳取酬和资源互利的原则，按孩子大小，看管难易，评定孩子家庭出工分，保育员应根据带孩子多少、孩子大小、工作态度好坏等，确定应得的工分"。① 在渑池县小规模兴办幼儿园的尝试中，最大的困难就是由儿童父母主要负担工分和幼儿园的开支，尤其是儿童的母亲担心自己一天劳动所赚取的工分还不够负担孩子在幼儿园的开销，② 其对妇联的号召并不积极。"大跃进"之前的渑池乡村很少有幼儿园等托幼组织。

但是随着"大跃进"的开始，渑池县开始着手转变幼儿园的属性。1958年7月31日，渑池县妇联提出：托儿组织巩固提高常年化，把所有托儿组织要进行一次检查，建立健全各种组织，加强其领导，乡社要建立托儿组织网，定期与不定期召开各种会议坚决防止时停时起现象再生，且公社要建立一所全民所有制的幼儿园。③ 至此，幼儿园的运营还有保育员的工分都开始由集体负担。渑池县各地的农村幼儿园都由大队部直接负责、进行领导。大队部配合上级的指示，负责幼儿园的成立和日常管理。一方面既要保证幼儿园所需要的各项资源，例如找房子、挑保育员等，另一方面还要时不时地进行检查。用槐树洼大队老支书的话就是"大队撑着头"。至于寻找保育员，"那都是干部坐到一块商量，你也推荐，他也推荐，看哪个合适"。④ 在王家坪大队，"幼儿园是连（当时实行军事化建制）办的，一个大队办一个，一个连办一个。在东沟自然村，有二三年都叫办。妇女们去地里干活，解放妇女劳动力。村里孩子慢慢少了，慢慢取消了幼儿园"。⑤ 据当时的大队副支书张金财回忆："上头也说，也布置。布置之后，咱就开始办，咱主要是按照上头的标准干的。上面说了以

---

① 《渑池县妇联会关于妇女干部会议总结（草稿）》，1957，渑池县档案馆藏，全宗号4，目录6，卷宗号1。
② 《笃忠乡笃忠农业合作社成立农忙托儿所的几点经验》，1957，渑池县档案馆藏，全宗号4，目录号6，卷宗号1。
③ 《渑池县妇联会对当前妇女工作的几点意见》，1957，渑池县档案馆藏，全宗号4，目录号6，卷宗号1。
④ 根据笔者于2012年10月20日在渑池县槐树洼村对张东兴的访谈录音整理。
⑤ 根据笔者于2012年10月22日在渑池县王家坪村对李明法的访谈录音整理。

后，研究研究，老师一定，办起来，没事就去检查检查。"① 渑池的情况并非个例，其他地方兴办农村幼儿园的实践也处于类似的权责体系之下，当时的吉林省在兴办农村幼儿园的过程中，明确要求"支部书记要亲自挂帅，建园前必须做好组织、宣传与发动工作"（吉林师范大学教育系，1958）。

相对于农村的其他集体生活福利设施，幼儿园特别受到妇联系统的关注。渑池县妇联在"大跃进"期间，将公共食堂和农村托儿组织看作其在集体福利事业中的两个工作重点。县妇联尝试用多种方式推进农村幼儿园的进展。一方面，召开妇女干部的会议不断传达和强调建设农村幼儿园的重要性，并且积极培训农村保育员。1958年"在县训练了一批保育员（130多人），回乡后采用以师带徒的办法，根据各项具体情况，又训练了超过在县三倍的人员，承担了负责托儿组织工作，所以在短时间内，全县范围内普遍建立了托儿组织，孩子有了依靠，大人从事生产有了机会"。另一方面，重点试行，总结经验，组织观摩。为了有力地推动托儿所的工作，县妇联"抽出得力人员，重点搞出成绩，总结经验，组织观摩，如去秋组织十几个乡到英豪乡灯塔高级社幼儿园参观，丰富了大家组织托儿所的经验，促使了工作开展"。② 而且，村一级的妇女干部往往比其他村干部对幼儿园负有更直接的责任，既负责同保育员沟通，又要参与幼儿园的日常管理。③ 与此同时，农村幼儿园也常有从上到下的检查，以此促进农村幼儿园的建立和管理。1959年，渑池县妇女工作总结和会议意见中提到，当年全国和省妇联领导都来渑池进行了视察，其中农村幼儿园的工作在重点考察之列。④ 在韶峰大队的幼儿园，"曾经有一年省里还是洛阳来检查，他们看看还可以"。⑤ 而王家坪大队的支书李明法则表示乡里组织检查，县里来得少。在当时的先进典型槐树洼村，被检查的次数相对其他地方更多。⑥ 而槐树洼村幼儿园的保育员姚金英回忆，曾经还跟县妇联

---

① 根据笔者于2012年10月22日在渑池县王家坪村对张金财的访谈录音整理。
② 《渑池县妇联会关于妇女干部会议总结（草稿）》，1957，渑池县档案馆藏，全宗号4，目录号6，卷宗号1。
③ 根据笔者于2012年9月29日在渑池县韶峰村对王秀珍的访谈录音整理。
④ 《渑池县妇女参农工作总结和会议意见》，1957，渑池县档案馆藏，全宗号4，目录号6，卷宗号1。
⑤ 根据笔者于2012年9月29日在渑池县韶峰村对王秀珍的访谈录音整理。
⑥ 根据笔者于2012年10月20日在渑池县槐树洼村对张东兴的访谈录音整理。

到其他乡检查幼儿园的情况。① 通过从上到下的检查,加强了对农村幼儿园的管理。

作为幼儿园成立最重要条件的房子是由集体征用的。幼儿园有时设在保育员家中,但更多时候考虑到依托食堂的便利,大队会选择一处离大队部和食堂都较近的房产,组织住户搬离。"大跃进"期间对于"一大二公"的追求,使得大队对各项财产享有极高的调度权。为幼儿园所征用的房子,原有住户并不享受补贴。在王家坪大队,当时"保育员只有一个,工分队里出。那个时候房子都是队里的,让你今天腾出来,你就腾出来,给你找个地方住。那个时候卫生所、兽医站都有"。② 韩家坑大队的幼儿园开在保育员家中,据保育员丈夫王申保回忆,当时是生产队给工分,并且用房也没有什么补贴。③ 因为大队支配调度幼儿园的房屋,所以有的幼儿园随着大队规划的改变经历了多次搬迁。槐树洼大队幼儿园保育员回忆幼儿园"才开始在希贵(音)家院,后来在丙辰(音)家院,再后来在昔周(音)家院。等到在丙辰家院的时候,她妈来了,还有翟玉兰。就我们三人"。④ 除了房屋之外,生产队也会提供一些简单的桌椅板凳等设施。

同时,大队会向幼儿园提供一定的经费,用以购买玩具和书。在王家坪大队,幼儿园里有黑板,是队里买的。只有老师有课本,幼儿园中有书、小本本、小画书等物,队里没有管,是委托老师购买的。⑤ 在韶峰大队,幼儿园中"有图画书,其他啥玩具都没有。县里面的幼儿园最好,咱这儿条件差一些"。⑥ 在当时条件相对较好的槐树洼大队,书本、玩具等比其他村落更为丰富,虽然也"没有桌子凳子,就是搬点小板凳。有黑板,都在院子里活动"。⑦ 保育员姚金英回忆,为了"教娃们识字、跳舞。去三门峡买点玩具、半截裙,让大点娃们穿上跳舞"。韩家坑大队当年的两位入园儿童胡秋菊和王文信回想幼儿园的设施时分别提到:"小玩

---

① 根据笔者于 2012 年 10 月 20 日在渑池县槐树洼村对姚金英的访谈录音整理。
② 根据笔者于 2012 年 10 月 22 日在渑池县王家坪村对张金财的访谈录音整理。
③ 根据笔者于 2012 年 10 月 22 日在渑池县王家坪村对张金财的访谈录音整理。
④ 根据笔者于 2012 年 10 月 20 日在渑池县槐树洼村对姚金英的访谈录音整理。
⑤ 根据笔者于 2012 年 10 月 22 日在渑池县王家坪村对李明法、张金财的访谈录音整理。
⑥ 根据笔者于 2012 年 9 月 29 日在渑池县韶峰村对王秀珍的访谈录音整理。
⑦ 根据笔者于 2012 年 10 月 20 日在渑池县槐树洼村对张东兴的访谈录音整理。

具多，没有课本。数数数、跳跳舞、唱唱歌。舞都是很简单的那种，扭秧歌。"①"有点不大点的小本本还是小书，都被孩子们揉得不成样子了。"②

除了农村幼儿园自身集体所有的性质，其产生也深深根植于农村的集体制度，并与农村的集体生活体系紧密相依。渑池县妇联认为，公共食堂制度有力地促进了幼儿园的发展。③ 在本文采访的4个村庄中，除了槐树洼大队的幼儿园附属了幼儿食堂，其他3个大队中幼儿园儿童都需要随家长到公共食堂用餐。这也可以解释这些幼儿园一般都距离公共食堂较近的原因。据韶峰大队妇联干部王秀珍回忆，村里的食堂和幼儿园在同一个院落。"食堂那时候，都是一个大财主家院，进去大门，西石头窑，南边群房，共三所院，吃饭都在院里吃。"④ 在王家坪大队，"食堂吃饭用瓢舀，大人一瓢，小孩儿半瓢，个人跟着个人家长吃。食堂和幼儿园不远儿，有三四百米"。⑤ 除了食堂制度之外，幼儿园也依托于当时的分配制度，渑池同河南的其他地方一样，力图实行"生活基本需要供给制"，也就是所谓"七包"，这保证了保育员能够得到较充足的工分，并且由集体负担幼儿园的开支（任永全，2006：356）。集体开始负担儿童在幼儿园的支出，才使得幼儿园能够大规模推广。农村集体生活福利体系是幼儿园存在的基础。

（二）儿童的幼儿园体验

整体来看，这些儿童关于课程和玩耍印象相对模糊，其残存的记忆中多是关于游戏学习的场所和形式，具体的内容却很难追索。当年入园儿童在回想幼儿园的空间结构时，记忆更为集中在幼儿园的色彩和装饰上。"用白纸、黄纸、红纸卷的纸花，她们家的旧房，有好些花，是胡琴 nia（她的）妈搁 wuer（那儿）教。在人家家里面，摆活我们跳舞……一般都是坐到屋里，nia 弄个一溜溜小板凳让你坐，这会儿那是有凳子，那时候都是板儿。"⑥ 儿童也关注玩具和小人书，但是具体的玩具类型和书本中

---

① 根据笔者于2012年10月18日在渑池县韩家坑村对胡秋菊的访谈录音整理。
② 根据笔者于2012年0月18日在渑池县韩家坑村对王文信的访谈录音整理。
③ 《1958年妇女工作总结及59年工作意见》，1959，渑池县档案馆藏，全宗号4，目录号8，卷宗号1。
④ 根据笔者于2012年9月29日在渑池县韶峰村对王秀珍的访谈录音整理。
⑤ 根据笔者于2012年10月22日在渑池县王家坪村对张金财的访谈录音整理。
⑥ 根据笔者于2012年10月18日在渑池县韩家坑村对胡秋菊的访谈录音整理。

的内容却很难回想。其中王栓成只对拨浪鼓印象深刻。就所学课程,对于唱歌跳舞的印象远比识字深刻,但是唱得什么歌、跳得什么舞,已经记不清楚了。"教唱歌肯定有,nia 那时候学那扭秧歌,那时候不大点儿那小鼓,这会儿还有那小鼓。"① 当年的儿童对于同在一个幼儿园中的其他儿童印象较浅,对于幼儿园老师的印象要比对自己同学的印象深刻很多,这同幼儿园存在的时间较短、入园儿童当时年岁尚小有一定关系。有趣的是,在入园儿童的记忆中他们并没有将幼儿园同集体联系起来,更倾向于将幼儿园的创立和消亡都理解成个人行为。在这些当年儿童的眼中,幼儿园并不是由大队所兴办的形式化的儿童福利设施,而是凭借幼儿园保育员的爱心和辛勤为困难时期的儿童支撑起的温暖场域。胡秋菊一直强调,自己去幼儿园仅是因为"没事耍,想去",而且她也不把幼儿园的保育员称作老师,而是叫"婶"。儿童生活中对于集体化的理解,需要借助幼儿园老师、自己的家庭等私人关系才能达成。

相较于幼儿园中接受教育的模糊回忆,食物则是幼儿园回忆中最为清晰的部分,这与"大跃进"时期极端困难的物质条件密切相关。因为槐树洼幼儿园附设有食堂,当年在幼儿园中上学的董小友回忆:"给你发半个白馍,我记很清哩……那个时候都搁这门口哩,里头给发馍,是烙哩馍还是痛好那馍,一人发真大点点馍。"② 关于发白馍这件事情,被他重复了好几次。在并不附设食堂的韩家坑幼儿园,当年的儿童对于保育员、所学课程和教室的装饰等都有不同的回忆,却都毫无例外地回想起有一次每人因去水库表演节目而分发到半个豆馅馍的经历,然后围绕豆馅馍又回忆起其他情形。③ 王文信回忆:"为啥说让排着队看水库那,一人还发半个白馍,那个时候都稀奇得不得了,小娃们太小嘛,都给你掰那半个。都记那一回,站那一次队。"从食物开始,当年的儿童记忆开始拓展,回想起下午在北邙(音)集合,站着队去壕沟水库,在水库进行了表演,但是具体的表演内容已无从想起。

值得注意的是,幼儿园设立之后,儿童在食物上有时会获得更多的倾斜。在附属于幼儿园的食堂中,儿童常获得比在公共食堂更充足的供给。槐树洼大队幼儿园因为设有食堂,"幼儿园吃得稍微好点。过去吃的东

---

① 根据笔者于 2012 年 10 月 18 日在渑池县韩家坑村对王栓成的访谈录音整理。
② 根据笔者于 2012 年 10 月 20 日在渑池县槐树洼村对董小友的访谈录音整理。
③ 根据笔者于 2012 年 10 月 20 日在渑池县槐树洼村对董小友的访谈录音整理。

西，1958年吃粮食还可以。1959年、1960年的生活最困难，吃淀粉馍。幼儿园搞点粮食，吃点好的"。[1] 因为幼儿园的伙食较好，儿童患浮肿病的少。[2] 保育员也提到："到那儿吧，多少吃点。搁家肚子饥。大班叫大点，小班叫小点，吃菜角，大孩子，一人一个半，喝汤不在数。"[3] 幼儿园食堂的粮食由各小组凑份子组成，"那时候下面也成立食堂了，都去下面要点面"，[4] 征收粮食的过程虽然艰难，但物资比起公共食堂会更有保障。而且，幼儿园食堂受到的关注比公共食堂少，只有两名炊事员，对食物的利用率高。炊事员通过各种办法，改善儿童的伙食："弄点野菜，回来一炸一捏，没油吧，弄点盐捣捣拌拌，弄到馍里头。拨几个蓖麻仁在锅里面一擦，然后弄给娃们。"[5] 而在公共食堂里，"管伙哩痛孬哩"，[6] 造成了大量的浪费。幼儿园食堂因为补给较充足、食物做得精细，比公共食堂吃得好。在其他地方，也有幼儿园食堂更受倾斜的例子：江西万安县为了保证农村幼儿园的伙食，规定了"有限供应幼儿食堂吃菜的办法。如每出一种新菜、杀了猪或捞到鱼时，都先送一定数量给幼儿食堂"。[7] 由于农村幼儿园在整个农村集体主义福利体系中的重要性，所以物资方面比较有保证。加之对园中具体生活安排管理比较松弛，幼儿园可以较为自由地使用这些资源，为儿童提供相对较好的食物。

即使不附设食堂的农村幼儿园也往往离就餐的公共食堂较近。韶峰大队的食堂和幼儿园在同一个院落，"是一个大财主家院，进去大门，西石头窑，南边群房，共三所院，吃饭都在院里吃"。[8] 王家坪大队的"食堂和幼儿园不远儿，有三四百米"。[9] 鉴于幼儿园对儿童管理较为松弛，还会有一些其他的隐性机会。例如，儿童可以逃学或者早点到食堂，因此比成人享有更为灵活的时间安排。如果父母或者亲戚在食堂工作的话，儿童有可能利用这些机会，获得额外的食物。据王文信回忆："食堂做饭是轮

---

[1] 根据笔者于2012年10月20日在渑池县槐树洼村对张东兴的访谈录音整理。
[2] 根据笔者于2012年10月20日在渑池县槐树洼村对董小友的访谈录音整理。
[3] 根据笔者于2012年10月20日在渑池县槐树洼村对姚金英的访谈录音整理。
[4] 根据笔者于2012年10月20日在渑池县槐树洼村对姚金英的访谈录音整理。
[5] 根据笔者于2012年10月20日在渑池县槐树洼村对姚金英的访谈录音整理。
[6] 根据笔者于2012年10月20日在渑池县槐树洼村对姚金英的访谈录音整理。
[7] 《幼儿食堂饭菜香》，《妇女工作》1959年第7期。
[8] 根据笔者于2012年9月29日在渑池县韶峰村对王秀珍的访谈录音整理。
[9] 根据笔者于2012年10月22日在渑池县王家坪村对张金财的访谈录音整理。

着做，没人时候给你掰块馍什么的。大家去地里的时候，你小孩儿，没人知道，掰块馍，有人的时候都是量的。"① 胡秋菊也提到跟随当时给大队加工粉条的父亲，吃刚捞出来的粉条。② 儿童较为自由的行动，确实为他们赢得了一些潜在的机会获得更多的食物。

除此之外，利用户外活动的时间儿童还可以在老师的带领下从田里获得潜在的食物。"大跃进"时期，国家倡导学前儿童多进行户外运动，参加适合其年龄特点的劳动。这种号召同当时被广泛接受的苏联儿童教育理念有关，其基础是巴普洛夫院士关于高级神经活动的学说：户外活动对于儿童不仅仅是局部锻炼，而是整体身体机能的提高（露莎柯娃，1957）。因此，在为农村儿童编制一天的活动时，游戏、散步和劳动都是很重要的内容。儿童常被鼓励帮助集体拾麦子、采棉花等；而社员从田里捡收割遗留下的粮食，一般并不被允许。正是利用户外活动和劳动的契机，幼儿园老师带领儿童拾点粮食，或者摘点野菜，用以改善儿童的生活。在槐树洼村幼儿园，保育员带着园中儿童经常去地里捡收割时遗漏的玉米，"拾拾玉米这是回来能炒炒吃。地里有……家家屋屋不叫你冒烟"，③ 而队长也持默许态度。除了拾玉米之外，保育员还领着儿童去菜区拾过菜。这些拾来的成果不交集体，主要用来改善儿童生活。

集体制度作为幼儿园的依托，保证了农村幼儿园的设立，从而使幼儿园的教育成为可能，农村幼儿园的儿童也实实在在地经历着集体化教育，不可否认这种教育甚至仍在影响他们当下的生活。但是儿童的记忆某种程度上偏离了幼儿园建立之初的设想。并且，儿童能够通过幼儿园获得国家更多的物质倾斜，尤其是食物，这本不是幼儿园设立的初衷，这些经历一定程度上体现了儿童群体在集体制度下的主体性。

四 结论

"大跃进"时期农村幼儿园虽然只是当时农村所建立的一系列社会主义福利设施之一，却展现了国家将琐碎的日常生活转变为公共事务的议程。幼儿园不仅要照料儿童的生活日常，更肩负着教育儿童的重任。抚育

---

① 根据笔者于2012年10月18日在渑池县韩家坑村对王文信的访谈录音整理。
② 根据笔者于2012年10月18日在渑池县韩家坑村对胡秋菊的访谈录音整理。
③ 根据笔者于2012年10月20日在渑池县槐树洼村对姚金英的访谈录音整理。

儿童本是家庭的任务，经过社会化之后，变成了国家和集体的责任。与此同时，抚育儿童从再生产领域进入生产领域，变成光荣的生产任务。社会主义制度正在变革着整个乡村社会。幼儿园的设立重塑了农村儿童、母亲、幼儿园教师等群体的生活。

从妇女解放的角度来看，无论是中央、基层还是农村妇女自身都认同幼儿园对于解放妇女劳动力的重要意义。将抚育幼儿这一属于"再生产"领域的任务社会化，大大减轻了妇女积极加入"生产"的顾虑。农村妇女通过积极参加社会劳动，既服务了国家，也提高了自身地位。妇女解放思想同"大跃进"的实际相互配合成为一套互动的话语：基层以及参与其中的女性，一方面感受到实际劳作的压力，因而迫切需要幼儿园的建立；另一方面，妇女解放显然增加了这一过程的光荣感并为农村幼儿园的建立提供依据。然而共产主义的妇女解放思想是一套复杂的体系，国家更注重选取同"大跃进"实际相配合的部分，而有意淡化了其他内容，比如妇女解放思想中对妇女自身的保护以及对女性特质的考虑等。在妇女解放的政治规划外，生产的实际需求是解放妇女劳动力的一个重要的动因。正是因为国家在整体战略上对劳动力的大量需求，保证了妇女解放能够顺利向下传达，农村幼儿园得以快速高效地推进。

通过农村幼儿园的建立，国家重新调整了女性在再生产中所扮演的角色，积极参与农村幼儿的抚育。一方面，农村妇女被鼓励参与社会劳动，抚育儿童的再生产任务不应成为其生活的负担，传统意义上的生活细节不再是母爱表达的唯一方式；另一方面，随着抚育儿童任务的社会化以及对儿童教育的重视，对幼儿的照料和教育成为一项生产任务。"大跃进"时期的湄池，幼儿园教师无一例外由女性担任，因此育儿的任务仍然被定义为女性的劳动。幼儿园在农村创造了新的职业机会，也使得幼儿园老师成为备受尊重的社会主义劳动者，为这些女性的生活开启了新的可能性。

"幼儿园"作为集体建立的教育机构，将长久以来较受忽视的幼儿教育变为现实，深刻变革了儿童的生活。受迫切的生产需求和落后的物质条件限制，集体制度为幼儿园的建立倾斜了大量的关注和资源，从而使其成为可能。"大跃进"时期农村幼儿园作为农村社会主义福利措施中的一环，服务于集体制度，也仰赖于集体制度。儿童在农村幼儿园中的学习、游戏，这些关于集体生活的记忆持续到当下。当年的儿童通过幼儿园也确实获得了更多的生活资料。这些都是儿童在集体生活中有限但不可忽略的能动性的体现。

　　当然，当农村集体化程度退化的时候，缺乏外力支持的幼儿园也就不得不面临消亡。国家将集体生活福利体系判定为激进的体现，幼儿园自然也就成为激进的产物，而并不过多顾及农村家长和儿童的实际需求。值得注意的是，改革开放后，尤其是在实施计划生育之后，大部分农村地区又重新出现了幼儿园这一抚幼组织，虽然分享了"大跃进"时期相似的名称，精神实质却已截然不同。当下幼儿园所代表的市场介入，在"大跃进"时期农村幼儿园的实践中尚未出现。在城市化作用下，农村留守儿童问题愈演愈烈，抚育儿童中的家庭安排和国家责任都值得重新探讨。"大跃进"时期的农村幼儿园实践，也许能够为当下关于农村抚幼的探讨提供一定的借鉴和参考。

参考文献

《1958年妇女工作总结及59年工作意见》，1959，渑池县档案馆藏，全宗号4，目录号8，卷宗号1。

《笃忠乡笃忠农业合作社成立农忙托儿所的几点经验》，1957，渑池县档案馆藏，全宗号4，目录号6，卷宗号1。

《高举毛泽东思想的旗帜，充分发动妇女为实现我县1960年持续大跃进而英勇奋斗——渑池县三年来妇女工作总结和今后任务的报告》，1960，渑池县档案馆藏，全宗号4，目录号9，卷宗号1。

《渑池县妇联会58年工作总结》，1958，渑池县档案馆藏，全宗号4，目录号7，卷宗号1。

《渑池县妇联会对当前妇女工作的几点意见》，1957，渑池县档案馆藏，全宗号4，目录号6，卷宗号1。

《渑池县妇联会关于妇女干部会议总结（草稿）》，1957，渑池县档案馆藏，全宗号4，目录号6，卷宗号1。

《渑池县妇联会关于妇女干部会议总结（草稿）》，1957，渑池县档案馆藏，全宗号4，目录号6，卷宗号1。

《渑池县妇联会关于上半年妇女工作基本总结和下半年工作意见》，1958，渑池县档案馆藏，全宗号4，目录号7，卷宗号1。

《渑池县妇女参农工作总结和会议意见》，1957，渑池县档案馆藏，全宗号4，目录号6，卷宗号1。

《渑池县妇女联合会关于一年来工作基本总结和一九六零年工作任务报告》，1959，渑池县档案馆藏，全宗号4，目录号8，卷宗号1。

《通知》，1961，渑池县档案馆藏，档案号：全宗号4，目录号10，卷宗号1。

《五八年妇女工作规划》1958，渑池县档案馆藏，全宗号4，目录号7，卷宗号1。
吉林师范大学教育系编，1958，《农村幼儿园工作手册》，吉林人民出版社。
康英，1959，《普通一公社》，淮阴人民出版社。
列宁，1956，《列宁全集（第29卷）》，中共中央马克思恩格斯列宁斯大林著作编译局译，人民出版社。
列宁，1958，《列宁全集（第32卷）》，中共中央马克思恩格斯列宁斯大林著作编译局译，人民出版社。
露莎柯娃，1957，《幼儿园儿童的体育》，淑均、伯和合译，湖北人民出版社。
罗平汉，2009，《大跃进的发动》，人民出版社。
麦克法夸尔，1990，《文化大革命的起源（第二卷）》，魏海生等译，求实出版社。
任永全、孙保定主编，2006，《河南大跃进运动》，中共党史出版社。
渑池县地方史志编纂委员会编，2006，《渑池县志：1986-2000》，方志出版社。
郑雅如，2009，《情感与制度：魏晋时代的母子关系》，花木兰文化出版社。
中国学前教育研究会编，2003，《百年中国幼教 1903-2003》，教育科学出版社。
Allison James, Chris Jenks, Alan Prout, 1998, *Theorizing Childhood*, Teachers College Press.
Charlotte Furth, 1999, *A Flourishing Yin: Gender in China's Medical History*, 960 – 1665, University of California Press.
Judith Stacey, 1983, *Patriarchy and Socialist Revolution in China*, University of Chicago Press.
Kay Johnson, 1983, *Women, the Family and Peasant Revolution in China*, University of Chicago Press.
Kimberley P. E., 2003, *Manning. Sexual Equality and State Building: Gender Conflict in the Great Leap Forward*, University of Washington.
Li Hui, 2009, *Kindergarten in China. Pong, David. Encyclopedia of Modern China*, Charles Scribners & Sons.
Margery Wolf, 1985, *Revolution Postponed: Women in Contemporary China*, Stanford University Press.
Patricia Ebrey, 1993, *The Inner Quarters: Marriage and the Lives of Chinese Women in the Sung Period*, University of California Press.
Phyllis Andors, 1983, *The Unfinished Liberation of Chinese Women 1949 – 1980*, Indiana University Press.
Robert Ash, 2006, "Squeezing the Peasants: Grain Extraction, Food Consumption and Rural Living Standards in Mao's China." *China Quarterly*, Vol. 188, No. 1.
Ruth Sidel, 1972, *Women and Child Care in China*, Sheldon Press.
Yuval-Davis, N., 1997, *Theorizing Gender and Nation in Gender and Nation*, Sage Publications.

(原载《妇女研究论丛》2017年第2期)

集体互助与妇女解放

——北京地区街道托幼机构的兴起（1954~1957）

徐明强　宋少鹏

内容提要　中华人民共和国成立后，随着大量妇女参与到社会劳动当中，实现婴幼儿照料的社会化，平衡劳动妇女参加社会劳动与家务劳动之间的冲突，成为迫切的需要。受制于"高积累-低消费"的国家发展战略和中央财政的拮据，国家无法有效满足所有人的需求，因而倡导各单位自办幼儿园。在公立市政幼儿园、单位附属幼儿园之外，街道托幼机构在20世纪50年代中期发展为一种婴幼儿照料社会化的重要方式。街道托幼机构的性质是一种集体福利事业，依托邻里互助的传统人情伦理，结合新培育的集体主义互助精神，由街道群众自办、自管、自用。文章试图呈现1954~1957年北京地区街道托幼机构的兴起及运行实践，分析其管理体制、建设原则及低成本运行的特征，从经济、政治、社会、个人角度分析其历史价值以及对当下的现实意义。

现代国家都会提供一定的社会福利，但是社会福利设施的提供方式却存在不同的路径。一是现代福利国家的思路，政府利用税收提供济贫、教育、社会保障等方面的社会福利。相对于传统"守夜人"式的政府而言，福利国家理论更加强调政府的社会责任。二是新自由主义的思路，这是对福利国家、大政府的反向模式，在政府供给方面表现为新公共管理运动，在经济发展、社会福利方面推行私有化、市场化。在福利政策的研究视域内，对于20世纪50年代"集体福利"[①]供给方式的研究，学界也主要是将之和上述两种主要的福利供给方式进行比较。一种路径偏好西方福利国家政策，把中华人民共和国成立之初的社会福利供给方式看作已经逝去的历史，将改革开放之后的中国社会福利制度的发展方向定位为向西方福利国家政策的趋近，并认为这种发展方向是一种历史的必然。另一种路径偏好自由主义的市场化策略，将国家干预、集体主义当作批判对象，推动私有化、市场化的公共政策倾向。但无论是福利国家范式还是新自由主义范式，基本思维框架都是依据"国家-个人"的二分法。前者批评国家职能履行不充分、公共福利供给不足；后者批评国家权力过分渗透、供给过多、越俎代庖，以致养"懒人"，有违公平。

在20世纪50年代的"集体福利"供给思路里，集体是介于国家与个人之间的社会自组织形态，是群众团结而成的共同体。在这个集体里，发挥群众的团结与互助精神，根据集体成员的需求，量力而行，提供集体成员急需之日常服务，解决日常生活中的困难，被称为"集体福利"，也被认为是迈向社会主义的最初一步。本文的问题意识即立足于此：中华人民共和国成立初期"集体福利"的供给方式、运作机制、社会条件、历史价值是什么样的？当年基于物资匮乏的历史条件、特定政治环境下的集体福利的供给方式，在当下是否还有意义？

本文选择了街道托幼机构[②]——当年最重要的一项事关妇女解放的集体福利供给——作为本文的研究对象。利用历史档案、报纸杂志的报道，分析在"高积累-低消费"的国家发展策略约束下，1954~

[①] 对于集体主义时期的社会福利，当时的表述是"集体福利"而非"公共福利"。集体福利事业是由集体内每个成员参与建设的，公共服务是外在于私人的另一方——往往是国家——来提供的。两个概念背后存在不同的理论假设和政治想象（参见宋少鹏，2013）。

[②] 1951年10月30日，教育部颁布新学制，明确"实施幼儿教育的组织为幼儿园，收三足岁到七足岁的幼儿"。参见《中央人民政府政务院关于改革学制的决定》，《人民日报》1951年10月3日。1956年2月内务部、教育部、卫生部联合下发的文件规定，"招收三岁至六岁者为幼儿园，招收三周岁以下者为托儿所"。参见《北京市教育局幼教科部分市立幼儿园工作计划和总结》，北京市档案馆：153-004-02490。但"幼儿园""托儿所"只是相对的称呼，实践中很多机构都不正规，也不可能严格按照规定执行，存在很多其他的名称，如幼儿队、幼儿班、托儿站、婴儿班。为表述方便，本文将这些组织统称为"托幼机构"。

1957年①北京地区——偶涉全国其他地方——街道托幼机构的建设情况。试图进入历史情境,理解在中华人民共和国成立初期的城市空间里,如何以街道为治理区域,构建新型的城市社区。在这个政治性重构的社区里,以邻里相助的传统情感结构为基底,揉植新培育的集体主义新道德,倡导社区团结、互助互济,建设托幼机构,解除了一部分基层妇女走出家庭参加劳动和集体学习时婴幼儿照料的需求。反过来,组织动员、各出所能、共同创建托幼机构的过程,也是一个"集体"建构的过程,培植了群众对社区集体和社会主义国家的认同感。

一 "待解放"的妇女与"进不去"的幼儿园

恩格斯在《家庭、私有制和国家的起源》中曾经设想"随着生产资料转化为社会所有,个体家庭也不会再是社会的经济单位。私人的家庭经济变为社会的劳动部门。孩子的抚养和教育成为公共的事业;社会同等地关怀一切儿童,无论是婚生的还是非婚生的"(恩格斯,1972:72)。列宁将这一观点加以引申,将摆脱家务劳动的束缚、参加社会劳动和妇女解放联系在一起,"妇女要是忙于家务,她们的地位总不免要受到限制。要彻底解放妇女,要使她们与男子真正平等,就必须有公共经济,必须让妇女参加共同的生产劳动。这样妇女才会和男子处于同等地位"(列宁,1972:72~73)。将妇女从照料儿童、家务劳动中解放出来,"公共食堂、托儿所和幼儿园是这些幼芽的标本,正是这些平凡的、普通的、毫不华丽、毫不夸张、毫不显眼的设施,在实际上能够解放妇女,减少和消除她们在社会生产和社会生活上同男子的不平等"(列宁,1972:18)。

在经典马克思主义的妇女解放理论中,儿童的公共养育、家务劳动社会化与妇女参加社会劳动、实现解放、男女平等,就成为一体两面的统一体,共同构成妇女解放路径的基本要求。两者相互结合,缺一不可。这一

---

① 以1954年为起点,主要是因为北京地区在1954年开始建设街道托幼机构。另外,1954年开始有意识地发展这类"集体福利"事业,跟1953年开始实施第一个五年计划有关联。因为动员妇女出来参加劳动的需求,也刺激了妇女与家庭对社会化托幼方式的需求。以1957年为终点,主要是考虑1958年"大跃进"运动中,街道托幼机构数量也出现了跃进,但这种建设方式带有明显的运动特征,和1957年前制度化的有序建设存在明显区别,其运行机制、组织方式都需要单独进行历史考察。

马克思主义妇女解放理论不仅被中国人——不管是男人还是女人——广为接受,而且深刻影响了中共对妇女解放议程的设想与政策的制定。但是,这个理论框架逻辑内含一个妇女解放路径的自然推演:妇女解放必须通过妇女参加社会劳动实现,如果没有家务劳动的社会化,妇女解放的速度与广度就会受阻;反过来,如果妇女没有参加社会劳动的需求,那么家务劳动社会化的推进就不需要那么急迫。妇女与家务劳动自然性的勾连没有在理论上被质疑,这在女权主义理论中多有批评,此处不赘述。但是,这一理论的政策后果是可见的,一旦妇女参加社会劳动的需求受阻,那么,妇女退回家庭从事家务劳动与照料孩子就是自然的选择,此为其一。其二,聚焦于妇女参加社会劳动的妇女解放之路,一系列的妇女解放话语与解放议程都围绕社会劳动的需求而展开,并以此作为论证的理据。妇女走出家庭参加社会活动面临各种行为与观念的冲突,文化批判也围绕其而展开。这当然有着不可抹灭的价值,但是这个路径也存在窄化妇女解放议题的可能性,或者说,有些议题被挤压、延后甚或收纳到妇女解放话语里——比如,男女间的性别问题被视为伴随妇女解放进程和(男女)个体思想觉悟提高就会自然解决。回到20世纪50年代中期的语境,全面推开的社会主义建设高潮,非常契合马克思主义妇女解放的经典理论范式设置的妇女解放路径。伴随组织妇女参加社会活动与社会劳动,儿童照料的社会化(尚未达到公共养育的社会主义理想)成为家务劳动社会化的第一步,也是最急需的一步。所以,创办托幼机构,既是实践之需求,也是理论之欲求。

但是,中华人民共和国初建,首先需要解决的是经济恢复,之后是努力建立工业化体系,资源分配的重心放在了重工业。而发展重工业所需要的巨大资金,只能靠开源、节流两个途径,当时除了小部分资金向苏联举债,国内主要开展增产节约运动。"增产"即开源,"节约"即节流。再生产领域的消费成为必须节约的事项。按照当时计划委员会主任李富春的说法:"发展国民经济的第一个五年计划,是以大力发展重工业为中心的五年计划。建设重工业,必须长期地投入大量的建设资金。这种工业化所必需的资金是依靠我国内部的积累来取得的。因此,就必须实行极严格的节约制度,消除掉一切多余的开支和不适当的非生产的开支,不能容许任何微小的浪费,以便积聚一切可能的资金,用来保证国家建设事业的需要,增强国家的后备力量。"(李富春,1955:152)这种资源分配的理念反映到资源分配的政策上，非生产性的投资被尽可能地取消，"原设计的厂区和工人村的绿化、喷水池、职工学校、幼儿园、托儿所、子弟小学等，可以缩减的尽量缩减，可以取消的尽可能取消"。① 1955 年的《人民日报》仍这样劝告读者："国家正全力进行社会主义建设，必须展开全面节约，聚集一切可能积累的资金投入生产建设，不可能也不应该抽出大量财力、物力来普遍举办托儿所、幼儿园。"② 当然，《人民日报》所指的托儿所、幼儿园是指国家财政投入的公立托儿所、幼儿园。

当国家试图缩减托幼机构、节约资金时，大规模经济建设不断推进，大量妇女走出家庭参加各类社会性生产。1952 年全国女职工约有 150 万人，1956 年底已达到 300 万人，比 1952 年增加了一倍（中国妇女管理干部学院，1988：316）。这大概能感知当时推进妇女参加社会生产的速度。但这仅是国家正式职工的数据，还有更多的妇女从事着各类统计数据之外的生产劳动。即使没有参加社会生产的妇女，也被要求组织起来参加所在社区的各种政治学习和社会活动。当妇女走出个体小家庭参加各类社会活动时，托幼需求随之产生。但公立托幼机构的数量明显不能有效解决适龄儿童入园的需求。1953 年 7 月北京市教育局的一份报告显示：

> 幼儿园招生时报名人数很多，但因名额有限，只录取 1/10。如大方家胡同幼儿园报名 1030 人，录取 190 人，未录取的 840 名幼儿中，母亲有正式职业的 130 人。东四区分司厅幼儿园报名 1114 人，录取 105 人，未录取的 1009 人中，母亲有正式职业的 274 名。府学胡同幼儿园报名的 1371 名，录取 260 名，未录取的 1111 名中有 460 人母亲有职业（北京市档案馆，档案号：153-004-02464）。

为了缓和供需矛盾，教育部门要求现有幼儿园在加大招生力度的同时，开始考虑发动机关单位、厂矿企业自办托幼机构。1954 年初，教育部向政务院提交了一份报告，报告中提到了当前幼儿园数量不足，建议全国各地的厂矿企业因地制宜、自力更生，建设本单位自己的托幼机构。政务院批准了报告，随后转发各部、委员会、总工会、供销总社等机构参照

---

① 《从设计当中节约基本建设投资》，《人民日报》1955 年 7 月 19 日。
② 《提倡小型的日间托儿所、幼儿园》，《人民日报》1955 年 8 月 5 日。

执行。到9月,文件已经下发到北京市政府,北京市政府随后原封不动地下发到各区人民委员会,要求本年内参照执行(北京市档案馆,档案号:153-004-00050)。但这些机关单位、厂矿企业自办的托幼机构大多数只面向本单位的职工群体,不是本单位职工很难获得名额,而且并不是所有的单位都有意愿、有能力自办托幼机构。到1955年,公立幼儿园的报名情况依然爆满,例如石驸马大街幼儿园当年准备招收中班4个班、大班1个班,共招儿童167名,7月13日、14日开始报名。报名当天的场面让人颇感熟悉,和现在幼儿园报名的激烈场面相差无几。

> 第一天早上四点多钟,就有很多人在门外排队,到七点时已经有三四百人拥挤在门外,交通警向园长提意见,要求先发牌子,放一部分人进去,以免妨碍交通。于是在七点半时就开始发牌子,八点开始登记报名。……统计显示,在第一天领号牌的有1391人,实际报名的有895人,有496人未报名,自行离去。第二天领号牌的389人,只有249名报名,140名未报名。两日共1144人报名(北京市档案馆,档案号:153-004-02472)。

面对供不应求的局面,北京市教育局只能要求各公立托幼机构提高入园标准来分流,要求父母均有正式工作的儿童才能被录取。当然这一政策设计也符合前文所讨论的马克思主义妇女解放理论的内在逻辑,优先服务于参加社会劳动的母亲。为筛选出符合条件的儿童,托幼机构开始对家长进行"考核"——想报名的儿童必须由家长填写一份申请表,表中涉及家庭成员的工作、收入情况,还需要填写申请报名的理由,不符合"父母双方均有正式工作"这一硬性要求的被一律劝退。

最终,幼儿园这种福利资源被按照父母所在单位的性质而分配了。国家机关的干部子女进入"北海""六一"等面向干部子女的公立寄宿制幼儿园,大型厂矿企业职工的子女进入单位自办的托幼机构,小部分小型单位职工的子女进入国家财政承担的普通公立托幼机构,无正式工作单位的普通街道群众以及剩下的小单位职工子女则可能被拒之门外。但是,这并不意味着这些普通市民家庭的家长就有更多的清闲时间照料婴幼儿,相反,这些普通市民家庭的母亲可能更需要参加各类生产劳动以解决家庭生计问题,如做零工、出早市、在小工厂或小合作社做工。那些在小单位上班、孩子没有被录取的家长怀疑录取过程有"凭人情"的嫌疑，要求看录取名单，声称"我这样的不录取，什么样的才能录取？"那些没有正式工作的家长中，胆子大的在申请表上直接伪造父母职业，把打闲杂、小商贩、临时工这种非正式工作以及无业等改成有正式工作，希望以此蒙混过关。胆子小的也开始抱怨这种区别对待的招生政策：

> 父母没有工作，孩子就不能入幼儿园啦?！这是谁叫你们这么做的？我去找文教科去！也有的说，既然父母没有工作不录取就该在通告上写清楚，免得我们等半天。有个别的甚至要哭了，还说，穷人还是上不了幼儿园（因父亲每天早上上早市，母亲做临时工）（幼儿园招生工作有关材料，1955）。（括号内内容为档案自有——引者注）

分类管理是一种有效率、务实的行政解决方案，这种分类管理似乎也合乎马克思主义的妇女解放原理，但有违国家所提倡的为人民服务的政治理念与社会平等的价值。脱开妇女解放的理论路径，社会主义承诺保护儿童的政治理念也要求政府考虑儿童福利。1951年11月26日中国响应国际民主妇联的号召，成立了以宋庆龄为主席的中国人民保卫儿童全国委员会。[①] 1952年4月，国际保卫儿童大会召开会议，中国方面派康克清参会。会议通过了《儿童健康问题决议》和《儿童教育问题决议》。"广泛地建立妇幼顾问站、产妇院、儿童医院、疗养院、防疫机关、托儿所、幼儿园与孤儿院"，"在没有施行幼儿教育的地方，施行幼儿教育，增设托儿所和幼儿园"，是两项决议中的重要内容。[②]

不管是出于解放妇女的要求，还是保护儿童的承诺，抑或是城市治理的需求，新生的政权都不能无视城市里的弱势家庭的托幼问题。1955年下半年政府开始有意识地鼓励发挥街道群众的主动性，建设街道托幼机构，1956年正式公布《组织街道幼儿园参考办法》，北京、天津等大城市开始大规模建设街道托幼机构，以补充公立市政托幼机构、单位自办托幼机构的不足。

[①]《中国人民保卫儿童全国委员会成立宣言》，《人民日报》1951年11月27日。
[②]《国际保卫儿童大会继续举行会议 康克清报告我国儿童福利情况 卡瓦莱里控诉美国侵略者进行细菌战》，《人民日报》1952年4月17日。

早在1955年第一届全国人大二次会议上,康克清在总结中华人民共和国成立后妇女儿童福利发展情况时就提到过"群众自行举办的"多种多样的托儿方法:"我们完全赞成由机关团体、企业单位、生产组织和群众自行举办多种多样的日间托儿所、托儿站、变工互助和个别寄托等托儿办法。"① 但在1956年12月11日召开的全国妇联第三次全国妇女儿童福利工作会议上,康克清在报告中对于发展"群众性街道托儿组织"的态度仍然比较模棱两可:"首先解决直接参加生产、工作的妇女的孩子照管问题。至于有些同志提出,城市究竟以推动协助系统举办托儿组织为主还是以开展群众性街道托儿组织为主,我们认为应根据当地需要而定。……我们认为只要根据当地的条件、父母需要,可以举办当地所需要的托儿形式。"(中国妇女管理干部学院,1988:270) 从康克清的报告中,可以看出国家发展托幼机构的基本定位是服务于正式职工,但对于发展街道托幼机构,中央政府即使到了1956年底,仍在地方摸索经验的层次上。换言之,我们可以合理推测,1955~1957年街道托幼机构开始大量出现,并非高层设计的结果,而是源于城市居民的现实需求,地方政府在群众自行举办的基础上,适时引导与推动,尝试建设更具集体性质的街道托幼机构。

二 创办街道托幼机构的尝试

20世纪50年代中期,城市的基层管理体制逐渐建立起以单位与街道为治理板块的蜂窝状社区治理模式。这种治理结构也为新中国提供了一种全新的社会整合方式。单位逐渐自成一体,以生产组织为依托,建立起结构紧密且具有内在向心力的工人社区。街道作为所有非单位城市居民生活之所,也被组织起来,成为另一种城市组织结构。街道托幼机构就是依托"街道"这个被重新组织起来的生活区域的组织体系而成立的。

(一) 单位之外的街道

中华人民共和国成立后,一直在摸索适宜大城市治理需求的治理层级

---

① 《在第一届全国人民代表大会第二次会议上的发言(之二)》,《人民日报》1955年7月31日。

和国家权力边界。1949年前后，新生政权开始模仿农村解放区的县、乡、镇、村建制，在东北解放区的大中城市和华北地区的北京、天津等地设立市、区、街、闾的过渡政权组织形式，闾下设居民小组，组长由居民推选。但是这种过密的政权层级不适应城市管理的特点，北平街政府建立后不久，刘少奇就指出，"城市与农村不同，北平的政权形式不宜多级，应当集中于市政府。不应当建立街政府，一切工作应当集中到市人民政府来统一布置，避免政出多门和低效率"（北京市档案馆，1988：250）。据此，从北京、天津开始，各地开始进行街区变革，取消城市中过多的政府层级。但是实践证明，将事务集中到市级政府也不合适，尤其是像北京、天津这样的大城市，政务繁杂，如果缺少中间环节分担责任，市政府会应付无暇。1950年11月13日，政务院颁布《大城市人民政府组织通则》，确认大城市设立区一级政府。区政府设立后，区以下的组织层级问题再次凸显。1953年，时任北京市市长彭真给毛泽东写了一份报告，提出要在区以下设置街道办事处和居民委员会（北京市档案馆、中共北京市委党史研究室，2002）。1954年12月31日，全国人大常委会通过《城市街道办事处组织条例》，规定10万人以上的市辖区和不设区的市，应当设立街道办事处，作为市辖区和不设区的市的派出机构。同日通过的还有《城市居民委员会组织条例》，规定以居委会为媒介，沟通街道和每家每户的联系。街道办事处的任务是："办理市、市辖区人民委员会有关居民工作的交办事项，指导居民委员会的工作，反映居民的意见要求。街道办事处设专职干部3~7人，其中包括妇女干部1人。"（陈家喜、刘军，2002）以此为基础，中华人民共和国在城市基本形成了市政府—区政府—街道—居委会三级半的管理模式，街道也规划了城市居民组织化的基本单位。这个区域规划一直影响至今。

从社会整合的角度讲，城市街道体制和单位制相配合，成为城市的基本管理单位。战争结束后，东北地区因其在全国范围内最早借鉴根据地模式建构单位制，因此在单位制的创制过程中"捷足先登"，扮演了关键的典型示范角色（田毅鹏，2007）。之后，单位制从东北地区逐步扩散到华北、华东地区，成为影响全国的社会整合方式。在当时的工业发展状况下，没有被纳入单位制度的城市居民，通过街道整合进国家的治理结构中。按照彭真报告中的说法：

由于现在的工业还很不发达，同时还处在向社会主义过渡的新民主主义社会阶段，即使在现代工业较为发达的城市中，仍有很多不属于工厂、企业、学校、机关的无组织的街道居民，这种人口在有的城市中甚至多至60%以上。为了把街道居民逐步加以组织并逐渐使之就业或转业，为了减轻现在区政府和公安派出所的负担，在很多城市中，除建立居民委员会之外，还需要建立市或者区人民政府的派出机关，我们的意见是建立街道办事处（北京市档案馆、中共北京市委党史研究室，2002）。

至此，"街道制"和"单位制"构成了城市基层社会管理的基本格局。有正式职业的归于单位管理，属于"单位人"，按照单位管理模式享受相应的福利待遇。"被纳入到街道管理的多是家庭妇女、摊贩、商人、自由职业者、独立劳动者、无业以及失业者组成。"（郭圣莉，2005）单位与街道，不仅是政治规划打造的国家治理体系中的一环，更是城市居民日常生活所依托的生活区域。依托单位与街道开展的日常治理、生产管理、政治动员和政治运动，也在不断地形塑城市居民的单位认同和社区认同，使单位身份和社区身份成为城市居民很重要的一种集体归属。在集体自办托幼机构这个问题上，也形成了单位与街道两种体制。关于单位托幼机构另文撰述，但单位托幼机构与街道托幼机构的性质同属于集体福利事业。

（二）街道托幼机构的前期尝试

早在中华人民共和国成立之初，基于捉襟见肘的财政能力，新生政权在为妇女儿童提供基本福利方面就很注意"群众的力量"。1951年11月，全国妇联召开第一次全国妇女儿童福利工作会议，总结中华人民共和国成立两年来妇女儿童工作的成绩，讨论今后的工作方向。在这个会议上，康克清做了题为《两年来全国妇女儿童福利工作的情况、经验和任务》的工作报告，报告中提出，"我们必须认识妇女儿童福利工作的这种重大意义，并从广大妇女群众的需要出发，运用群众的力量，采用多种多样的办法，来解决群众自己的问题，为更多的劳动妇女及其子女服务"（康克清，1951）。

重庆和天津最早以街道为单位建设街道托幼机构，也最先做出了成绩，为全国提供了学习的经验。1955年2月11日至3月2日，中华全国总工会召开"全国工会厂矿企业托儿所工作会议"，国营上海第一棉纺织厂、国营上海第三毛纺织厂、国营上海第十二棉纺织厂、青岛市工会联合会女工部都是在介绍企业自办托幼机构如何精打细算、积极为孩子服务的经验，而重庆、天津两市民主妇女联合会则重点介绍了本市妇联举办街道托儿站的经验。会议结束后，天津市民主妇女联合会妇女儿童福利部副部长白菊如还在《人民日报》上专门发表文章，介绍天津举办街道托儿站的经验（白菊如，1955）。按照她的介绍，从1952年起天津就开始试办街道托儿站，到1954年底已有29处，收托1岁到6岁儿童1099名。这些儿童的母亲大多数是工厂女工，也有一部分机关、学校、合作社的女干部，还有一些其他的劳动妇女。托儿站的规模大小不等，一般收托30~50名儿童，最少的收10多名，多的也有收到100名以上的。而根据康克清的回忆，"北京地区的第一个街道托幼机构设立在六部口①。这一带的家庭妇女，有从事挑补花手工艺品的习惯，北京市妇联加以组织，成立了生产合作社，而为了解决这些妇女的看孩子问题，在群众的要求下，一间房子办起了一个托儿所。"（康克清，1993：397）随着街道体制的确立，街道办托幼机构的方式很快就在全国范围内推开，宣传部门也开始大力宣传，1956年第6期《新中国妇女》发表社论文章《发展群众性的托儿机构》，文章以北京市一位女教员为例来说明这种街道托幼机构对妇女参加社会劳动的重要意义。

> 北京市有一个女教员有四个孩子，两个大的上小学，两个小的由婆婆照顾。婆婆照顾不过来，她只好把全部业余时间用在孩子身上，她就很少有时间备课和修改作业……
> 要解决家中无人照顾的女职工的孩子问题，除各机关、企业、工厂、学校加强对女职工孩子的关怀，还必须动员社会上各方面的力量，采取多种的方法。群众性的小型街道托儿机构适应城市各种劳动妇女参加生产和工作的需要，是切实可行的方法。它可以帮助解决目前工厂、机关、学校、企业或手工业合作社等单位幼儿机构的不足。②

---

① 康克清的回忆录并没有写明这个街道托儿站的成立时间，在前文部分论述到了1953年华东妇联召开的妇女儿童福利工作会议，在后文部分论述到了1952年天津市河北区街道托儿站的建设。根据前后文进行推测，该街道托儿站建设时间可能在1952年或1953年前后。

② 《发展群众性的托儿组织》，《新中国妇女》1956年第6期。

经过短时间的摸索，1956年教育部出台《组织街道幼儿园参考办法》，明确了街道托幼机构群众自我组织的性质，规定"在优先考虑参加工作、生产或学习的妇女的子女的情况下，凡是街道居民的幼儿，身体健康、无传染病者均可以入园"（北京市档案馆，档案号：153 - 001 - 00755）。以街道为基础建设托幼机构成为婴幼儿照料社会化的一种制度化的形式。

（三）街道托幼机构的发展

1957年2月25日，中华全国民主妇女联合会妇女儿童福利部部长田秀涓在《人民日报》发表文章，总结托幼机构的建设成绩。文章显示，当时的街道托幼机构已经成为提供幼儿社会化照料的重要力量之一：

> 1956年已有106个城市开展了这项工作，仅据北京、上海、鞍山等17个城市的不完全统计，就有街道托儿所、幼儿园1244处，收托儿童42810人。在辅助厂矿、机关、手工业合作社托儿组织的不足，解决女职工、女手工业者的孩子寄托问题和帮助多子女的家庭劳动妇女照管和教育孩子方面，起了一定作用（田秀涓，1957）。

1957年6月全国妇联副主席章蕴在全国人大一届四次会议上的报告显示，根据97个城市统计，基层妇联组织举办的群众性街道托儿站已建立2309个。妇联组织与工会配合辅导职工家属组织起来的职工宿舍托儿组，据一省十八市的初步统计，就有4316个。两类托动机构共收托儿童285678名（章蕴，1957）。根据杨之华1957年6月在全国职工家属代表会上的报告，截至1956年底，全国集中居住的职工家属举办的托儿所、幼儿园共1774个，收托儿童91830人。而城市街道上举办的托儿站、幼儿园共收托100多万人，其中大部分是职工家属办的。据1957年9月召开的第三次全国妇女代表大会章蕴所做报告中的数据，1956年底全国城市各种托儿机构约有26700处，收托儿童125万余名，比1949年增加了260倍（中国妇女管理干部学院，1988：317）。笔者收集到的这几份数据的统计口径不同、统计规模不同，结果也不完全一致，有些数据比较笼统，属于估算。但是作为相对权威的官方数据，我们还是能窥见当时托幼机构，特别是街道托幼机构的发展速度和全国的一个概貌。

从比例上看,街道群众自办的托幼机构收容的儿童数量,也已经超过其他托幼机构的数量。按照田秀涓的介绍,南京市共有街道群众自办的托儿所(站)、幼儿园(班)167所,收托儿童10947人,是工厂、机关托儿所、幼儿园所收儿童总数的3倍以上。北京地区的情况同样如此,在1955年街道群众自办托幼机构还是新生事物,只有区区33家街道自办的托幼机构(见表1)。1956年"三八"节前后,北京市妇联开始发动街道妇女群众建立街道幼儿班(北京市档案馆,档案编号:153005-00141),到1957年初即已初见规模(见表2)。

表1 1955年北京地区托幼机构及实有幼儿数统计

单位:个

	机构数	班级数	工作人员数	实有幼儿数
教育部门承办	31	146	222	3825
厂矿企业自办	31	79	91	1532
军事系统自办	46	236	492	4929
机关团体及其他单位自办	165	592	964	11910
街道群众自办	33	90	38	1474
私立托幼机构	34	118	128	3389
总计	340	1261	1935	27059

注:表中数据由笔者整理而成,并非档案直接显示;其中工作人员数只包含园长(主任)、教养员、保育员,不包含其他工人及勤杂人员。

私立托幼机构(包括私立幼儿园、私立托儿所)和街道托幼机构不同,从经费来源上说,私立托幼机构主要依靠开办人筹集;从管理模式上说,私立托幼机构并不依托"政权组织"和"群众组织",而是由董事会聘任园长、主任进行日常管理。在1954年前后,由于对婴幼儿照料的需求巨大,北京市政府对私立托幼机构采取相对支持的态度,私立托幼机构曾出现过短暂的兴盛。到1956~1957年,随着社会政治环境变化,单位、街道托幼机构数量增多,私立托幼机构的生存空间日渐减少,很多被机关单位、厂矿企业兼并,转变为单位托幼机构,还有一些被取缔、解散(北京市档案馆,档案号:153-001-00756;北京市档案馆,档案号:153-001-00756)。

资料来源:北京市档案馆,档案编号:153-001-00593。

表2 1957年北京地区托幼机构及实有幼儿数统计

单位:个

	机构数	班级数	工作人员数	实有幼儿数
教育部门承办	53	×	×	5116
厂矿企业自办	53	×	×	3855

续表

	机构数	班级数	工作人员数	实有幼儿数
军事系统自办	67	×	×	4401
机关团体及其他单位自办	262	×	×	21414
街道群众自办	292	×	×	17286
私立托幼机构	50	×	×	2642
总计	777	2583	2944	54714

注：表中数据由笔者整理而成，并非档案直接显示；其中工作人员数只包含园长（主任）、教养员、保育员，不包含其他工人及勤杂人员；档案中对班级和工作人员数量是按照地区进行统计，只能确定总数，无法确定不同类型托幼机构在这两项上的具体数字。

1954～1956年，北京地区的街道托幼机构经历了从无到有的发展，到1957年初具规模，是1955年的8.8倍，成为所有托幼机构中数量最多的一类，占比达到37.6%。从实有儿童数量上看，街道托幼机构已经发展成为北京地区托幼机构主要类别之一，实有幼儿数已经超过公立托幼机构以及厂矿企业自办托幼机构，占实有儿童数量的31.6%，仅次于机关团体及其他单位自办托幼机构实有儿童比重（39.1%）[1]［北京市东城区档案馆（北馆），档案编号：D011-008-00189］，已经不再是简单的"有效补充"，而演变成重要的组成部分。

三 街道托幼机构的管理体制与运行特征

与依托国家财政的公立托幼机构、机关单位厂矿企业自建的托幼机构相比，街道托幼机构在管理体制和建设原则上具有不同的特点。官方文件将其定性为"群众自办、自管、自给的儿童保教事业机关"，"少花钱办好事"、勤俭节约是街道托幼机构最主要的建设原则。

（一）街道托幼机构的管理体制

区政府作为城市基层政权，主管地方文教、卫生事业，各街道作为主办单位，成立托幼机构要向区政府文教科申请，"成立街道幼儿园，由主

---

[1] 街道托幼机构之所以数量最多，但招收儿童数量却并不是最多，主要原因在于街道托幼机构大多数规模比较小，单个机构招收儿童数量比公立托幼机构、单位托幼机构要少。

办单位申请,经区文教科批准成立"(北京市档案馆,档案号:153-001-00755)。另外,在区一级,教育部门、卫生部门、区妇联对街道托幼机构也有管理责任。区初教科负责对幼儿班(托儿站)的教育业务给予领导、组织业务学习,并办理经费和困难补助,批准成立、撤销等工作。区卫生科负责对托儿所的卫生业务领导及审查批准托儿所的成立、撤销等工作,并协助负责办理托儿所的经费和困难补助,对幼儿班、托儿站(所)的卫生工作负责监督和审查,帮助幼儿班、托儿站(所)提高饮食、环境卫生标准。区妇联"负责向幼儿园、托儿所工作人员进行政治思想教育,并和初教科、卫生科一起深入重点,总结经验,研究重点问题"(宋少鹏,2013)。

街道办处事作为街道托幼机构的法定主办单位,负责的事项主要有:(1)推动居委会发动群众成立各种各样的街道保教组织;(2)负责对新设立的幼儿组织进行初步审查,合格的分别报初教科或卫生科批准;(3)协助解决居委会(管委会)对幼儿组织日常领导工作中不能解决的问题(包括经费、人事、行政等);听取居民委员会(管委会)的工作汇报,把办事处实在不能解决的问题反映给区办公室街政组,转指导工作组研究解决;(4)对街道幼儿组织的管理工作为办事处日常工作的一部分,要列入月计划和总结中,并应有计划地检查各幼儿组织的工作(宋少鹏,2013)。

但是,街道办事处作为城市基层政权的派出机构,实际上只是发挥着对托幼机构建设的领导作用,无暇顾及托幼机构的具体建设过程。在具体的执行层面,居民委员会负责街道托幼机构的管理工作、托幼组织的建立,并协助解决日常运营期间的困难,而真正的实施者很可能就是基层妇联组织——妇代会的积极分子。根据1955年4月19日全国妇联召开的第一次城市妇女工作会议上的报告,"基层妇女代表会议应设立在居民委员会的辖区内。各城市民主妇联可根据当地的实际情况和居民委员会辖区的大小,提出相应的办法,不必强求一致……基层妇女代表会议必须同街道办事处和居民委员会取得密切配合,共同做好工作"(章蕴,1955)。在街道托幼机构实际运行中,基层妇女组织——特别是妇代会干部和积极分子,发挥了明显的组织动员、带头表率和积极推动的作用。妇代会干部和积极分子具体投身到街道托幼机构建设过程中,"她们想尽各种办法克服困难,积极动员群众力量,解决托儿所(站)、幼儿园(班)的房子、用具和保育人员等问题。不少妇女代表会干部、妇女代表自己动手将破旧的房子修好当作所址、园址，有的干部或群众将自己家中不用的家具借给托儿所、幼儿园使用，有的将多余的房子让出来"（田秀涓，1957）。这些都体现了街道托幼机构的自办特质。

为了加强街道托幼机构的日常管理，北京地区的部分居民委员会还成立了由妇代会干部和居委会干部共同组成的专门管理委员会（即"自管"的组织形式），处理托幼机构的日常事务：（1）受居民委员会和家长的委托，直接领导幼儿组织的日常工作；（2）单独或联合居委会定期听取班（站、所）的工作汇报，对存在的问题进行研究，提出解决办法；（3）经常了解家长和群众的反映、要求和意见，以便改进班（站、所）的工作；（4）居民委员会和管理委员会应协助班（站、所）解决房屋、人事、行政等困难，决定收费标准及工作人员的任用、工资的初步意见［北京市东城区档案馆（北馆），档案编号：D011-008-00189］。

综上可见，北京城区的街道托幼机构形成了政府卫生部门、教育部门实施业务监管，街道办事处为领导主体，妇代会（包括上级妇联组织）、居民委员会为实际执行者的管理模式。这种模式既不是国家主导，也不是社会主导，而是连接国家与社会，基层政权负领导责任，依托社区积极分子，组织动员社区群众，集合本社区内普通居民的人力、物力，通过集体互助合作的方式，解决社区居民需求的"自办、自管、自给"的福利供给方式。在国家—街道—居委会—妇女积极分子四级关系当中，国家只是发挥了制度设计、宏观政策支持、政治承认的功能；街道积极分子（在托幼问题上，往往是妇女积极分子）以妇代会、居委会、专门管理委员会的形式直接参与到托幼机构的建设与管理中，成为真正的组织者与行动者。而妇代会、居委会作为基层社会组织，是沟通国家和社会的纽带，成为基层地方创造、培育与践行集体主义的组织载体。

正是管理体制上的差异，造就了街道托幼机构区别于其他各类托幼机构的运行特色。公立托幼机构，主要依靠国家财政，归政府教育部门管理；单位托幼机构，主要依靠单位资金，归单位行政或工会管理；私立托幼机构，资金主要依靠社会力量，归政府教育部门管理。

（二）勤俭节约的建设原则

正如前文所言，受制于"高积累-低消费"的国家发展战略，勤俭建国、勤俭办社、勤俭办一切事业,是中华人民共和国成立初期的基本建设原则。① 1950年教育部为研究如何改造旧的幼稚园教育,选定北京市分司厅及大方家胡同幼稚园作为研究实验的场所,进行新式幼儿教育试点。北京市将很多资源投入这两所幼儿园当中。② 1952年,北京市文教局对分司厅幼儿园的实验工作进行总结,撰写了《分司厅幼儿园调查报告书》。针对北京市文教局的报告,教育部全国各级各类学校调查研究委员会办公室提出,"这个报告书能将调查所得的基本情况与主要问题提出来是好的,但文字尚欠简练,对解决主要问题的看法——依靠外在力量而不是首先要充分发挥内部力量,是较大的缺点"(北京市档案馆,档案编号:153-004-02447)。换言之,教育部认为,解决学前教育问题要"依靠内部力量",而不是依靠国家财政的外部输入性支持。新中国成立初期,一切都在探索之中,包括发展道路与发展策略。在城市托幼机构的建设思路上,也存在发展道路之争。当然,这份案例也让我们看到在托幼机构经费来源上,还关涉中央与地方关系的问题。以今天的"事后之明"来看,北京市文教局的思路显然没有对上中央"勤俭办一切事业"的建设思路。

在教育部"依靠内部力量"建设托幼机构的建设思路指引下,全国在托幼机构的布局中,才有了机关、工厂、团体、群众自办托幼机构的建设方针。在资源匮乏的条件下,最大可能地挖掘社会各方面的资源与力量来创办妇女儿童福利事业,通过责任分担来降低财政压力是务实有效且经济可行的途径。但是,这种建设思路也使托幼机构的条件直接依赖于主办单位的资源多寡,依据单位性质与级别形成了优劣等级。而主要依靠群众自办的街道托幼机构处于整个等级的末梢,成为资源最为匮乏也最需要强调勤俭节约建设原则的基层托幼组织,而这恰也成为它最具特色和生命力的地方。

《新中国妇女》曾宣传过北京市宣武区延旺庙街的一个街道幼儿班。

---

① "勤俭经营……应当是一切经济事业的方针。勤俭办工厂,勤俭办商店,勤俭办一切国营事业和合作事业,勤俭办一切其他事业,什么事情都应当执行勤俭的原则。……中国是一个大国,但是现在还很穷,要使中国富起来,需要几十年时间。几十年以后也需要执行勤俭的原则,但是特别要提倡勤俭,特别要注意节约的,是在目前这几十年内,是在目前这几个五年计划的时期内。"(毛泽东,1977:249)。
② 1952年4月分司厅幼儿园教养员黄淑俊和康克清一起出席了国际保卫儿童大会,教养员梁贞德连续三年被评为北京市模范保教工作者。参见《幼儿教育工作的情况和问题》,《人民日报》1954年10月27日。

在几乎没有任何外部资金资助的条件下，事事都从节约着手。比如粉刷墙壁，因工价太贵，工作人员就自己动手粉刷，妇代会的同志也来帮忙。买不起家具，就向街道群众借了桌子和黑板。孩子们坐的小板凳，是自己家里带来的。写作业用的桌子，是借铺板搭起来的。这种自力更生、就地取材、因陋就简的街道托幼机构创办方式，并不是延旺庙街幼儿班的独有特色，而是当时街道托幼机构的普遍情况。

这样的街道幼儿园，在北京还有很多，这种勤俭办事的精神是值得我们学习的。有些幼儿园只片面地强调各种设备对孩子的教育意义，因此费用很高，导致很多孩子无法进入幼儿园，如果大家能够节约一些，就可以办更多的幼儿园，使更多的孩子进入幼儿园受教育（开仪，1957）。

群众自办的街道托幼机构，在满足普通市民之需同时，却在经费困难与条件简陋中艰难维持，各级政府是如何对待这种情况的呢？上级政府是支持、扶持还是依赖基层地方的能动性乐观其成、无为而治？罗琼在访谈录中透露了一条历史线索。1956 年 11~12 月，她随当时的全国妇联主席蔡畅到南京、上海、杭州调查城市基层妇女工作。她们在南京调查基层的民办托儿所，召开了一个里弄妇代会主任的座谈会。妇代会主任们都反映，城市基层劳动妇女参加社会劳动增多，孩子无人照管，而国家和集体办的托儿所收托名额少，许多幼儿入不了园。有的家庭也存在收费贵而交不起的问题。所以，基层妇代会就办了一些简易的托儿所以适应街道劳动妇女的要求，但存在经费困难与条件差的问题。在南京调查中，蔡畅主席曾到一家街道托儿所考察，这家托儿所主要收卖菜妇女的子女。那时南京大街上有很多妇女沿街挑担卖菜，她们一天有大半天在街上卖菜，孩子没人照管。妇代会了解到这些卖菜妇女的需求后，为解决她们的实际困难，利用一个旧庙，收托了三四十名孩子，不论大小都在一个活动室。保教人员有一间小房子做办公室。经费是里弄妇代会、居委会集资的，经费很少，勉强维持，但保教人员的工作很尽力，有活动表，有食谱。罗琼说，当时已进入冬季，当她们进入这个旧庙里的街道幼儿园时，孩子们都坐在自己带来的小凳子上，一双双小手冻得红红的。当所长和两名保育员见到来自北京的妇联领导时，没有提出更高的要求——没有要固定的补贴，提出的要求就是希望国家补助一些经费，买些玩具、教具和桌椅。蔡畅看了以后，表扬了她们勤俭办所的精神。关于物质困难，她答应同市、区党委、政府商量解决。蔡畅确实向南京市委和政府领导提了建议，希望国家财政适当给予资助。从后来的反馈看,南京市委、市政府确实也是这么办的。罗琼说,在南京调研之前,对于这类民间自办的托儿所,要不要提出"民办公助"的办法,全国妇联党组内当时有不同的意见。经过这次南京调研后,妇联的文件和领导讲话中,都提出了"民办公助"的要求(罗琼,2000)。

(三) 低成本、低水平的运行特征

在"勤俭节约"建设原则的指导下,受客观物质条件的限制,街道托幼机构出现了低成本、低水平运行的基本特征。

1. 师资水平不列过高标准

师资队伍基本不要求具备专业的幼儿教育知识,非以"教"为业,而以"养"为主。以北京为例,园长、所长、主任等大多数由居委会中有妇女儿童工作经验的女同志担任,其他工作人员只要求身体健康、无传染病、历史清楚、能够说普通话,年龄在18岁到45岁,具有高小文化程度的可做教养员,具有初小文化程度的可做保育员。未经训练的教养员和保育员在录用后有3个月的试用期,受过训练的有2个月的试用期,通过试用期即可长期担任教养员和保育员。尽管不强调专业知识,但是要求这些工作人员热爱幼儿、具有耐心。而且她们的工资也不高,半日制每月不超过15元,全日制每月不超过30元,处于社会平均水平〔北京市东城区档案馆(北馆),档案编号:D011-008-00189〕。

2. 场所因地制宜、因陋就简

受客观条件所限,大部分街道托幼机构房屋条件比较差。很多使用的房屋比较狭窄,一般都是三四十个,甚至五六十个孩子拥挤在一间小屋子里,孩子活动很不方便。窗户小,空气不流通,对孩子健康影响很大。为了节约成本,有的班屋子里挤不下,就把孩子分为两部分活动,一部分在室内,一部分在室外。室内室外轮流倒换。遇到下雨,一部分孩子就没有地方待。在房屋来源问题上,要么借用街道公房,要么强调发挥群众的积极性,由教养员密切地团结街坊,从街坊中设法腾出闲置房屋,甚至有一些教养员让出自己的家中房屋,白天供幼儿班用,晚上自用(北京市档案馆,档案编号:153-005-00141)。

3. 用具就地取材、挖掘资源

当时北京市街道托幼机构的桌椅板凳、教具玩具等都很缺乏。有少部

分幼儿班有合格的桌椅，绝大部分幼儿班儿童所用的桌子是用木板搭的，坐的是自己带来的各式各样的小凳子。1956年的调查报表显示，东单区、崇文区、宣武区、西单区、东四区、前门区、西四区所有街道托幼机构只有404张桌子、697把椅子，平均41个孩子才能分到1张桌子（见表3）。桌子不够可以不用，椅子不够就让孩子从自家带过去。开水壶、洗手用具等多是教养员从家中带到班里。玩具教具开始时都没有，主要是鼓励工作人员自己制作。

表3　1956年北京市街道幼儿班桌椅数统计

区别	现有桌数（张）	现有椅数（把）	桌子缺额（张）	椅子缺额（把）
东单区	92	226	54	616
崇文区	×	×	133	798
宣武区	10	143	262	1568
西单区	85	244	305	1183
东四区	118	60	87	1171
前门区	42	×	143	869
西四区	97	24	187	1678
总计	404	697	1171	7883

注：上述数字并不是北京地区所有的托幼机构数量；桌椅缺额是以半日制两人一把椅子、十二人一张桌子计算。

资料来源：北京市档案馆，档案编号：153-004-02483。

4. 依据成本定价、收费便宜低廉

这种街道托幼机构的收费标准不高，基本的收费原则是"根据母亲的经济能力和开办托儿站的必需费用来决定收费多少。既不依赖政府补助，也不使母亲有过重的负担。儿童生活水平既不过高，也不低于他们的家庭生活"[1]。一般每个幼儿每月收费根据各园具体情况自行决定，但全日制最高不超过4元，半日制不超过2元（周恩来，1957），大概占北京地区普通家庭月收入的5%左右。

---

[1] 《我们办街道托儿站的经验》，《人民日报》1955年3月19日。

四 街道托幼机构得以运行的条件

尽管当时的街道托幼机构存在低成本、低水平运行的特征,但是它们的作用是无法否定的,解决了大量婴幼儿照料的问题,让很多需要外出劳动的城市底层妇女不再陷于孩子照料和外出劳作谋生的冲突之中,同时也提供了一部分城市妇女的就业机会。

用群众性的互助互济办法创办社会福利事业的做法得到了中央政府的肯定,被写入1957年6月26日全国人大第四次会议周恩来总理所做的政府工作报告中。"在社会福利事业方面,也应该发挥社会团体和广大群众的力量,提倡社会团体和群众之间的互助,举办各种社会福利事业。最近全国职工家属代表会议所介绍的各种群众性的互助互济办法,是有成效的,应该提倡和推广。"(周恩来,1957)政府工作报告中提到的"全国职工家属代表会议"是指1957年6月4日至12日,全国总工会与全国妇联在北京召开的中国第一次也是历史上唯一一次的职工家属代表会议。在这个会议上,毛泽东等国家领导人接见了家属代表。职工家属代表会议上介绍的以群众之力办集体福利事业的事例中,也提到了街道托幼机构,因为当时街道托幼机构很多是散居在城市居民区的职工家属办的。在这个会议上,杨之华对这种"集体福利事业"建设方法有过总结:"社会主义集体福利事业,主要就是组织群众自己的力量来为群众自己服务的事业,它应该用最少的钱为群众办很多很好的事。……这就要求所有热心办这些事业的人,不要在形式上讲铺张,讲豪华,一定要为群众打算,为事业打算,一定要象勤俭持家一样地精打细算。"①

从周恩来和杨之华的描述中,我们可以得出,创办街道托幼机构这类集体福利事业有几个关键要素:一提倡集体互助;二要有"热心办这个事业的人";三是勤俭办事,对街道托幼机构的功能采取务实定位。

(一)邻里互助传统与集体主义新道德

怎么理解"社会主义集体福利事业"中的集体主义和互助互济精神?

---

① 《勤俭建国 勤俭持家,为建设社会主义贡献出更大的力量:杨之华同志一九五七年六月四日在全国职工家属代表会议上的报告》,《工人日报》1957年6月5日。

近代以来，以打倒"孔家店"为号召的现代革命，消解了传统的政治秩序，但传统社会的人情世故依然保留在普通中国人的思维方式和行为模式里。互助不仅是一种伦理德性，更是一种功能性的现实需求。"远亲不如近邻""邻里守望相助"的观念依然被民众认可并贯彻到日常生活实践中。

从意识形态角度讲，互助是中央极力倡导的社会主义意识形态，更是一种生产方式与劳动形式。换工、变工等互助形式，一直被中共视为迈向社会主义生产方式的初级形式。早在苏区与边区，中共就鼓励各种互助形式，并推动这种建基于血缘亲属间的传统互助向家庭外的人员拓展。中华人民共和国成立后农村推进的合作化运动就是从各种初级互助形式开始，向高级社的推进。[1] 在这种以合作组织起来、迈向集体所有制的社会大氛围下，城市居民间的互助也被视为一种集体主义精神的体现与迈向社会主义的社会联合的方式。[2]

中华人民共和国成立之后，建立起蜂窝状的社会治理结构，街道、单位、村社都形成了一种相对封闭的社区治理结构。作为物理空间与社会空间，不停歇的政治社会运动使城市社区成员间——即使是新到来的城市居民，都有更多机会建立起面对面的联结，隔断性的治理空间安排又使社区内的人员形成内聚的社区认同。这些都为生活中的互助提供了情感与伦理背景。而熟人间的"邻里相望"在当时的意识形态话语中，被提升到集体主义精神与社会主义道德的高度，更是得到了国家的肯定与表彰。所以，传统的人情世故与新社会的集体主义精神糅合荟萃成新时代的街道社区中的互助互济，街道托幼机构就是利用了这种精神资源。反过来通过满足群众的切身所需培植了社区成员的社区认同与集体主义精神。保育员、教养员、社区领导和婴幼儿的父母都生活在同一个社区中，熟人关系与政治关系共嵌所建立的信任与托付，使得婴幼儿照料既具有传统的温情色彩与伦理约束，又有新社会中的新意义。

（二）妇代会与妇女积极分子

周恩来在政府工作报告中明确指出了当时创办集体福利事业的两大主

---

[1] 《关于农业生产互助合作的决议》，《人民日报》1953年3月27日。
[2] 在街道基层政府的政治领导与引导推动下，集合社区内的集体成员的人力与物力，创办街道托幼这类集体福利事业时，与农村正在发生的合作化运动有着某种相似性。

体：社会团体与广大群众。对创办托幼机构这项集体福利事业而言，在工人社区，家属委员会及其中的妇女积极分子是杨之华所称的一群"热心办这个事业的人"，在街道中是妇代会及妇代会中的妇女积极分子。按照全国妇联的说法，"街道托幼机构，是民主妇联依靠街道积极分子举办起来的一种简便的托儿组织"（中华全国总工会女工部，1955）。

北京市"由市妇联动员了一批街道工作积极分子参加短时间学习以后担任教养员工作"（北京市档案馆，档案编号：153005-00141）。天津市民主妇女联合会妇女儿童福利部副部长白菊如直言，街道幼儿园的工作人员大部分是街道妇女代表中的积极分子，"她们的业务水平虽然不高，但是有一定的政治觉悟，对保育事业有一定的认识，所以在工作上一般是热情的、负责的"。这些积极分子在街道托幼机构中承担的任务很广泛、参与的程度很深，包括动员、组织、创建，还包括日常的领导与管理。"由街道基层干部和群众中的积极分子共同组织管理委员会进行经常的领导和监督"，或是本身就是街道托幼机构的保育人员。[①] 开始时她们差不多全不拿工资，因此街道托幼机构的收费比其他托幼机构要便宜一半。可见，街道托幼机构的低成本运行和收费廉价跟这些积极分子的志愿性的免费或半免费的劳动付出密切相关。另外，这些积极分子对托幼机构的工作非常用心。当时政府宣传过很多这类典型，如《人民日报》曾报道过一位老太太："东直门大街幼儿园孩子的伙食费只六元，五十多岁的老太太丁锡佩通过各种方式，却能做出各种适合孩子口味的菜来，每一天的菜、饭都有变化。这个老太太已被选为北京市的模范炊事员。"[②] 之后，她和北京市西四区西四北幼儿园女教养员王立威、前门区永光寺幼儿园女教养员许庆艾、东四区第三托儿所保育员史佩济、北京第一机床厂托儿所保育员吕英南、空军干部保育院6保育员王桂英、人民解放军六十九军绥光小学幼儿园保育员袁树莲、北海幼儿园教养员康克维等公立托幼机构、机关单位托幼机构的工作人员一起被评为北京市劳动模范（北京市总工会，2002）。

这些积极投身于托幼机构建设的街道积极分子，以前多为家庭妇女。当国家以政治表彰的形式承认这些积极分子的劳动与付出时，在经济收益

---

① 《我们办街道托儿站的经验》，《人民日报》1955年3月19日。
② 《北京街道妇幼保健和托儿组织 很受广大母亲的欢迎》，《人民日报》1957年3月9日。

上处于相对劣势的群体，获得了政治与社会层面上的承认。在劳动光荣、不参加劳动者是寄生虫这样的社会政治氛围下，参与街道事务本身被视为参与了社会活动，而从事街道托幼机构的工作，尽管收入微薄，但也算一种社会工作。在当时的意义谱系里，其价值是高于家庭妇女的状态的。我们不能因为她们接受了政权号召就简单地否定这些街道积极分子的状态，不承认她们的主体性。当她们在更宽阔的社会生活中找到了自己的位置，且因自己的劳动/行动而获得国家的表彰、街坊的认可感谢，这种个人生命价值的饱满是在家庭生活中无法获得的。国家和社区的认可和承认对于个体生命价值往往具有超越经济利益考量的意义，让个体生命饱满并得以升华。我们不能忽略这一精神层面的需求。

在物资匮乏的年代，在处理物资收益与精神表彰之间平衡的过程中，需要持续刺激与调动这种精神状态，尽管存在现实的困难，但国家显然很好地感知并合理利用了社会成员对于集体认可的精神需求。有研究者把这些街道积极分子看作"准行政人员"（黄利新，2016）或国家的代理人，无视街道积极分子作为联结国家与群众的纽带。她们首先是群众。考察街道幼儿园等集体福利机构的创办过程可发现，这些积极分子更像"群众代理人"，是群众中的热心公益者。通过参与国家支持的社会组织（妇代会），他们也获得了国家的背书与支持。他们响应国家之号召、接受国家之领导/引导，组织动员本人所属之群体，同时服务于本群体。个人所起的积极表率作用，并不只是对上的政治表现，而更多的是对下的热心。她们比同群体人表现出更明显的奉献精神，但这种奉献精神并不只是新时代的抽象的集体主义，而是生根于中国人的传统道德观念——为本社群奉献的自我牺牲、顾全大局的利他精神。当然，她们的奉献精神被执政者赋予了新时代的集体主义的政治内涵，她们走出家庭、服务社区、从事社会工作的同时，被国家赋予"妇女解放"的向上价值。于是，新旧道德的融合，为这些积极分子赢得了社区内的权威，为她们开展各类工作奠定了人情与政治基础，也激发了积极分子的工作热情和个人的意义感。

（三）务实的功能定位

街道托幼机构功能定位是解决劳动妇女照料孩子的负担，主要解决"养"的问题，而非"教"的问题。在对托幼机构的定位问题上，曾经存在两种不同的倾向：一是将之定位为儿童福利，看作"学前教育"的实现形式；二是将之视为妇女福利，是妇女参加社会劳动的前提保障。这两种不同的定位虽然密不可分，但还是存在明显的差异。前者意味着要以儿童保教为中心，投入人财物资源，尽力提高托幼机构的质量和教育水平。后者意味着托幼机构的主要任务是解放劳动妇女，帮助劳动妇女"看孩子"，只需要保证保教人员能够像母亲一样关心爱护他们，使婴幼儿安全、健康地成长，知识文化教育是相对次要的问题，托幼机构的目的在于将妇女从婴幼儿照料的家务劳动中解放出来，投入社会化的生产劳动中。

在当时的政治话语中，尽管强调托幼工作对于儿童发展的重要性，但论述策略与政策理念是倾向于妇女解放的。在叙述结构上，首先会强调托幼工作对妇女解放的重要意义，而且托幼对妇女解放的意义一般都会放在儿童福利之前。1950年，邓颖超就提出要"围绕生产方针，进行文化教育、儿童保育、妇婴卫生及协助有关方面贯彻劳保条例等具体工作，解除妇女在生产中所遇到的困难"（邓颖超，1988）。儿童保育工作被放置在和文化教育、妇婴卫生、劳保条例同等的位置，但其功能是服务于妇女参加社会生产。1950年苏联幼儿教育专家戈林娜和马弩依连柯先后来中国指导中国的幼儿教育工作。在苏联专家的帮助下，中华人民共和国制定了幼儿园教学纲要，废除了以儿童为本位的、以自由主义教育思想为基础的单元教学，制定了全面发展的幼儿教育，即以体育为首要任务，同时重视集体主义的教育、劳动教育和各民族儿童友好以及热爱祖国和领袖的教育方针。到了实践中，这种教育方针变得非常务实，如何让孩子吃得饱、穿得暖，如何解决劳动妇女的困难，成为最主要的问题。在宣传上，最常见的表述类似于"幼儿教育事业的发展，保证了我国妇女得以更广泛地参加各种生产活动，参加各种社会和政治活动，并为儿童的共产主义教育打下了基础"。[①]

到了街道托幼机构的层面，经济实用的特点表现得更为明显。当时的宣传部门把街道托幼机构的优点总结为三项："第一，它们是群众自办的，经费人力都可以自给自足，举办容易，也可以为国家节省资金。第二，形式简便灵活多样，接送方便。街道托儿组织的形式很多，在北京就有托儿站、幼儿班、婴儿班等形式。第三，妇女节约原则，适合广大妇女

[①] 《幼儿教育工作的情况和问题》，《人民日报》1954年10月27日。

的经济水平。"① 可以说，这是从国家视角和母亲视角出发总结的优点。对街道托幼机构的务实的功能定位——低成本、低水平运行的方式，受到了当时物质匮乏的客观条件的限制，但不得不说，这是一项服务于普通民众又利国利民的创举，实实在在地解决了劳动妇女的实际困难，满足了她们的需求，也符合家庭的经济承受力，取得了良好的社会效果。用当时的语言表达是用"最少的钱办好事"。

五 余论：历史价值与现实意义

街道托幼机构在历史上的存在时间并不长，在"大跃进"时期，街道托幼机构的数量曾一度骤增，之后浪潮退去，一些明显不具备条件的街道托幼机构很快就解散了，但它留下的创造性遗产，却值得我们分析与回顾。街道托幼机构是立足街道社区、集合本社区资源、服务于本社区成员的一种集体福利供给方式。它基于当时物质条件所限的务实定位，没有坐等国家救助，"依靠内部力量"帮助劳动妇女解除一部分照料困境，帮助个体家庭摆脱了脆弱与无助。作为一种集体福利供给模式，它超越了亲友熟人间的互助互济，扩大到整个社区，从而使一种私人间的互帮互助具有了集体与公共的性质。为了保证这种集体性与公共性，基层治理机构的合理在场就变得必要。既有政治领导和适时帮助，又不能过分干预，以发挥基层地方的积极性和能动性，这是以集体之力创办集体福利事业的关键。在事关妇女的集体福利事业中，充分重视与发挥基层妇女组织和妇女积极分子的作用是街道托幼机构得以运行的基础。另外，不能只从经济功能的角度来评估20世纪50年代中期街道托幼机构的历史价值，它基于中国特定人情伦理的邻里相助，结合新时代的集体主义精神提供的互助互济的精神动力，培育、构建"社会"，既培植了社区认同等集体认同、参与制造了"妇女"的集体身份认知，也有助于形成国家认同，因为"街道"扮演着国家的角色，一直是在场的。在这里，国家与社会并不是一种对抗性的、分离式的存在。从社区认同到国家认同的建构中，集体福利事业兼具团结社会的凝结功能、政治功能、经济功能乃至一些道德功能。同样不可遗忘的是，对于那些真正扎根于社区、嵌入社区中的街道积极分子，集体

---

① 《发展群众性的托儿组织》，《新中国妇女》1956年第6期。

福利事业对于她们的个人生命价值与生命饱满也具有正向意义。

在20世纪90年代以来的现代企业制度改革过程中，各生产单位以"企业不再办社会"的名义将托幼机构剥离，从而催生了市场化的托幼机构，出现了所谓"从单位福利到多元供给"（曾晓东，2006）的转变。除了残存的一些资源较为充足的单位自办的托幼组织，由国家财政承担的公立机构和由资本化的教育集团以商品的形式提供的学前教育，成为托幼机构的两种主要形式。国家的物质条件已脱离了当年极度匮乏的历史条件，现在托幼机构的定位也悄然发生了变化，从"妇女解放"的支持系统转到了"儿童优先"的福利政策，托幼机构的功能已经从"养"转到了"教"，国家也在论证将学前教育纳入义务教育阶段以实现教育公平。这当然是一个良好的意愿与未来的方向，但是，即使3岁之后的儿童得到了普惠的学前教育，0~3岁儿童的照料责任仍遗留给了妇女与家庭，很多劳动女性和普通家庭不堪重负。现在除了代际转移的照料责任和市场化解决方案，我们难以看到第三种可能。

市场化是转移照料责任或者说照料责任社会化的一种方案，有其合理性，但当我们热切期盼照料经济的时候，也要看到其限度。商品逐利的逻辑、劳动力与工资交换的非人格化，与婴幼儿照料所特需的情感服务，如何找到结合点？商品逻辑支配下的企业管理，必然会将服务人员的情感服务标准化与可测化，当保姆不再是"同志"，如何在商品化的照料工作中召唤出当年"幼儿园阿姨像妈妈"的情感？对照料工作者提出情感要求，是不是过分的要求？在商品交换的逻辑里，怎么度量与支付这种精神与情感的付出？事实上，资本条件下劳动的异化，滋生了雇主与被雇佣者之间普遍的不信任。在"被榨干的老人"和"不信任的家政工"之外，20世纪的探索可能会为我们思考第三种道路提供一些思想资源与想象的空间，特别是在公共资源不足、公共服务仍无法做到全覆盖的地区与群体中，通过群体内部的互助互济提供集体福利，依然是值得考量的可能方式。

参考文献

《1955年幼儿园综合报表》，北京市档案馆，档案编号：153-001-00593，1955。
《1957年聋哑学校、幼儿园综合报表》，北京市档案馆，档案编号：153-001-00605，1957。

《北京市发展街道幼儿班的情况》,北京市档案馆,档案编号:153-005-00141,1957。
《北京市公司厅幼儿园调查报告》,北京市档案馆,档案编号:153-004-02447,1952-08-12。
《北京市教育局关于贯彻机关群众自办幼儿园问题的报告》,北京市档案馆,档案号:153-004-02464,1954-12-11。
《东单区关于街道幼儿组织(幼儿班、托儿站、托儿所)领导分工的几项规定(草案)》《东城区关于街道幼儿组织(幼儿班、托儿站、托儿所)领导分工的几项规定》《关于各小学建立家庭小组情况汇报》,北京市东城区档案馆(北馆),档案编号:D011-008-00189,1957-09。
《关于补贴街道幼儿班费用的请示和分配情况》,北京市档案馆,档案编号:153-004-02483,1956-02。
《关于选定市立分司厅及大方家幼儿园作为实验园的通知》,北京市档案,档案编号:153-004-02431,1950-01。
《幼儿园招生工作有关材料》,北京市档案馆,档案号:153-004-02472,1955-11-10。
《中国人民保卫儿童全国委员会成立宣言》,《人民日报》1951年11月27日。
《中央教育部转发国务院关于工矿企业自办中小学幼儿园的规定》,北京市档案馆,档案号:153-004-00050,1954-10。
《组织街道幼儿园参考办法》,《关于组织街道幼儿园参考办法及给各机关附设幼儿园主管部门的通知》,北京市档案馆,档案号:153-001-00755,1956-9.
〔德〕恩格斯,1972,《家庭、私有制和国家的起源》,载《马克思恩格斯选集(第四卷)》,人民出版社。
〔苏联〕列宁,1972,《论苏维埃共和国女工运动的任务》,载《列宁选集(第四卷)》,人民出版社。
〔苏联〕列宁,1972,《伟大的创举》,载《列宁选集(第四卷)》,人民出版社。
白菊如,1995,《我们办街道托儿站的经验》,《人民日报》3月19日。
北京市档案馆、中共北京市委党史研究室,2002,《北京市重要文献选编(1953年卷)》,中国档案出版社。
北京市档案馆编,1988,《北京和平解放前后》,北京出版社。
北京市总工会主编,2002,《北京市劳动模范名册(1952-2000)》。
陈家喜、刘军,2002,《街道办事处:历史变迁与改革趋向》,《城市问题》第6期。
邓颖超,1988,《关于城市妇女工作的几个问题》,中华全国妇女联合会编《蔡畅、邓颖超、康克清妇女解放问题文选》,人民出版社。
郭圣莉,2005,《国家政权建设与城市基层社会管理体制的变迁》,载《复旦政治学评论》,上海辞书出版社。
黄利新,2016,《新中国成立初期北京市街道积极分子研究》,《中共党史研究》第1期。
开仪,1957,《钱少也能办好事》,《新中国妇女》第1期。
康克清,1993,《康克清回忆录》,解放军出版社。
康克清,1951,《两年来全国妇女儿童福利工作的情况、经验和任务》,《人民日报》

11月18日。

李富春，1955，《中华人民共和国发展国民经济的第一个五年计划（1953-1957）》，人民出版社。

罗琼谈，段永强访，2000，《罗琼访谈录》，中国妇女出版社。

毛泽东，1977，《〈勤俭办社〉一文按语》，《〈中国农村的社会主义高潮〉按语选》（1955年12月），载《毛泽东选集》第5卷，人民出版社。

毛泽东，1991，《关于农业合作化问题》，载《建国以来毛泽东文稿（第五册）》，中央文献出版社。

田秀涓，1957，《办好街道托儿所、幼儿园的关键》，《人民日报》2月25日。

田毅鹏，2007，《"典型单位制"的起源和形成》，《吉林大学社会科学学报》第4期。

曾晓东，2006，《我国幼儿教育由单位福利到多元化供给的变迁》，《北京师范大学学报》第2期。

章蕴，1955，《国家过渡时期城市妇女工作的任务和当前的几项具体工作——一九五五年四月十九日在全国妇联召开的第一次城市妇女工作会议上的报告（摘要）》，《人民日报》9月7日。

章蕴，1957，《更大地发挥广大妇女在建设社会主义中的作用》，《人民日报》7月15日。

中国妇女管理干部学院编，1988，《中国妇女运动文献资料汇编1949-1983（第二册）》，中国妇女出版社。

中华全国总工会女工部编，1955，《努力办好职工托儿所》，工人出版社。

周恩来，1957，《政府工作报告 一九五七年六月二十六日在第一届全国人民代表大会第四次会议上》，《人民日报》6月27日。

（原载《妇女研究论丛》2018年第3期）

图书在版编目(CIP)数据

家庭与性别评论. 第9辑 / 施芸卿主编. -- 北京：社会科学文献出版社，2018.11
　ISBN 978-7-5201-3696-9

　Ⅰ.①家… Ⅱ.①施… Ⅲ.①家庭社会学-研究 Ⅳ.①C913.11

中国版本图书馆CIP数据核字（2018）第240270号

家庭与性别评论（第9辑）

主　　编 / 施芸卿

出 版 人 / 谢寿光
项目统筹 / 佟英磊
责任编辑 / 佟英磊　马云馨

出　　版 / 社会科学文献出版社·社会学出版中心（010）59367159
　　　　　　地址：北京市北三环中路甲29号院华龙大厦　邮编：100029
　　　　　　网址：www.ssap.com.cn
发　　行 / 市场营销中心（010）59367081　59367083
印　　装 / 三河市龙林印务有限公司

规　　格 / 开　本：787mm×1092mm　1/16
　　　　　　印　张：20　字　数：335千字
版　　次 / 2018年11月第1版　2018年11月第1次印刷
书　　号 / ISBN 978-7-5201-3696-9
定　　价 / 89.00元

本书如有印装质量问题，请与读者服务中心（010-59367028）联系

▲ 版权所有 翻印必究